FILOSOFIA GREGA E ROMANA

DAVID SEDLEY (ORG.)

FILOSOFIA GREGA E ROMANA

EDITORA
IDEIAS&
LETRAS

Direção Editorial
Edvaldo M. Araújo

Conselho Editorial
Fábio E. R. Silva
Jonas Luiz de Pádua
Márcio Fabri dos Anjos
Marco Lucas Tomaz

Tradução
Saulo Krieger

Preparação e Revisão
Hanna Késia dos Santos Lima
Isabelle Vieira Lima
Thalita de Paula

Diagramação e Capa
Danielly de Jesus Teles

Coleção Companions & Companions

Título original: *The Cambridge Companion to Greek and Roman Philosophy*

The Edinburgh Building, Shaftesbury Road
Cambridge, CB2 2RU, United Kingdom
ISBN: 0-521-77503-5 (Paperback) / 0-521-77285-0 (Hardback)

1ª impressão

EDITORA IDEIAS & LETRAS

Avenida São Gabriel , 495
Conjunto 42 - 4º andar
Jardim Paulista – São Paulo/SP
Cep: 01435-001
Televendas: 0800 777 6004
vendas@ideiaseletras.com.br
www.ideiaseletras.com.br

Dados Internacionais de Catalogação na Publicação (CIP)
(Câmara Brasileira do Livro, SP, Brasil)

S449f Sedley, David

Filosofia grega e romana / organizado por David Sedley;
traduzido por Saulo Krieger. – São Paulo: Ideias & Letras, 2022.
488p.; il.; 16 cm x 23 cm. - (Companions & Companions)

Tradução de: The Cambridge Companion to Greek and Roman Philosophy
Inclui bibliografia e índice
ISBN 978-65-87295-42-8

1. Filosofia. 2. Filosofia grega e romana. I.Krieger,Saulo. II. Título.

2022-2440 CDD 100
CDU 1

Elaborado por Vagner Rodolfo da Silva - CRB-8/9410
Índices para catálogo sistemático:
1. Filosofia 100
2. Filosofia 1

Sumário

Agradecimentos

Eu gostaria de expressar minha gratidão a todos os colaboradores deste volume não apenas pelos próprios capítulos que elaboraram, mas também pelas inestimáveis sugestões a outros aspectos do volume; à Liba Taub, pelos seus comentários a um primeiro esboço da introdução; e acima de tudo à Hilary Gaskin, da Cambridge University Press, que tem sido uma fonte inesgotável de sábios conselhos desde o dia em que propôs o projeto pela primeira vez.

Eu também gostaria de agradecer à British Library pela permissão para reproduzir *P. Petrie I*; à Bodleian Library, da Universidade de Oxford, pela permissão para reproduzir M. S. E. D. Clarke 39; e à Candace H. Smith pela permissão para reproduzir o rascunho das escolas filosóficas atenienses que ela originalmente havia elaborado para o *The Hellenistic Philosophers* (Cambridge, 1987) de A. A. Long e D. N. Sedley.

Lista de colaboradores

JONATHAN BARNES é professor de filosofia antiga da Universidade de Paris-IV Sorbonne, tendo lecionado na Universidade de Oxford por 25 anos, e depois na Universidade de Genebra. Seus livros mais recentes são *Sextus Empiricus: Outlines of Scepticism* (com Julia Annas, 1994), o volume de Aristóteles da série Companion (1995), *Logical and the Imperial Stoa* (1997), o *The Cambridge History of Hellenistic Philosophy* (co-organizado com Keimpe Algra, Jaap Mansfeld e Malcolm Schofield, 1999) e *Porphyry: Introduction* (2003).

SARAH BROADIE é professora de filosofia na Universidade de St. Andrews. Entre seus primeiros trabalhos (como Sarah Waterlow) estão *Nature, Agency and Change in Aristotle's Physics* (1982) e *Passage and Possibility: A Study of Aristotle's Modal Concepts* (1982). Mais recentemente, publicou *Ethics with Aristotle* (1991) e um comentário à *Ética a Nicômaco*, de Aristóteles, que acompanha a nova tradução de Christopher Rowe (2002). Atualmente se debruça sobre Platão.

JACQUES BRUNSCHWIG é professor emérito de filosofia antiga da Universidade de Paris-I. É autor de *Aristote: Topiques* (vol I, 1967; vol II no momento sendo preparado), e seus livros mais recentes são *Papers in Hellenistic Philosophy* (1994) e *Greek Thought: A Guide to Classical Knowledge* (co-organizado com G. E. R. Lloyd, 2000). Seus principais interesses hoje são Aristóteles e o estoicismo.

JOHN M. COOPER é *Stuart Professor of Philosophy* na Universidade Princeton. Seus livros mais recentes são *Plato: Complete Works* (1997) e *Reason and Emotion: Essays on Ancient Moral Psychology and Ethical Theory*

(1999). Uma segunda coletânea de artigos seus, *Stoic Autonomy and Other Essays on Ancient Philosophy* está no prelo.

FRANS A. J. DE HAAS é professor de filosofia medieval na Universidade de Leiden. É autor de *John Philoponus' New Definition of Prime Matter: Aspects of its Background in Neoplatonism and the Ancient Commentary Tradition* (1997). Atualmente tem trabalhado os *Analíticos posteriores* de Aristóteles e o impacto destes na filosofia antiga tardia, com ênfase particular nas noções de indução, divisão e definição.

R. J. HANKINSON é professor de filosofia da Universidade do Texas, Austin. Seus livros mais recentes são *The Sceptics* (1995), *Cause and Explanation in the Ancient Greek World* (1998) e *Galen on Antecedent Causes* (1998). Atualmente organiza o *The Cambridge Companion to Galen.*

JILL KRAYE é leitor da History of Renaissance Philosophy and Librarian do Instituto Warburg, da Escola de Estudos Avançados da Universidade de Londres. É organizadora do *The Cambridge Companion to Renaissance Humanism* (1997) e do *Cambridge Translations of Renaissance Philosophical Texts: Moral and Political Philosophy*, 2 vols. (1997), e, juntamente com M. W. F. Stone, do *Humanism and Early Modern Philosophy* (2000). Uma coletânea de seus artigos foi publicada sob o título de *Classical Traditions in Renaissance Philosophy* (2002). Atualmente prepara traduções das *Camaldulensian Disputations* de Cristóforo Landino e do *Guia para a filosofia estoica* de Justus Lipsius, assim como pesquisa a história cultural do estoicismo da Renascença ao século XVII.

A. A. LONG é professor de filosofia clássica e *Irving Stone Professor of Literature* da Universidade da Califórnia, em Berkeley. É autor de *Hellenistic Philosophy* (1974, 1986), *The Hellenistic Philosophers* (com David Sedley, 1987), *Stoic Studies* (1996) e *Epictetus: A Stoic and Socratic Guide to Life* (2002). Organizou o volume da Cambridge dedicado aos *Primórdios da filosofia grega* (1999). Atualmente trabalha num livro sobre cosmologia, teologia e identidade humana no pensamento grego.

GLENN W. MOST é professor de filologia grega na Scuola Normale Superiore, Pisa, e professor do Comitê de Pensamento Social da Universidade de Chicago. Além dos muitos volumes que organizou, suas próprias publicações incluem *The Measures of Praise: Structure and Function in Pindar's Second Pythian and Seventh Nemean Odes* (1985), *Theophraste: Metaphysique* (com A. Laks, 1993) e *Raffael, Die Schule von Athen* (1999) = *Leggere Raffaello: 'La Scuola di Atene' e il suo pretesto* (2001). No momento está terminando a nova edição Loeb de Hesíodo, assim como trabalha num estudo das tradições envolvendo a dúvida de Tomé e atua como colaborador da nova edição textual da *Metafísica* de Aristóteles.

MARTHA C. NUSSBAUM é *Ernst Freund Distinguished Service Professor* de direito e ética na Universidade de Chicago. Seus livros mais recentes são *Women and Human Development: The Capabilities Approach* (2000), *Upheavals of Thought: The Intelligence of Emotions* (2001) e *The Sleep of Reason: Erotic Experience and Sexual Ethics in Ancient Greece and Rome* (em co-organização com Juha Sihvola, 2002). Atualmente escreve um livro sobre a influência do cosmopolitismo estoico na tradição moderna em filosofia política e no direito internacional.

CHRISTOPHER ROWE é professor de grego da Universidade de Durham e atualmente mantém a cátedra Leverhulme Personal Research. Publicou *Fedro* (1986), *Fédon* (1993), *Político* (1995) e *Banquete* (1998), todos de Platão. Seus livros mais recentes são o *The Cambridge History of Greek and Roman Political Thought* (em co-organização com Malcolm Schofield, 2000), uma nova tradução da *Ética a Nicômaco* de Aristóteles (com comentário introdutório de Sarah Broadie, 2002) e *New Perspectives on Plato: Modern and Ancient* (em co-organização com Julia Annas, 2002). Atualmente está terminando um volume sobre o *Lísias* de Platão (com Terry Penner) e um estudo sobre teoria e prática de Platão na escrita de filosofia.

MALCOLM SCHOFIELD é professor de filosofia antiga da Universidade de Cambridge. Além dos muitos volumes que organizou, seus livros mais recentes são *The Stoic Idea of the City* (1991; edição ampliada, 1999), *Saving the City* (1999), *The Cambridge History of Hellenistic Philosophy* (em co-organização com with Keimpe Algra, Jonathan Barnes e Jaap Mansfeld, 1999) e *The Cambridge History of Greek and Roman Political Thought* (co-organizado com Christopher Rowe, 2000).

DAVID SEDLEY é *Laurence Professor* de filosofia antiga da Universidade de Cambridge. É autor do *The Hellenistic Philosophers* (com A. A. Long, 1987) e de *Lucretius and the Transformation of Greek Wisdom* (1998). Trabalha com papiros filosóficos gregos, é organizador do volume *Oxford Studies in Ancient Philosophy*; recentemente concluiu dois livros sobre Platão (sobre o *Crátilo* e sobre o *Teeteto*).

Lista de ilustrações e mapas

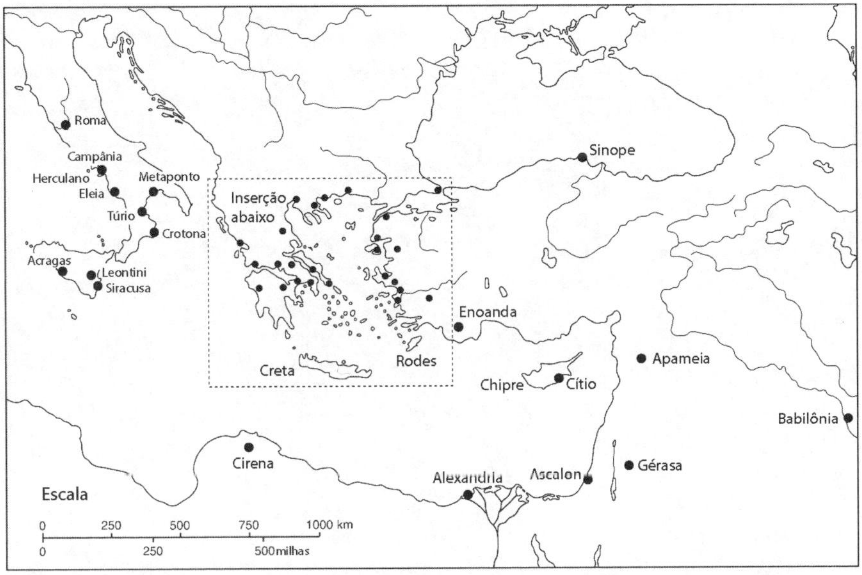

Roma
Campânia
Herculano
Eleia
Metaponto
Túrio
Crotona
Acragas
Leontini
Siracusa
Inserção abaixo
Sinope
Enoanda
Creta
Rodes
Chipre
Cítio
Apameia
Babilônia
Cirena
Alexandria
Ascalon
Gérasa
Escala
0 250 500 750 1000 km
0 250 500 milhas

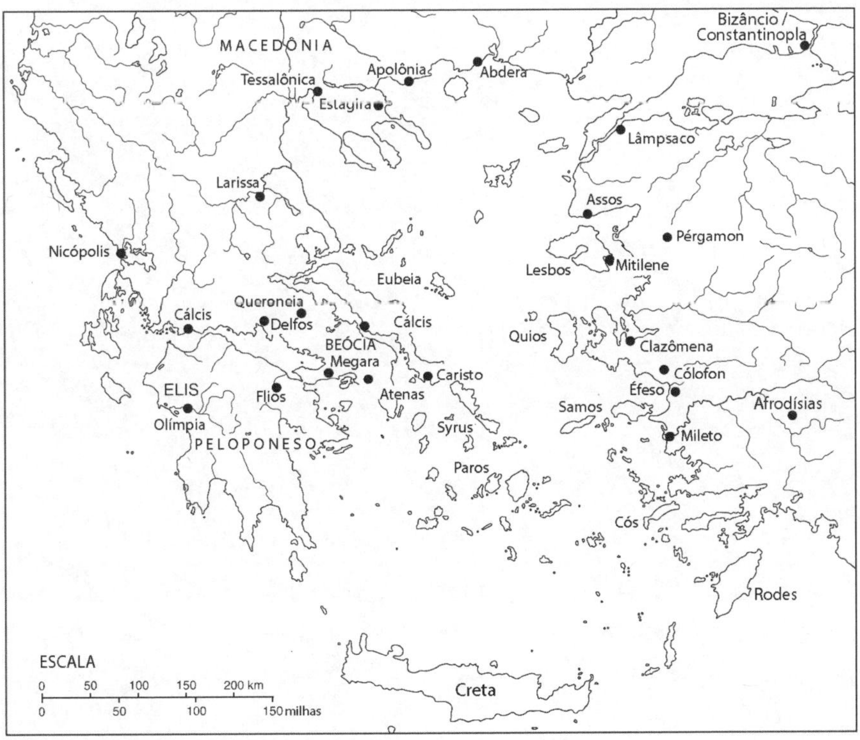

MACEDÔNIA
Bizâncio / Constantinopla
Tessalônica
Apolônia
Abdera
Estagira
Lâmpsaco
Larissa
Assos
Pérgamon
Nicópolis
Lesbos
Mitilene
Eubeia
Queroneia
Cálcis
Delfos
Cálcis
Quios
BEÓCIA
Clazômena
Megara
Caristo
Cólofon
ELIS
Flios
Atenas
Éfeso
Samos
Afrodísias
Olímpia
Syrus
Mileto
PELOPONESO
Paros
Cós
Rodes
ESCALA
0 50 100 150 200 km
0 50 100 150 milhas
Creta

Introdução

David Sedley

Compare as duas questões a seguir, de ambas as quais muito se ocuparam antigos pensadores gregos e romanos:

1. O que é a vida humana boa?
2. Por que a Terra não está caindo?

Elas parecem tão diferentes quanto quaisquer duas perguntas podem ser. A primeira é uma questão que a maioria de nós continua a considerar importante hoje em dia. A segunda não é uma questão que achamos que valeria a pena perguntar: por pouco de física que possamos conhecer, sabemos o suficiente para perceber que a questão se assenta em pressupostos falsos.

Em que pesem esses e outros contrastes, os que intentarem adentrar o tema – filosofia grega e romana –, para o qual este livro intenta proporcionar uma porta de entrada, verão que as duas questões exercem igual fascínio. Podem mesmo achar que as duas têm mais em comum do que possa parecer à primeira vista, como devo sugerir no que segue.

Tome-se a primeira delas, o que uma vida humana boa é. Como você reagiria à resposta de que, em princípio, não seria mais difícil dizer o que faz uma vida boa do que seria dizer o que faz um médico, um bisturi, uma cirurgia ou um olho ser bom? Esse segundo tipo de questão é respondida antes de mais nada ao se determinar qual a *função* essencial de um médico, de um bisturi, de uma cirurgia ou de um olho, o ser bom ou boa como simplesmente sendo bem-sucedido em executar determinada função. De maneira análoga, então, descubra qual a função de um ser humano, ou de uma vida humana, e você saberá o que é ser um bom ser humano e o que é ter uma vida humana boa. Se, por exemplo, a função natural do homem é fundamentalmente social, a benignidade de uma vida humana será definida de acordo com isso; se intelectual, de um modo diferente; se for a busca de prazeres, de ainda outra forma. Apesar de suas respostas muito variadas, quase todos os principais filósofos da antiguidade estiveram unidos pela mesma convicção fundamental: ao estudar a natureza humana, podemos aspirar a determinar o verdadeiro caráter de uma vida humana boa.

Uma reação moderna comum e compreensível é a de protestar, dizendo que esse tipo de analogia funcional confunde dois tipos radicalmente diferentes de bem, um deles moral, o outro não moral; a "benignidade" funcional de um bisturi nada tem em comum com a "benignidade" moral de uma pessoa, de uma ação ou de uma vida. Alguns chegarão a se autocongratular pelo fato de hoje em dia já não sermos cegos a tal equívoco que ludibriou até mesmo os maiores pensadores da Antiguidade.

Mas por que estamos tão confiantes de que *são* dois tipos incomensuráveis de bem? A confiança surge – como revela a história da filosofia antiga – porque somos herdeiros de uma tradição em ética que emergiu relativamente tarde na Antiguidade. Foram os estoicos do século III a. C. que, por uma construção baseada em percepções fornecidas por Sócrates, sua figura de proa, estabeleceram o padrão para que o que viesse a contar como "bem" fosse elevado a tal ponto que somente a virtude moral o pudesse alcançar; todos os demais, que são usos convencionais de "bem", inferiam eles, seriam aplicados, por exemplo, ao que é meramente vantagem prática, representando um sentido diferente e estritamente incorreto do termo. Os estoicos não chegaram a inferir que a benignidade (genuína) de uma vida não é algo dado na natureza, mas sua distinção é, não obstante, a primeira e mais remota precursora da radical divisão entre tipos de benignidade.

Uma vez que tivermos reconstruído onde e como nossos pressupostos dão início à sua longa carreira, se tornará não apenas mais fácil, mas também potencialmente libertador atrasar o relógio e considerar as vantagens do cenário primevo, onde "bem" não estava sobrecarregado de sentidos morais e funcionais. Foi com base num ponto de partida tão unificado, por exemplo, que Aristóteles pôde compor um tratado ético, a *Ética a Nicômaco*, que, ainda hoje, dois milênios e meio depois, não foi superado por rival algum.

Outra reação comum ao mesmo tratamento do bem moral como um tipo de benignidade moral está em protestar que, diferentemente de um bisturi, um ser humano não pode ser considerado como tendo uma função – não, em todo caso, sem recorrer a alguns pressupostos teológicos contenciosos. Também aqui há muito a se aprender com Aristóteles, que se esforçou para compreender os seres vivos, os humanos entre eles, e suas partes em termos de suas funções naturais, sem para tanto admitir projeto ou desígnio divino.

Não estou querendo insinuar que nossa intuição esteja errada e que os antigos estavam certos acerca da natureza do bem (ou então de que o inverso seria verdadeiro). Meu propósito é ressaltar o quanto retraçar a história primeva de nossos próprios conceitos e postulados filosóficos é algo quase que fadado a iluminar não apenas nossos precursores, mas também a nós mesmos.

Meu segundo exemplo, a estabilidade da terra, dificilmente poderia ser mais diferente do primeiro. Na verdade, compreender por que os antigos pensaram ter aí um problema é dar conta quase que da metade do desafio. Objetos pesados imóveis, como edifícios e rochedos, são imóveis precisamente porque estão ancorados em terra sólida. Com tanto mais razão, então, havemos de estar confiantes que a terra, que proporciona tal imobilidade, é ela própria imóvel. Porém, alguma reflexão a mais – que é exatamente o tipo de reflexão que deu o pontapé inicial no pensamento filosófico no século VI a. C. – vem solapar essa confiança inicial. Quanto mais pesado um objeto é, tanto mais pesadamente ele cairá para baixo quando lançado; e uma vez que a terra é em si mesma uma substância pesada, este amálgama abrangente dela, que é *a* Terra, não será o objeto que com mais probabilidade se precipitará para baixo, sem nenhum obstáculo a pará-lo? Mostrar por que, em face desse perigo, a Terra fica parada foi um dos primeiros e mais persistentes desafios para aqueles pensadores comprometidos em explicar a regularidade e o arranjo bem ordenado do mundo. O termo grego para esse "ordenamento" é *kosmos*, e a palavra veio a significar o ordenamento do mundo tomado como um todo, abarcando a terra, os céus à sua volta e tudo o que haveria entre eles. Desse modo se teve de explicar que a estabilidade da Terra fez-se uma questão fulcral no surgimento da *cosmologia* como âmbito de investigação.

O problema, uma vez posto, atraiu toda a sorte de respostas. O fato de que nenhuma delas vai nos soar como inteiramente correta é menos importante do que a variedade de dispositivos e modelos explanatórios que são divisados no processo de incorrer em erro. Um tipo de resposta foi o modelo mecânico: até mesmo objetos muito pesados podem flutuar no fluido, a exemplo da madeira sobre a água, à maneira de folhas ao vento e de uma tampa de panela sobre o vapor. Talvez então a terra esteja a flutuar sobre a água (Tales), ou no ar (Anaxímenes), em cada caso podendo haver motivos para considerar esse mesmo fluido como o último reservatório de matéria de que dependa o mundo. Uma segunda modalidade de solução invocava o equilíbrio (Anaximandro): o mundo é uma estrutura matematicamente simétrica circundada por um céu esférico e com a terra em seu exato centro, no qual ele, consequentemente, não tem mais razão para se mover numa direção do que em outra. Uma terceira sugestão (Xenófanes) é a de que a Terra é estável porque reside em mais terra, e essa terra em mais terra, e assim *ad infinitum*. Por mais fundo que se vá ao cavar, jamais se chegará a uma porção de terra que, porque não amparada em mais terra, seja passível de cair. É terra de cima a baixo, indefinidamente.

Todas essas sugestões precedem o século V a. C. No próprio século V, ainda outros modelos vieram à lume. Alguns filósofos, por exemplo, observaram que num vórtice o material pesado naturalmente gravitaria para o centro e sugeriram que o vórtice cósmico, evidenciado pela rotação perpétua dos céus, de algum modo, comparável a esse, forçaria a Terra para o centro. Quase ao mesmo tempo uma alternativa mais matemática se tornou corrente. Não apenas o mundo, mas também a Terra, situada em seu centro, é esférica. A direção que chamamos "para baixo" representa na realidade o movimento natural de todos os objetos pesados, e isso não em linhas paralelas verticais, mas em direção ao centro. Se essa ainda não foi a teoria newtoniana da gravidade, fez-se dela um impressionante precursor, e também provou explicar os dados astronômicos e outros dados de maneira mais bem-sucedida que suas rivais.

Outro viés ainda foi acrescentado por Platão, que, numa passagem clássica de seu *Fédon*, apresenta Sócrates a argumentar que nenhuma explicação sobre a estabilidade da Terra é bem lograda enquanto não mostra por que é melhor que a ordem cósmica, a terra fixada em seu centro aí incluída, deve ser como é. Sócrates está assumindo aqui que a ordem cósmica é o produto da inteligência, e compara uma explanação meramente mecanicista desse ordenamento com alguém que responde, quando pergunta por que Sócrates está sentado ali na prisão (onde aguarda sua execução), que tal é por causa de seus ossos, músculos etc. estarem arranjados de um certo modo, sem fazer menção à sua decisão racional de que é *melhor* não escapar, mas ficar e enfrentar a pena de morte. Da mesma forma, se a Terra é, digamos, uma esfera em equilíbrio no centro, a única exposição adequada será aquela que, entre outras coisas, diga por que tal arranjo vem a ser "melhor" do que qualquer alternativa. Mas como pode um arranjo cósmico ser "melhor"? A ideia de Platão parece ser a de que tal explicação revelaria de que modo o arranjo do mundo maximiza as chances de autoaperfeiçoamento de seus próprios habitantes – por exemplo, pelo estudo da astronomia matemática ou pela transferência apropriada em cada sucessiva encarnação pela qual uma alma deve passar. De tais maneiras, mesmo o quebra-cabeças cosmológico da estabilidade do mundo pode nos trazer de volta para a questão da benignidade, e para a tão importante pergunta sobre o que faz uma vida ser uma vida boa (ver abaixo, p. 149-50).

Mais significativo do ponto de vista da história filosófica é o fato de que Platão, ao propor esse desafio, estava anunciando uma nova agenda para as explicações *teleológicas*. Essa agenda viria a dominar o pensamento científico pelo menos até o século XVII. A evidência de um desígnio no mundo, uma vez que Platão fez atentar para ela, tornou-se algo extraordinariamente difícil de passar por alto ou ignorar. Na antiguidade havia aqueles, como os atomistas, que estavam preparados para argumentar que o acaso, numa escala que fosse grande o suficiente, poderia responder por uma aparente finalidade. Porém, como revela o capítulo "Filosofia e ciência", de R. J. Hankinson, os teleólogos, de longe, levaram a melhor no debate antigo.

A questão de catalogar essas soluções para o problema da estabilidade da terra pertence ao domínio da história intelectual. O que mais provavelmente apreciaremos aí serão menos as soluções específicas e mais o desenvolvimento de estratégias explanatórias cada vez mais sofisticadas. Contudo, isso também ilustra um segundo ponto cardinal acerca do valor de se estudar filosofia antiga. Ao reconstruir o pensamento dos antigos, não precisamos estar buscando justificar as crenças deles, seja pelo ato de assimilar nossas ideias às deles ou as deles às nossas. O que podemos, sim, sempre realizar de maneira frutífera é descobrir *como seria* encarar as questões que eles encararam e pensar como eles pensaram. Aprender a nos despirmos de nossos próprios postulados e intentar os processos de pensamento de outros, que careciam desses pressupostos, é quase que invariavelmente um exercício aclarador, que, como poucos, têm o dom de exercitar o pensamento.

Por uma miríade de razões, filósofos gregos e romanos são quintessencialmente adequados para o tipo de empreendimento que aqui estou a esboçar. Por um lado, como inauguradores da tradição da qual a maior parte de nós é herdeiro, eles inevitavelmente terão um lugar muito especial em nosso entendimento de nossa constituição intelectual. Por outro lado, seu brilho, originalidade e diversidade dificilmente encontrariam paralelo em qualquer outra cultura. Ainda que este volume tivesse optado por se centrar unicamente no trio composto por Sócrates, seu pupilo Platão e o pupilo deste, Aristóteles, estaríamos lidando com três pensadores completamente diversos, mas igualmente seminais, cada qual deles vindo a inspirar, nos dois milênios que se seguiram, mais de um inteiro movimento filosófico. Não obstante, concentrar-se nesses três significaria deixar de lado grande parte do legado do mundo antigo, bem como empobrecer nossa compreensão deles próprios ao isolá-los de seu meio histórico.

É improvável que quaisquer outros textos filosóficos tenham estado sujeitos a tão minuciosa análise quanto a que tem submetido os escritos desses filósofos, em especial os de Platão e de Aristóteles, do século I a. C. aos dias atuais. Mas essa tradição de exegese filosófica está muito longe de encetar uma convergência de concepções acerca da melhor forma de interpretá-los. É difícil para nós não recriar nossos predecessores filosóficos em certa medida à nossa própria imagem, uma vez que lê-los sempre que possível acreditando no que nós próprios tomamos por verdadeiro, ou pelo menos por sensato, é uma aplicação do recomendável Princípio da Caridade – pelo Princípio da Caridade, se duas ou mais interpretações concorrentes são igualmente bem fundadas, deve-se preferir aquela que faz o filósofo sob escrutínio parecer melhor. Contudo, a verdade filosófica (mesmo assumindo a hipótese improvável de sermos aí árbitros privilegiados) é o único critério de uma leitura caridosa: outros incluem a consistência interna, a perfeição argumentativa e, de modo algum em último lugar, a plausibilidade histórica. Sempre de novo vem se revelar que, quando todos esses fatores são sopesados uns contra os outros, a visão que temos de atribuir ao filósofo é estranhamente *diferente* de qualquer ideia em que estaríamos inclinados a acreditar. Ora, por essa mesma razão se faz expediente tanto mais valioso reconhecê-los e buscar compreendê-los de dentro.

O *Companion* da Cambridge de filosofia grega e romana foi concebido não para fazer os leitores trilharem o caminho inteiro até a compreensão dos filósofos, mas para lhes proporcionar uma rota de entrada adequada.

O volume proporciona visões gerais dos principais movimentos e tendências filosóficas, escritos por especialistas de ponta como fruto de muitos anos de estudo concentrado: os pré-socráticos (Malcolm Schofield), os sofistas e Sócrates (Sarah Broadie), Platão (Christopher Rowe), Aristóteles (John Cooper), filosofia helenística (Jacques Brunschwig, em parceria comigo), filosofia romana (A. A. Long) e filosofia antiga tardia (Frans de Haas). Além disso, Jonathan Barnes investiga o lugar do argumento no pensamento filosófico antigo, e Jill Kraye aborda o papel desempenhado pela filosofia antiga na tradição clássica até o século XVII. Três capítulos adicionais examinam a relação da filosofia com outros aspectos dominantes da cultura antiga: literatura (Martha Nussbaum), ciência (R. J. Hankinson) e religião (Glenn Most). Se os doze capítulos diferem consideravelmente quanto ao enfoque e à abordagem, as diferenças refletem em certa medida a natureza variada do material, e em maior medida os métodos pessoais e as prioridades de cada escritor. Seria contraproducente obliterar todos esses aspectos com uma excessiva homogeneização.

Além dessa função introdutória, o livro tem também uma função secundária, assim como manual. Você não vai encontrar aqui instruções frequentes a direcioná-lo aos textos-base, uma vez que ele foi concebido como trabalho de investigação a ser lido *antes* de se passar a um estudo mais aprofundado do assunto. Mas você encontrará, em adição a pesquisas em história das ideias, os auxílios a seguir: (a) conselhos sobre a melhor forma de ter acesso aos escritos filosóficos originais e a fontes em tradução inglesa; (b) uma bibliografia introdutória, voltada a livros, em inglês, com a qual você vai querer se familiarizar para um tratamento mais profundo do tema (não tomem essa restrição ao inglês como xenofóbica ou anglocêntrica. Grande parte da erudição moderna sobre a qual este volume se assenta depende de outras línguas. A restrição é motivada puramente por considerações didáticas e práticas); (c) um glossário, ao qual você pode recorrer ao buscar essa literatura adicional; (d) vários diagramas, ao longo do livro, dispondo os principais autores em filosofia e suas obras de uma forma tabular acessível.

Existem muitas maneiras de dividir a história da filosofia antiga. A forma seguida por este livro é bastante convencional, exceto por seu tratamento separado da filosofia romana. A começar pelo celebrado episódio do ano de 155 a. C., quando três filósofos gregos da maior importância estiveram em Roma e acenderam uma paixão por sua disciplina entre a *intelligentsia* local, a filosofia romana deixou-se orientar pelos gregos – tanto que é fácil tomá-la por nada além do que filosofia grega em tradução. Contudo, a filosofia romana – seja escrita em latim ou em grego – de certa maneira se constitui numa tradição autônoma, que se vale de um código moral autóctone, oriundo da dinâmica da vida política romana, e de gêneros literários criados em casa. Raramente ela é apresentada como um todo integral, como realiza o capítulo de A. A. Long, "Filosofia romana", dando mostras do que está se perdendo ao não fazê-lo. Contudo, não será essa perspectiva que vai obscurecer o fato de que existe também, e talvez num sentido mais forte, uma única tradição em filosofia antiga, na qual os filósofos romanos têm de ser reconhecidos como vozes integrantes. Se a sua absorção numa tradição única pode parecer algo menos do que completa, e sua relação com ela, unilateral, isso é porque virtualmente nenhum filósofo grego em momento algum dá mostras de se voltar a textos latinos, enquanto quase todos os filósofos romanos encontram-se imersos em textos gregos. Nesse sentido, a filosofia antiga se manteve um empreendimento dominado pelos gregos, e se a chamamos de "filosofia grega" não estamos aí fazendo nenhuma injustiça.

Existe um condicionamento algo artificial a que este livro se encontra inevitavelmente sujeito. O período por ele coberto, que vai do século VI a. C. ao século VI. d. C., incorpora a história inteira do Império Romano do Ocidente, uma história que presenciou desenvolvimentos memoráveis na cultura judaico-cristã como também em outras. O nascimento, crescimento e, por fim, o triunfo da cristandade é parte integrante da história filosófica do Império, e não apenas da própria Roma. Autores da Patrística do calibre de Orígenes, Eusébio, Agostinho e Boécio estiveram imersos em filosofia contemporânea pagã, e com ela interagiram em muitos níveis. Para compreender a natureza da cristandade dos primórdios, é imperativo relacioná-la com a cultura do final da antiguidade, da qual aliás é parte inseparável, assim como, inversamente, compreender o sentido da filosofia antiga em si mesma requer contextualizá-la no âmbito da cultura religiosa do mundo antigo, como Glenn Most explica na seção final de seu capítulo sobre "Filosofia e religião". Contudo, seria um empreendimento irrealisticamente ambicioso incluir aqui a cristandade como rubrica de pleno direito. A ampla unidade da cultura filosófica cristã-pagã do Império Romano emergirá ocasionalmente, em particular no capítulo de Jonathan Barnes sobre "Argumento em filosofia antiga" e em menor grau nos capítulos sobre

"Filosofia romana", "Filosofia antiga tardia" e "Filosofia e religião", mas ela não está entre os temas oficiais do livro.

As principais fases separadas pelas divisões do livro em capítulos são:

(a) Filosofia pré-socrática: a fase que filosoficamente antecede a Sócrates (embora cronologicamente se interseccione com ele), cuja própria atividade incide na segunda metade do século V a. C.;

(b) Os sofistas: uma coleção heterogênea de intelectuais profissionais grosso modo contemporânea de Sócrates;

(c) O próprio Sócrates;

(d) Platão: de início a meados do século IV a. C.;

(e) Aristóteles: de meados a fins do século IV a. C.;

(f) Filosofia helenística: do século III ao século I a. C., epicuristas, estoicos e céticos;

(g) Filosofia romana: séculos I ou II a. C. até século VI d. C.;

(h) Filosofia antiga tardia: século I a. C. até século VI d. C., ressurgimento do platonismo e, ao fim e ao cabo, sua predominância.

O historiador da filosofia antiga é vítima de uma curiosa ironia. A divisão entre (a), (b) e (c) foi, com efeito, inventada por (d), Platão, e representa muito da própria perspectiva dele; tão dominante tem sido a influência desse pensador na história da filosofia ocidental (esta que A. N. Whitehead celebremente chamou de "notas de rodapé a Platão") que, por mais que tentemos nos desvencilhar das divisões platônicas, geralmente acabamos voltando a elas. Uma vez que a história é escrita pelos vencedores, de Platão pode-se dizer que fez verdadeiras essas divisões. Isso significa que o modo como a filosofia progrediu sob a influência dele determinou que, em retrospecto, a divisão triádica de seus predecessores em pré-socráticos, sofistas e Sócrates tenha sido o fator relevante a se levar em conta ao intentar compreender de onde ele e a tradição subsequente estariam a se originar.

Foi Platão que isolou seu próprio mestre, Sócrates, como a representar uma ruptura radical em relação à tradição existente, tanto pré-socrática quanto sofística, e isso em razão de dois fatores. O primeiro deles foi o desvencilhamento de Sócrates do mundo físico, o qual, com boa dose de simplificação, pode ser tomado como a tônica a caracterizar o escopo espantosamente diverso dos primeiros pensadores, desde Tales, no início do século VI a. C., até Demócrito, em fins do século V e século IV a. C. O Sócrates tal como apresentado por Platão (em franco contraste com a imagem que dele foi criada na mente ateniense por Aristófanes, com suas *Nuvens*, onde se tem um retrato deliciosamente inclemente do filósofo) abandonou todo interesse pelo cosmos e voltou sua atenção para a mente humana, e nesse processo desenvolveu o método que Platão chamou de dialética. O segundo fator, aos olhos de Platão, foi a oposição polar entre o mesmo Sócrates, humilde investigador e crítico de mente aberta, e os sofistas, especialistas que, munidos de opiniões fortes e procedimentos carregados de tensão, opinavam sobre todas as coisas sob o sol. Uma distinção tão simplista não sobreviveria à leitura do capítulo de Sarah Broadie, "Os sofistas e Sócrates". Mas a distinção de Platão ainda está conosco, tanto na convenção presente no título do capítulo de Broadie (imposto pelo editor, não pela autora) quanto em nossos persistentes e pejorativos usos de "sofista", "sofismas" e "sofística" – ainda que as conotações mais positivas de "sofisticado" possam vir aqui a proporcionar algum consolo. Os leitores deste volume poderão se divertir ao se dar conta de como todo um conjunto de termos de nossa língua representa, na melhor das hipóteses, meias verdades acerca da filosofia antiga, a exemplo de "platônico", "estoico", "epicurista", "cínico" e "cético".

As escolas filosóficas atenienses (Academia, Jardim, Liceu, Estoa), © Candace H. Smith

A questão do parágrafo anterior não está em rejeitar o mapa platônico da paisagem filosófica, mas lembrar aos leitores de que esse é apenas um mapa entre muitos possíveis. Uma fronteira bem posterior, que deve ser tratada com igual cuidado, é aquela entre filosofia "helenística" e filosofia "da Antiguidade tardia", temas de dois capítulos distintos neste livro. O período helenístico é definido politicamente: termina com o nascimento do Império Romano em 27 a. C. Ora, se é completamente verdade que a nova dominação por Roma tenha sido um fator-chave na transformação que trouxe a filosofia helenística a um fim, o principal desdobramento se deu por volta de sessenta anos antes do início do Império Romano, quando o general romano Sula sujeitou Atenas a um cerco longo e devastador. O resultado foi o virtual rompimento com as escolas filosóficas atenienses remanescentes, encerrando uma era na qual elas tinham sido, de fato, a sede internacional da filosofia, e o referido fato veio a acelerar uma diáspora já crescente de filósofos para outros centros em torno do mar Mediterrâneo, incluindo a própria Roma. O efeito da mudança foi dramático. Em vez de participar das atividades da Estoa, da Academia ou de alguma outra escola ateniense – escolas que se viam como a continuação viva do trabalho filosófico de seus respectivos fundadores –, os estudantes de filosofia passaram a ser intérpretes dos textos augustos que essas escolas, distanciadas tanto no tempo quanto no espaço, um dia foram capazes de gerar. A nova era, na qual a escrita de comentários sobre Platão e Aristóteles tipificava a atividade do filósofo, é retratada no capítulo de Frans de Haas, "Filosofia da antiguidade tardia". Muito embora esta viesse a ser a maneira pela qual o estudo filosófico formalmente se tomaria pelo meio milênio seguinte (durante o qual os autores da Patrística, que desenvolviam o dogma cristão, estiveram envolvidos em empresa bem proximamente análoga), de modo algum a mudança de atitude veio a representar um declínio na qualidade ou na importância do trabalho feito pelos filósofos. Algumas das mentes mais primorosas e originais da Antiguidade estiveram trabalhando no âmbito desse novo arcabouço, incluindo Plotino, cuja versão do platonismo – neoplatonismo, como nós o chamamos hoje – se tornou a versão dominante de Platão na antiguidade tardia, e assim se manteve até o século XVII, conforme documentado no capítulo de Jill Kraye, "O legado da filosofia antiga".

Outra desvantagem da inevitável mas lamentável compartimentalização da filosofia antiga está em escolas e indivíduos menores que são simplesmente expelidos. Escolas do século IV a. C., como a dos cínicos, dos megáricos e dos cirenaicos, todas trabalhando na tradição inaugurada por Sócrates, serão mencionadas apenas de passagem nos capítulos que seguem, sem receber um tratamento sob suas próprias rubricas: elas poderão ser encontradas mediante o uso do índice do livro. Tais indivíduos e escolas, e outros a exemplo deles, foram parte importante da paisagem filosófica, e sua contribuição merece ser explorada em muito maior detalhe do que foi possível aqui.

Até certo ponto foi o escasso estado de evidência a que pudemos chegar sobre essas e outras escolas menores que impeliu-as para as margens. Os textos filosóficos que sobreviveram intactos da antiguidade, graças ao fato de terem sido laboriosamente copiados e preservados nos códices medievais, em parte vêm representar um cânone dos pensadores que poderiam ser bem reconciliados com o cristianismo, o que justificaria a sua preservação. Mas isso é apenas parte da verdade. Não devemos, por exemplo – como às vezes se faz –, culpar a tradição cristã pela perda de escritos do materialista Demócrito: a própria e considerável descoberta moderna de papiros no Egito – de documentos datando do século III a. C. até o final da antiguidade – revela que os escritos de Demócrito e de outros autores pré-socráticos já tinham mais ou menos deixado de circular, pelo menos em parte do mundo helenizado, e não temos razão para pensar que tal fosse um evento atípico. A recente descoberta de textos de Empédocles num papiro egípcio do século I d. C., referida por Malcolm Schofield em seu capítulo sobre "Os pré-socráticos", proporciona-nos o que pode bem ser o único exemplar algum dia encontrado de um trabalho original pré-socrático a datar do período clássico ou pós-clássico (embora cópias de *Verdade*, do sofista Antífon, tivessem sido encontradas também). O padrão de sobrevivência pós-clássica em grande medida reflete as modas intelectuais que já prevaleciam no final da Antiguidade, modas que conduziram à larga circulação e estudo tanto de Platão como de Aristóteles, junto com seus intérpretes mais recentes, enquanto, por exemplo, os escritos dos primeiros estoicos, também eles facilmente reconciliáveis com o cristianismo, esvaneceram de nossas vistas em grande medida. O padrão dos achados de papiro vem confirmar esse quadro, muito embora também mostre que Platão (em parte em razão de sua preeminência literária, sobre a qual sugere-se conferir o capítulo de Martha Nussbaum, "Filosofia e literatura", p. 228-34 do original) estivesse sendo mais amplamente lido do que *qualquer* outro filósofo, Aristóteles incluso. Não mudou muita coisa: uma recente pesquisa realizada internacionalmente entre estudantes de filosofia mostra que ainda hoje Platão se mantém como o filósofo cuja leitura é a mais desejada.

Ao lidar com filosofia antiga, em geral não podemos nos dar ao luxo de textos plenamente preservados, e por essa razão somos obrigados a recorrer a uma série de fontes indiretas. Quase todo e qualquer filósofo tem de ser estudado ao menos em parte por meio de "fragmentos" e "*testimonia*". Um fragmento é, estritamente falando, uma citação literal de um texto original que se perdeu, enquanto um *testimonium* é um relato ou uma indicação indireta do que algum filósofo escreveu, disse ou fez. Mas a distinção é, frequentes vezes, na prática, uma distinção frouxa. Nem autores gregos nem latinos tendem a marcar claramente a diferença entre citação direta e indireta (pontuação, incluindo o equivalente antigo das aspas, eram usados de maneira irregular, e isso quando o eram), e mesmo quando estão citando diretamente, muitas vezes fazem-no de memória. Além disso, um autor que reporta algum predecessor, seja de forma direta ou indireta, geralmente tem a sua própria agenda, que pode ser hostil ou benigna em relação ao citado, e muitas vezes ele está assumindo o seu próprio construto do contexto perdido. Tudo isso significa que a reconstrução da obra de um filósofo pela via de avaliação de fragmentos e *testimonia* é um empreendimento científico que requer extrema habilidade, ao mesmo tempo em que é um tanto não científico. A natureza e a complexidade da tarefa, que por vezes envolve olhar para trás, para diversos estratos de transmissão e potencial contaminação, é brevemente ilustrada por Malcolm Schofield na seção de abertura de seu capítulo "Os pré-socráticos". Mas num livro com o escopo do presente não é possível exibir tais problemas de avaliação de fontes sobre uma base regular, de modo que eles, em grande parte, serão deixados nos bastidores.

Mesmo nas passagens em que um texto filosófico chegou até nós intacto, seu sentido raras vezes pode ser lido diretamente. O caso que mais salta aos olhos é o de Platão. Seus escritos filosóficos são tidos como tendo sobrevivido na íntegra, mas esse fato não impediu os estudiosos de se verem profundamente divididos quanto à sua interpretação por dois milênios e meio – e, como revela o capítulo "Platão", de Christopher Rowe, há até mesmo menos sinal de convergência agora do que havia na Antiguidade. Isso de modo algum é culpa de Platão, como se ele tivesse tentado, mas de algum modo falhado em deixar claro o que estava tentando dizer. Essa suspeita se ancoraria, por entre outros equívocos, numa grave subestimação de sua sutileza como autor de diálogos filosóficos. Mas, num grau considerável, o que se aplica a Platão, se aplica a todos os autores filosóficos: *qualquer* obra clássica de filosofia tem de ser reinterpretada por cada geração de cada cultura que a absorveu em sua herança. Mesmo no âmbito de uma única geração haverá numerosas perspectivas com base nas quais um dado texto está para ser abordado.

Contudo, as razões pelas quais o sentido desses textos não pode simplesmente, sem mais, ser lido são mais complexas e variadas do que essas. Em particular, não é de todo verdade que quaisquer desses textos tenha chegado até nós "intacto". O próprio fato de sua sobrevivência entre sua composição original e a Renascença vem atestar a existência de cópias repetidas, feitas à mão, de exemplar a exemplar. Desde tempos remotos, começaram a se instalar leituras variadas. As divergências, embora inevitáveis, foram incentivadas por práticas de escrita antigas: no período clássico, um livro típico era um pergaminho contendo colunas de leitura, provavelmente com trinta linhas de altura e vinte de extensão, as letras sendo escritas em continuidade, sem interrupções assinaladas entre as palavras, nem mesmo ao final das linhas, com pouca ou nenhuma pontuação. Muito embora tenha se tornado surpreendentemente fácil aprender a ler de maneira fluente um texto escrito dessa maneira, persiste o fato de que erros mecânicos, como de haplografia (omissão de letras, palavras ou frases que deveriam figurar duas vezes), aconteciam com muita frequência. Alguns estudiosos antigos, como suas contrapartes modernas, tinham a esperança de reparar textos corrompidos, mas também essa atitude era passível de proporcionar interferência indesejada, por vezes ideologicamente motivada. Fatores comparáveis a esses continuavam a influenciar o contínuo processo de cópia manual desses mesmos textos em códices (manuscritos amarrados como livros) após o final da antiguidade, com o resultado de que os múltiplos manuscritos medievais de uma única obra geralmente se dividiam em "famílias" distintas, cuja história da divergência progressiva a contar de um único arquétipo pode ser especulativamente reconstruída. O quadro se faz ainda mais complicado pela sobrevivência de traduções baseadas em exemplares de originais hoje perdidos, para o latim, árabe, siríaco, armênio e uma série de outras línguas, todas as quais proporcionando dados suplementares para a reconstrução.

No pé de uma página de um texto grego ou latino numa edição moderna encontra-se o "*aparattus criticus*", afetivamente conhecido pelos estudiosos do período clássico como "*app. crit.*": um resumo concisamente codificado de dados manuscritos complexos e especulações editoriais com base nas quais o texto impresso foi sintetizado. Chegar à leitura original é um ideal que provavelmente jamais será atingido – mesmo se se ignorar a possibilidade não negligenciável de que algumas das variantes concorrentes podem ter sido introduzidas na tradição pelo próprio autor original.

Transmissão de um texto

Platão, Fédon *83b4-7: quatro linhas de texto, ao longo de 23 séculos:*

1. Uma cópia de papiro do século III a. C. (P. Petrie I 5-8).

2. Uma transcrição direta de I (letras inteiramente perdidas por danos ao papiro aparecem entre colchetes).

ΤΑΥΤΕΙΟΥ[ΝΤΗΙ]
ΛΥΣΕΙΟ[ΥΚΟΙ]ΟΜΕΝΗΔΕΙΝΕΝΑΝΤΙ
ΟΥΣΘΑΙΗΤΟΥΩΣΑΛΗΘΩΣΦΙΛΟΣΟΦΟΥ
ΨΥΧΗΟΥΤΩΑΠΕΧΕΤΑΙΤΩΝΗΔΟ
Ν[ΩΝ]ΤΕΚΑΙΕΠΙΘΥΜΙΩΝΚΑΙΛΥΠΩΝ
ΚΑΘΟΣΟΝΔΥΝΑΤΑ[Ι

3. A mesma passagem em um manuscrito medieval (Bodleian Library, MS E. D. Clarke 39), datado de 895 A. D.

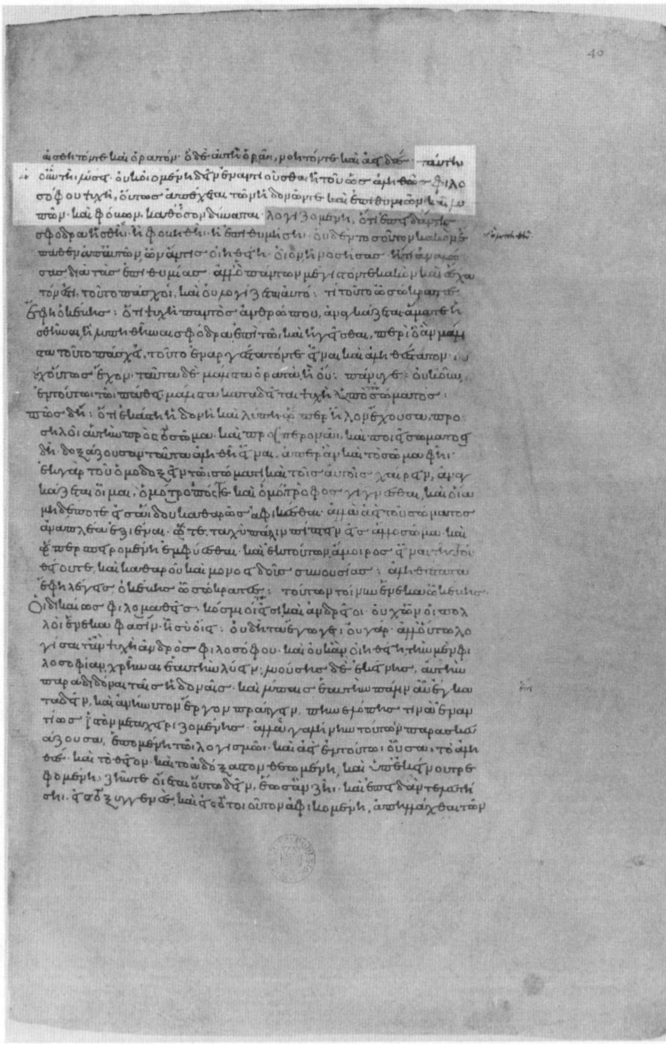

4. A mesma passagem na edição Stephanus (edição de Platão de Henri Estienne, 1574, da qual toda a numeração moderna foi tomada). Texto grego com tradução latina.

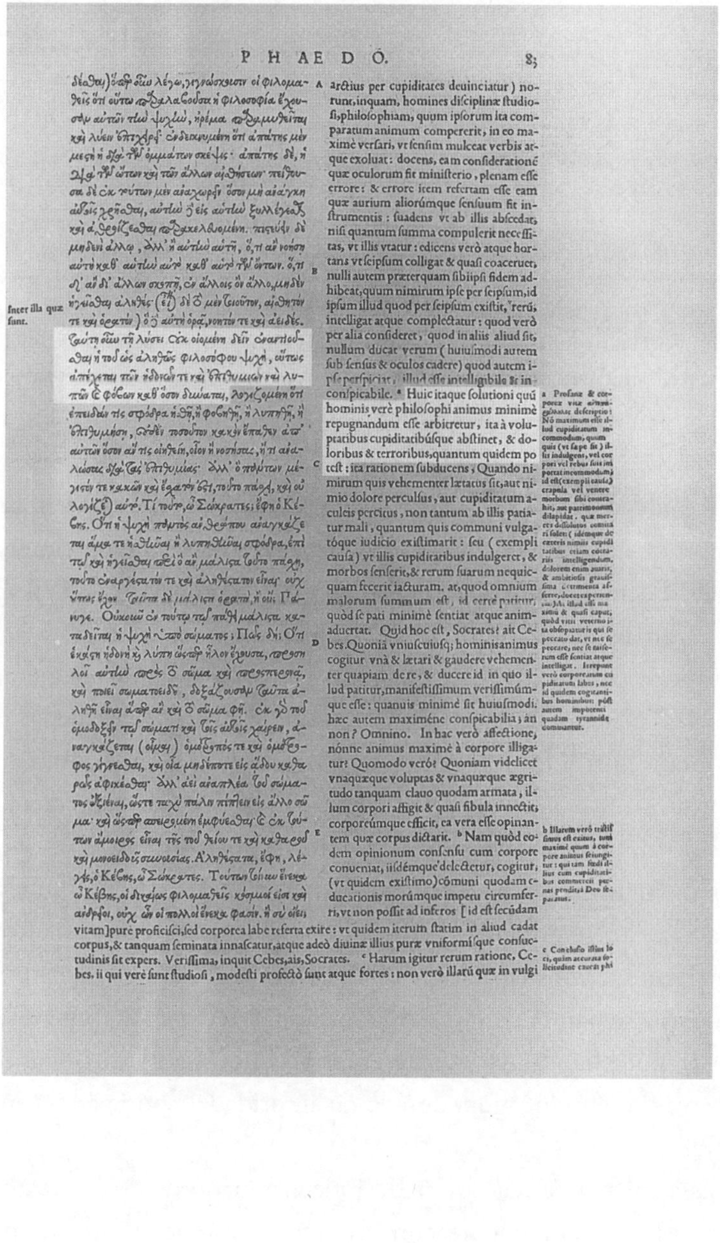

PHAEDO. 83

A δεδέσθαι) ὅπερ οὖν λέγω, γιγνώσκουσιν οἱ φιλομαθεῖς ὅτι οὕτω παραλαβοῦσα ἡ φιλοσοφία ἔχουσαν αὐτῶν τὴν ψυχὴν, ἠρέμα παραμυθεῖται καὶ λύειν ἐπιχειρεῖ· ἐνδεικνυμένη ὅτι ἀπάτης μὲν μεστὴ ἡ διὰ τῶν ὀμμάτων σκέψις· ἀπάτης δὲ, ἡ διὰ τῶν ὤτων καὶ τῶν ἄλλων αἰσθήσεων· πείθουσα δὲ ἐκ τούτων μὲν ἀναχωρεῖν ὅσον μὴ ἀνάγκη αὐτοῖς χρῆσθαι, αὐτὴν δὲ εἰς αὐτὴν ξυλλέγεσθαι καὶ ἀθροίζεσθαι παρακελευομένη· πιστεύειν δὲ μηδενὶ ἄλλῳ, ἀλλ' ἢ αὐτὴν αὐτῇ, ὅ,τι ἂν νοήσῃ αὐτὴ καθ' αὐτὴν αὐτὸ καθ' αὐτὸ τῶν ὄντων. B ὅ,τι δ' ἂν δι' ἄλλων σκοπῇ, ἐν ἄλλοις ὂν ἄλλο, μηδὲν ἡγεῖσθαι ἀληθές (εἶ) δὲ τὸ μὲν τοιοῦτον, αἰσθητόν τε καὶ ὁρατόν) ὃ δὲ αὐτὴ ὁρᾷ, νοητόν τε καὶ ἀειδές. ταύτῃ οὖν τῇ λύσει οὐκ οἰομένη δεῖν ἐναντιοῦσθαι ἡ τοῦ ὡς ἀληθῶς φιλοσόφου ψυχὴ, οὕτως ἀπέχεται τῶν ἡδονῶν τε καὶ ἐπιθυμιῶν καὶ λυπῶν καὶ φόβων καθ' ὅσον δύναται, λογιζομένη ὅτι ἐπειδάν τις σφόδρα ἡσθῇ, ἢ φοβηθῇ, ἢ λυπηθῇ, ἢ ἐπιθυμήσῃ, οὐδὲν τοσοῦτον κακὸν ἔπαθεν ἀπ' αὐτῶν ὅσον ἄν τις οἰηθείη, οἷον ἢ νοσήσας, ἤ τι ἀναλώσας διὰ τὰς ἐπιθυμίας· C ἀλλ' ὃ πάντων μέγιστόν τε κακῶν καὶ ἔσχατόν ἐστι, τοῦτο πάσχει, καὶ οὐ λογίζεται αὐτό. Τί τοῦτο, ὦ Σώκρατες; ἔφη ὁ Κέβης. Ὅτι ἡ ψυχὴ παντὸς ἀνθρώπου ἀναγκάζεται ἅμα τε ἡσθῆναι ἢ λυπηθῆναι σφόδρα, ἐπί τῳ καὶ ἡγεῖσθαι περὶ ὃ ἂν μάλιστα τοῦτο πάσχῃ, τοῦτο ἐναργέστατόν τε καὶ ἀληθέστατον εἶναι, οὐχ οὕτως ἔχον· ταῦτα δὲ μάλιστα ὁρατά, ἢ οὔ; Πάνυ γε. Οὐκοῦν ἐν τούτῳ τῷ πάθει μάλιστα καταδεῖται ψυχὴ ὑπὸ σώματος; Πῶς δή; D Ὅτι ἑκάστη ἡδονὴ καὶ λύπη ὥσπερ ἧλον ἔχουσα, προσηλοῖ αὐτὴν πρὸς τὸ σῶμα καὶ προσπερονᾷ, καὶ ποιεῖ σωματοειδῆ, δοξάζουσαν ταῦτα ἀληθῆ εἶναι ἅπερ ἂν καὶ τὸ σῶμα φῇ. ἐκ γὰρ τοῦ ὁμοδοξεῖν τῷ σώματι καὶ τοῖς αὐτοῖς χαίρειν, ἀναγκάζεται (οἶμαι) ὁμότροπός τε καὶ ὁμότροφος γίγνεσθαι, καὶ οἵα μηδέποτε εἰς ᾅδου καθαρῶς ἀφικέσθαι· ἀλλ' ἀεὶ ἀναπλέα τοῦ σώματος ἐξιέναι, ὥστε ταχὺ πάλιν πίπτειν εἰς ἄλλο σῶμα· καὶ ὥσπερ σπειρομένη ἐμφύεσθαι· καὶ ἐκ τούτων ἄμοιρος εἶναι τῆς τοῦ θείου τε καὶ καθαροῦ E καὶ μονοειδοῦς συνουσίας. Ἀληθέστατα, ἔφη, λέγεις, ὁ Κέβης, ὦ Σώκρατες. Τούτων τοίνυν ἕνεκα, ὦ Κέβης, οἱ δικαίως φιλομαθεῖς κόσμιοί εἰσι καὶ ἀνδρεῖοι, οὐχ ὧν οἱ πολλοὶ ἕνεκά φασιν. ἢ σὺ οἴει;

Inter illa quæ sunt.

arctius per cupiditates deuinciatur) norunt, inquam, homines disciplinæ studiosi, philosophiam, quum ipsorum ita comparatum animum compererit, in eo maximè versari, vt sensim mulceat verbis atque exoluat: docens, eam consideratioñe quæ oculorum fit ministerio, plenam esse errore: & errore item refertam esse eam quæ aurium aliorúmque sensuum fit instrumentis: suadens vt ab illis abscedat, nisi quantum summa compulerit necessitas, vt illis vtatur: edicens verò atque hortans vt seipsum colligat & quasi coaceruet, nulli autem præterquam sibiipsi fidem adhibeat, quum nimirum ipse per seipsum, id ipsum illud quod per seipsum existit, rerū, intelligat atque complectatur: quod verò per alia consideret, quod in aliis aliud sit, nullum ducat verum (huiusmodi autem sub sensus & oculos cadere) quod autem ipse perspiciat, illud esse intelligibile & inconspicabile. [a] Huic itaque solutioni quū hominis verè philosophi animus minimè repugnandum esse arbitretur, ita à voluptatibus cupiditatibúsque abstinet, & doloribus & terroribus, quantum quidem potest: ita rationem subducens, Quando nimirum quis vehementer lætatus sit, aut nimio dolore perculsus, aut cupiditatum aculeis percitus, non tantum ab illis patiatur mali, quantum quis communi vulgatóque iudicio existimarit: seu (exempli causa) vt illis cupiditatibus indulgeret, & morbos senserit, & rerum suarum nequicquam fecerit iacturam. at, quod omnium malorum summum est, id certè patitur, quòd se pati minimè sentiat atque animaduertat. Quid hoc est, Socrates? ait Cebes. Quoniã vniuscuiusq; hominis animus cogitur vnà & lætari & gaudere vehementer quapiam de re, & ducere id in quo illud patitur, manifestissimum verissimúmque esse: quanuis minimè sit huiusmodi. hæc autem maximéne conspicabilia, an non? Omnino. In hac verò affectione, nónne animus maximè à corpore illigatur? Quomodo verò? Quoniam videlicet vnaquæque voluptas & vnaquæque ægritudo tanquam clauo quodam armata, illum corpori affigit & quasi fibula innectit, corporeúmque efficit, ea vera esse opinantem quæ corpus dictarit. [b] Nam quòd eodem opinionum consensu cum corpore conueniat, iisdémque delectetur, cogitur, (vt quidem existimo) cõmuni quodam educationis morúmque impetu circumferri, vt non possit ad inferos [id est secũdam vitam] purè proficisci, sed corporea labe referta exire: vt quidem iterum statim in aliud cadat corpus, & tanquam seminata innascatur, atque adeò diuinæ illius puræ vniformísque consuetudinis sit expers. Verissima, inquit Cebes, ais, Socrates. [c] Harum igitur rerum ratione, Cebes, ii qui verè sunt studiosi, modesti profectò sunt atque fortes: non verò illarũ quæ in vulgi

a Profanæ & corporeæ vitæ [illegible] descriptio: Nõ maximum esse illud cupiditatum incommodum, quum quis (vt sæpe fit) illis indulgens, vel corpori vel rebus suis importat incommodum; id est (exempli causa) crapula vel venere morbum sibi contrahit, aut patrimonium dilapidat. quæ merces dissolutos comitari solet: (idémque de cæteris nimiis cupiditatibus etiam cõtrariis intelligendum, dolorem enim auaris, & ambitiosis grauissima tormenta afferre, docet experientia.) At illud esse maximũ & quasi caput, quòd vitii veterno ita obsopiatur is qui se peccato dat, vt nec se peccare, nec se miserum esse sentiat atque intelligat. Irrepunt verò corporearum cupiditatum labes, nec id quidem cogitantibus hominibus: pòst autem impotenti quadam tyrannide dominantur.

b Illarum verò tristissimus est exitus, tum maximè quum à corpore animus seiungitur: qui tam fœdi illius cum cupiditatibus commercii pœnas pendit, à Deo separatus.

c Conclusio illius loci, quàm accurata sollicitudine caueat phi

5. A mesma passagem conforme editada por C. Strachan, na edição revisada de 1995 do Oxford Classical Text of Plato, com acompanhamento de aparato crítico.

ταύτῃ οὖν τῇ λύσει οὐκ οἰομένη
δεῖν ἐναντιοῦσθαι ἡ τοῦ ὡς ἀληθῶς φιλοσόφου ψυχὴ
οὕτως ἀπέχεται τῶν ἡδονῶν τε καὶ ἐπιθυμιῶν καὶ λυπῶν
καὶ φόβων καθ' ὅσον δύναται

b4 οὖν βTV Iambl.: δ' οὖν WΛ: δὲ PQB[1] b6 ἐπιθυμιῶν καὶ λυπῶν βT Π2 Iambl.: λυπῶν καὶ ἐπιθυμιῶν δ b7 καὶ φόβων βδ, acresc. em mg. T^2 vel T m. 1: om. T Π2 Iambl.

6. A mesma passagem na tradução inglesa por D. Gallop (Oxford, 1975).

Porque convencida de que não deve se opor a semelhante libertação, a alma do verdadeiro filósofo se abstém dos prazeres, das paixões e dos temores,* tanto quanto o possa.

*Entre colchetes καὶ φόβων (837b7), com Burnet

É evidente que o *app. crit.* pode ser usado somente por leitores com algum traquejo junto aos clássicos, mas mesmo esses provavelmente vão achar fácil demais ignorá-lo a maior parte do tempo, como se tal aparato fosse não mais do que um conjunto de escritos rudimentares, agora já substituídos pelo texto integral que o editor conseguiu recuperar com base neles. Nada pode ser mais distante da verdade. Não apenas os editores foram impelidos a escolher, não raro de forma questionável, entre variantes certificadas, como eles também introduzem ali mudanças editoriais, e em geral só registram tais intervenções no *app. crit.* onde elas passarem facilmente despercebidas. Boa dose de um trabalho soberbo foi realizado ao longo de muitas gerações na melhoria de textos clássicos, mas é importante termos em mente que nenhuma decisão editorial é oficial, e que o que se parece com o sentido original, recuperado por habilidade editorial, pode na realidade representar pressupostos apriorísticos do editor acerca do sentido, agora dotado de autoridade espúria ao ser inserido na letra do texto.

Essa cautela acerca do estado indeterminado de nossos textos deve ser estabelecida juntamente com as versões anteriores no que diz respeito à avaliação de fontes e ao caráter de perpétua autorrenovação da interpretação filosófica. A questão não está em suscitar um ceticismo generalizado quanto às reivindicações históricas que serão feitas ao longo deste livro, mas ajudar a explicar por que motivo a recuperação da filosofia antiga não é uma tarefa finita que pode algum dia ser dada como concluída e entregue sem mais às estantes de livros. Enquanto as humanidades continuarem a ser ensinadas e pesquisadas, esse processo de um constante tornar a pensar e a enriquecer a compreensão de nossas origens filosóficas continuará a ser delas parte integrante.

1 Argumento em filosofia antiga

Jonathan Barnes

No início do livro Gama de sua *Metafísica*, Aristóteles enuncia a existência de um ramo peculiar de conhecimento:

> Existe uma ciência que considera o ser enquanto ser e as propriedades que lhe competem enquanto tal. Ela não se identifica com nenhuma das ciências particulares: de fato, nenhuma das outras ciências considera universalmente o ser enquanto ser, mas, delimitando uma parte dele, cada uma estuda as características dessa parte. Assim o fazem, por exemplo, as matemáticas (*Metafísica* 1003a21-6).[1]

A ciência que considera tudo o que existe enquanto existe, Aristóteles a chama de filosofia primeira. É usualmente chamada de metafísica.

Muitas coisas acerca da metafísica de Aristóteles são contestadas. Em todo caso, no entanto, trata-se de uma ciência. Alexandre de Afrodísias (300-301), que deteve a Cátedra imperial em filosofia aristotélica em Atenas no século III d. C., tomava o termo "ciência" num sentido estrito e aristotélico. Uma ciência aristotélica é um corpo organizado de verdades. Seu escopo e objeto são definidos pelo gênero ou classe de itens com os quais ela lida e pelos aspectos dos itens que a interessam. Suas fundações ou primeiros princípios são dispostos sob a forma de axiomas e definições. Suas verdades remanescentes – seus teoremas – são deduzidas desses princípios mediante silogismos formais. A geometria apresentada

1 Para as formas de citações usadas neste capítulo, ver: para Aristóteles, p. 163-167, para Platão, p. 133-137, para Galeno, p. 359, e para os comentadores de Aristóteles, p. 306. "PG" se refere a J. P. Migne, *Patrologia graeca* (1857-66), a compilação enciclopédica de escritos da patrística grega.

nos *Elementos* de Euclides (p. 352-353) é um paradigma de uma ciência aristotélica. A metafísica, de acordo com Alexandre, é, também ela, uma ciência aristotélica; e uma metafísica está, ou deveria estar, envolvida na construção de *Elementos da Metafísica.*

Alexandre introduz sua concepção sem alarde, aparentemente tomando-a como incontroversa (ver *Sobre a metafísica de Aristóteles* 239.6-9). E se ele pensava ser a metafísica uma ciência, atribuía a ela o mesmo estatuto que a outros ramos da filosofia – não apenas à física, mas também à ética e à política. A bem da verdade, essas ciências posteriores não compartilharão o mesmo rigor da geometria:

> Ao falar de tais coisas e com base em tais coisas é suficiente indicar a verdade de maneira aproximada e em seus contornos – isto equivale a dizer, ao falar sobre o que ocorre de modo geral e partindo de tais dados, isso basta para chegar a conclusões semelhantes (Aristóteles, *Ética a Nicômaco*, 1094b19-22).

O gênero com o qual a ciência da ética está relacionada reúne verdades que dão conta do "de modo geral" e não de uma necessidade férrea; e é nesse sentido que a ética é menos rigorosa que a geometria.

Não se segue daí, e Aristóteles não o afirma, que a ética não seja, em princípio, uma ciência organizada e axiomatizada. E Alexandre sabe que

> [...] muitas artes são conjecturais e silogizam suas proposições com base no que é possível nesse sentido [i.e., abarcando de modo geral] – por exemplo, a medicina, a navegação, a ginástica. Via de regra, questões que envolvam deliberação são mostradas mediante esse tipo de possibilidade: por exemplo, se alguém está se perguntando se deveria se lançar ao mar e em que momento, quando o vento é favorável, então de modo geral os que navegam estão seguros; mas agora os ventos estão favoráveis; por essa razão, lançar-se ao mar será de modo geral seguro. Aristóteles chama de probatório um silogismo que alguém pode usar quando deseja mostrar alguma coisa (*Sobre os analíticos anteriores de Aristóteles*, 165.8-15).

As artes e ciências procedem por silogismo probatório mesmo se as proposições componentes de seus silogismos não forem verdades necessárias.

Uma ciência aristotélica está prenhe de provas. A bem da verdade, seus primeiros princípios têm de ser posicionados como que por um passe de mágica; mas depois disso, todas as verdades científicas são provadas. Agora, uma prova é uma espécie de silogismo, e um silogismo é uma dedução formalmente válida. A disciplina que os antigos chamavam de lógica compreendia mais do que a disciplina moderna que leva o mesmo nome, mas o estudo de deduções formalmente válidas sempre esteve em seu centro. Todas as ciências aristotélicas, a metafísica entre elas, por essa razão, dependem da lógica.

Alexandre insistia que a lógica era um instrumento ou ferramenta da filosofia e das outras ciências; e argumentou contra uma tese rival que fazia da lógica uma parte da filosofia (*Sobre os analíticos anteriores de Aristóteles*, 1.7-4.29). A disputa não era uma peça de árido escolasticismo: ela teve consequências importantes para o estudo dos silogismos.

> Quanto àqueles itens sobre os quais Aristóteles não disse nada, mas que os pensadores mais recentes discutem, eles são inúteis como prova, e está claro que ele os omitiu em razão de sua inutilidade e não por causa da própria ignorância dele... Para a medida de qualquer instrumento, sua utilidade diz respeito ao que é mostrado ou produzido por esse instrumento. O que é não útil não é um instrumento: um enxó que não for de uso para um carpinteiro não é um enxó de modo algum – exceto em um sentido diferente (*Sobre os Analíticos anteriores de Aristóteles*, 164.27-165.2).

Se a tarefa de um lógico é proporcionar as ferramentas com que os cientistas farão suas deduções, então ele é como que um fabricante de arreios em relação a um cavaleiro; e um fabricante de arreios não pode nem deve fabricar equipamentos exóticos que não servirão às necessidades do cavaleiro.

A visão austera – ou filistina – da lógica por Alexandre não era idiossincrática. Mas tampouco era amplamente compartilhada, e tornou-se uma platitude da filosofia pós-aristotélica o fato de que a lógica é uma das três partes da filosofia, juntamente com a física e a ética (ver p. 211 abaixo). Mas em que pesem as insinuações de Alexandre, ninguém que manteve que a lógica fosse parte da filosofia, e por conseguinte objeto de estudo legítimo por seu próprio direito, veio contestar a ideia de que a lógica também fornia as ciências com seus instrumentos.

A maestria dos instrumentos era ensinada a seus usuários potenciais. Na antiguidade, a lógica não era uma disciplina esotérica, reservada – como era a medicina ou a matemática mais elevada – a uns poucos especialistas. Em vez disso, era uma parte padrão do currículo escolar, o primeiro assunto a ser abordado por um jovem tão logo ele escapasse das mãos do gramático e do retórico.

> Você lê o livro. Você ouve em silêncio enquanto o mestre explica. Faz um assentimento para mostrar que entendeu. Então os outros leem. Você adormece. Ouve 'o que vem primeiro? O que vem em segundo?'. Sempre novamente. As janelas estão abertas. Alguém elabora o seguinte: 'se é dia, faz luz...' (Fronto, *Sobre a eloquência*, v. 4).

Isso segundo Marcos Cornélio Fronto, o político e esteta da língua, que ensinou ao Imperador Marco Aurélio a sua retórica; e sem dúvida que exercícios lógicos entediaram muitos estudantes a ponto da distração. Mas o assunto por vezes se mostra cativante, e mesmo excitante – e há anedotas sobre jovens loquazes que irritavam os pais à mesa do jantar com seu corte lógico ostentatório e inapropriado. Em todo caso, todo e qualquer homem educado encontrava-se absorvido pela lógica; e assim como a gramática era uma fundação inconteste para a apreciação da literatura, a lógica era uma base incontestável para o estudo da ciência e da filosofia.

A lógica, tal como padronizadamente ensinada, tinha duas partes. Havia a silogística "categórica", que tinha sido inventada por Aristóteles (p. 176 abaixo) e que dizia respeito às deduções formais cuja validade aciona o sentido das expressões quantificadoras "todos" e "alguns". Por exemplo:

Todos os filósofos são inteligentes.
Alguns imperadores são filósofos.
Portanto: alguns imperadores são inteligentes.

Em segundo lugar, havia a silogística "hipotética", associada sobretudo com os estoicos (p. 213 abaixo), que investigava as inferências cuja validade aciona o sentido das partículas conectivas "se", "ou" e "e". Assim:

Se é dia, faz luz.
É dia.
Portanto: faz luz.

Vale a pena conhecer esse tema. Galeno (ver p. 259-262), a quem Marco Aurélio saudou como o médico mais eminente e principal filósofo de seu tempo, sustentava, como Alexandre, que a lógica era um instrumento das ciências. A ciência, entendia ele, não poderia ser feita por alguém que não estivesse bem fundamentado na lógica – e isso vale tanto para a sua própria ciência eminentemente prática da medicina como para ciências outras, mais teóricas. Um médico tem de aprender lógica. A lógica, em primeiro lugar, o protegerá do erro: ele não será confundido pelas falácias de seus colegas menos capazes, e ele próprio não cairá em falácias. E, em segundo lugar, a lógica lhe dará o poder de elaborar a sua própria ciência, de provar seus teoremas constituintes. As ciências são ciências probativas; seus praticantes têm de introjetar os métodos probativos.

"A filosofia é uma ciência probativa": a noção pode parecer alquímica, um vapor destilado no alambique de algum cérebro peripatético, tendo escassa conexão com a realidade sólida do real filosofar.

A bem da verdade, a Antiguidade tardia proporciona um exemplo acabado da coisa. Proclo, chefiando a escola platônica de Atenas na segunda metade do século V d. C. (ver p. 302 abaixo) sentia-se em casa com a filosofia aristotélica. Seu comentário sobre os *Elementos* de Euclides revela que ele tinha refletido sobre a natureza de um sistema dedutivo axiomatizado; seu *Elementos da física* pôs em prática as reflexões teóricas; e os *Elementos de teologia* nada mais são do que uma tentativa de escrever uma ciência da metafísica, "teologia" sendo outro nome para aquela disciplina polinômica.

Talvez Proclo tivesse Aristóteles em mente. Por certo que ele tinha em mente uma passagem da *República* de Platão:

> Fazendo [a razão] das hipóteses não princípios, mas hipóteses de facto, uma espécie de degraus e de pontos de apoio, para ir até àquilo que não admite hipóteses, que é o princípio de tudo, atingido o qual desce, fixando-se em todas as consequências que daí decorrem, até chegar à conclusão... (511b).

Qual é a segunda parte desse procedimento de sobe e desce se não uma ciência dedutiva e probativa? Não estaria Platão a esboçar a concepção de uma filosofia científica que Aristóteles mais tarde viria a elaborar? Chegando a isso, Proclo pode ter refletido que teria havido um pioneiro pré-socrático na ciência da filosofia primeira; em meados do século V a. C., o *Caminho da verdade*, de Parmênides, tendo disposto que qualquer coisa que pode ser tema de investigação existe, então procedeu a estabelecer, de maneira rigorosamente dedutiva, uma sequência de propriedades que têm de se valer de todo e qualquer item existente à medida que existe (p. 66-67 e 88-91 abaixo).

Ainda assim, poucos filósofos da Antiguidade produziram, ou parecem ter aspirado a produzir, ciências desse tipo. A física epicurista, seria ela uma ciência? Ou a ética estoica? Ou a metafísica plotiniana?

Certamente, nenhum filósofo começou a trabalhar buscando primeiros princípios. Tampouco cientista algum trabalhava dessa forma. Geômetras gregos começavam *in mediis rebus*, com algum problema particular ou em alguma parte específica de seu assunto. Aferravam-se a algumas verdade, ou aparentes verdades, naquele domínio; operavam manipulações descendentes a contar de teoremas putativos, deduzindo suas consequências; e passavam a trabalhar no sentido ascendente, buscando verdades das quais os teoremas pudessem ser derivados. O caminho ascendente eventualmente podia dar em alguns axiomas. Os *Elementos* de Euclides amalgamaram e sistematizaram os resultados de tal investigação fragmentada. Da mesma forma em filosofia: a investigação é fragmentada; a consolidação num *Elementos* vem depois.

Na *República*, Platão não professa o uso do procedimento ascendente e descendente que ele ali descreve – é um "longo caminho" que não pode ser seguido (504b). O caminho é mencionado em conexão com a questão sobre se as almas têm três partes:

> Mas fica a sabê-lo bem, ó Gláucon, que em minha opinião, com os métodos que de que estamos a servir-nos agora na discussão, jamais atingiremos rigorosamente o nosso fim – pois o caminho que aí conduz é outro, mais longo e mais demorado... (435d).

Sócrates e seus amigos, os que tomam parte nesse diálogo, não vão chegar a uma psicologia precisa a não ser que possam usar os métodos apropriados. Não obstante, os métodos que eles efetivamente usam renderão provas – ou, em todo caso, provas de um determinado tipo (504b). E, mais acima nesse diálogo (436a-441b), Sócrates propõe – ou prova – que as almas têm três partes.

O argumento é intrincado; mas sua estrutura geral não é difícil de decifrar. Ele se inicia com o que parece a todo mundo como um axioma ou primeiro princípio:

> O mesmo sujeito não pode, ao mesmo tempo, realizar e sofrer efeitos contrários na mesma de suas partes e relativamente à mesma coisa (436b).

Então, há algum material ao qual o princípio pode ser aplicado:

> Ora pois, estabelecerás que acenar com a cabeça, ou abaná-la, desejar receber alguma coisa ou recusá-la, chamar a si ou repelir, tudo isso é contrário entre si, quer se trate de ações, quer de estados – pois nesse ponto não há diferença alguma? (437b).

E, finalmente, a alma:

> — Logo, a alma do sequioso, na medida em que sente a sede, não quer outra coisa que não seja beber, é essa a sua aspiração, esse o seu impulso.

> — É evidente.
>
> — Por conseguinte, se, quando tem sede, alguma coisa a puxa, encontrar-se-á nela algo de distinto que tem sede e que a leva, como um animal selvagem, a beber. Efetivamente – já o dissemos – o mesmo sujeito, na mesma parte e relativamente ao mesmo objeto, não pode produzir ao mesmo tempo resultados contrários (439b).

Você pode estar sequioso e ao mesmo tempo desejar não beber. Portanto, a alma tem ao menos duas partes – uma parte que tem sede (e, em geral, deseja) e uma parte que se acautela (e em geral, raciocina).

O argumento é citado aqui pelo que ele promete, não por seu desempenho. É um esboço para uma página num livro que Platão jamais escreveu, um delineio de uma prova que era para fazer parte de uma filosofia científica. Tal trabalho preparatório, tanto em filosofia como em geometria, contém silogismos ou consiste de silogismos.

A Estoa era notória por seus silogismos filosóficos. Zenão de Cítio, o primeiro chefe da escola, deu início à tendência. Eis aqui uma de suas pequenas deduções:

> O racional é superior ao irracional. Mas nada é superior ao mundo. Portanto, o mundo é racional (Sexto, *Contra os professores*, IX 104).

Os sucessores de Zenão o imitaram. Galeno reporta que o argumento a seguir foi aventado pelo estoico do século II a. C. Diógenes da Babilônia:

> A voz passa pela garganta. Se ela passasse pelo cérebro, não passaria pela garganta. Mas a voz passa pelo mesmo lugar que a razão. A razão passa pelo intelecto. Daí o intelecto não estar no cérebro (*Sobre as doutrinas de Hipócrates e Platão*, V 241).

Esses silogismos são simples, e os estoicos se orgulhavam disso. Outros textos oferecem deduções mais elaboradas. Sexto Empírico, filósofo cético de fins do século II d. C., transcreve um argumento que seu predecessor cético Enesidemo havia proposto dois séculos e meio antes.

> Se o que é aparente aparece da mesma forma para todo aquele que se encontra disposto da mesma forma, e se os sinais são aparentes, então os sinais aparecem da mesma forma para todo aquele que está disposto da mesma forma. Mas sinais não aparecem da mesma forma para todo aquele que está disposto da mesma forma. Mas o que é aparente aparece da mesma forma para todo aquele que está disposto da mesma forma. Portanto, sinais não são aparentes.
> Esse argumento é composto de um segundo e de um terceiro silogismo não provado, como podemos ver por meio de uma análise – isso ficará mais claro se o expusermos em termos de um esquema argumentativo; assim:
> Se o primeiro e o segundo, então o terceiro.
> Mas não o terceiro.
> Mas o primeiro.
> Portanto, não o segundo (*Contra os professores*, VIII 234-5).

A análise, que está formulada na terminologia técnica da silogística estoica, continua ainda por aproximadamente uma página.

Tais textos são notáveis pelo seu pedantismo: a elegância literária aí não conta – o que importa é a estrutura lógica. Formalidade desse tipo não é algo que agrada a todos os gostos. Alexandre observa que algumas pessoas acrescentarão floreios desnecessários a seus silogismos para "evitar a impressão seca e nua que a tecnicalidade proporciona" (*Sobre os Analíticos Anteriores de Aristóteles*, 279.24-5). E alguns autores conferem a seu raciocínio uma versão a um só tempo formal e informal, nua e vestida. Os melhores exemplos são encontrados em textos cristãos. Assim, em seu *Eranistes*, o bispo de Cirro, Teodoreto, do século V, primeiramente apresenta uma sequência de considerações teológicas em prosa, para então dispor o que pretende ser a sua versão plenamente silogizada.

É verdade que o silogizar formal dificilmente vem a ser a regra nos escritos em filosofia antiga. Os diálogos de Platão, por exemplo, contêm inumeráveis argumentos, mas com raras exceções – a mais notável delas está na segunda metade de seu *Parmênides* – Platão não os apresenta com formalidade seca. Eis aqui um pequeno argumento em suas vestes platônicas:

— Bem – disse eu –, não te parece ter uma virtude que lhe é própria tudo aquilo que está encarregado de uma função (*aretê*)? Tornemos ao mesmo ponto: os olhos, dizíamos nós, têm uma função?
— Têm.
— Portanto, têm também uma virtude?
— Têm também uma virtude.
— E então? Tínhamos dito que os ouvidos tinham uma função?
— Tínhamos.
— Portanto, uma virtude também?
— E uma virtude também.
— E relativamente a todas as outras coisas? Não é igual?
— É (*República*, 353b).

A lógica desse argumento será considerada mais tarde. Ele aqui é citado por sua forma.

Platão o apresenta em forma de diálogo; e, assim expresso, o argumento corresponde melhor – na visão de Platão – ao pensamento que ele representa. Pois Platão concebia o pensamento como um diálogo interno, não como monólogo interno (*Sofista*, 264a). Membros de sua escola, a Academia, treinavam suas faculdades privadas em diálogos públicos, para os quais várias regras eram dispostas. As regras fizeram a arte da "dialética" (Aristóteles as apresenta em seu *Tópicos*); e essa arte exerceu influência permanente sobre a terminologia da lógica grega posterior. Por exemplo, um termo padrão para "propor" (um argumento) significa literalmente "pedir".

Não obstante, a forma diálogo é extrínseca neste sentido: os argumentos de Platão podem todos ser transformados em monólogos, sem qualquer perda lógica ou filosófica. Os comentadores antigos estavam conscientes disso; e eles frequentes vezes desnudaram tais argumentos de sua vestimenta conversacional a fim de revelar sua força lógica. Um comentário anônimo sobre o *Teeteto*, parcialmente preservado em papiro e datando, talvez, do século I d. C. contém o seguinte naco:

> Quando você contempla a questão, ele propõe o argumento de acordo com a terceira figura.
> Como as coisas aparecem para cada homem, assim elas são para ele, e

> Como elas aparecem, assim ele as percebe
> Do que se conclui:
> Como cada homem percebe as coisas, assim elas são para ele (anôn., *Sobre o Teeteto de Platão*, LXVI 11-23).

O comentador se propõe a encontrar um silogismo aristotélico (a "terceira figura", ver p. 176 abaixo) a subjazer ao texto de Platão. No mesmo viés, Alcino, que escreveu um manual introdutório ao platonismo no século II d. C., garante a seus leitores que Platão conhecia todos os silogismos dos peripatéticos e dos estoicos, e ele devidamente cita passagens ilustrativas dos diálogos em que esse ou aquele silogismo é exemplificado (*Manual do platonismo*, 158.17-159.30). E de acordo com Proclo, alguns intérpretes tinham analisado todo o *Alcibíades* de Platão em dez silogismos (*Sobre o Platão de Alcibíades*, 12-13).

A análise silogística pode tanto ter uma função exegética quanto uma função crítica. Assim, Alexandre tem a dizer o seguinte acerca de um celebrado argumento epicurista:

> Em alguns casos uma conclusão diferente é inferida, não a que é concluída das premissas. Assim, no argumento proposto ['pedido'] por Epicuro:
> A morte não é nada para nós. Pois o que está dissolvido não percebe, e o que não percebe não é nada para nós.
> Esta não é a conclusão – em vez disso, o que está dissolvido não é nada para nós (na primeira figura) (*Sobre os Analíticos Anteriores de Aristóteles*, 346.14-17).

De modo mais geral, a lógica servirá a filósofos tanto em suas refutações quanto em suas provas. Assim o é, *passim*, nas obras do cético Sexto – um exemplo já foi aqui citado.

Assim o é – ou ao menos parece ter sido – na obra do pré-socrático Zenão, de quem Aristóteles teria dito ser o originador da dialética. Por exemplo:

> Para que diversas coisas existam, é necessário que sejam tantas quantas são, nem mais nem menos. Mas se elas são tantas quantas são, elas

serão limitadas em número. De novo, se diversas coisas existem, as coisas que existem são ilimitadas em número. Pois há sempre outras entre as coisas que existem, e de novo outras entre elas. E assim as coisas que existem são ilimitadas em número (fragmento B3).

Portanto, se diversas coisas existem, elas são a um só tempo limitadas e ilimitadas em número. Mas isso é impossível. Portanto, não é o caso de que diversas coisas existam.

A concepção aristotélica de uma filosofia científica não foi elaborada antes de Aristóteles. Mas a noção geral que subjaz a ela – a noção de que um filósofo tem de oferecer provas rigorosas de suas teses – tinha sido compreendida pelo menos desde o tempo de Parmênides; e é sempre de novo encontrada em textos antigos.

É verdade, Galeno pensava que a noção não era suficientemente valorizada: ele gostava de repreender seus contemporâneos por serem "escravos de suas seitas", por desdenhar de provas e aceitar na confiança as doutrinas de um Mestre e de uma Escola. É verdade que nos anos de agonia da filosofia pagã, pensadores gregos – e em particular platônicos gregos – são muitas vezes tidos como tendo feito a razão se render à confiança e à prova de autoridade. Ainda assim, se houve escravos intelectuais – e talvez alguns escravos felizes –, a escravidão não seria uma condição comum entre filósofos.

Olimpiodoro, que ensinava em Alexandria no século VI d. C., conta uma anedota sobre o seu professor Amônio:

> O próprio Platão diz que não devemos confiar nele de forma aleatória, mas sim buscar a verdade. Assim o filósofo Amônio afirma: 'Posso até estar errado, mas quando alguém estava dando uma palestra e dizia 'Platão disse assim', eu retrucava: 'Ele não disse isso; e, seja como for – possa Platão me perdoar – mesmo que tivesse dito, eu não confio nele, a não ser que exista uma prova' (*Sobre o Górgias de Platão*, xli 9).

Uma coisa é aceitar o que Platão diz, outra é aceitar que ele disse tal e tal. Amônio viu a diferença. Não há razão para pensar que ele estivesse procedendo atipicamente.

A prova contrasta com a confiança (ou com a fé, modo como a palavra grega é geralmente traduzida). Uma platitude moderna – e uma antiga – contrasta a confiança (ou fé) dos cristãos com a razão dos pagãos. Assim, por exemplo, Galeno – em um dos primeiros textos pagãos a ter conhecimento da religião cristã – reprova seu colega Arquígenes por oferecer asserções não provadas:

> Seria muito melhor ter acrescentado alguma coisa – se não uma prova sólida, então pelo menos um argumento adequado... de modo que você não iria logo de início – muito embora tivesse entrado numa escola de Cristo ou de Moisés – ler leis não provadas... (*Sobre tipos de pulso*, VIII 579).

Os cristãos preferiam a confiança à prova: todo oponente pagão da nova filosofia repetia a acusação.

Os cristãos vigorosamente rebatiam a acusação. Seus filósofos dispunham as coisas em silogismos; eles usavam todos os dispositivos da lógica pagã como prova de uma doutrina ortodoxa – e em refutação de heresia e de paganismo. Eusébio, bispo de Cesareia, no século IV d. C., era um devoto da prova. Logo no início de seu longo *Prova do evangelho* ele escreve o seguinte:

> Eles dizem que não proporcionamos nada pela via da prova, mas exigem que aqueles que vêm a nós se pautem tão somente pela confiança. Contra essa calúnia, o presente tratado pode ser uma resposta não irracional (*Prova do Evangelho*, I 1.12-13).

A sugestão de que o cristianismo seja uma filosofia da confiança é uma calúnia.

Eusébio não foi o último cristão a alardear a sua proeza probativa, nem o primeiro. Justino, que foi martirizado sob o imperador Adriano, é o seu mais notável predecessor. Em seu longo *Diálogo com Trifo*, no qual Justino defende a leitura cristã do Antigo Testamento contra os objetores judeus, as palavras "prova" e "provar" apimentam a discussão – não há texto antigo que delas faça uso mais frequente ou mais insistente.

A razão, e não o costume ou a confiança, é o instrumento da filosofia: tal foi a visão de pré-socráticos e pós-socráticos, de platônicos e peripatéticos, de pagãos e cristãos. Na verdade, não há nada de especialmente notável acerca dessa visão. Filosofia não é uma questão de obediência à autoridade; nem é uma empreitada histórica ou uma reunião de dados empíricos. Fosse esse o caso, ela seria apenas uma aventura racional; e se é uma aventura racional, então é o caso de reunir provas – tendo, no fundo de tudo, a lógica. E assim pode parecer que a tese aristotélica que faz da filosofia uma ciência não é mais do que a elaboração de uma singela verdade. Essa é a trama: é tempo de desfazê-la.

Em primeiro lugar, a disciplina da lógica teve seus detratores antigos. Para cada autor cristão com a pretensão de um bom método lógico há um autor cristão – não raro o mesmo autor – pretendendo menosprezar as trivialidades de Crisipo e as armadilhas de Aristóteles. Em sua diatribe contra o imperador morto Juliano, Gregório de Nazianzo escarnece do pagão:

> Dê-me os seus reais e sofisticados silogismos e seus entimemas, e vamos ver nossos pescadores e agricultores a falar (*Orações*, V 30.1).

Seu amigo Gregório de Nissa concordou:

> Quanto a confirmar nossas doutrinas pela via da arte dialética, por meio de silogismos e da ciência analítica, abjuramos dessa forma de discurso como estando corrompida e sendo suspeita com relação à prova da verdade (PG XL VI 52B).

A lógica foi uma invenção dos anjos caídos – e um dispositivo dos heréticos. De acordo com Jerônimo,

> Eutíquio e Eunômio... tentaram com silogismos – e com sofismas e Mentirosos e Sorites – confirmar os erros que outros inventaram (*Sobre Amos*, I 1.4).

(Para os paradoxos do "Mentiroso" e do "Sorites", ver p. 214 abaixo.) Tais sentimentos são um aspecto constante da polêmica cristã desde seus primeiros dias.

Mas eles não se limitavam a textos cristãos. Alguns platônicos tardios deixaram as planícies lógicas de Aristóteles abaixo deles à medida que seus balões de ar quente os alçavam sobre o empíreo azul e platônico. Damáscio, o último chefe da escola platônica de Atenas no início do século VI d. C., em sua divertida *Vida de Isidoro* registra que seu herói, quando encontrava um pupilo particularmente talentoso, fazia afastá-lo dos silogismos de Aristóteles (fragmento 338 Zintzen). Pois Isidoro – de novo de acordo com Damáscio –

> [...] não queria simplesmente impor silogismos a si mesmo e a seus companheiros para com isso seguir uma verdade não vista, sendo conduzidos pela razão a descer por uma única estrada e seguir o caminho correto como um homem cego; em vez disso, ele sempre se esforçava para persuadir e inserir discernimento na alma – ou melhor, purificar o discernimento que ela em si já contém (Fótio, *Biblioteca* cod. 242, 339a29-34).

Muito antes do tempo de Isidoro, intransigentes doutores conhecidos de Galeno tomavam a lógica por uma busca trivial. Galeno os desanca –

> Eles nada sabem da filosofia em si mesma, mas consideram-na o mais inútil de todos os estudos, feito buracos perfurantes em sementes de painço (*Sobre prognósticos*, XIV 606).

De modo mais geral, histórias da filosofia de referência relataram que certas escolas – não apenas os céticos pirrônicos, mas também os cínicos, os cirenaicos, os epicuristas e mesmo alguns estoicos – "rejeitavam a lógica".

Muito da oposição à lógica era fanfarronice. Gregório de Nazianzo fulminava a lógica – e louvava Basílio por sua destreza lógica (*Orações*, XVIII 23). Jerônimo detestava silogismos espinhosos – e via-se afrontado quando um jovem homem insolente ousava criticar suas próprias deduções:

> Você afirma que... esse dialético, um pilar de sua cidade e da família dos Plautii não leu nem as *Categorias* de Aristóteles, nem seu *De interpretatione*, nem os *Analíticos*, nem mesmo os *Tópicos* de Cícero, mas nos círculos dos ignorantes e nas rodas de chá

> de mulherzinhas ele tece seus silogismos assilogisticamente e com argumentação astuciosa desvenda o que chama de meus sofismas... Em vão eu virei as páginas dos comentários de Alexandre, em vão meu escolado professor me introduziu na lógica por meio da *Introdução* de Porfírio... (*Cartas*, 50.1).

Mesmo se a objeção à lógica não fosse mais do que sopro e vento, ela não necessariamente tocava na tese de que o silogismo é essencial para a investigação filosófica. Assim, houve quem denunciasse a lógica no mesmo fôlego em que denunciava a retórica; e estavam mais preocupados com estilo do que com método. De acordo com Lactâncio, contemporâneo de Eusébio:

> [...] o aprendizado divino não tem necessidade da lógica, uma vez que a sabedoria não está na língua, mas no coração, e não importa o estilo que se usa – são coisas, não palavras o que nós buscamos (*Institutos divinos*, 111 I 3).

Existem inumeráveis paralelos. Muitos autores antigos que "rejeitavam a lógica" eram contra o desfile vulgar de jargão lógico: eles não eram contra a aplicação não ostentatória de conhecimento lógico.

De novo, alguns autores objetaram que argumentos formais raramente têm muita força persuasiva e que eles fracassam em conseguir a aderência de seu público. Sêneca, o severo moralista estoico que aconselhava o imperador Nero, zombava dos raciocínios pequenos dos fundadores de sua própria escola.

> 'Nenhum mal é glorioso. A morte é gloriosa. Por isso, a morte não é um mal.' – Congratulações: estou livre do medo da morte. Não devo hesitar em esticar minhas canelas. Para dizer a verdade, não é fácil saber quem é mais fútil: aquele que pensa que tal argumento pode extinguir o medo da morte ou o que tenta refutar o argumento muito embora este tenha algum pé na realidade (*Cartas*, 82.9).

Sêneca afirma que os silogismos de Zenão não fazem a mente assentir. Sem dúvida que ele está certo, e talvez sua observação tenha alguma importância para professores de filosofia. Mas não tem interesse para filósofos – ou para geômetras. Euclides não estava preocupado em persuadir multidões de que o teorema de Pitágoras estava correto: ele queria provar a verdade do teorema. Um filósofo estoico tinha de provar as verdades do estoicismo – como essas verdades são enaltecidas pelo mundo já seria outra coisa.

E há ainda mais sobre essa questão. Os contemporâneos antilógicos de Galeno podem ter perguntado a ele por que ele pensava que sem conhecimento lógico um cientista não poderia ir a lugar algum. Hipócrates, a quem Galeno admirava além de qualquer medida, tinha feito alguns progressos em ciência médica antes que a lógica tivesse sido inventada. Quanto a Euclides e a seus sucessores, o seu paradigmático êxito realmente dependia do trabalho feito por Aristóteles e Crisipo? Em suma, conceda-se que a filosofia e as outras ciências sejam essencialmente sistemas dedutivos: por que inferir que a lógica formal é de utilidade para elas?

Duas considerações muito diferentes são pertinentes aqui. A primeira diz respeito ao estado da arte lógica na antiguidade. Galeno relata que

> Eu me pus nas mãos de todos os estoicos e peripatéticos respeitáveis da época. Aprendi muitos teoremas lógicos que, quando eu mais tarde analisei, achei que como provas eles eram inúteis, aprendi muito poucos que se revelaram úteis e que poderiam servir ao objetivo que eu havia posto para mim mesmo – e mesmo esses eram alvo de disputa, e alguns eram contrários a nossas noções naturais. Na verdade, no que dependesse de meus professores, eu cairia vítima de uma perplexidade pirrônica, não tivesse me amparado na geometria, na aritmética e no cálculo... (*Sobre meus livros*, XIX 39-40).

O currículo padrão em lógica, afirma Galeno, continha muito material inútil – material que não poderia servir às necessidades das ciências; e, o que é mais notável, material que era coletivamente inadequado para aquelas necessidades.

O próprio Galeno, refletindo sobre "geometria e aritmética e cálculo" veio a adicionar "um terceiro gênero de silogismos" aos tradicionais dois gêneros:

> Existe outro, terceiro gênero de silogismos úteis para provas que eu digo que se dá com respeito a itens relacionais – muito embora os aristotélicos insistam em enumerá-los entre os silogismos categóricos (*Introdução à lógica*, 16.1).

Na prova de seu primeiro teorema, Euclides usa um argumento da seguinte forma:

> A é igual a B.
> C é igual a B.
> Portanto, A é igual a C.

Existe uma dedução formalmente válida, de acordo com Galeno; mas ela não é nem um silogismo categórico, nem um silogismo hipotético – pertence a um terceiro gênero de silogismos, um gênero de silogismos cuja validade é determinada pelas propriedades de certas relações.

Galeno foi aplaudido por sua descoberta. Mas ele fez pouco com seus silogismos relacionais. O que ele proporciona é uma colcha de retalhos de exemplos, mais do que uma teoria. Tampouco ele tenta unir todos os três tipos de silogismo num sistema único. Em outras palavras, a lógica formal, apesar dos feitos de Aristóteles, Crisipo e Galeno, era uma ciência imperfeita e proporcionava um instrumento imperfeito para o cientista. Alexandre talvez tenha imaginado que as provas euclidianas poderiam ser conduzidas até os confins da silogística aristotélica. Mas os geômetras foram mais perspicazes. E se alguns cientistas e filósofos não ficaram impressionados com as pretensões da lógica formal em fundamentar seus respectivos trabalhos, parte da razão poderia ser encontrada na imperfeição da disciplina.

A segunda consideração é a seguinte: pode-se conceder que ciência e filosofia sejam essencialmente sistemas dedutivos e que qualquer filósofo, por essa razão, deva ser capaz de produzir bons argumentos e detectar os ruins. Mas, dado que os homens argumentavam racionalmente antes de Aristóteles descobrir o silogismo, é evidente que um conhecimento em lógica não é condição necessária para o raciocinar competente. Um filósofo que queira fazer silogismos não precisa de lógica formal: ele pode se fiar em suas faculdades naturais.

Essa visão da lógica era comum nos primórdios da filosofia moderna. Há uma antiga afirmação que vai nessa direção num texto de Teodoreto:

> Os persas são extremamente silogísticos não por terem lido os labirintos de Crisipo e de Aristóteles, nem por Sócrates e Platão os terem educado nessa área; pois eles não foram nutridos em retórica e em argumentos filosóficos – seu único professor é a natureza (*A cura de doenças gregas*, V 72).

Se alguém é treinado em lógica, não se segue daí que ele argumentará bem – nem mesmo que ele argumentará melhor do que alguém não tão treinado. Se alguém argumenta bem, não se segue que ele foi treinado em lógica. E – como demonstram as reuniões de qualquer departamento de filosofia – não é verdade que alguém argumenta melhor se e somente se tiver passado por algum treinamento em lógica.

Tudo isso está ligado a um fato central sobre a lógica: a arte é extraordinariamente fácil de dominar. A escola Metódica de medicina jactava-se de ser capaz de ensinar a arte da medicina em três meses. Galeno explodia de raiva com isso. Mas você pode aprender a arte da lógica em três dias – ou em três horas, se for rápido e perspicaz. A silogística aristotélica, uma vez que suas partes modais são postas de lado (e todos os lógicos que vieram depois as põem de lado) reduz-se a umas vinte formas válidas. O inteiro sistema pode ser disposto numas poucas páginas – e isso será apresentado mais adiante neste volume (p. 172-177). Como Proclo observa,

> As análises do Perípatos, e sua culminância – a teoria da prova – são evidentes e facilmente apreendidas por quem quer que não esteja completamente ofuscado ou a se afogar nas águas do Lete (*Sobre o Crátilo de Platão*, 2).

E o mesmo vale para a silogística estoica.

Galeno, é verdade, mais do que uma vez declara que o longo e árduo treinamento nos métodos lógicos é essencial. Mas ele com isso não está a contradizer a tese de que a lógica se aprende facilmente. O treinamento é necessário, não para dominar os esquemas lógicos, mas para aplicá-los

– identificar a estrutura dedutiva numa peça de raciocínio informal, ver como uma sequência de silogismos pode ser concatenada numa prova complexa, e assim por diante.

A simplicidade de uma silogística antiga não é um sinal do estado primitivo da arte. A lógica moderna, do tipo elementar, que é tudo o que um cientista pode precisar, é igualmente simples e direta. Gottlob Frege, que inventou a coisa em 1879, organizou-a em vinte páginas; ela consiste em algumas formas de dedução e em meia dúzia de axiomas; umas poucas horas e está compreendida. Pois a lógica – esta parte elementar da lógica – não contém nada esotérico. É uma questão de senso comum articulado. A lavadeira de John Locke, fiando-se em seu juízo inato, tinha acesso natural a todos os esquemas dos lógicos.

Assim, um filósofo pode "rejeitar a lógica" na expectativa de que natureza e prática viessem satisfazer suas exigências dedutivas. Epicuro "rejeitava a lógica" nesse sentido. Ele desdenhava do teorizar silogístico, não dos silogismos. A existência do espaço vazio, por exemplo, é um dos pilares da física epicurista. Não é um fato evidente da experiência – tinha de ser inferido:

> Epicuro afirma que há um espaço vazio (o que é algo pouco claro) e justifica-o por um fato evidente, qual seja, o movimento, pois se não houvesse espaço vazio, não haveria movimento (Sexto, *Contra os professores*, VII 213).
>
> Em outras palavras:
>
> Se não existe espaço vazio, não existe movimento.
> Existe movimento.
> Portanto: existe espaço vazio.

Esse é um silogismo hipotético do tipo que os estoicos chamaram de "segundo não provado" (p. 213). Epicuro não precisou de um curso de lógica para empregá-lo.

Ou ele estará a usar o segundo não provado? A questão pode ser abordada de maneira oblíqua.

É uma observação familiar a de que a teoria da prova que Aristóteles desenvolve em seus *Analíticos posteriores* encontra pouco eco em seus tratados filosóficos e científicos. Essas obras não estão fornidas com silogismos; e de um modo geral elas fazem pouco uso da lógica dos *Analíticos*. Alguns estudiosos advertiram que os tratados deveriam ser considerados "dialéticos" em vez de "analíticos", que seu pano de fundo lógico há de ser encontrado mais nos *Tópicos* do que nos *Analíticos*. Mas essa sugestão faz pouco para resolver a questão. A bem da verdade, se se usar o termo "dialético" num sentido suficientemente vago, as obras de Aristóteles serão dialéticas – e assim é tudo o mais. A dialética aristotélica, no sentido dos *Tópicos*, é "um método pelo qual devemos ser capazes de silogizar, sobre qualquer tema que possa ser proposto, com base em proposições respeitáveis" (*Tópicos*, 100a18-20). O termo "silogismo" tem seu sentido padrão aristotélico. Assim, os tratados são dialéticos à medida que contêm silogismos; e eles não são fornidos com silogismos.

Explicações diferentes e complementares têm sido oferecidas para esse fato. Uma delas se passa como segue. Nem todos os argumentos são deduções formais; e muito embora a filosofia possa ser uma ciência, e uma ciência argumentativa, não se segue daí que o silogismo seja o seu principal instrumento. Há argumentos em Aristóteles – e em todo texto filosófico antigo. Mas no funcionamento geral das coisas, os argumentos que os filósofos usam são informais; além disso, e o mais importante, o liame entre as premissas de um argumento filosófico e sua conclusão não é invariavelmente um liame formal dedutivo.

A existência de argumentos não formais não era segredo. Os estoicos reconheceram uma classe de deduções que "concluíam não metodicamente". Entre elas está a seguinte:

É dia.
Você diz que é dia.
Portanto: você fala a verdade.

Essa é uma dedução válida – se as suas premissas são verdadeiras, então e por essa razão sua conclusão tem de ser verdadeira. Mas sua validade não depende de sua estrutura lógica ou do sentido de quaisquer partículas formais de que ela se vale; em vez disso, sua validade depende da natureza de sua "matéria" – no sentido de seus termos constituintes (e aqui, no sentido do termo "verdadeiro"). A lógica formal não tem nada a dizer acerca de tais deduções não formais ou materiais; mas a dedução material é um tipo comum de argumento em textos filosóficos.

Tome-se a seguinte passagem de Plotino – o principal platônico do século III d. C. –, que pretende mostrar que a alma, o item que percebe, não é corpórea:

> Se o que percebe é um corpo, a percepção só pode acontecer do modo pelo qual um selo é impresso na cera com base num anel-selo – independentemente de os objetos de percepção serem impressos em sangue ou em ar. E se eles são impressos em corpos líquidos (o que é plausível), eles vão interagir mesmo que em água, e não haverá uma tal coisa como a memória: se as impressões ficam, então ou – uma vez que ocupam o lugar – não é possível para outras ser impressas, de modo que não haverá percepções adicionais, ou então quando outras vêm junto, as primeiras impressões perecem, de modo que não será possível se lembrar de coisa alguma (*Enéadas*, IV 8.6 37-46).

Plotino aqui não produz silogismos. Mas ele produz um argumento, e seu argumento é dedutivo em intenção – ele envolve deduções "não metódicas" que vão dar no conceito de uma impressão.

Deduções não metódicas são uma espécie de argumento informal. Existem outras – os filósofos antigos falam em induções, inferências por signos ou argumentos-paradigmas. Tais coisas não são deduções de modo algum; em vez disso, elas reúnem razões, ou evidência, ou considerações, em favor de uma tese. Partes da passagem de Plotino aqui acima citada parecem apresentar uma argumentação não dedutiva, e o fenômeno é onipresente. Tome-se o argumento de Platão na *República*, 353b (anteriormente, p. 48). Ele pode ser disposto – no estilo dos comentadores antigos – como segue:

Olhos têm uma função, e portanto uma excelência.
Ouvidos têm uma função, e portanto uma excelência.
E assim por diante.
Portanto, tudo o que tem uma função tem uma excelência.

Construído como uma dedução, o argumento é lamentável – pois é evidente que as premissas não necessitam da conclusão. Mas o argumento não é para ser construído como uma dedução: ele é uma indução – isto é, ele infere uma verdade geral de uma série de casos individuais. Se é uma boa ou má indução, é outra questão. Mas a questão não é respondida observando-se que o argumento não é uma dedução.

Um lógico obstinado ainda não vai jogar a toalha. Muito embora tenha de reconhecer que filosofia real e ciência real são repletas de argumentos não silogísticos, ele será rápido em observar que deduções não metódicas e inferências não dedutivas podem sempre ser transformadas em silogismos. Transformações diferentes a si próprias se sugerem para argumentos diferentes; mas a tese universal é prontamente provada. Tome-se um argumento não silogístico qualquer. Ele terá uma conclusão e um certo número de premissas; de modo que poderá ser posto na seguinte forma:

P_1, P_2, … P_n: portanto Q.

Forma a conjunção das n premissas,

P_1 e P_2 e... e P_n,

e então faz uma proposição condicional com essa conjunção como um antecedente e a conclusão do argumento original como consequente.

Se P_1 e P_2 e... e P_n, então Q.

O argumento original pode agora ser transformado na inferência:

Se P_1 e P_2, e... e P_n, então Q.
P_1 e P_2, e... e P_n.
Portanto, Q.

Existe um silogismo – um estoico "primeiro não provado". Ademais, o silogismo será uma prova de que Q se e somente se o argumento original é uma prova de que Q.

Transformações desse tipo têm uma finalidade; mas elas não mostram que todo e qualquer argumento informal pode ser reduzido sem mais a um silogismo. No argumento original, metade do esforço estará em mostrar que cada uma das premissas é verdadeira e a outra metade em mostrar que as premissas proporcionam razão suficiente para se aceitar a conclusão. No silogismo, nenhum trabalho é necessário para se forjar o liame entre premissas e conclusão; em vez disso, metade do esforço estará em mostrar que a premissa conjuntiva é verdadeira e a outra metade não é mais nem menos do que o esforço de mostrar que as premissas do argumento original proporcionam uma razão suficiente para aceitar sua conclusão.

Epicuro argumentou aproximadamente como segue:

Coisas se movem.
Então, há espaço vazio.

Você pode transmogrificá-lo num segundo não provado – ou num primeiro não provado:

Se as coisas se movem, então há espaço vazio.
Coisas se movem.
Portanto: há espaço vazio.

O aspecto problemático do argumento informal e a parte do argumento que Epicuro tem de se esfalfar para defender é o liame entre sua premissa e sua conclusão. O fato de que as coisas se movem proporciona uma razão suficiente para postular a existência de espaço vazio? Se existe movimento, portanto existe espaço vazio? O aspecto problemático do argumento silogicizado é a sua premissa condicional. É verdade que se as coisas se movem, então há espaço vazio? A transformação do argumento de Epicuro num silogismo estoico não resolve os problemas – desloca-os.

Existe um passo final a ser dado. Com bastante frequência, a filosofia não é apenas uma questão de argumento dedutivo – não é uma questão de argumento, enfim. Um filósofo pode querer não provar um teorema, mas descrever um estado de coisas, e não demonstrar como as coisas são, mas salientar o modo como elas são. Como esse tipo de atividade pode ser mais bem caracterizado, eu não sei. Alguns falam de análise, outros de fenomenologia, outros ainda de metafísica descritiva, e eu já ouvi a expressão "aspirador conceitual". Todo aquele que já tiver lido algumas páginas de filosofia entenderá o que eu tenho em mente. Tome-se, por exemplo, a abordagem das virtudes morais na *Ética a Nicômaco* de Aristóteles. Sua análise da virtude da magnificência se inicia da seguinte forma:

> Parece que seria adequado tratar em seguida da magnificência, visto que também essa é uma virtude relativa às riquezas; porém, diferentemente da generosidade, ela não se estende a todas as ações que tratam de dinheiro, mas unicamente às dispendiosas – e essas sobrepujam em magnitude a generosidade. Pois como o seu nome sugere, trata-se de uma despesa adequada numa grande escala. Mas a grandeza é uma questão relacional... (1122a18-24).

E assim por diante. A abordagem de suas virtudes é toda ela descrição – ainda que as descrições sejam por vezes emaranhadas com razões e em geral tendem a uma certa coerência. É difícil caracterizar o que Aristóteles está fazendo. Mas ele claramente está fazendo algo que os filósofos muitas vezes fazem; e claramente ele não está desfiando longos argumentos, nem deduzindo teoremas de axiomas, nem elaborando um sistema dedutivo.

"Filosofia é uma ciência. Uma ciência é uma série de provas. Provas são inferências dedutivas. Inferências dedutivas são a província da lógica." Tal é a trama sugerida por uma passagem na *Metafísica* de Aristóteles. Tem lá seus encantos, mas cada um de seus aspectos é menos encantador do que parece à primeira vista.

Para compreender as inferências dedutivas, você não precisa ser um lógico: a perspicácia inata, em seus casos mais reais, é bastante suficiente para decidir a validade das deduções de um filósofo. Provas não são, ou não precisam ser, inferências dedutivas: no funcionamento geral das coisas, as provas de um filósofo – isto equivale a dizer, as razões que ele dá para suas teses – não serão silogismos, nem mesmo deduções; e muito embora possam sempre ser reformuladas como inferências dedutivamente válidas, esse fato é de pouca importância. As ciências – seja aqui acrescentado – não precisam ser transmitidas como essencialmente probativas e axiomatizáveis: geografia e paleontologia, por exemplo, não são assim. E afinal, por que pensar que a filosofia é uma ciência?

A lógica é um instrumento da filosofia e das ciências. Mas é um instrumento que um cientista raramente terá ocasião de usar.

A lógica – *pace* Alexandre e Galeno – é também uma parte da filosofia. Na verdade é a parte mais respeitável dessa disciplina um tanto extravagante. (E é a parte que os filósofos antigos mais desenvolveram.) Nessa medida, qualquer filósofo com um mínimo de decência será um lógico.

E o que da ciência das coisas vai existir à medida que existe? Aristóteles diz que "existe uma ciência...", mas com isso ele não está querendo dizer que a ciência estava efetivamente estabelecida, como a geometria, mas que alguém com suficientes talento e energia poderia desenvolvê-la. Ele próprio não a desenvolveu. (A *Metafísica*, independentemente do que ela possa ser, não é uma amostragem da ciência que ela anuncia.) Os *Elementos* de Proclo são um esplêndido fracasso. O projeto talvez seja absurdo? Tanto quanto a tentativa quixotesca de combater moinhos de vento. Bem, a ciência aristotélica peculiar não é um absurdo. É parte do que hoje se chama lógica; e foi estabelecida em 1879.

2 Os pré-socráticos

Malcolm Schofield

Introdução: dos fósseis à filosofia

Hipólito, antipapa do início do século III d. C., tem o seguinte a nos contar sobre a investigação da filosofia grega pagã que ele apresenta no primeiro livro de sua *Refutação a todas as heresias* (exposição A):

> Para Xenófanes, teria ocorrido uma mistura da terra com o mar, com a terra tendo se dissolvido pela umidade. Ele afirma ter demonstrações do seguinte tipo: conchas são encontradas em terras do interior e nas montanhas. Ademais ele diz que nas pedreiras de Siracusa foram encontradas impressões de um peixe e de uma alga; em Paros, uma impressão de uma folha de louro nas profundezas de uma rocha; e em Malta, lâminas de toda a vida marinha. Isso veio a ser, ele afirma, quando tudo, há muito tempo atrás, estava coberto de lama, e as impressões dessas coisas vieram a secar na lama. Toda a humanidade foi destruída quando a terra foi transportada para o mar e se tornou lama. Depois disso, eis que a terra inicia de novo a sua gênese. E para todos os mundos a gênese se dá por meio de um processo de mudança (KRS 184).[1]

Você pode achar que a heresia de Xenófanes foi ter deixado Deus fora da história da criação. Mas não parece ter sido essa a intenção do

1 Todas as citações são feitas pelo número KRS, sempre que disponível (isto é, como em Kirk, Raven e Schofield, *The Presocratic Philosophers*; ver Bibliografia [10]), a versão integral do texto grego é seguida exceto onde se tiver especificamente observado de outra maneira; as traduções, contudo, por vezes divergem das que se tem na KRS, como no presente caso. O texto dessa passagem (Hipp. *Ref.* 1.14.5-6) é corrupto e duvidoso em vários pontos. Eu traduzo a versão da KRS, exceto pela palavra final, onde para o MSS *kataballein* eu proponho *kata to metaballein*.

relato de Hipólito. O que salta à vista no relato é a imagem que ele pinta de Xenófanes como praticante pioneiro do método científico. E muito embora Hipólito possa não ter colocado a questão nesses termos, eu creio que tenha sido a imaginação científica de Xenófanes que, também ela, exerceu fascínio sobre ele. Eis aqui uma conjectura ousada – da qual ele é a única fonte – acerca da história da terra amparada por um corpo de evidências empíricas, incluindo evidências fósseis de localidades específicas; uma conjectura empregada, por sua vez, em apoio a uma hipótese adicional sobre as condições de criação em *todos* os mundos: o que podemos chamar de protociência, mais do que de filosofia.

Xenófanes (c. 570-475 a. C.) era nativo de Colofão, hoje região oeste da porção asiática da Turquia, localizada não longe de Mileto, a cidade do comércio marítimo que foi berço dos pensadores do século VI a. C., que a contar de Aristóteles passaram a ser chamados de primeiros filósofos: Tales, Anaximandro, Anaxímenes. Colofão é bastante longe de Eleia, que fica na costa da Itália a alguma distância ao sul da baía de Nápoles, e é a cidade natal de Parmênides, que esteve em atividade no início do século quinto, sendo autor de exposição B – preservado somente nos comentários sobre o *Timeu* de Platão e sobre a *Física* de Aristóteles, respectivamente por dois filósofos neoplatônicos atenienses ainda mais tardios que Hipólito: Proclo, que liderou a Academia no quinto século d. C., e Simplício, que estava trabalhando lá em 529 d. C., ano em que o imperador Justiniano emitiu um decreto ordenando o fechamento de todas as escolas filosóficas pagãs. A exposição B é um espécime muito diferente da exposição A: A fala de prova empírica, B trabalha no âmbito de um arcabouço altamente *a priori* e é expresso como emissão de revelação divina. E muito embora a diferença não seja aparente em relação à tradução de B, que vem na sequência, enquanto A é em prosa, B consiste de sete e um tantinho mais de linhas em verso hexâmetro:

> Venha agora, e eu vou lhe contar (e você tem de transmitir minha consideração uma vez tendo-a ouvido) dos únicos meios de investigação que podem ser pensados. Um deles, o de que

uma coisa é, sendo impossível para ela não ser, é o caminho da Persuasão (pois atende à Verdade); o outro, o de que uma coisa não é e que existe uma exigência de que ela não seja, isto eu lhe declaro como uma pista completamente indiscernível – pois você não poderia saber o que não é (que não pode ser feito) nem salientá-lo (KRS 291).

A exibição A seria protociência. A exibição B é inquestionavelmente filosofia: um exercício denso e, a um primeiro contato, misterioso em epistemologia, empregando algo como lógica (ou mais especificamente a Lei do Terceiro Excluído) para enunciar as condições metafísicas de toda investigação bem-sucedida – presumivelmente inclui investigação protocientífica do tipo com que Xenófanes estava envolvido. Parmênides parece estar propondo que, com respeito a qualquer tema de investigação que seja, existem em princípio dois e somente dois postulados logicamente excludentes que podemos coerentemente adotar: ou o de que existe (é alguma coisa ou outra), ou o de que não existe (não é nada). E ele então apresenta um argumento para excluir o segundo postulado: fazê-lo é estar comprometido com tentar encontrar algo onde nada pode ser encontrado. Em fragmentos subsequentes ele vai continuar a argumentar no sentido de que existem diversos condicionantes da interpretação do que é compatível com dizer de algo que ele existe. Qualquer coisa que existe tem de ser não criada e imperecível, imutável e perfeita. O que emerge é uma forma radical de monismo: o que está a transpirar daí é que tudo o que é deve ter um e o mesmo caráter; e é duvidoso se de fato algo poderia ter tal caráter exceto a realidade como um todo. Volta e meia se põe na cabeça do leitor o "penso, logo existo" de Descartes e sua tentativa de, nas *Meditações*, encontrar nessa proposição uma fundação segura para o conhecimento que fosse imune aos assaltos da dúvida cética.

De um modo que não surpreende, tratamentos modernos dos pré-socráticos (ou – como podem ser chamados de maneira mais apropriada – pré-platônicos) encontram poucas razões para emitir os nomes de Xenófanes e de Parmênides na mesma frase. Xenófanes é muitas vezes referido como a se adequar à primeira tradição jônica de investigação – herdeiro de Tales a Anaximandro, antecipador dos historiadores Hecateu e Heródoto –, enquanto Parmênides figura como crítico preeminente dessa tradição, e acima de tudo do pressuposto ali acalentado, de que o mundo natural de nascimento, mudança e morte seria o mundo real. Com um viés monístico, Xenófanes tem algo a dizer sobre a verdadeira concepção de deus, e isso que ele tem a dizer parece encontrar ao menos ecos verbais em alguns dos versos de Parmênides sobre a realidade verdadeira; e os dois pensadores compartilham da preocupação teórica com as limitações do entendimento ordinário comum – "as opiniões dos mortais", como refere Parmênides. Mas hoje em dia é comum se supor que Parmênides teria sido um gênio criativo sem estar em dívida com ninguém.

No entanto, Xenófanes passou grande parte de sua vida na Sicília e (muito provavelmente) no sul da Itália, após ser expulso de Colofão, no início da fase adulta. Diógenes Laércio (início do século III d. C.) reproduz a afirmação de que ele teria composto um poema no assentamento original da colônia em Eleia; e muito embora isso não apareça no relato de Hipólito na exposição A, assim como Parmênides, Xenófanes escreveu sua filosofia em versos (a julgar pelo que sobreviveu de seus escritos, ele foi um poeta muito mais versátil e prolífico do que Parmênides e pode mesmo ter ganho a vida como rapsodo, isto é, como um cantador de poesia). Tudo isso faz com que seja bastante provável que Parmênides o conhecesse e estivesse sob sua influência. Em todo o caso, ambos Platão e Aristóteles representam Xenófanes como um monista metafísico precursor de Parmênides, com Aristóteles a registrar a sugestão de que Parmênides fosse o seu pupilo, e Platão a fazer a "família" filosófica eleata se originar com Xenófanes. A investigação de Hipólito no livro I da *Refutação* inclui tanto Parmênides quanto Xenófanes, e evidentemente se fia numa fonte que insere os dois em uma e a mesma tradição filosófica.

Existe algo problemático aqui. Na avaliação da relação entre tais figuras da grandeza de Xenófanes e Parmênides, a erudição moderna – que conhece esses pensadores somente por meio de fragmentos e de relatos e paráfrases posteriores – está em desacordo com pensadores da estatura de Platão e Aristóteles, que puderam ler os trabalhos deles intactos. Onde a antiguidade via tradições intelectuais em funcionamento, os modernos invocam a ideia de originalidade. É claro que mesmo grandes pensadores operam no âmbito de paradigmas intelectuais de seu tempo e cultura, estes que eles não buscam superar. Mas isso vale também – como diria o observador antropológico crítico – para o estudioso moderno.

O projeto de reconstrução do pensamento pré-socrático, seja em suas principais linhas de desenvolvimento, seja em seus detalhes, é, por essa razão, uma empreitada precária, como este esboço introdutório busca enfatizar. Um catálogo de dúvidas seria, porém, uma resposta pusilânime à ousadia sem igual da especulação pré-socrática. No restante deste capítulo, eu intentarei forjar e proporcionar uma abordagem que consistirá não numa breve história do pensamento pré-socrático, mas numa tentativa de gravar os diferentes modos e enfoques de investigação das sucessivas gerações de pensadores. E me absterei de tecer muitos comentários acerca das múltiplas complexidades e carências de evidências, limitando-me a indicar o que podemos asserir com relativa confiança e o que já não é tão certo. As figuras com as quais estaremos a nos envolver são as seguintes:

Pré-socrático	**Local de nascimento**	**Data**	**Ideias-chave**	**Comentário**
Tales	Mileto	Início do século VI a. C.	Mensuração como técnica em astronomia	Água como origem das coisas
Ferécides	Sirão	Início/meados do século VI a. C.	Cosmogonia teológica racionalizada	Autor do primeiro tratado escrito em prosa
Anaximandro	Mileto	Início/meados do século VI a. C.	Simetria; raciocínio analógico e por indiferença	Pupilo de Tales; autor de um tratado em prosa
Anaxímenes	Mileto	Meados do século VI a. C.	Monismo material (ar como a única substância básica)	Pupilo de Anaximandro; também escreve em prosa

Xenófanes	Colofão	Meados/fins do século VI a. C.	Monoteísmo; pessimismo epistemológico; evidência fóssil	Pratica a filosofia no sul da Itália; escreve em versos
Pitágoras	Samos	Fins do século VI a. C.	Transmigração das almas; número como chave para a cosmologia	Funda seita religiosa no sul da Itália; não escreve nada
Heráclito	Éfeso	Virada dos séculos VI/V a. C.	União de opostos	Escreve aforismos em prosa
Parmênides	Eleia	Virada dos séculos VI/V a. C.	Monista metafísico radical	Autor de um único poema em hexâmetro
Zenão	Eleia	Início do século V a. C.	Paradoxos: Aquiles, a flecha etc.	Pupilo de Parmênides; escreve em prosa
Anaxágoras	Clazômenas	Início/meados do século V a. C.	Mente como causa primeira em cosmologia	Ensina em Atenas, onde é acusado de impiedade; um livro em prosa
Empédocles	Ácragas [Agrigento]	Início/meados do século V a. C.	Combina religião pitagórica e teoria física	Dois poemas em hexâmetro: *Da natureza* e *Purificações*; novos papiros
Melisso	Samos	Meados do século V a. C.	Revisa o monismo parmenideano	Almirante; um livro em prosa
Arquelau	Atenas	Meados do século V a. C.	Revisa a cosmologia anaxagoriana	Professor de Sócrates

Leucipo	(em disputa)	Meados do século V a. C.	Inventa o atomismo	
Filolau	Crotona	Meados/fins do século V a. C.	Desenvolve a cosmologia pitagórica	Primeiro livro pitagórico conhecido (em prosa)
Diógenes	Apolônia	Fins do século V a. C.	Monista materialista eclético	Pelo menos um livro em prosa
Metrodoro	Lâmpsaco	Fins do século V a. C.	Alegorista	Associado de Anaxágoras
Anôn., papiro de Derveni	(desconhecido; pergaminho encontrado perto de Tessalônica)	Fins do século V a. C.	Cosmogonia	Na forma de comentário alegórico sobre um hino órfico
Demócrito	Abdera	Fins do século V a. C. – início do século IV a. C.	Desenvolve o atomismo	Associado de Leucipo; prolífico autor em prosa

Os milesianos

É na condição de pioneiros intelectuais que os pré-socráticos de um modo geral – não apenas Xenófanes e Parmênides – exercem o seu fascínio. Todos os praticantes de uma busca, intelectual ou não, precisam ter seus heróis. Os pré-socráticos são os heróis que puseram a ciência e a filosofia ocidental em seus trilhos: heróis eles são não apenas para nós, mas o foram para os gregos que vieram depois deles, que não foram mais imunes do que nós à curiosidade acerca das origens ou à admiração pelos que estiveram na origem. Um exemplo disso é Diógenes Laércio em relação a Tales:

> Alguns pensam ter sido ele o primeiro a fazer astronomia e a prever eclipses do sol e solstícios, como afirma Eudemo em sua história da astronomia – daí a admiração que ele recebeu tanto de Xenófanes quanto de Heródoto. E tanto Heráclito como Demócrito tecem relatos favoráveis acerca dele (KRS 75).

E eis aqui Proclo:

> Tales, que tinha viajado ao Egito, foi o primeiro a introduzir a geometria na Grécia. Ele próprio fez muitas descobertas e ensinou a seus sucessores os princípios de muitas outras descobertas, tratando algumas coisas de modo mais universal, outras mais em termos de percepção (KRS 68).

Quanto a Anaximandro, seguidor de Tales, autores posteriores em geografia contam-nos que:

> Anaximandro, o milesiano, discípulo de Tales, foi o primeiro a se aventurar a desenhar numa tábua o mundo habitado. Depois dele, Hecateu, que viajou muito, fez um mapa mais detalhado, o que lhe rendeu muita admiração (KRS 98).

No quanto disso devemos acreditar, é questionável. A produção por Anaximandro de um mapa é geralmente aceito, tal como o é o emprego por Tales – se não a sua descoberta – de algum dispositivo ou outro para desenvolver o período variável dos solstícios (Anaximandro é especificamente, ainda que questionavelmente, creditado com a descoberta do *gnomon*, uma barra vertical usada para medir a direção e a altura do Sol a partir da sombra que ele lança). A predição de um eclipse solar (datada de 585 a. C.), imputada a ele, continua a ser uma questão de acerba discórdia entre estudiosos que por várias razões julgam tal realização impossível para um grego de seu tempo e lugar, e outros que a consideram factível, contanto que Tales tenha tido algum contato com astrônomos contemporâneos da Babilônia. Se as alegadas descobertas de Tales em geometria são algo mais do que retrojeções posteriores, baseadas em feitos de mensuração reinterpretados para criar um *pedigree* devidamente distinguido para a geometria é, da mesma forma, uma questão em disputa.

Algo difícil de duvidar é a explosão de energia e ingenuidade explorada para o projeto de mensurar a terra e os céus – muito embora o porquê de ela ter ocorrido quando e onde ocorreu, e o modo como o fez na Mileto do século sexto a. C., sem dúvida manterá sempre a sua aura de mistério. Quando Anaximandro não podia mensurar, ele especulava acerca de simetrias, como o fez de maneira notável em sua abordagem radicalmente desconstrutivista dos corpos celestes:

> Os corpos celestes vêm a ser como círculos de fogo e circundados por ar. Há buracos de respiração, certas passagens tubulares, nas quais os corpos celestes se mostram. De modo que quando os buracos de respiração são bloqueados, ocorrem os eclipses. A Lua é vista ora enchendo, ora minguando, em razão do bloqueio ou abertura das passagens. O círculo do Sol é 27 vezes a Terra, o da Lua, 18 vezes. O Sol é o que há de mais elevado, os círculos das estrelas fixas, o mais baixo (KRS 125).

A variedade aparentemente caótica dos céus é aqui reduzida ao esquema mais simples de relações geométricas e aritméticas: círculos e múltiplos do número nove. O esquema é tão econômico quanto simples. *Círculos* dão conta das revoluções diurnas de Sol e Lua e da alternância de dia e noite. Círculos de *fogo envolvidos em ar* permitem a explicação do porquê eles não caírem – eles não são de fato corpos sólidos. E pela hipótese subsidiária de *orifícios* variáveis no ar, Anaximandro propõe uma física não apenas para a luz da Lua e de outros corpos celestes, mas também para suas fases e para os eclipses de Sol e Lua. Ainda mais ousada foi a tentativa de todo geocêntrica de Anaximandro de compreender a estabilidade de uma terra cilíndrica (sua profundidade sendo três vezes o seu diâmetro), da qual a descrição mais autorizada é a constante no tratado *Do céu*, de Aristóteles:

> Há alguns como Anaximandro entre os antigos que dizem que a Terra não cai em razão de sua similitude. Pois é apropriado para

> algo ficar firme no centro sem ter nenhuma tendência a se mover para cima, para baixo ou para os lados; mas é impossível para tal corpo fazer um movimento em direções opostas, de modo que é necessário que ele fique imóvel.

Ao apelar para o princípio de indiferença, Anaximandro recorre uma vez mais ao raciocínio geométrico: em virtude tão somente de sua equidistância de tudo o mais, uma coisa assim posicionada pode não obter razão suficiente para deslocar-se a um ponto que não seja razão suficiente para deslocar-se para o ponto oposto. (Para as especulações teóricas de Anaximandro sobre a matéria básica do universo, "o indefinido", ver capítulo 10, p. 332 abaixo.)

Não há muito em tudo isso que antecipe o espírito empirista da exploração por Xenófanes de sua coleção de evidências fósseis, muito embora Anaximandro, como ele, pensasse que o mar estivesse atualmente secando, tendo se envolvido – talvez em conexão com isso – em algumas especulações intrigantes sobre as origens anfíbias da vida humana (para ele, os humanos tinham se desenvolvido inicialmente em forma embriônica dentro de peixes ou de "criaturas muito semelhantes a peixes"). O que Tales e Anaximandro oferecem é outro tipo de recorrência à experiência. A contribuição mais bem atestada de Tales à cosmologia é a sua proposta de que a Terra jaz sobre a água e "fica no lugar porque é flutuante, como madeira ou algo similar" (ver capítulo 10, p. 331 abaixo). As apostas de Anaximandro acerca do Sol, da Lua e da Terra são, da mesma forma, repletas de vívidas analogias. Relata-se que ele teria dito que a forma da Terra se assemelhava a uma coluna de pedra (ou talvez à base da coluna); e está registrada a sua comparação do mais amplo de seus círculos celestiais a uma roda de carroça, a sua jante sendo vazia e cheia de fogo, e o orifício no qual a luz do Sol aparece sendo semelhante ao bico de um fole. Seu seguidor Anaxímenes – o último da tríade milesiana – evidentemente discordava das conjecturas de Anaximandro sobre esses tópicos. Mas também ele tinha analogias à mão: as estrelas tinham sido fixadas como pregos no céu, enquanto o Sol e a Lua movem-se não sob a Terra, mas em torno dela, feito um chapéu de feltro a rodar em torno da própria cabeça (ver, para mais exemplos, p. 332-333). Por outro lado, Anaxímenes parece ter aceito a abordagem básica de Anaximandro para a explicação de fenômenos "meteorológicos" como o trovão e o relâmpago, com ou sem modificação. Sua própria contribuição mais destacada foi a adição de uma comparação: o efeito seria como a cintilância do mar quando cortado por remos.

Na informação que temos sobre Anaxímenes não há traço do entusiasmo por mensuração ou raciocínio geométrico atestado para Tales e Anaximandro. Ademais, sua estratégia básica para explicar mudanças físicas parece bem diferente da de Anaximandro. Anaximandro vê o universo como um campo de batalha, em cada região do qual trava-se uma guerra entre enormes forças cósmicas: "eles pagam penalidade e retribuição um ao outro por sua injustiça", disse ele, "de acordo com a ordem do tempo". Por exemplo, na própria origem do mundo o quente (na forma de chama) reveste o frio (ar) "como a casca em torno de uma árvore", mas o ar em seu devido curso quebra o invólucro e circunda o fogo no que se formam os círculos do Sol, Lua e estrelas. Em contraste, Anaxímenes é um monista: o ar é a matéria básica, e suas transformações pelos processos mentais de compressão e expansão são os mecanismos que ele invoca para dar conta de todo o restante:

> No ato de se tornar mais denso ou mais fino ele assume diferentes aparências. Quando dissolvido em algo mais fino ele se torna fogo, mas ventos, por contraste, são o ar se tornando condensado, e a nuvem é produzida do ar por feltragem. Quando condensado ainda mais, a água é produzida, e com ainda mais condensamento, a terra; e quando condensado o máximo possível, as pedras (KRS 141).

Esse padrão de explicação parece ter sido muito admirado por filósofos jônios posteriores com propensões monísticas, como Anaxágoras (na primeira metade do século V a. C.) e Diógenes de Apolônia (século V mais tardio) – mas não, talvez, por Xenófanes. Em todo caso, quando também Xenófanes exprime virtualmente todas as suas explanações de fenômenos astronômicos e meteorológicos em termos não de ar, mas de nuvem, é tentador diagnosticar a paródia, em especial quando ouvimos especificamente sobre "feltragem" em ação em sua abordagem da Lua e da Terra.

Pitágoras

Anaxímenes foi, em todo o caso, não apenas o alvo da sátira de Xenófanes. De Pitágoras se diz ter sido o alvo de uma quadra elegíaca que sobreviveu:

> Certa vez ele ia passando, quando viu um cachorrinho que apanhava, ao que se compadeceu e disse: 'Pare de bater nele; pois é a alma de um amigo que eu reconheço quando ouço seus ganidos' (KRS 260).

Xenófanes ironiza a doutrina com a qual o nome de Pitágoras é mais frequentemente associado: a transmigração da alma (*psyché*), ou, em termos mais gerais, a sua sobrevivência após a morte.

Na preocupação de Pitágoras com a alma (ou, como podemos dizer, com o si mesmo), encontramos um terceiro modo do teorizar pré-socrático: nem protociência nem filosofia, mas especulação religiosa e, na verdade, doutrinação. Pois para compreender o ensinamento de Pitágoras sobre a alma, concebida acima de tudo como fonte de vida, precisamos inseri-lo em seu contexto religioso – o contexto do qual o Sócrates de Platão na *República* afirmava ser o modo de vida pitagórico (uma descrição indicativa: jamais ouvimos falar de um modo de vida anaximândrico ou xenofânico). O cenário geográfico, como com Xenófanes, não é mais a costa jônica, pois embora a ilha de Samos na porção leste do Egeu fosse o local de origem de Pitágoras, ele emigrou em torno de 525 a. C. para Crotona, no sul da Itália. Ali e subsequentemente em cidades vizinhas seus seguidores formaram grupos ou camarilhas dedicadas à prática de um estilo de vida moral e religiosamente austero e exclusivo, tendo vindo a exercer considerável influência política durante o período de 500-450 a. C. Sabemos algo sobre seus rituais e a forma e conteúdo de seus ensinamentos característicos. E podemos imaginar algo sobre o caráter de sua veneração por Pitágoras com base nas histórias de milagres que acerca dele logo se acumularam:

> Aristóteles diz que Pitágoras era chamado de 'o Apolo hiperbóreo' pelo povo de Crotona. O filho de Nicômaco [i.e., Aristóteles] acrescenta que certa vez Pitágoras foi visto por muitas pessoas no mesmo dia e hora em Metaponto e em Crotona, e que em Olímpia, durante os jogos, ele subiu ao teatro e revelou que uma de suas coxas era de ouro. O mesmo autor afirma que ao cruzar o Cosas ele era saudado pelo rio, e disse que muitas pessoas ouviram essa saudação (KRS 273).

Uma chave para o foco distintivo do modo pitagórico de vida está no fato de que Heródoto associava-o aos ritos e escritos da religião órfica. Pelo século V a. C., o nome de Orfeu tinha se feito atrelado à doutrina de que o corpo é uma prisão na qual a alma purga a sua punição pelo pecado, e a práticas destinadas a purificar iniciados e a garantir a sua felicidade antes e depois da morte (essas práticas incluíam a renúncia ao sacrifício animal). Uma crença semelhante ao porquê e como a alma tem de ser purificada, devendo ao final escapar do ciclo de reencarnações, é o que parece ter animado o pitagorismo. Grande parte de seus ensinamentos parece ter sido formulada sob a forma de máximas (conhecidas como *acusmatas*, "coisas ouvidas", ou *symbola*, "senhas", que os pupilos provavelmente devem ter memorizado como um catecismo e como testemunho de sua condição de iniciados). Iâmblico, autor de uma *Vida de Pitágoras* do século III a. C., preserva uma classificação de *acusmata*: "alguns deles significam que uma coisa é, outros o que é mais tal e tal coisa, outras ainda o que é preciso fazer ou não fazer". Ele dá exemplos da primeira categoria: "O que são as ilhas dos bem-aventurados? Sol e lua. O que é o oráculo de Delfos? O *tetráctis*: este que é a afinação (*harmonia*) em que as sereias cantam". Ambos esses dizeres soam como se fossem muito antigos, e ambos representam explicações racionalizantes de concepções de pensamento e discurso religioso tradicional: ao assumir um tema escatológico, o primeiro revela uma preocupação evidenciada alhures, isto é, na observação por Aristóteles (provavelmente a refletir outro *acusma*) de que "se troveja, então – se é verdade o que afirmam os pitagóricos –, isto é para ameaçar os que se encontram no Tártaro, por forma a amedrontá-los". Iâmblico inicia a lista em sua segunda categoria como segue: "Qual é a coisa mais justa? O sacrifício. Qual a mais sábia? O número". O mais notório dentre os *acusmata* pitagóricos, contudo, são alguns que estão em sua terceira categoria, acima de tudo a injunção para se abster do feijão, o conjunto de razões para tal tendo sido alvo de intenso debate, mesmo entre os próprios pitagóricos, como se pode imaginar. Muitos soam como pitadas de sabedoria proverbial, mesmo que por vezes se tenha uma nova interpretação moral ou religiosa: por exemplo, "Não se agarre à vida quando estiveres morrendo"; "Não quebre um pão em pedaços" – aqui, explicações morais, escatológicas e cosmológicas rivais são mencionadas por Aristóteles.

O Pitágoras que inspirou ideias e práticas como essas aparenta ser mais um guru carismático do que um protocientista ou um pioneiro matemático a quem mais tarde na antiguidade se creditou anedoticamente a descoberta do famoso teorema do quadrado da hipotenusa de um triângulo retângulo. Ou talvez seja essa uma falsa dicotomia? Um elemento de prova importante, ainda que elusivo, sobre essa questão é fornecido pelo contemporâneo pré-socrático Heráclito, quando ele escreve:

> Pitágoras, filho de Mnesarco, investigou (*historie*)[2] mais fundo do que qualquer outro homem – e o ato de selecionar essas 'composições' (*syngraphai*) fez a sua própria sabedoria: erudição prolífica (polimatia), a arte da fraude (KRS 256).[3]

Em seu enunciado de abertura, Heráclito fala como se estivesse adotando um modo elevado de louvor de todo incomum. Assim suspeitamos; e a segunda metade da afirmação confirma a correção de nossas suspeitas. A versão da investigação de Pitágoras se revela como a consistir em nada mais do que a apropriação de conteúdos de escritos de outros pensadores, convertendo-os numa "sabedoria" plagiada – uma sabedoria que é então duas vezes reescrita: a primeira vez como polimatia, acúmulo de

2 *Historie*, no devido curso, se torna a nossa "história", mas, originalmente, história era uma entre diversas formas de *historie*.

3 Traduzo o texto dado nos manuscritos, restaurando as palavras *tas syngraphas* removidas da KRS.

informação; então como arte –, mas tão somente da fraude (eu imagino Heráclito com os olhos sobre a promessa pitagórica de um meio de garantir a felicidade imortal). E é assim que Heráclito representa Pitágoras como charlatão. A questão é: que tipo de charlatão?

Duas coisas em particular sugerem que Heráclito percebeu ou pretendeu perceber Pitágoras como alguém que trabalhava ou fingia trabalhar na tradição jônica de investigação, ilustrada nas duas seções anteriores. Em primeiro lugar, se tem o próprio uso da expressão "investigar" como a busca característica de "outros homens". Em segundo lugar, a referência a "composições", saqueadas por Pitágoras. Uma *syngraphe* parece fazer referência a uma forma bastante específica de composição: uma composição sistemática em prosa, de um caráter específico – algo ainda tão novo e tão raro que Heráclito, escrevendo no final do século VI a. C., poderia esperar que sua escarnecedora, mas anônima referências a "essas 'composições'" fosse instantaneamente inteligível. O que ele mais teria diante de si seriam os tratados cosmológicos de Ferécides (autor de uma abordagem teológica revisionista do universo e de suas origens), datando de um momento anterior do século VI, de Anaximandro e Anaxímenes. Podemos, eu creio, extrair uma inferência. Para que a crítica de Heráclito seja de alguma plausibilidade, tem de ser verdade que de Pitágoras (a) geralmente se acreditasse que tinha opiniões sobre toda a sorte de tópicos (não apenas sobre a alma), e mais especificamente que (b) ele ficou conhecido pelo seu envolvimento em especulações cosmológicas que de certa forma são reminiscências de autores como Ferécides, Anaximandro e Anaxímenes. Não precisamos supor que o próprio Pitágoras escreveu um livro: o consenso erudito é o de que não escreveu – e certamente se ele tivesse escrito alguma coisa, logo teria se perdido. Tampouco precisamos supor que sua "erudição prolífica" se assemelhasse muito à de, por exemplo, Xenófanes. Em outra afirmação depreciativa acerca da erudição polimática, Heráclito pareia Pitágoras com Hesíodo, ativo em torno do século 700 a. C. e autor de dois poemas didáticos sobre a base moral da sociedade (*Os trabalhos e os dias*) e sobre a história teológica do universo (*Teogonia*): o escárnio se faz bem inteligível se se considerar que algo intentado por Pitágoras tenha sido uma racionalização abrangente da dimensão cosmológica da religião tradicional, o que ao menos é sugerido pelo que sabemos de Pitágoras – de segunda mão – pelos relatos de Aristóteles.

Ocorre que um sistema cosmológico é precisamente o que Aristóteles atribui aos primeiros pitagóricos. Ele é cuidadoso ao não nomear o próprio Pitágoras como seu autor – na verdade ele fala dos "assim chamados" pitagóricos, para sinalizar a necessidade de cautela quanto à relação do referido sistema com qualquer coisa que o próprio Pitágoras pudesse ter ensinado. A chave que, de acordo com esses pensadores, desvendava os segredos do universo e, na verdade, de muito mais, era o número, particularmente pelo modo como este figura na expressão de intervalos musicais como *ratios*:

> Uma vez que desses princípios [isto é, os princípios de todas as coisas] os números são por natureza os primeiros, e em números eles pensavam ver muitas semelhanças com as coisas que existem e vêm a ser – mais do que em fogo e terra e água (tal e tal modificação de números sendo justiça, outras sendo alma e intelecto, outra ainda sendo oportunidade – e de modo similar quase todas as coisas sendo numericamente expressáveis); então de novo eles viram que os atributos e as razões das harmonias eram exprimíveis em números; então, todas as outras coisas no todo da natureza pareciam ser modeladas segundo números, e números pareciam ser as primeiras coisas no todo da natureza, eles supunham que os elementos dos números seriam elementos de todas as coisas, como supunham que todo o céu seria uma harmonia e um número. E todas as propriedades de números e harmonias que eles pudessem mostrar concordavam com os atributos e partes e com todo o arranjo dos céus, e tudo o que coletavam eles faziam se adequar a seu esquema; e se houvesse uma lacuna em alguma parte, eles prontamente faziam adições de modo a tornar a teoria um todo coerente. Por exemplo, como o número 10 era pensado como sendo perfeito e de modo a compreender a inteira natureza dos números, eles viam que os corpos moventes pelos céus eram em número de 10, mas

os corpos visíveis eram apenas nove, então para fechar a conta inventavam um décimo – a contraterra (KRS 430).

Ao número dez era atribuída especial importância pelos pitagóricos, como sugere a última sentença da abordagem de Aristóteles e como é indicado também pelo *acusma* sobre o *tetráctis*: ou seja, o "quarteto" consistindo dos quatro primeiros números naturais, que somam dez e são também aqueles necessários para expressar as razões fundamentais musicais da quarta (4 para 3), quinta (3 para 2) e oitava (2 para 1). Essas razões recebiam um significado astronômico na teoria pitagórica: "a harmonia em que as sereias cantam" era identificada como "a música das esferas" – propôs-se que as velocidades relativas dos movimentos dos corpos celestes entabulariam as mesmas razões que as concordâncias musicais.

Sem dúvida que a elaboração detalhada e sistemática das explicações das coisas em termos de número e as razões musicais são algo mais plausivelmente atribuído a seus seguidores do que ao próprio Pitágoras. O esquema astronômico é na verdade explicitamente atribuído a Filolau de Crotona, um pitagórico ativo na segunda metade do século V a. C. e autor de alguns importantes fragmentos que sobreviveram (ver em mais profundidade, p. 340). Ainda assim, é bastante provável que Pitágoras concebesse a ideia básica de interpretar o universo segundo esse modelo. Se assim for, é compreensível que Heráclito tenha pensado em Pitágoras como algo mesmo apenas derivado: uma reflexão não reconhecida acerca do uso simbólico dos números por Anaximandro em *seu* esquema astronômico. A especulação pitagórica sobre as origens do universo é reminiscente similar do que ele teria encontrado nos *syngraphai*. Um relato que em última instância é dependente de Aristóteles nos diz que de acordo com os pitagóricos, "com base no ilimitado são traçados o tempo, a extensão e o vazio". Isso de novo se parece a uma adaptação de Anaximandro, muito embora os papeis elementares que em cosmologia ele atribui a tempo e extensão façam pensar também em Ferécides e Anaxímenes, respectivamente. (Sobre a ciência matemática pitagórica, ver também o capítulo 10, p. 339-341).

Autores antigos representam Pitágoras como alguém que teria introduzido os gregos nas misteriosas ideias orientais. No século V a. C., Heródoto fala de práticas "egípcias e pitagóricas" numa única frase; de acordo com Aristóteles, no século IV a. C., o povo de Crotona chamava Pitágoras de "o Apolo hiperbóreo" – isto é, de além dos limites mais ao norte do mundo civilizado; Hipólito, no século III a. C., sugere que ele derivava elementos de seus ensinamentos sobre a alma e sua proibição de comer feijão de "Zaratas, o caldeu", ou seja, de Zoroastro/Zaratustra. Por certo que é tentador ver no pitagorismo uma tentativa de explorar a especulação puramente teórica dos milesianos tendo em vista uma agenda mais ampla, na qual as preocupações práticas de religião e particularmente de escatologia se tornam cimeiras – uma religião ademais dominada por uma intensa preocupação com o pecado e suas consequências reencarnatórias que tem paralelos orientais, mas sem antecedentes gregos. Há claramente questões mais amplas aqui a envolver a inteira relação entre a cultura grega antiga e as civilizações do Oriente próximo, bem como as concepções "ocidentais" e "orientais" do que deveria contar como filosofia ou ciência. O pitagorismo não revela nenhum interesse detectável por mensuração ou pelo uso de evidências ou da experiência na pintura de sua imagem do universo. Mas pela aplicação da ideia de razão numérica sem dúvida se pode alegar que tal movimento descobriu muito mais racionalidade do que fizeram os jônios, e não apenas na natureza, mas no inteiro arcabouço da vida e da morte humanas.

Metafísica, argumento e virada reflexiva

Xenófanes. Xenófanes não restringiu seu pendor para a crítica a alvos filosóficos. Dentre seus versos que sobreviveram, os mais notáveis atacam concepções antropomórficas dos deuses, particularmente do modo como evidenciado por Homero e Hesíodo, a quem ele acusava de terem atribuído aos deuses todos os defeitos humanos (KRS 166, citado abaixo, p. 375-377). A autoprojeção – como ele comenta em outra parte – é o que dá forma às construções humanas da divindade. Xenófanes confere apoio à acusação com observações etnográficas – os etíopes dizem que seus deuses são de nariz achatado e negros, os trácios, que os seus têm olhos azuis e cabelos louros (KRS 168) – e com ingenuidade contrafactual: se animais não humanos pudessem imaginar deuses à sua imagem, estes viriam a assemelhá-los na forma (KRS 169, citado na p. 372).

Mas em Xenófanes, como em Heráclito e Parmênides depois dele, a crítica a uma propensão humana ao autoengano é atrelada à asserção metafísica sobre como as coisas realmente são:

> Um deus, o maior entre homens e deuses, não como os mortais seja em corpo, seja em pensamento (KRS 170).
>
> Tudo nele vê, tudo pensa e tudo ouve (KRS 173).
>
> Ele sempre se mantém no mesmo lugar, não se movendo em nada; tampouco lhe é algo próprio ir a lugares diferentes em tempos diferentes, mas sem dificuldade ele move todas as coisas com o pensamento de sua mente (KRS 171).

O estatuto que Xenófanes atribuiu a essas afirmações nós não sabemos. Parece improvável que ele pensasse que sua racionalidade superior lhe conferisse algum tipo de certeza, pois possuímos alguns de seus versos que refletem sobriamente sobre as limitações intrínsecas ao entendimento humano:

> Homem algum sabe ou jamais saberá a clara verdade sobre os deuses e sobre o que eu digo acerca de todas as coisas. Pois mesmo se alguém se supera e por acaso vem a dizê-lo completamente, ainda assim ele não saberá disso: opinião é o que se constrói sobre todas as coisas (KRS 186).

Autores posteriores interpretaram essas linhas como uma declaração programática de ceticismo filosófico. Mas em outra parte nos deparamos com Xenófanes a dizer de forma otimista que "os deuses não revelaram todas as coisas aos mortais desde o início, mas investigando eles foram descobrindo melhor com o tempo" (KRS 188). E a um exame mais atento, KRS 186 não nega a possibilidade de conhecimento ou a crença verdadeira, mas apenas que jamais poderíamos saber que sabemos, ou jamais chegaríamos a uma apreensão infalivelmente confiável sobre a verdade acerca dos deuses e sobre as causas dos fenômenos naturais.

Heráclito. Xenófanes foi rejeitado por Heráclito como apenas mais um polímata. Mas de alguns modos Heráclito se parece com nada menos do que o aluno mais atento de Xenófanes (vale notar que aquele era de Éfeso, a apenas umas poucas milhas a sudeste de Colofão). Heráclito compartilha do gosto de Xenófanes pela polêmica, e não menos polemiza contra Homero e Hesíodo. Como Xenófanes, Heráclito implicitamente rejeita boa parte da cosmologia milesiana tanto em método quanto em substância, com um semelhante pendor por explicações ingênuas e falsamente ingênuas, como a ideia – proposta por ambos os pensadores – de que o sol é um sol novo a cada dia; e como Xenófanes, Heráclito emite imperativos éticos e políticos, algo não atestado para os milesianos. Heráclito igualmente assume uma visão sombria sobre o entendimento humano das coisas, como estando ele aprisionado em sua própria perspectiva, e ele ademais proporciona uma visão alternativa. Como em Xenófanes, a compreensão que ele promete tem um molde monístico e teleológico: "Ouçam não a mim, mas ao discurso [*logos*], com o qual é fácil concordar em que todas as coisas são Um".

A reflexividade múltipla do estilo enigmático e paradoxal de Heráclito é agressivamente comunicada nas sentenças inaugurais de seu livro de aforismos em prosa:

> Este discurso (*logos*) sendo sempre, os homens se tornam descompassados quer antes de ouvir quer tão logo tenham ouvido; pois, tornando-se todas (as coisas) segundo esse discurso (*logos*), a inexperientes se assemelham embora experimentando-se em palavras e ações tais quais eu discorro segundo (a) natureza distinguindo cada (coisa) e explicando como se comporta. Aos outros homens escapa quanto fazem despertos, tal como esquecem quanto fazem dormindo (KRS 194).

Heráclito não inicia anunciando as principais verdades que constituem o seu discurso (*logos*) sobre as coisas. Em vez disso, faz referência ao estatuto do discurso. Isso pode levar a imaginar que reflexões epistemológicas ou metafísicas ou metodológicas sobre esse tópico de segunda ordem sejam uma preocupação maior – e este na verdade prova ser o caso.

Mas a referência ao discurso é confinada aqui a uma oração subordinada (e também à segunda sentença), que nos ajuda a enfatizar algo outro novamente: o contraste de terceira ordem entre a incompreensão por parte da humanidade comum e a aplicabilidade universal do discurso tal como articulada por Heráclito. Esse tema de terceira ordem é o que Heráclito desenvolve no fragmento. Por um lado, a abordagem explica "palavras e ações" – presumivelmente Heráclito tem em mente aí a natureza da linguagem e do comportamento humano. Mas, por outro lado, uma carência de reflexividade afasta as pessoas da compreensão desses fenômenos. De um modo geral, as pessoas não têm consciência de seu próprio comportamento linguístico e não linguístico, do que *eles próprios* estão *fazendo*. "Muito embora o discurso seja propriedade comum", como Heráclito diz em outro fragmento, "a maior parte das pessoas vive como se o entendimento lhes fosse algo de privado" (KRS 195).

Talvez a ilustração mais famosa por Heráclito do discurso e (por implicação) da surdez humana a ele esteja em seu aforismo sobre o rio:

> Não se pode entrar duas vezes no mesmo rio (KRS 215).

Ou, no que é provavelmente a sua formulação mais autêntica:

> Quanto àqueles que entram nos mesmos rios, as águas que correm são diferentes e sempre de novo diferentes (KRS 214).

Essa observação foi bem cedo tomada como metáfora sobre a realidade em geral, com o heracliteísmo sendo construído em Platão como a doutrina de que todas as coisas estão em fluxo. Mas a questão aqui versa mais sobre a unidade e diversidade das coisas tais quais as deparamos. Nossa experiência é da diversidade: a água que passa correndo por nós num momento é diferente da que passará por nós no momento seguinte. Ocorre que essa diversidade é realmente uma função de uma identidade mais fundamental: a forma dinâmica de unidade constituída por um rio. Sem dúvida que as pessoas geralmente supõem que a diferença e a contrariedade impedem a unidade. Para nos despertar de nosso sono dogmático, Heráclito apresenta-nos seguidamente exemplos destinados a nos fazer ver que uma vez que nos envolvemos em reflexão metafísica, reconhecemos que – contrariamente à incompreensão popular – as pessoas não compreendem e nós, na realidade, não pensamos que elas compreendem. Eis aqui duas amostragens de aforismos:

> Eles não compreendem como o que diverge consigo mesmo concorda consigo mesmo: a harmonia entre o arco e a lira (KRS 209).
>
> A maior parte das pessoas aceita Hesíodo como seu professor. A compreensão delas é a de que ele sabe mais do que ninguém – alguém que não reconheceu que dia e noite em si são um só (fr. 57, Diels-Kranz).[4]

Em outra parte, Heráclito ressalta que as apreciações de Hesíodo erram em não confiar em seus sentidos ("o que quer que venha da visão, do ouvido, da experiência, isto eu privilegio" [KRS 197]), mas em interpretá-los de maneira equivocada: "Más testemunhas são os olhos e ouvidos para os seres humanos cujas almas não compreendem sua linguagem" (KRS 198).

Mesmo quando Heráclito não está explicitamente atacando pressupostos de outros autores e pensadores ou das pessoas em geral, pode haver uma crítica implícita, como em seu principal aforismo a sobreviver, sobre a natureza do universo:

> A ordem do mundo (*cosmos*), a mesma para todos, não o fez nenhum dos deuses nem nenhum dos homens. Sempre foi, é e será, fogo sempre vivo, acendendo-se segundo medidas e segundo medidas apagando-se (KRS 217).

"A mesma para todos" sugere uma vez mais o contraste entre a objetividade universal da verdade expressa "pelo discurso" e os mundos privados e irreais habitados pelos não iluminados. A negação de que tenha havido uma criação contradiz não apenas a teologia da *Teogonia* de

4 Esse fragmento, não incluído na KRS, é citado por Diels-Kranz, *Die Fragmente der Vorsokratiker* (6. ed., 1952), a coleção moderna fundamental (textos originais com tradução alemã de fragmentos, mas não de *testimonia*).

Hesíodo, mas a especulação protocientífica de um Anaximandro. O sentido da asserção sobre o fogo é mais difícil de decodificar, mas eu tenho o fragmento como um todo como algo que faz atentar ainda uma vez para a unidade de um processo dinâmico como o que governa o padrão de diversidade e mudança em escala cósmica, mais especificamente a regulação de noite e dia e as estações pelos corpos celestes, e acima de tudo pelo sol à medida que ele nasce ("acendendo-se") e se põe ("apagando--se"). Aristóteles representa-o como tratando-se do fogo – como o ar de Anaxímenes –, como a substância material a subjazer a todo o resto. Já outros enunciados acerca do "fazer-se" do fogo em mar e terra e de volta em fogo fazem com que essa interpretação seja improvável, como se tem por esta sua observação:

> Todas coisas se trocam por fogo e o fogo por todas as coisas, como mercadorias se trocam por ouro e ouro por mercadorias (KRS 210).

Isso se parece a uma tentativa de caracterizar os processos físicos em termos de transformação de energia mais do que em termos de expansão ou compressão de gazes.

Uma história análoga é intimada nos mui numerosos aforismos de Heráclito sobre a vida e a morte. O pensamento de que vida e morte são em algum sentido a mesma coisa é explicado no enunciado a seguir:

> O mesmo: vivo e morto, o desperto e o adormecido, o jovem e o velho são a mesma coisa, porque, mudando, estas coisas são aquelas e, por seu turno, aqueles são estas ao mudar (KRS 202).

Esses opostos contam como o mesmo porque eles compartilham da mesma *forma de mudança*: cada membro de cada par se muda no outro. O adormecido desperta, e subsequentemente torna a dormir; a geração mais jovem não apenas envelhece no devido curso, mas ela própria assume o lugar da geração mais antiga; ao que o avô morre, um neto nasce para assumir o seu lugar na família, e também ele está destinado a morrer no devido curso. Em todos esses três casos, o que há de significativo é o processo dinâmico; as polaridades só fazem sentido como fases intercambiáveis no seio desse processo. O mais profundo dentre todos os dizeres de Heráclito acerca da vida e da morte tem sido chamado de "o mais perfeitamente simétrico de todos os fragmentos":

> Imortais mortais, mortais imortais, vivendo a sua morte e morrendo a sua vida (KRS 239).

Dentre tudo o que pode ser dito sobre esse fragmento, seu principal aspecto – transmitido pelas múltiplas ambiguidades de sua sintaxe – tem de ser sua sugestão de que as próprias categorias de mortalidade e imortalidade, de vida e morte, colapsam uma contra a outra. Isso vem ameaçar tanto a religião tradicional, com sua confiante separação entre mortais e imortais, quanto o pitagorismo, com sua promessa consoladora de que não existe tal coisa como a mortalidade, o que haveria seriam meramente diferentes formas ou fases de imortalidade.

Em seu último aforismo, Heráclito acena para uma perspectiva transcendente que ele por vezes identifica como ponto de vantagem da sabedoria ou como o divino ("o único sábio não quer ser chamado e quer ser chamado pelo nome de Zeus" [KRS 228]). Deus é onde todas das polaridades podem existir e ser compreendidas simultaneamente.

> O deus: dia e noite, inverno e verão, guerra e paz, abundância e fome (KRS 204).

Parmênides. Em Parmênides, uma concepção comparável da perspectiva transcendente é apresentada de forma dramatizada. O filósofo poeta faz uma viagem mística pelo reino e para além do reino de dia e noite, para ser saudado por uma deusa que então explica que ele "tem de aprender todas as coisas: tanto o inabalável coração da perfeitamente circular verdade, como as opiniões dos mortais, nas quais não há verdadeira confiança" (KRS 288.28-30). A deusa representa um espaço lógico no qual é possível articular e refletir sobre outras perspectivas radicalmente diferentes: a da racionalidade e a da crença humana comum. Na descoberta de Parmênides, a força crucial de uma e a fraqueza cardinal da outra se convertem numa única consideração.

A razão parmenídica assume o ponto de partida de que a investigação tem de pressupor ou a existência ou a não existência do que quer que ele se proponha a investigar, e de que uma decisão entre as duas precisa ser feita. Com base (citado anteriormente na p. 68) em que o que não é não pode ser conhecido ou referido de maneira bem-sucedida, a segunda opção é excluída como uma "trilha completamente indiscernível". "É" é a única opção remanescente, e a razão é deixada com a tarefa de elaborar o que está envolvido no compromisso com a escolha desse caminho. A que a "opinião mortal" se aferra, quando perante a essa mesma decisão? De acordo com Parmênides, a maior parte dos homens jamais articula a decisão como decisão. Num estado de torpor, eles andam à deriva divididos entre pensar e dizer coisas que implicam existência ou ser e coisas que implicam não existência ou não ser. Por vezes se sugere que, segundo o diagnóstico de Parmênides, onde as pessoas erram é em confiar não na razão, e sim nos sentidos. Mas o que Parmênides critica é o uso de um "olhar *estúpido*", "ouvido e língua *ruidosos*" – o que é representado como a *consequência* inevitável de se deixar o hábito, e não a decisão racional, governar a conversa e o pensamento.

O papel da decisão entre "é" e "não é" na filosofia de Parmênides é o que dá a seu monismo metafísico um caráter muito diferente da versão do monismo de Heráclito, apesar das semelhanças notáveis na estrutura epistemológica geral dos dois projetos intelectuais. Enquanto ambos os pensadores rejeitam a "opinião mortal" como acrítica e não reflexiva, o monismo parmenídico é o resultado de *exclusão* (daí a ênfase na decisão), enquanto Heráclito faz da unidade última uma função da diferença, da contrariedade e do conflito (de modo que o que é requerido não é uma decisão entre alternativas, mas um entendimento mais inclusivo sobre o porquê de alternativas não serem, no fim das contas, alternativas). A base para a possibilidade de dizer e pensar "não é" é a argumentação. O uso difuso do argumento dedutivo por Parmênides como o instrumento de decisão racional e de consequente exploração metafísica é bem diferente de tudo o que se tem em Heráclito, cujo recurso ao paradoxo, ao enigma e assemelhados é o que há de mais apropriado à sua tão diferente concepção de compreensão filosófica.

No início de uma longa passagem de seu poema, extraída no século VI d. C. por Simplício, comentador de Aristóteles, Parmênides anuncia alguns "sinais" que marcam o caminho "é": o que é não gerado e imperecível, integral e uniformemente si mesmo, imutável e perfeito (KRS 295). A maior parte do restante desse fragmento (KRS 296-9) é então tomada com uma série de provas de cada uma dessas propriedades. Algumas das provas subsequentes assumem o resultado de suas predecessoras, mas a mola propulsora de cada qual é a decisão original por uma concepção do ser que exclui a não existência em qualquer ponto do tempo ou do espaço. Bastará citar algo da primeira e da última dessas deduções. As linhas-chave da primeira são como segue:

> Por qual nascimento se irá buscá-lo? Como e de onde cresceu? Não vos permitirei que diga ou pense o não ser: pois não é para ser dito ou pensado o que não é; e o que o teria levado a crescer depois e não antes, a se iniciar do nada? De modo que tem ou de ser completamente ou não ser de modo algum (KRS 296).

Parmênides assume que a única resposta razoável a "de onde?" poderia ser: "do não existir", o que ele rejeita como já excluído por seu argumento contra o "não é". Em seu tratamento do "como?" ele recorre ao princípio de razão suficiente. Suponha-se que estejamos a tecer a objeção a falar do que não é. Por que algo que não existe começaria a sua viagem à existência mais cedo do que mais tarde?

Nas linhas que seguem, Parmênides enuncia a reflexão de que "a justiça jamais afrouxou seus grilhões para permiti-lo [i.e., ao que existe] que viesse a ser ou a perecer, e sim os mantém com firmeza". A conversa sobre grilhões ou (alhures no fragmento) limites obrigatórios – é a sua maneira de expressar a inferência adicional de que o que existe existe de maneira necessária e determinada. Essa conclusão, então, algumas seções adiante, torna-se a premissa de sua prova da perfeição:

> Então, uma vez que existe um limite extremo, bem perfeito é, de todo lado, semelhante a volume de esfera bem redonda, do centro equilibrado em tudo; pois ele nem algo maior nem algo menor é

necessário ser aqui ou ali; pois nem não ente é, que o impeça de chegar ao igual, nem é que fosse a partir do ente aqui mais e ali menos, pois é todo inviolado; pois a si de todo igual, igualmente em limites se encontra (KRS 299).

Há muita coisa enigmática nessa sequência de pensamento, sobretudo o pressuposto de que o condicionamento metafísico a garantir que o que existe *tem* de existir deve também ser concebido como uma fronteira espacial a fazer de toda a realidade uma esfera finita. O que está claro é a sua estrutura lógica geral, assinalada pela iteração das conjunções inferenciais "uma vez que" e "pois": primeiro a conclusão "bem perfeito é": então a premissa da qual a conclusão é derivada; então as considerações que sustentam a verdade da premissa – aqui Parmênides deposita ênfase particular no modo pelo qual o que existe jaz "inviolado" dentro de seus limites conforme antecipado pelas próprias primeiras palavras da seção ("uma vez que existe um limite extremo").

A ideia de Parmênides de que a razão revela a realidade verdadeira como algo eterno, homogêneo e imutável foi o fator-chave a enformar tanto o atomismo de Leucipo e Demócrito quanto a metafísica das Formas de Platão (e desse modo, indiretamente, muito da filosofia grega posterior); e isso certamente ajudou a dar a esses pensadores algo da confiança de que eles necessitavam para propor primeiros princípios bastante afastados dos fenômenos da experiência. Parmênides não careceu de aderentes mais ou menos fieis à sua distintiva visão monística. Possuímos fragmentos e outras informações relacionadas a filósofos "eleatas" de meados do século V, em particular: Melisso de Samos, que comandou a esquadra da ilha numa vitória sobre os atenienses em 441 a. C., e o companheiro mais jovem de Parmênides, Zenão – assim como Parmênides, também ele oriundo de Eleia, no sul da Itália. Dele se diz ter mostrado coragem quando esteve sob tortura em consequência de uma tentativa de golpe contra o regime tirânico do governante da cidade. Nenhum dos dois emulou a escolha de Parmênides pelos versos como veículos de comunicação.

Melisso. Melisso se revelou evidentemente perturbado pela concepção de Parmênides da realidade como finita. Ele iniciou sua dedução das propriedades da realidade com uma prova de que a realidade é sem início nem fim no tempo (como ele expressou com fundamentos não especificamente parmenidianos), de modo que tampouco pode haver início ou fim no espaço – ele tem de ser infinito. Aristóteles tomou esse argumento falacioso de maneira crassa, mas o argumento pode ser entendido de maneira mais caridosa e persuasiva como estando destinado meramente a remover uma objeção possível (a de que paradas e partidas temporais implicam análogos espaciais) à ideia de extensão infinita: uma ideia que leitores jônios podem bem ter sido preparados para conceder como posição de partida em cosmologia. As provas subsequentes de Melisso cobrem os mesmos pontos básicos que a de Parmênides, mas em geral de maneira muito mais lúcida e, por vezes, mais expansiva. O destaque é provavelmente o seu argumento – influente em virtude de suas premissas acerca de movimento e vazio – de que o que existe não pode se mover, porque o vazio é uma pré-condição de movimento, e se o que existe é "cheio" não pode existir o vazio.

Zenão. A contribuição de Zenão ao eleatismo já é bem mais interrogativa. Na verdade, pelo tanto que se a pode ver, ela não consiste em nada mais do que enigmas – incluindo um dos enigmas filosóficos mais célebres já construídos: o paradoxo de Aquiles e da tartaruga. Aquiles decide disputar uma corrida contra uma tartaruga, mas dá a ela a vantagem de poder começar já um pouco à frente da linha de largada. A consequência, assim argumenta Zenão, é a de que ele jamais consegue alcançá-la. Pois embora ele corra muito mais rápido, quando o herói alcança o ponto em que a tartaruga começa a se mover, ela já se moveu para um ponto mais à frente. Quando ele alcança aquele ponto, a tartaruga se moveu mais ainda à frente. E assim *ad infinitum*. Zenão articulou um poderoso problema acerca da aplicação da noção de infinito ao mundo físico: para completar uma viagem, alguém tanto precisa quanto não pode completar uma série infinita de subviagens. Outro enigma notável foi o da Flecha. Neste átimo de segundo – e na verdade a cada momento de seu voo – uma flecha a voar tem de estar em repouso. Pois em cada átimo de segundo ela estará ocupando um espaço exatamente igual ao de sua própria extensão, e este não lhe dá nenhum espaço para se mover. Esse paradoxo impõe um desafio incisivo à ideia de que o movimento tem de ocorrer no presente: a noção de uma duração presente (quando o movimento está ocorrendo), e a noção de um instante indivisível (a indivisibilidade exclui a possibilidade de alguma coisa divisível – como o movimento – efetivamente estar se passando num dado instante).

Platão construiu os paradoxos de Zenão como uma defesa indireta do monismo parmenidiano. Jamais foi proposta conjuntura melhor sobre a sua finalidade. Mas ela deixa uma boa margem para debates que a partir de então tiveram lugar. Foi Zenão um parmenídico *doutrinal* em seu intento de provar que a alternativa ao monismo – a crença num mundo de pluralidade e de mudança – estava enredada em contradições mais letais do que pode ser sugerido pelas restrições rápidas e comprimidas de Parmênides à "opinião mortal". Ou são os paradoxos concebidos menos como demonstrações e mais como questões protocéticas? Quaisquer que sejam as objeções ao Um eleata, a hipótese da pluralidade e da mudança seria menos objetável que ele? Na verdade, em que pese toda a sua aparente validação pela experiência, pluralidade e mudança seriam mesmo mais do que uma hipótese? Estariam elas menos necessitadas de uma defesa racional do que a concepção de realidade de Parmênides?

Alguns cosmólogos do século V

Os atomistas. Foi Aristóteles a principal autoridade a afirmar que a metafísica eleata teria sido a maior influência formadora do atomismo pré-socrático – e na verdade, dada a não sobrevivência de quaisquer fragmentos substanciais dos escritos de Leucipo ou Demócrito sobre a física, ele é a principal fonte de nosso conhecimento dos principais pilares do sistema deles. Nem Aristóteles nem nenhum outro filósofo antigo usa a designação convencional "atomista" nas apresentações modernas desses pensadores, tampouco caracterizam o sistema basicamente em termos da hipótese atomística. Para Aristóteles, Leucipo e Demócrito eram *dualistas*, e seu dualismo era uma rebelião doméstica contra o monismo eleata. Eles aceitam a ideia eleata de que o que é real não está sujeito a nascimento e morte, sendo completo e imutável em sua realidade. Seu movimento radical está em postular a existência de outra coisa: a não realidade, caracterizada como o cheio ou (como dizemos) o vazio, e como "raro" ou permeável. A não realidade ou o vazio separa um ser real do outro, e é o que torna o movimento possível. Desse modo, afirma Aristóteles, Leucipo encontrou um meio de "concordar com as aparências", isto é, de explicar quão contrários à metafísica eleata podem ser nascimento e morte, e uma pluralidade de seres reais em movimento.

Tendo proposto a existência do vazio, Leucipo e Demócrito então seguem a postular um número infinito de seres eleáticos indestrutíveis movendo-se nele. Quando esses seres se juntam de modo a estar entretecidos num composto (em razão de diferenças salientes em suas formas), eles criam corpos maiores – que, contudo, podem ser dissolvidos e destruídos se penetrados por seres sólidos ou não permeáveis. Diógenes Laércio preserva uma abordagem elaborada sobre como inumeráveis mundos postulados por Leucipo e Demócrito vêm a ser criados como compostos perecíveis de apenas um tal tipo, por meio da operação de um vórtice que produz uma estrutura esférica ou "membrana" constituída de seres primários emaranhados. Esses seres primários indestrutíveis foram de fato descritos por Demócrito como "átomos", isto é, indivisíveis, invisíveis – em nosso mundo, pelo menos – a olho nu. Aristóteles viu a ideia do átomo como um sinal adicional da influência eleata: os argumentos de Zenão em particular tinham sido esboçados para manifestar as incoerências lógicas implícitas à concepção de que as magnitudes são divisíveis, seja *ad finitum* ou de outro modo; assim, Leucipo e Demócrito simplesmente determinaram que os seres primários eram *in*divisíveis (embora o porquê e o modo como poderiam sê-lo é algo que recebe diferentes explicações em apresentações de seu sistema em abordagens posteriores, mantendo-se tema de discórdia entre estudiosos).

É geralmente aceito que, enquanto foi Leucipo a elaborar as bases de sua teoria, seu associado mais jovem, Demócrito (nascido c. 460 a. C. em Abdera, norte da Grécia), um autor prolífico, desenvolveu dimensões particulares da referida teoria, como a exploração de questões epistemológicas e uma abordagem detalhada das percepções dos sentidos (tópico intensamente debatido por todos os principais pensadores considerados nesta seção – suas especulações sobre fisiologia humana são comparáveis a ideias de escritos médicos contemporâneos preservadas no corpo hipocrático).

> Por convenção (*nomos*) doce, por convenção amargo, por convenção quente, por convenção frio, por convenção cor; mas na realidade átomos e vazio (KRS 549).

Sobre a descoberta de Demócrito, os sentidos nos contam bem poucas verdades acerca do mundo (ver também capítulo 10, p. 334-335). Mas eles "confirmam" a teoria dos átomos e do vazio. Por exemplo, se um e o mesmo vento é sentido como quente por você, mas frio para mim, longe de nos apresentar uma contradição perturbadora, tal efeito vem a ser apenas o que a teoria nos levaria a esperar. Tal é prontamente explicado pela suposição de que existem variações sutis na estrutura atômica tanto do vento quanto dos diferentes equipamentos sensórios individuais (na verdade, observava Demócrito, tanto tragédias quanto comédias são compostas do mesmo alfabeto). Ele estava particularmente intrigado com os prospectos de aplicação do que é por vezes chamado de raciocínio por indiferença. Por que, por exemplo, corpos ou palavras devem existir mais numa área do vazio do que em outra? Tomando isso por base, ele argumentava em favor da existência de um número infinito de mundos. Hipólito estava evidentemente cativado pelas elaborações de Demócrito com relação a esse tema.

> Ele afirmou que existem inumeráveis mundos a diferir em tamanho. Em alguns não existe sol ou lua, em outros eles são maiores do que em nosso mundo, em outros, mais numerosos. Os intervalos entre os mundos são desiguais – em algumas partes existem mais mundos, em outros, menos. Alguns estão crescendo, alguns estão em seu auge, outros declinam. Em algumas partes eles estão vindo a existir, em outras, acabando. São destruídos por colisões entre eles. Existem alguns mundos desprovidos de criaturas vivas, ou plantas ou de qualquer umidade (KRS 565).

Platão jamais menciona os nomes de Leucipo e Demócrito, nem em seus diálogos há sinal de referências a suas doutrinas. Ainda assim, sua influência perpassou toda uma sucessão de pensadores do século IV, culminando em Epicuro e sua reexpressão da física atomista (ver capítulo 6).

Anaxágoras. Platão dá a impressão de que a figura que dominou a cosmologia do século V foi o jônio Anaxágoras (500-428 a. C.), de Clazômenas, situada nas proximidades de Colofão, tendo sido, porém, o primeiro principal pensador a estabelecer residência em Atenas, até sair de lá por volta de 430 a fim de evitar um julgamento por impiedade. A abordagem detalhada de Anaxágoras da estrutura e dos conteúdos do universo (conhecidos sobretudo a contar de Hipólito e de outros relatos tardios) e dos processos que os trazem à condição de ser mostra-o como tendo realizado um trabalho teórico estritamente no escopo da tradição milesiana. O interesse de sua obra reside principalmente nas categorias novas de explicação e análise que ele aplicou à conduta do que era até então um projeto tradicional.

O Sócrates de Platão a um só tempo aplaude e deplora o que ele representa como a principal realização de Anaxágoras: a decisão de postular a mente como a causa primeira da ordem cósmica é saudada como um avanço potencialmente decisivo, mas evidentemente que tal não era amparado pelas demonstrações detalhadas do motivo pelo qual as coisas são para o melhor, tal como Sócrates afirmou ser sua esperança. A passagem de uma prosa elevada em que Anaxágoras dispõe sua tese sobre a mente foi preservada por Simplício, e as famosas palavras de abertura de seu livro são:

> Junto todas as coisas eram, infinitas em quantidade e em pequenez; pois o pequeno era infinito. E, sendo todas junto, nenhuma era visível por pequenez. Ar e éter ocupavam todas, sendo ambos infinitos, pois estes são os maiores no conjunto de todas, em quantidade e grandeza (KRS 467).

A concepção por Anaxágoras da condição original da matéria contrasta com as dos atomistas em todos os aspectos. O que se tem é um único misto inerte infinitamente divisível, feito de todas as matérias e poderes que ao final se tornarão aparentes no mundo único diferenciado que a atividade separadora da mente está para criar. Para Anaxágoras, doce, amargo, quente, frio, cor não são meras convenções, mas parte do mobiliário básico do universo: qualquer coisa que subsequentemente emerja tem de ter estado latente em todo o processo ("em tudo uma porção de tudo", como reza a sua divisa).

O legado de Anaxágoras. Podemos documentar a influência de Anaxágoras sobre subsequentes pensadores do século V. De Sócrates se diz ter sentado aos pés do seguidor de Anaxágoras Arquelau (ateniense como Sócrates) em sua juventude; e Hipólito apresenta uma abordagem estendida de suas teorias altamente derivativas. Figura mais impressionante é Diógenes de Apolônia, que esteve em atividade na segunda metade do século V; sua ideia de que o ar é o divino primeiro princípio é escarnecida por Aristófanes nas *Nuvens* (423 a. C.). Uma série de fragmentos encontra-se preservada (a maior parte por Simplício). Diógenes argumentou em favor da tese monista de que as coisas só poderiam interagir umas com as outras se todas fossem diferenciações da mesma substância básica. Isso não soa particularmente anaxagoriano, mas ao ter o ar a permear todas as coisas, Diógenes o fez organizá-las e controlá-las, e argumentou que a disposição ótima de dia e noite e das estações revelam a sua inteligência, assim como também cumpre o seu papel na sustentação da vida animal, que ele elaborou numa detalhada psicologia e fisiologia que graças a Aristóteles e Teofrasto ainda é amplamente acessível a nós. Em outras palavras, Diógenes aceitou de Anaxágoras que a ordem cósmica e os fenômenos da vida demandam explicação em termos de mente, mas ele construiu a mente como um predicado, não como substância independente.

Um terceiro autor, muito diferente, a se apropriar da hipótese de Anaxágoras de um papel cósmico dominante para a mente é o autor do papiro Derveni. Esse extraordinário documento, descoberto em 1962 entre os restos de uma pira funerária num complexo sepulcral próximo a Tessalônica, no norte da Grécia, contém em forma fragmentária um comentário alegórico a um hino órfico sobre as origens do universo, composto provavelmente em torno de fins do século V. Há muitos debates acerca de seus propósitos religiosos e intelectuais, mas inegável é a absorção do autor na física pré-socrática, bem como o seu uso de uma série de técnicas etimológicas e filológicas questionáveis para decodificar os versos órficos como expressões crípticas de teoria cosmológica. Quanto a isso, as ambições exegéticas do comentador se assemelham àquelas atestadas por Metrodoro de Lâmpsaco (no Dardanelos), de quem se diz ter sido próximo de Anaxágoras, que, pelo que se relata, terminou seus dias em Lâmpsaco, gozando de elevada estima pública.

Empédocles. A mais celebrada descoberta moderna de material pré-socrático é ainda mais recente. Em 1994, o estudioso belga Alain Martin anunciou a identificação de mais de setenta linhas de Empédocles – muitas até então desconhecidas – em fragmentos de um rolo de papiro (do Egito, mas desde 1905 na biblioteca da universidade de Estrasburgo) que outrora formavam uma tira rígida com cobre lhe sendo colado, aparentemente pretendendo funcionar como coroa para uma pessoa falecida. Empédocles, nascido em cerca de 495 na cidade siciliana de Ácragas (moderna Agrigento), escreveu pelo menos dois poemas em versos épicos hexâmetros conhecidos da antiguidade tardia como *Da natureza* e *Purificações.* Numerosos fragmentos sobreviveram (em volume maior do que de qualquer outro autor pré-socrático), mas muitas questões-chave de interpretação ainda são alvo de vigorosa disputa. Estudiosos esperam que a nova evidência, agora apresentada numa magnífica edição por Martin e seu colega alemão Oliver Primavesi, possa ajudar a resolver algumas dessas questões, por exemplo, a relação entre religião e filosofia no pensamento de Empédocles. Pois enquanto boa parte da teoria empedocliana – isto é, suas ideias acerca da formação de corpos celestes ou sua abordagem das impressões sensíveis – é comparável com o tratamento atomista e anaxagoriano dado a tais tópicos, Empédocles esteve também bastante envolvido com preocupações pitagóricas envolvendo a alma e a sua reencarnação. O estudioso das últimas poucas décadas tem tornado cada vez mais improvável que a física de *Da natureza* seja isolada das convicções religiosas de Empédocles, e existe muito menos confiança hoje do que outrora de que todos os fragmentos que tratam da reencarnação devam ser remetidos ao *Purificações*.

Quanto ao razoável (mas não universalmente aceito) pressuposto de que os versos recém-construídos pertençam todos ao mesmo poema, há de fato confirmação adicional de que o *Da natureza* tinha uma finalidade religiosa abrangente: situar a alma e seu destino no âmbito de uma história cósmica, um ciclo de harmonização alternada de poderes elementais numa unidade seguida por sua dissolução em pluralidade, incessantemente repetida. Uma das novas passagens diz respeito à queda da alma, ou o *daimon*, como Empédocles prefere dizer – e incidentalmente inclui reminiscências de duas linhas que nos capacitam a estabelecer um texto aperfeiçoado do fragmento já existente de duas linhas KRS 416 (citado pelo neoplatônico Porfírio). Mas as outras três passagens que podem ser reconstituídas, todas se interseccionam com fragmentos existentes do poema filosófico *Da natureza*, de Empédocles. Portanto, existe uma probabilidade de que a passagem sobre a alma pertença também à mesma parte de *Da natureza*, e não ao poema religioso *Purifications*, ao que Diels atribuiu KRS 416. Podemos inferir que o *Da natureza* combinou os interesses de um teórico da natureza com os da religião de Pitágoras, a exemplo do que muitos já suspeitavam.

Algo da intensidade única da visão de mundo de Empédocles é transmitido nas linhas mais bem preservadas[5] do papiro de Estrasburgo, uma passagem que nos era desconhecida:

> Mas quando a discórdia alcança transgressivamente as profundezas do vórtice, e o Amor chega ao meio do redemoinho, então sob ele [isto é, o Amor] todas essas coisas [isto é, elementos] se reúnem para ser tão somente uma. Esforça-te – para que o discurso alcance não apenas teus ouvidos – e enquanto ouve olha as infalíveis evidências que estão à tua volta. Eu vou mostrar teus olhos, também, onde as coisas [isto é, os elementos] encontram um corpo maior: primeiro, a reunião e o desabrochar [isto é, a

5 Os finais das linhas em sua maior parte estão faltando: as restaurações são altamente especulativas.

> proliferação] em que consiste a cria, e toda a variedade que ainda é deixada nessa fase de geração, seja entre as espécies selvagens de bestas que vagam pelos montes, ou com os filhos gêmeos de seres humanos [isto é, os dois sexos] ou com a prole de campos carregados de raízes e os cachos de uvas subindo pela vinha. Transmite desses discursos à tua mente provas inequívocas: pois tu *verás* em que consiste reunir e desabrochar aquela cria (a[ii] 18--30, edição Martin e Primavesi).

Empédocles postula como sua ideia estrutural heraclítica um choque entre as grandes forças cósmicas de Discórdia e Amor, a operar entre polos de unidade e pluralidade em seus efeitos sobre os quatro elementos que ele tornou canônicos: fogo, ar, água, terra. O que ele busca capturar nesses versos é a energia criativa do Amor em funcionamento no mundo como ele é agora, seguindo um momento decisivo no conflito. Numa articulação por vezes remanescente de Parmênides, ele promete uma prova que estará baseada na evidência de nossos próprios olhos: devemos *ver* a união a ocasionar proliferação e a terra, em consequência, a revelar-se fértil e multiplicadora. Por uma leitura, Empédocles aqui se dedica a confirmar a teoria com evidência sensorial. Por outra, sua tática é a um só tempo mais astuta e mais intuitiva: assim, tanto para imaginar o mundo como para nos tornar incapazes de ver exceto pela exemplificação dos ritmos de Amor e Discórdia, tem-se seus postulados teóricos. Talvez não devamos nos surpreender pelo fato de que seu aluno mais notável seja Górgias de Leontini, o celebrado retórico do século V, cujas deslumbrantes orações *Palamedes* e *Louvor a Helena* sobrevivem até hoje e estarão entre os principais textos apresentados no capítulo a seguir.

A mais memorável contribuição de Empédocles à especulação sobre a natureza foi a sua teoria sobre a origem das espécies. Ele postulou uma sequência de estágios (bastante debatida pelos estudiosos) presentes no surgimento de formas animais, a começar por um ponto em que a Discórdia era ainda mais dominante do que é hoje. Em primeiro lugar veio uma fase em que "nela muitas cabeças sem pescoço germinaram, e nus erravam braços desprovidos de ombros, e olhos sozinhos vagueavam privados de fronte" (KRS 376). Isso foi seguido por uma geração de monstros, tais como um touro com faces humanas e "uma cria de homem com cara de boi". Depois disso, a imagem é menos clara. O que é bem atestado é o frequente apelo ao acaso na explicitação da teoria; e Aristóteles sugere que ele teria proposto uma ideia da sobrevivência dos mais bem adaptados: entre os monstros da segunda geração, somente aqueles que acontecia de serem biologicamente viáveis sobreviviam e reproduziam sua estirpe. Aristóteles tinha grande admiração pela percepção de Empédocles das funções homólogas nos seres vivos de nossa atual fase zoológica ("As mesmas [coisas] cabelos e folhas e de aves penas cerradas e escamas vêm a ser sobre enrijecidos membros" [KRS 383]). Ele cita passagens empedoclianas bastante contínuas sobre visão e respiração. E na última página de sua principal discussão sobre os pré-socráticos, ele refere que na abordagem empedocliana da constituição dos ossos existe uma aproximação, maior do que a que se tem em qualquer outro de seus predecessores, a uma compreensão do papel de forma e essência na explicação física. E com essa nota otimista, queremos apropriadamente nos despedir dos pré-socráticos.

3 Os sofistas e Sócrates

Sarah Broadie

Os sofistas

Os sofistas do século V foram os primeiros expoentes da educação de excelência no Ocidente. "Sofista" significa "praticante profissional de sabedoria (*sophia*)". Chamar alguém de "sábio" (*sophos*) sem qualificação equivalia a lhe atribuir o conhecimento mais elevado e mais desejável. E na atmosfera incansavelmente política das cidades-Estado gregas do século V, o conhecimento de primordial importância era a competência na fala cívica: debate, exortação, contestação, eulogia formal. Fosse o contexto a câmara do conselho ou o tribunal de justiça, a assembleia democrática ou o gabinete de um príncipe, a meditação em casa ou a diplomacia no estrangeiro, o êxito dependia de uma comunicação excelente. Nesse ambiente foi que os sofistas emergiram e floresceram.

Uma vez que o que a maior parte deles escreveu está perdida, e uma vez que em todo o caso a maior parte do seu trabalho consistia em ensinar, não em escrever, nossa imagem dos sofistas é necessariamente fragmentária e especulativa. Felizmente, contudo, sobreviveu o suficiente da retórica sofística real para nos proporcionar uma rica impressão das habilidades que esses homens – e os que os pagavam – tinham por mais caras. De Górgias de Leontini temos alguns discursos altamente artificiais compostos a título de demonstração; de Antifonte de Ramnunte – Ramnunte, cidade próxima de Atenas – temos discursos escritos para protagonistas da vida real nos tribunais de justiça, bem como alguns discursos a título de demonstração. Há também os discursos que o historiador contemporâneo Tucídides atribui a agentes históricos em seus relatos da Guerra do Peloponeso. Tucídides, de sua parte, não era um sofista (e, entenda-se, um profissional pago), mas sabemos que ele criava seus discursos não meramente para explicar motivos e decisões que diziam respeito à Guerra do Peloponeso em particular, mas como modelos do pensamento político e estratégico que seriam úteis em situações futuras.

Se um estudante fosse ter com sofistas como Górgias e Antifonte na condição de aspirante inteligente às habilidades que eles ensinavam, o que iria aprender? O estudo de seus diálogos mostra que ele iria aprender a reunir pensamentos de modo a chegar a conclusões de maneira lógica a contar de premissas razoavelmente óbvias; a fazer transições claras de cada um dos itens até o seguinte; a estruturar analogias; a dividir um assunto em categorias e a lidar com elas efetivamente uma a uma: ou seja, um réu argumenta que mesmo que ele desejasse cometer um crime, (a) ele não poderia, e (b) mesmo que ele pudesse, não teria desejado. Sob (a) ele pode fazer uma divisão entre falta de meios e falta de oportunidade, e sob (b), entre motivos possíveis, cada um dos quais ele mostra que estava ausente. O estudante aprenderia a fazer com que determinado assunto lhe estivesse sob controle com um conjunto de questões: "onde?", "quando?", "por quanto tempo?", "quem?", "quantos?", "por quais meios", e assim por diante. Em suma, aprender-se-ia a ter a maestria sobre uma série de dispositivos *formais*. Estes não seriam, em sua maior parte, as formalidades *estéticas* de música-palavra – ritmo, aliteração, assonância –, muito embora, estudando Górgias em particular, um novato em retórica possa ter ficado surpreendido, e à primeira vista deliciado, pelo modo como essas ornamentações de poesia podem fazer magnificente também a prosa.

O estudante aprenderia que um caso pode em geral ser forjado tomando-se ambos os lados de uma questão, uma vez que se esta fosse óbvia, não haveria necessidade de uma persuasão mediante uma fala habilidosa. Portanto, aprenderia a antecipar argumentos em oposição. Aprenderia que a precisão e o rigor lógicos não apenas podem ser elegantes, mas também tornar o discurso a um só tempo impermeável e transparente. Aprenderia a distinguir observação e conjectura, certeza e probabilidade; e a comparar probabilidades de alternativas. Começaria a acionar questões conceituais, tais como a diferença em casos jurídicos entre fatos determinantes e culpa determinantes, além de problemas a envolver a decisão de quem, ou o quê, *teria iniciado* o acontecimento relevante. O estudante absorveria generalizações acerca de diferentes tipos de pessoas a agir em variadas situações e aprenderia que há exceções. Esses postulados acerca da psicologia humana seriam de valia para que se ajustasse um discurso às reações prováveis de uma dada audiência e se apresentassem abordagens plausíveis sobre como um requerente ou defensor, um aliado político ou inimigo, ou o próprio proponente em quaisquer um desses papeis, pode ter atuado ou então se esperaria que de tal modo atuasse.

O componente básico do sofista, então, foi o estudo e o ensino das habilidades de comunicação com vistas a seu exercício em diversas situações cívicas razoavelmente bem definidas. Mas eles também mostraram serventia para algo mais amplo e mais nebuloso, e sua originalidade ultrapassa em muito as inovações imediatamente relevantes envolvidas em produzir bons falantes para contextos existentes. Os sofistas foram pioneiros na reflexão sistemática sobre a natureza do *logos* humano (*logos* que pode significar "discurso", "linguagem", "argumento", "razão"). Eles trabalharam pelo controle do poder do *logos* no interesse de objetivos familiares, mas também se valeram desse *logos* num espaço inteiramente novo de possibilidades intelectuais. O elemento-chave desse admirável mundo novo foi a percepção da mente humana como uma força provida de sua própria natureza e de leis de desenvolvimento, como uma força que se molda por meio de seus produtos, quais sejam, a cultura e as instituições. Paradoxalmente, essas realidades existem somente porque nós acreditamos nelas, e não obstante elas nos formam e nos moldam detalhadamente tanto quanto o fazem as forças de natureza não humana. Mas não precisamos estar à mercê delas. Essas forças também podem ser potenciadas, com invenções e melhorias trazidas ao que nos é de nascimento. Essa realização dual, de nosso poder sobre o *logos* e do poder deste sobre nós, foi a compreensão fundamental dos sofistas.

Muitos contemporâneos viam os sofistas como exploradores cujo interesse definidor jazia em explorar ou ensinar a explorar o poder do *logos* visando a vantagens materiais. A impressão foi alimentada pelo fato de que eles cobravam por seus cursos de retórica – em alguns casos honorários bastante altos. Esse foi um tema constante entre seus primeiros detratores, que incluíam não apenas pessoas suspeitosas de intelectuais e de formas novas de pensar, além de temerosas – não sem razão – de que a educação sofística pudesse significar uma cunha entre o jovem e a autoridade parental, mas também Platão, ele próprio um pensador revolucionário. Em seus diálogos, Platão sempre torna a endossar a imagem vulgar do "sofista", e foi a sua autoridade que estigmatizou a palavra com a conotação de trapaceiro superficial e mercenário.[1] Como exemplo, ele termina o seu diálogo *Sofista* com a seguinte caracterização da atividade sofística:

> Assim, esta arte de contradição que, pela parte irônica de uma arte fundada apenas sobre a opinião, faz parte da mimética e, pelo gênero que produz os simulacros, se prende à arte de criar imagens; esta porção, não divina, mas humana, da arte de produção que, possuindo o discurso por domínio próprio, através dele produz suas ilusões, eis aquilo de que podemos dizer 'que é a raça e o sangue' do autêntico sofista, afirmando, ao que parece, a pura verdade.

Ainda assim, os retratos dos sofistas por Platão não são todos caricaturas negativas. A imagem que faz de Protágoras de Abdera deixa claro que, mesmo dele se fazendo graça, esse sofista não apenas era bem-sucedido, mas era também piedoso e sério. Na realidade, os sofistas, longe de serem simplesmente mercenários, representavam o amor pela realização intelectual em si. O perfeccionismo e senso de vocação revelados na imagem por Platão de Protágoras, e em algumas das obras de Górgias que sobreviveram, sugerem que esses homens e seus associados eram conhecedores do intelecto, e para eles as necessidades cívicas servidas por sua habilidade eram menos oportunidades para se obter lucro do que ocasiões para se envolver

---

1 Ver *Sofista* 218b-233c, de Platão, para uma série de divisões resultantes em definições pouco lisonjeiras do sofista. Ver também 267e-268d. Contudo, 226d-231b define a "nobre sofística" representada por Sócrates.

numa atividade esplendidamente humana. E, em todo caso, os sofistas eram muito mais do que professores profissionais de retórica. Eles eram investigadores de amplo escopo, profunda e produtivamente fascinados pela condição humana. Curiosos, criativos, provocadores de pensamento, eles se perguntavam, especulavam e escreviam (num sem-número de obras, das quais apenas fragmentos hoje sobrevivem) sobre as naturezas e origens da sociedade, do direito, da religião e dos valores; sobre linguagem, verdade, crença ou opinião (*doxa*), ilusão, imaginação e ação humanas; em alguns casos, acerca da física. Em suma, segundo qualquer padrão moderno, eles eram, entre outras coisas, filósofos.

Górgias

Vamos ilustrar o que até aqui tem se dito com base em duas demonstrações de habilidade lógica por Górgias, *Louvor a Helena* e *Sobre o que não é*. Ambos provam o poder do *logos* mediante a demonstração de paradoxos. Em *Sobre o que não é*, Górgias argumenta:

(1) "Nada é";
(2) "Mesmo que 1 seja falsa, o que é não é objeto de nossa apreensão";
(3) "Mesmo que 1 e 2 sejam falsas; o que é não pode ser transmitido pelo *logos* a outros".

(Aqui [2] é mais lógica do que epistemológica. A asserção opõe não a pressuposição de que a cognição é possível, já que Górgias permite cognição perceptiva, mas a insistência de Parmênides de que somente "o que é" pode ser objeto de pensamento – sobre isso ver p. 88-89). Evidentemente, Górgias intenta mostrar que seu próprio raciocínio é tão poderoso quanto o de Parmênides e de Melisso em favor "do que é" (anteriormente, p. 88-91). Nós não sabemos se Górgias tem a intenção de refutar esses filósofos ou apenas fazer o caso contrário, de modo a mostrar como o *logos* pode impelir a mente em direções opostas.

O *Louvor a Helena* é menos louvor do que exoneração de culpa. A tradição culpava Helena pela Guerra de Troia, que se iniciou com o envolvimento adúltero desta com Páris de Troia. Górgias argumenta que o comportamento de Helena se deveu a uma de quatro causas: decreto divino ou destino, atração física irresistível, persuasão pelo *logos* ou paixão erótica; mas em cada um dos casos, Helena foi vítima e não fez nada de vergonhoso. Górgias assume que todas as causas são tipos de necessidade, e que a necessidade nulifica a responsabilidade. É digno de nota que ele exonera agentes conduzidos por decreto divino. Não é incomum em Homero e na tragédia antiga que uma ação pela qual um ser humano é responsável seja também obra dos deuses a promover sua própria agenda. Não estava claro se ser um joguete dos deuses negaria a responsabilidade, assim como não está claro para nós hoje se ser psicologicamente incapacitado é algo que pode negar a responsabilidade de um indivíduo. Porém Górgias traça uma linha nítida: se os deuses são responsáveis, Helena não é responsável. Por certo que ele tem em mente também o contrapositivo: se Helena é responsável, os deuses não o são. Isto é: se o homem é uma causa, essa causa é tão autônoma e última, tendo em vista a explicação, quanto são os deuses. E o homem é uma causa, sem que jamais seja lá muito distinta, sendo-o mais mediante persuasão pelo *logos*. Na divisão de Górgias, então, tal se põe em coordenação com um decreto divino.

De acordo com isso, Górgias assinala a sua distância em relação aos filósofos-poetas Parmênides e Empédocles (o último dos quais tendo sido seu professor), anunciando sua própria autonomia humana. Parmênides foi guiado por deusas pelo Caminho da Verdade, e Empédocles inicia o seu *Da natureza* com um louvor à Musa pela assistência desta. Mas Górgias inicia o seu *Sobre o que não é* com *ele próprio*, declarando logo que ele "estabelecerá" a primeira de suas conclusões, "tornará clara" a segunda e "ensinará" a terceira. No início de *Helena*, também, é ele próprio que pela introdução do raciocínio (*logismos*) em seu *logos* a um só tempo vai resgatar Helena da infâmia (um nível de desafio passível de, com Sócrates ou Platão, obter um louvor pela assistência divina), e os detratores dela por sua ignorância. Ele termina *Helena* igualmente se voltando para si mesmo, a afirmar que esse *logos* destinado a reabilitar uma heroína e reeducar os gregos tem sido "o louvor a Helena e minha diversão". Estudiosos têm compreendido "diversão" como uma advertência para se tomar o *logos* de maneira lúdica. De maneira mais plausível, talvez, Górgias está explicando o que *ele* está fazendo: nem reabilitação, nem reeducação, mas prazer. Ele o fez e apresentou por si só, não na esperança de bênçãos pelo espírito de Helena, ou de favorecimento por seus descendentes, ou para se livrar de uma maldição. (Do poeta Estesícoro, do sétimo para o sexto século, se diz ter ficado cego após contar a tradicional história de Helena, e ter recuperado a visão ao abjurá-la.)

Uma inovação gorgiânica, então, está em celebrar a autonomia do *logos* humano, que é o seu próprio tipo de causa e, em suas manifestações mais refinadas, um fim em si mesmo para o seu autor humano. O contraste tem sido com a causação divina, e com a criação humana de coisas belas como oferendas para os deuses. Mas Górgias também realça a natureza *sui generis* do *logos* por um contraste com o corpóreo. Vamos abordá-lo via outra inovação, a saber, o seu abandono do contraste tradicional entre a persuasão pelo *logos* e a compulsão (*ananke*). A diferença está entre agir por si mesmo, voluntariamente, e ser forçado a agir, de fora. Assume-se que o "voluntário" implica que mesmo se eu for persuadido, o persuasor garante *minha própria concordância* com a ação, um acordo a fluir de alguma atitude já presente em mim, que o persuasor ativou ou direcionou para uma nova situação. À medida que minha atitude antecedente é causa da ação, não posso ser livrado da responsabilidade por alguém outro ter me persuadido. Mas quando Górgias sustenta que ser persuadido exonera, ele implica que a persuasão de fora assume o domínio sobre a alma, plantando nela novas fontes de ação a fazer a vontade do persuasor. Ele compara o efeito do *logos* sobre a alma com o de medicamentos sobre o corpo, e diz que muito embora a persuasão não tem a forma ou aparência de compulsão (a compulsão sendo paradigmaticamente equacionada aqui com a força física [*bia*]), ela é igualmente poderosa.[2] Quanto à diferença em forma, ele explica-a por uma nova oposição entre o corpóreo e o incorpóreo. O poder do *logos* não se põe em nenhuma proporção com a magnitude física, digamos, o volume do fôlego exalado na fala ou o tamanho dos caracteres escritos. Num pensamento relacionado em *Sobre o que não é*, Górgias afirma que a apreensão do logos tem o seu próprio "órgão";

2 Seguindo a reconstrução do texto por Diels.

o *logos* não pode ser equiparado a órgãos que assimilam os objetos dos sentidos, assim como a visão não pode apreender os sons.

Górgias está a ponderar sobre como o sentido linguístico e nossa compreensão dele se relacionam com o físico e com nossa cognição do físico, e está a apontar para o contraste do "sensível" com o "inteligível" que será central para Platão. Mas enquanto Platão postulava realidades incorpóreas extramentais para ser o que o *logos* essencialmente revela, Górgias supõe que as únicas realidades (à parte o próprio *logos*) são corpóreas e perceptíveis. Assim, muito embora as percepções sensíveis incitem em nós os *logoi* para coisas sensíveis, esses *logoi*, sendo completamente diferentes em natureza de seus referentes, não podem transmitir a ninguém os traços característicos desse último. Se inserimos juntos esses achados de *Louvor a Helena* e de *Sobre o que não é*, ao que parece temos o resultado de que quando o *logos* pressiona e determina a alma, ele o faz não como um meio pelo qual realidades que se determinam *a priori* metafisicamente se fazem presentes a nós, mas ele o faz por si mesmo, por autoridade não herdada. Como afirma Górgias, "*Logos* é um senhor poderoso" (*Helena*, 8). Ainda assim, ele permite que tal possa ser verdadeiro ou falso, já que tem em mente ensinar a verdade e remover a falsidade sobre *Helena*. Contudo, ele não explica qual a verdade em que um *logos* consiste. Mas, claramente, as realidades que fazem a verdade não nos alcançam e nos agarram por meio de seu *logos*, de modo que em *o* aceitando, nós *as* recebemos; fosse assim, um falso *logos* não teria poder algum sobre nós. Por vezes, Górgias parece escrever como se a persuasão fosse essencialmente falsa. Mas ele por certo não pretende com isso que sua mensagem seja necessariamente falsa, mas sim que ela trabalha enganando-nos, fazendo-nos aceitar a mensagem não como opinião (*doxa*) instável, obscura, que é o máximo que ela pode ser, mas como autoapresentação sólida, clara das próprias realidades opinadas, de modo que elas nos afetam como se efetivamente lá estivessem. E isso não é necessariamente algo ruim ou um sintoma de nossa fraqueza. Em um contexto, pelo menos, como Górgias o observou, o paradoxo a seguir é verdadeiro: "O enganador supera o não enganador em justiça, e o enganado supera o não enganado em sabedoria". O contexto é o do drama trágico, no qual o bom produtor cumpre com o seu justo dever de iludir, e o bom público não é tão estúpido a ponto de ser imune à ilusão trágica.

Os filósofos da mente e da linguagem de nossos dias ainda não se livraram do enigma que se iniciou com as seguintes concepções gorgiânicas: o *logos* não é algo que nós apreendemos ao que apreendemos os objetos dos sentidos; o *logos* não pode literalmente transmitir tais objetos para nós; o que em vez disso ele pode exercer, em persuasão, é fazer-nos notar o seu próprio papel em nos persuadir, de modo que nós nos abrimos (assim nós pensamos) diretamente para os objetos de que "se trata"; e isso é exatamente o que deveria acontecer se o *logos*, um artifício humano, fosse realmente o que na persuasão trabalha imaginando ser: um meio natural transparente por meio do qual as realidades naturalmente aparecem.

Protágoras

Vamos agora nos voltar a Protágoras, cronologicamente o primeiro dos sofistas e geralmente considerado o maior deles. De acordo com fontes antigas, era uma mente de notável originalidade. Entre as inovações atribuídas a ele, estavam: ensinar que existe um par de argumentos opostos em cada questão; afirmar que a contradição é impossível (presumivelmente porque os dois lados estão na verdade falando sobre coisas diferentes); argumentar por perguntas (método que veio a se tornar famoso com Sócrates); distinguir os tempos dos verbos; dividir o *logos* em tipos básicos de atos da fala como solicitação, pergunta, resposta, comando. De seus escritos quase nada sobrevive a não ser duas memoráveis sentenças de abertura, uma da obra intitulada *Verdade* ou *Refutações*, a outra de *Sobre deuses*. A primeira sentença desse último se inicia como segue: "No que diz respeito aos deuses, eu não posso saber nem que eles existem nem que eles não existem ou a forma que podem ter, pois há muitas coisas a impedir tal conhecimento: a obscuridade do tema [ou possivelmente: sua imperceptibilidade (a dos deuses)] e a brevidade da vida humana". A contar desse início decisivamente agnóstico, pareceria que o cerne de *Sobre deuses* versaria sobre a religião humana, e não sobre divindades elas mesmas. Trata-se de uma obra de antropologia, não de teologia. Protágoras pode ter passado em revista crenças e práticas de culto; pode ter examinado os efeitos psicológicos e sociais da crença e da descrença em deuses; pode ter especulado sobre a origem da religião. Uma coisa é clara: uma vez que teria sido óbvio para ele que a crença em deuses é quase universal, seu próprio agnosticismo lhe teria contado que uma crença que é humanamente incontrolável, mesmo parcialmente definitiva da natureza humana, pode simplesmente *não ser verdadeira* – se por "verdadeira" tivermos em mente feita, assim, por uma realidade existente independentemente, à qual ela se conforma. Protágoras teria visto que a crença religiosa faz exatamente a mesma diferença para o mundo, na vida dos crentes e por meio da vida dos crentes, seja ela verdadeira ou não no sentido acima. E pois, se deuses externos não existem, tendo nós gerado de algum modo inteiramente por nós a crença neles, é razoável então supor que, em vez de deuses externos existirem, não é por conta disso (a natureza humana em si mesma sendo a mesma) que os homens acreditam, mas, como antes, porque é da natureza humana formar essa crença para si mesma. Assim como para Górgias o puro *logos* é o "senhor poderoso" – tornando-se mais poderoso sobre os homens quando verdade lhe é acrescentada –, o mesmo se passa, para Protágoras, com a crença e a imaginação.

Contudo, Protágoras parece ter pensado que "verdade" (*aletheia*) deveria significar correspondência não detectável com alguma coisa cuja não existência poderia não fazer diferença, mas um estado desejável, um estado em que a alma se faz, por assim dizer, propriamente ligada no que diz respeito a ela. Se assim é, e se Protágoras aderiu ao ponto de vista lógico de que a verdade representa coisas como fossem elas positivas ou negativas, então, uma vez que o que nos diz respeito o faz por causa de *nossa* natureza, não puramente por meio da sua própria, para ele segue-se que o que conta como ser e o que conta como não ser não são, como podemos certa vez ter assumido, controlados por um conjunto de realidades completa e independentemente presentes ou ausentes, mas como uma função do modo como *nós* somos. Como Protágoras declara na primeira sentença de seu *Verdade*: "De todas as coisas a medida é o homem, de coisas que são que [ou 'como'] elas são, e de coisas que são não que [ou 'como'] elas não são".

De acordo com a apresentação por Platão desse *dictum* protagoriano (*Teeteto,* 151e ss.), ele resume a teoria de que para cada uma das coisas individuais são/não são como ele ou ela naquele dado momento as toma como sendo/não sendo. Platão, contudo, não está escrevendo a história científica da filosofia, mas sim usando "Protágoras" para representar uma doutrina que ele refutará; e é difícil de acreditar que o altamente respeitado e prático Protágoras baseasse o seu ensinamento na concepção de que qualquer resposta lançada para qualquer pergunta viesse automaticamente a atingir o alvo, para dizê-lo factualmente. O mais provável é que ele estivesse envolvido com assuntos humanos e com áreas em que exista desacordo ou divergência prática, uma vez que as pessoas (1) são atingidas por diferentes aspectos de uma situação complexa em razão de suas diferentes necessidades e interesses materiais, ou (2) veem algo sob diferentes luzes em razão de seus valores culturais diferentes. Protágoras pode não ter discernido esses cenários. Com o primeiro cenário pode se lidar de modo convincente dizendo que cada parte apreende o máximo do estado real de coisas que é possível de sua perspectiva particular, enquanto para o segundo pode ser mais razoável dizer que não há fato objetivo do assunto em questão, por exemplo, quanto a se os mortos deveriam ser sepultados ou cremados.

Mas então o "homem como a medida" implica que ninguém jamais será mais sábio do que outro – então não poderia haver conselho melhor que outro? Isso não faria sentido para a própria vida de Protágoras. Durante muito tempo ele foi amigo do grande líder ateniense Péricles, que depositava confiança na sabedoria e nos juízos de Protágoras atribuindo a ele a tarefa de conceber leis para Túrio, uma importante colônia grega. E é claro que, como professor, Protágoras prometia aperfeiçoamentos. Ele só poderia garantir ao pupilo prospectivo que este apreenderia com ele próprio, Protágoras,

> [...] bom juízo [*eubolia*] em seus próprios assuntos, de modo que ele possa lidar com sua própria casa da melhor maneira, e bom juízo nos assuntos da cidade, de modo que ele possa ser mais

capaz em ações e em palavras nas questões envolvendo a cidade (Platão, *Protágoras*, 318a-d).

Em outra passagem, Platão faz Protágoras explicar que, muito embora o que apareça para cada pessoa seja suficientemente verdadeiro, à medida que responde à condição em que o sujeito se encontra, algumas aparências são mais benéficas do que outras; e a habilidade de Protágoras, que ele professa ensinar, está em ver melhor do que a maioria das pessoas quais aparências seriam benéficas em cada caso, e em persuadir os homens a deixar de lado as aparências inúteis e assumir as úteis.

Provavelmente Protágoras tinha uma compreensão do senso comum "mais/menos benéfica". Existem necessidades e desejos humanos fundamentais, como os de saúde, segurança, subsistência, a companhia dos entes queridos, prazer; e o enfoque num dado aspecto de uma situação, ou o ato de seguir um dado conjunto de *costumes*, para um indivíduo ou grupo pode ser mais ou menos conducente a esses *desiderata*. Alguém que seja habilidoso em melhorar (segundo esse padrão) o modo como as pessoas olham para as coisas tem de ser experiente e inteligente a ponto de identificar e compreender diferentes perspectivas, e tem de ser articulado a ponto de formular explicações que tornem mais fácil para as pessoas se moverem para posições inicialmente inaceitáveis.

Ao se oferecer para ensinar esse tipo de bom juízo, Protágoras certamente não pretendeu fazer dele um tipo de ciência exata. É verdade que o entusiasmo que ele suscitou em estudantes e aspirantes a estudantes como o jovem Hipócrates no *Protágoras* de Platão pode nos levar a pensar que o que o sofista dizia entregar seria um pacote claro e inequívoco de princípios engenhosos a oferecer disposições certas e fáceis, além de rápidas, e obviamente ilusórias, sobre qualquer questão social e cívica. Ora, poderíamos perguntar, o que estaria na origem de toda a excitação se não as promessas de ensinar algum tipo de método sobre-humano, cuja natureza se poderia facilmente fantasiar? Sem dúvida que alguns dos seguidores jovens de Protágoras eram inexperientes a ponto de esperar que tudo fosse fácil e mágico; mas a principal causa de excitação e a fonte do *glamour* dos sofistas era algo que hoje talvez não consigamos apreciar, uma vez que damos como certa a realidade de uma educação superior em política, economia, direito, sociologia, governo, gestão de negócios e assim por diante: quando Protágoras iniciou sua carreira, o que se tinha era a novidade devastadora da própria ideia de que a educação por profissionais é capaz de desenvolver o potencial para liderança. Antes de Protágoras, simplesmente se assumia que as qualidades de um líder eram uma espécie de dotação hereditária naturalmente desenvolvida mediante a osmose imitativa dos mais velhos e melhores na família e em torno da família: ricas fontes de práticas e preceitos, mas não de explanação e análise.

Muito embora na primeira cena do *Protágoras* de Platão Hipócrates esteja quase fora de si por arrebatamento ante a ideia de aprender coisas novas e poderosas com o sofista, o corpo do diálogo mostra Protágoras com dificuldades para apresentar o seu ensinamento como em continuidade com elementos familiares, tradicionais da cultura. Ele se descreve como alguém a levar adiante o papel dos poetas, que, segundo o padrão da época, eram usados como fontes de instrução acerca de como viver. E argumenta que o ensinamento e o aprendizado da excelência cívica dele e de seus alunos não seriam atividades confusas e revolucionárias, mas uma extensão do que nas famílias e comunidades foi sempre visto como atividade de educar as crianças, tão logo a sociedade civil se iniciava. Ao desafio segundo o qual se a excelência pode ser ensinada, uma eminência como Péricles a teria ensinado a seus filhos, e estes na verdade não eram excelentes, a resposta protagoriana estava em comparar o homem socializado com o homem tal como seria sem socialização. Desse ponto de vista, está claro que todo e qualquer membro da sociedade, muito embora alguns sejam melhores do que outros, deve ter absorvido uma ampla medida de "justiça" e "respeito", elementos-chave da decência cívica, como está claro que isso se deu por meio de ensino e aprendizado, uma vez que indivíduos não adquirem essas qualidades se deixados à própria sorte.

Esse argumento, se obviamente pensado para dissipar suspeitas tradicionalistas acerca da educação sofística, também reflete uma sólida reflexão acerca da natureza humana e das origens das sociedade. Sabemos que o Protágoras histórico escreveu uma obra intitulada *Sobre o governo*

(*Peri politeas*; o mesmo nome que aparece como título da *República* de Platão) e outra intitulada *Sobre o estado original das coisas* (isto é, das questões dos homens); uma fonte antiga acusa Platão de ter plagiado as ideias dessa *República* de Protágoras. Certamente na *República,* Platão de todo concorreu com a visão por Protágoras da alma humana e pode ter sido inspirado por ela. Por essa concepção, a alma não seria meramente persuasível pelo *logos* para agir, pensar ou sentir essa ou aquela coisa particular, mas como educável com respeito a disposições morais e intelectuais subjacentes que vêm a ser a "segunda natureza", pela qual são determinadas nossas ações, pensamentos, sentimentos e respostas ante a persuasão. A *República* trabalha numa dimensão monumental e em detalhes penetrantes a intuição protagoriana de que os indivíduos humanos são de todo formados pelas instituições de sua sociedade.

Linguagem

Muito do debate sofístico sobre o sentido e a autoridade das instituições humanas foi estruturado em termos do contraste da *physis* (natureza) com o *nomos* (lei, costume, convenção, prática estabelecida). Por exemplo, a linguagem é claramente natural aos seres humanos; os seres humanos são parte do mundo natural, são organismos biológicos num ambiente físico; e as palavras da linguagem se relacionam referencialmente com objetos na natureza. Daí alguns pensadores teorizarem que existe ou que é recuperável uma natural "correção de nomes" pela qual características de palavras refletem de maneira não arbitrária as características das coisas. As palavras podem ter sido pensadas por analogia com as impressões dos sentidos, numa visão realista ingênua: os objetos de algum modo nos fazem conceber palavras que os representam de maneira não arbitrária. Em todo o caso, Protágoras, ao que tudo indica, sustentou que objetos em geral têm gêneros (porque em grego todos os nomes têm gênero) que podemos identificar independentemente das palavras reais para eles, gêneros estes que as palavras deveriam ser feitas para refletir. (Assim, ele sustentou que a palavra usualmente feminina *mênis,* a significar "ira", sendo marcante como a primeira palavra da *Ilíada*, deveria ser masculina, presumivelmente pelo fato de a emoção ser uma coisa masculina.) O sofista Pródico de Ceos foi alvo de escárnio por distinguir entre sinônimos e quase sinônimos como "debate" e "disputa", "fazer" e "trabalhar". Ele pode ter teorizado que a linguagem é naturalmente moldada para a sua função e que por essa razão não se teriam palavras diferentes a não ser que houvesse diferenças significativas de sentido. Como Protágoras, ele propôs revisões do uso padrão, recusando-se a chamar fleuma (um humor "frio") por esse nome à medida que a etimologia implica a condição de ter sido aquecido. O pensador sofista Crátilo de Atenas, ao que tudo indica, sustentou que as palavras fundamentais foneticamente mimetizam movimentos e forças fundamentais e naturais. Por outro lado, é claro, havia aqueles que sustentavam que a correção dos nomes depende de convenção e acordo humanos. Com a lógica em sua infância, essa concepção, óbvia para nós, não era necessariamente fácil de defender. Por convenção, uma certa palavra grega, considerada como um conjunto de fonemas, significa "cão", enquanto um enunciado em grego segundo o qual cães são carnívoros é verdadeiro em razão da natureza canina. Mas não apenas a distinção entre sentido e referência jazia até então não descoberta; tampouco havia sido claramente esboçada a distinção entre enunciados e palavras. Na verdade, um enunciado poderia parecer um nome complexo. Nesse estado de coisas, a premissa do senso comum de que a correção de nomes é uma questão de convenção humana arbitrária poderia parecer conter a consequência alarmante de que também a verdade dos enunciados seria arbitrária.

O debate sobre a correção natural de nomes pode ser contemplado em primeiro lugar com enfoque na etimologia e na onomatopeia. O antinaturalista poderia observar que a onomatopeia não pode ser o princípio da correção natural, uma vez que poucas palavras são onomatopeicas e que a etimologia não pode ser o princípio, uma vez que tantos termos significam algo diferente do que a etimologia sugere. Existe, contudo, potencial para se sustentar o debate num novo nível, o das categorias ou formas. O autor do tratado hipocrático *Sobre a competência*, escrito provavelmente próximo do fim do quinto século, sustentou que, embora nomes fossem impostos pelo *nomos* humano, os diferentes ramos de conhecimento captam as formas (*eide*) das coisas, e essas são rebentos da natureza. Assim, se o conhecimento é exprimido na linguagem, de sua expressão linguística pode se esperar que reflita estruturas naturais do objeto em foco. Por exemplo, a vinculação entre "fogo" e "calor" (uma conexão não restrita a nenhuma dada linguagem, e não dependente de fonética ou etimologia) pode parecer uma manifestação em *logos* de uma conexão no mundo da natureza. Daí que talvez pelo estudo indubitável de verdades linguísticas possamos descobrir sobre realidade extralinguística.[3] Mas à luz da radical negação, por Górgias, da habilidade do *logos* de transmitir a realidade, haveria alguém a fatalmente apresentar a visão oposta de que as formas linguísticas são de todo internas à linguagem: elas não refletem a natureza das coisas. Tal visão poderia se limitar a advertir que o estudo da forma linguística e lógica não pode, por si mesmo, aumentar nosso conhecimento sobre as coisas na natureza, enquanto ao mesmo tempo permite que os sentidos nos possibilitam a cognição. Essa pode ter sido a visão do sofista Antifonte,[4] que disse, por exemplo, que o tempo seria apenas um pensamento ou uma medida. (À luz da obra de Protágoras sobre tempos verbais, seria natural se perguntar se o tempo, como tempo verbal, seria um artifício da linguagem.) Antifonte é autor também de uma obra chamada *Verdade*, onde declarou como ato bárbaro contrastar gregos com bárbaros, patrícios com plebeus: esses conceitos humanos não refletem tipos naturais.

Poder-se-ia, contudo, progredir até a posição extrema de que *nada* extralinguístico teria algo que remotamente se assemelhasse ao caráter estável e definitivo das estruturas linguísticas e lógicas – o que parece colocar o mundo extralinguístico num âmbito completamente para além da compreensão humana. Sua aparente compreensibilidade será então uma ilusão gerada pelo *logos*, assim como para Górgias a aparente presença para nós de coisas por meio do *logos* seria outra ilusão advinda da mesma fonte.

---

3 Ver Platão, *Fédon*, 99d-100a; cf. 103c-e.

4 De acordo com uma certa tradição, ele foi uma pessoa diferente de Antifonte de Ramnunte, o retórico, mas hoje muitos estudiosos os identificam como sendo a mesma pessoa.

Justiça

O fato de que o costume e o direito, como a linguagem, diferem em diferentes sociedades, juntamente com o pressuposto de que o que é legal é direito, sugeriu a alguns que certo e errado, justo e injusto seriam relativos à sociedade, enquanto a outros sugeriu que existem justiça e injustiça naturais acima dos sistemas feitos pelo homem. De acordo com uma concepção antiga e popular, que foi endossada pelo sofista Hípias de Élis, existe uma justiça natural no sentido de um conjunto de princípios morais válidos para todas as nações. Platão desenvolveria tal concepção em termos da doutrina segundo a qual a justiça natural é uma essência eterna que a justiça humana "imita" (p. 138-140). De acordo com uma interpretação muito diferente, a justiça natural é a exploração do mais fraco pelo mais forte. Isso é o que vemos ao longo de todo o reino animal; e por vezes pode bem ser a lei da vida humana também. Tal é a posição do personagem (provavelmente ficcional) Cálicles, no *Górgias* de Platão. Elementos dessa concepção vêm à tona também na *República* pela voz de Trasímaco (um sofista histórico, de Calcedônia) e por Glauco, irmão de Platão. De acordo com esse tipo de visão, um indivíduo que é forte e inteligente o suficiente para tirar vantagem da fraqueza de seus vizinhos, mas deixa de fazê-lo por justiça e respeito, trai sua própria natureza e sua herança natural. Na verdade, ele se faz artificialmente fraco pelos muitos naturalmente fracos (*hoi polloi*), que por autoproteção condicionaram os homens a aceitar o mito de que a verdadeira justiça demanda que os indivíduos sacrifiquem o seu próprio bem-estar em favor dos outros.

Esse mito da moralidade, como esses pensadores o viram, tem sido reforçado por artifícios adicionais: punitivas sanções de Estado e ameaças ficcionais de punição divina. Muitos sustentavam que os próprios deuses seriam uma ficção. Contudo, havia importantes variações nessa concepção. Pródico, por exemplo, sustentou que os homens natural e espontaneamente adoram, como divindades beneficentes, as forças naturais que sustentam a vida, tais como a terra e o sol. Também foi sugerido, porém, que deuses justos seriam propaganda elaborada pelos homens, sendo idealizados por alguns indivíduos a fim de subjugar outros. Uma versão lógica extrema desse quadro ganha a voz de um personagem da peça perdida *Sísifo* (atribuída tanto a Eurípedes quanto ao político ateniense Crítias), que declara a ficção dos deuses justos como sendo uma invenção *solitária* de um brilhante déspota humano. (A alternativa menos lógica seria a de que os muitos fracos de espírito são bem-sucedidos em enganar os poucos superinteligentes bem como – de algum modo – em se enganar um ao outro.)

O tipo de doutrina favorecido por Cálicles e Trasímaco, se compartilha raízes com teorias de Protágoras, move-se numa direção bem diferente. Para Protágoras, a natureza humana é aperfeiçoada por instituições sociais, ainda que nenhum conjunto de instituições seja objetivamente o melhor. Mas de acordo com Cálicles e Trasímaco, a sociedade reprime as melhores naturezas, fomentando o fraco sem melhorá-lo individualmente e encorajando o culto da mediocridade. Diferente ainda uma vez, segundo parece, foi a visão de Antifonte. Como Cálicles e Trasímaco, Antifonte opera um nítido contraste entre o que é humanamente legal e o que é naturalmente vantajoso, mas diferentemente deles, ele parece em certo sentido aceitar os ditames do Estado de direito feito pelo homem. Em sua obra *Verdade*, ele declara que um homem tira proveito de se conformar ao *nomos* somente quando testemunhas estão presentes; a conexão causal entre, por exemplo, crime e punição depende de se, e como, o fato *aparece a outros*. Por contraste, os efeitos em alguém de ir contra a natureza são os mesmos, quer outra pessoa note, quer não; esse nexo causal é uma questão de "verdade", isto é, de realidade independente da opinião. O que o *nomos* proíbe e o que ele permite são ações igualmente naturais. Foi Antifonte, não Rousseau, que pela primeira vez falou do costume e da lei como "grilhões" impostos à liberdade natural humana. Por outro lado, Antifonte não segue Cálicles e Trasímaco em seu ato de rapsodiar sobre o despotismo desagrilhoado como o ideal da felicidade humana. Presumivelmente, Antifonte vê o despotismo desagrilhoado como fantasia. Ele afirma que somente um tolo imagina que pode impor dano a outro sem retaliação. Antifonte é também mais pessimista e realista do que Cálicles e Glauco com relação ao grau em que a lei protege o fraco, observando que uma parte lesada não tem qualquer garantia de que vá convencer o júri. E Antifonte vê a injustiça, e por essa razão a autocontradição, na aplicação legal da justiça. *A* pode ser punido por/dissuadido de incorrer em erro para com *B* somente se uma parte não envolvida *C* pode testificar contra *A*; mas isso requer que *C* cometa contra *A* a injustiça de deliberadamente lesar alguém que não o lesou. Da mesma forma, e de modo ainda mais paradoxal, juízes e árbitros desinteressados são necessariamente injustos, uma vez que suas sentenças têm de lesar alguém que jamais os lesou, isto é, a parte que perde no caso.

Sócrates

Vamos agora passar a Sócrates, por certo a mais bem conhecida figura da filosofia grega antiga.

Tanto Platão quanto Xenofonte escreveram diálogos socráticos, e assim fizeram muitos de seus contemporâneos. O "diálogo socrático" se tornou um gênero reconhecido. Mas exceto por alguns fragmentos, somente os de Platão e Xenofonte sobreviveram. Das páginas de Platão, e em menor extensão das de Xenofonte, Sócrates salta à nossa vista. Somos confrontados até mesmo com sua aparência: a face ampla, o nariz grosseiro e os olhos protuberantes; e com seu caminhar de pés no chão trajando a mesma túnica velha e insuficiente, tanto no inverno quanto no verão. Somos confrontados com sua extraordinária personalidade: a fé ilimitada nos poderes da razão para salvar as almas dos homens, a convicção de fazer com que seus companheiros cidadãos o acompanhem em sua fé, sua aderência ao proceder enigmático passo a passo com relação às questões mais profundas valendo-se das palavras mais simples, sem usar nenhum dispositivo ou ornamento, mas tão somente uma cerrada lógica e singelas analogias. Justamente com esse profundo racionalismo da parte de Sócrates, também aprendemos algo bastante peculiar e misterioso, mas da máxima importância para ele e acerca dele: sua visitação (bastante frequente, ao que parece) por um "signo divino" a lhe dizer que deixasse de fazer algo que estava para fazer e que ele obedecia sem questionar. O retrato que se está a compor de Sócrates também possibilita muitos vislumbres de seus lendários autocontrole e coragem, e de sua afeição pelos jovens homens em torno dele, e da preocupação com esses jovens. Tal retrato mostra o efeito impressionante que Sócrates exercia sobre aqueles que por ele eram levados a conclusões, e mostra como ele era adorado por algumas das mais brilhantes, belas e aristocráticas figuras de seu tempo. Mostra-o a apresentar uma série deslumbrante de habilidades intelectuais e verbais em justas com sofistas como Protágoras, Górgias e Hípias. Também vemos Sócrates emoldurado por certos acontecimentos definitivos: o pronunciamento do oráculo de Delfos segundo o qual ninguém seria mais sábio do que ele; seu julgamento ante as acusações falsas de impiedade e de corromper os jovens; sua recusa, quando o veredicto lhe foi contrário, de ser poupado da pena capital (uma vez que em sua visão ele merecia honra, não leniência); a recusa em escapar da prisão quando tal foi possível; seu filosofar entre amigos até o último momento; o ato de calmamente beber a cicuta, que configurou sua execução. Tudo somado, Sócrates é o mais conhecido dentre os filósofos gregos antigos porque, a iniciar com Platão e Xenofonte, geração após geração o tem visto como modelo da vida filosófica. E filósofos de muitas diferentes estirpes fizeram de Sócrates a sua figura tutelar: platônicos, céticos, estoicos e outros ainda.

De modo que não é para menos sentirmos uma familiaridade com o Sócrates seminal como ele só. Mas temos de ser cautelosos. Sócrates nada escreveu, e quase tudo o que sabemos sobre ele chega até nós pelas lentes de seus associados mais jovens, Platão e Xenofonte. (Outras lentes, altamente distorcidas, são as do comediante Aristófanes, contemporâneo de Sócrates, que o caricaturizou nas *Nuvens*.) Nem Platão nem Xenofonte estava tentando escrever uma biografia histórica, e cada qual tinha uma agenda outra, que não coincidia com a estritamente histórica. Em vez disso, estavam tentando apresentar o que segundo eles Sócrates estaria a representar, fazendo dele exemplar e inspiração para "o cultivo da alma".

Aparentemente, quando jovem, Sócrates mostrou interesse por ciência natural; mas sua grande contribuição acabaria mesmo por versar sobre o pensamento ético. Ele se aferrava ao fato de que postulados fundamentais da vida prática jazem quase que completamente inexaminados por todos nós, muito embora nada deveria nos importar tanto quanto a condição de que tais postulados fossem verdadeiros e de que a orientação que eles nos dão seja a correta. São postulados que começam a ser revelados se iniciamos a fazer perguntas do tipo "como deveríamos viver?", "por quais coisas vale a pena realmente se importar?", "o que é sabedoria, o que é virtude?" e "como essas qualidades podem ser atingidas?". Sócrates via que essas questões podiam ser discutidas de maneira lógica e sistemática, e que tal discussão podia produzir progressos. Pois ainda que não se pudesse estabelecer respostas positivas para além da dúvida, uma discussão poderia ajudar a evitar as concepções equivocadas. Ao que tudo indica, Sócrates assumia que se somos sensatos e realmente nos importamos com viver bem, então uma vez que percebemos que tal tipo de investigação é possível, devemos buscar com avidez o escrutínio dos princípios subjacentes à nossa própria prática. Assim, por sua própria luz, Sócrates estava fazendo a si mesmo e a outros um grande favor quando se envolvia nessas discussões. Em conversa após conversa ele faria suas inquirições num procedimento passo a passo. Sempre de novo não apenas seus interlocutores, mas também com frequência também uma hoste de fascinados e silenciosos ouvintes eram confrontados com sua própria incapacidade de dar respostas claras e consistentes aos questionamentos de Sócrates. Em muitos casos, os interlocutores ficavam embaraçados e mesmo com raiva por serem postos na berlinda por ele. Mas seus apuros com sua própria ignorância era algo que Sócrates gostava de confessar que compartilhava. Com frequência, as pessoas não podiam acreditar que ele estava sendo sincero em sua réplica de não saber as respostas para suas próprias perguntas. Eles pensavam tratar-se de um truque que ele estaria a desempenhar a fim de os enganar e com isso tirar vantagem no debate. Tal se deu provavelmente porque o padrão dos sofistas fez com que muitos considerassem que a razão de se envolver num discurso sistemático estava em demonstrar o seu próprio conhecimento superior sobre os tópicos em questão. Era uma extraordinária novidade a insistência de Sócrates em que ele seria mais sábio que os outros somente porque, nas questões mais importantes da vida, ele, diferentemente dos demais, não sabia que não sabia.

Sócrates e sofistas em diálogo

Esta tabela mostra uma seleção das conversas de Sócrates – a maioria delas com sofistas e todas elas versando sobre questões consideradas neste capítulo – conforme retratadas, reconstruídas ou imaginadas por Platão e Xenofonte. Na coluna final, os nomes citados indicam pessoas representadas na conversa, mas não presentes nela.[5]

Autor	Obra	Tópico	Participantes incluem
Platão	*Cármides*	O que é a temperança?	Sócrates, Crítias
Platão	*Crátilo*	Correção de nomes	Sócrates, Hermógenes, Crátilo
Platão	*Críton*	A obediência à lei deve ser absoluta?	Sócrates, Críton, "as leis"
Platão	*Eutidemo*	Exposição de argumento sofista	Sócrates, Eutidemo, Dionisodoro
Platão	*Eutífron*	O que é piedade?	Sócrates, Eutífron
Platão	*Górgias*	Para que serve a retórica? Justiça natural *vs.* Artificial	Sócrates, Górgias, Cálicles, Polus
Platão	*Hípias maior*	O que é o belo?	Sócrates, Hípias
Platão	*Laques*	O que é a coragem?	Sócrates, os dois generais Laques e Nícias
Platão	*Hípias menor*	A sabedoria é um poder de mão dupla?	Sócrates, Hípias
Platão	*Protágoras*	Virtude e sabedoria, a virtude pode ser ensinada?	Sócrates, Protágoras, Hípias, Pródico, "os muitos"
Platão	*República* I	O poder é justo	Sócrates, Trasímaco
Platão	*Teeteto*	O que é conhecimento?	Sócrates, "Protágoras"
Xenofonte	*Memórias* I 5-6	Sócrates sobre sua própria vida e obra	Sócrates, Antifonte

5 Ver também o *Banquete* de Platão, 214 e ss., que nos apresenta não uma conversa socrática, mas o "encômio" de Sócrates por Alcibíades.

Xenofonte	*Memórias* II 1	Autocontrole	Sócrates, Aristipo, "Pródico"
Xenofonte	*Memórias* III 8	O bom e o belo	Sócrates, Aristipo
Xenofonte	*Memória* IV 3-4	Justiça e legalidade	Sócrates, Hípias

De acordo com a *Apologia* (isto é, *Defesa*) *de Sócrates*, Sócrates abordava em primeiro lugar as figuras políticas de Atenas, então os poetas, por fim os artesãos e sujeitava-os a seu questionamento. É uma pena que esses fatos se tornaram familiares demais para nós para parecer surpreendentes. Pois certamente é notável o fato de que Sócrates conseguia envolver interlocutores em número suficiente na cidade, em ocasiões suficientes, no curso de muitos anos, para fazer disso um notório estilo de vida. O seu ato de fazê-lo revela-nos algo não apenas sobre Sócrates – sobre o poder de sua personalidade –, mas algo sobre a medida em que seus contemporâneos se fizeram intelectualizados pelos sofistas. Afinal, por que tantos desses abordados por Sócrates "suportavam a questão" antes de mais nada e aceitavam o fardo de responder? Por respeito a si mesmo. Mas por que isso? Por que motivo a maior parte desses bons cidadãos simplesmente não o ignorava, confiante de que seriam sábios como precisavam ser, quer pudessem responder de volta socraticamente, quer não – conversa desse tipo sendo, de todo modo então para eles, um desperdício de tempo? O fato de que significativamente muitos deles não reagissem dessa forma dá uma medida da disseminação da sofisticação (no sentido original) em Atenas, de meados para fins do século V.

E era natural para os contemporâneos de Sócrates considerá-lo também um sofista. Como os sofistas, ele assumia que a mais elevada forma de autoaperfeiçoamento é um treinamento em e por meio de *logoi* sutilmente construídos. Também para ele a proposta era a de inculcar virtude (*aretê*) e sabedoria, termos que para ele e para os (outros) sofistas eram praticamente sinônimos. Como os sofistas, ele via essa virtude e sabedoria como uma espécie de maestria intelectual que não poderia ser desenvolvida automaticamente pelo senso comum, pela experiência ordinária e pelas intuições tradicionais. E também Sócrates era uma espécie de educador profissional, muito embora ele peremptoriamente negasse ser um "professor" no sentido de alguém que possuísse respostas confiáveis. Fez de sua vocação introduzir em Atenas o seu próprio tipo de disciplina intelectual. Era desdenhoso dos honorários (como se os sofistas pagos estivessem interessados em seus alunos somente como fonte de renda), e seu principal negócio estava em disseminar seu tipo de cultivo, tratando disso de maneira centrada e intencional por parte considerável de sua razoavelmente longa vida, ao que tudo indica ignorando seus negócios privados. Em razão da estranheza do que ele estava fazendo e do entusiasmo que ele suscitava em seus seguidores, Sócrates, não menos do que os sofistas, foi motivo de ansiedade da parte de pais e mentores de mentalidade tradicional.

Esse fato sem dúvida ajudou a criar a atmosfera na qual ele foi acusado de impiedade e de corromper a juventude. Mas o principal motivo para trazer à tona as acusações foi certamente político. Embora não fosse ele próprio rico nem aristocrata, Sócrates tinha amigos, admiradores e discípulos das mais eminentes famílias de Atenas. Havia uma perene discórdia na cidade entre democratas e apoiadores do governo oligárquico, e esse problema mostrou sua face particularmente horrenda próximo do final do século V. Em 404, quando Atenas sofria sua derrota final na Guerra do Peloponeso, a democracia entrava em suspensão, e o poder passava para um grupo conhecido como os "Trinta Tiranos". Em menos de um ano eles foram violentamente derribados, e a democracia, restaurada, porém isso não sem antes assassinarem ou exilarem milhares de cidadãos. Sócrates tinha aderentes proeminentes, e também inimigos proeminentes, em ambos os lados do espectro político. Sua condenação e morte deram-se no ano de 399.

Mas em que pese toda a sua inovação intelectual e o caráter aparentemente subversivo de seu questionamento, Sócrates também se destacou como, de certa forma, um defensor de valores tradicionais. Não apenas era ele pessoa de excepcional integridade moral, atestada ao longo de toda uma variedade de momentos em que foi posto à prova durante a vida, mas em sua pedagogia ele jamais fugiu à premissa de que a excelência com que tinha se dedicado ao ato de cultivar compreendia a justiça e o respeito à lei, juntamente com a piedade, a coragem, o bom senso e a moderação. Ele viu a excelência com que se dedicava como algo, no limite, a consistir num tipo de clareza intelectual em questões éticas: uma clareza intelectual que de algum modo subsumia e unia em si mesma as tradicionais virtudes práticas.

Juntamente com esse intelectualismo, Sócrates introduziu uma nova interpretação do valor da conduta correta. A tradição, é claro, apregoava a rejeição intransigente do agir errado como algo vergonhoso; e Sócrates a manteve inquestionada. Mas ele deu um passo importante ao insistir que o agir errado não apenas seria algo vergonhoso, mas também extremamente *nocivo* ao agente. *Pior* é perpetrar o mal do que sofrê-lo. Assim, Sócrates rejeitava a percepção do senso comum, dos dois tipos de reivindicação prática, a reivindicação da moralidade e a do bem-estar pessoal, cuja disparidade radical permitia dilemas destruidores da alma, pelos quais o agente fará o que é certo somente a um terrível custo para ele próprio. A questão aqui não está em que Sócrates teria visto a reivindicação da moralidade como suprema – já que isso não o põe à parte do senso comum –, mas em que ele se recusava a ver o conflito possível entre moralidade e bem-estar, com base em que nada é tão verdadeiramente vantajoso e benéfico para o agente quanto a conduta correta, não importando as circunstâncias. Com efeito, então, Sócrates estava a rejeitar a concepção de Antifonte de que o elo entre o agir errado e o dano para o perpetrador dependeria das contingências dos testemunhos humanos e do não abortamento da lei feita pelo homem. Para Sócrates, se a concepção de Antifonte podia ser verdadeira para danos empiricamente reconhecíveis como execução, prisão, multas, exílio, hostilidade de vizinhos etc., ela seria falha em face de um tipo de dano incomparavelmente pior – uma espécie nem sonhada pela filosofia de Antifonte. Agir errado é provocar *a si mesmo* o pior dano que se possa conceber.

A convicção de Sócrates de que assim é parece não tê-lo levado a especular mais sobre de que modo pode ser. Estava já claro pelos argumentos de Antifonte que, *se* existe tal conexão necessária entre agir errado e causar dano para o agente, ela não será um laço físico ou natural, e tampouco terá a natureza de um vínculo feito pelo homem. Sócrates era um homem devoto, mas ele parece ter sido agnóstico quanto a uma vida após a morte, na qual o dano seria infligido por deus como punição. Ficou para Platão trazer as implicações da fé de Sócrates em que aquele que age errado inflige um dano terrível a si mesmo: por exemplo, a implicação de que a alma é (como a conceberíamos) uma entidade metafísica, *locus* de um tipo não empírico e sumamente importante de bem-estar e de dano; e a implicação de que, uma vez que a conexão não emana da natureza nem de artifício humano, ela tem de ser fundada numa super-realidade divina: uma realidade tal que o mundo natural agora parece insubstancial e adventício em comparação com ela, tal como as instituições humanas pareciam a certos sofistas em comparação com o mundo natural.

Vamos agora retornar à síntese que é tão somente socrática entre disciplina intelectual e excelência, tal como ela foi tradicionalmente compreendida. É instrutivo ver como, à luz ambígua dessa combinação proposta, a mesma visão pode mudar e passar de uma verdade óbvia a um paradoxo ultrajante. Tome-se, por exemplo, a famosa asserção de Sócrates, "ninguém faz o mal voluntariamente". Se "fazer o mal" é compreendido como significar uma falha intelectual como um deslize num raciocínio geométrico, então, na inquirição socrática, a concepção parece claramente verdadeira e pouco surpreendente. Nós cometemos erros intelectuais somente porque falhamos em perceber que eles são equívocos. Evitamos tais erros se os percebemos a tempo. Assim, nesse nível, nós cometemos erros somente por ignorância de nosso próprio "fazer errado", o que implica que não agimos errado "voluntariamente". Mas se o dito de Sócrates se aplica a um fazer errado moral, isto é, a uma falha em agir em conformidade com os padrões que definem a excelência tradicional, então ele parece tão obviamente falso quanto absurdo. Ora (de uma perspectiva do senso comum), por vezes se sabe perfeitamente bem que uma dada ação está errada – pode ser injusta, covarde ou gananciosa –, e não obstante se a comete livremente do mesmo jeito. Assim, em tal caso, o conhecimento lúcido por parte de um agente (como podemos normalmente o chamar) de um erro em particular não evita que ele o cometa. E pode parecer ainda mais óbvio que o tipo de conhecimento que Sócrates buscava, qual seja, a habilidade em dar respostas bem fundamentadas a questões éticas de caráter *universal*, é compatível com o agir errado; por seu caráter abstrato, a universalidade e a força lógica pareceriam fazer dele um tipo *teórico* de conhecimento, e como, assim sendo, ele por si mesmo poderia preservar alguém de uma ação moralmente errada? É claro que ninguém até agora atingiu tal conhecimento, na visão de Sócrates, mas isso não torna mais fácil compreender como nós seríamos moralmente melhores se o tivéssemos atingido. Mesmo o próprio Sócrates estava por vezes inclinado a admitir que a mera "opinião verdadeira (*doxa*)" é suficiente para a benevolência moral, "opinião verdadeira" sendo o conjunto de atitudes decentes sistematizáveis que a boa educação via de regra é tida por inculcar. Na verdade, aí se tem simplesmente um retorno ao senso comum – exceto pelo fato de que o senso comum não teria descrito a meta da boa educação como "opinião verdadeira", frase que obtém sentido por contraste com o ideal de um conhecimento científico de valores.

Mas agora a abordagem intelectual e discursiva de Sócrates dificilmente se parecerá a uma condição necessária para se atingir a excelência que tipifica a pessoa correta. Qual, afinal, seria o valor do método de Sócrates? Teria sido apenas um sonho quixotesco a sua fé extraordinária na educação como a, de algum modo, depender intimamente da reflexão sistemática sobre valores? De modo algum. É verdade que se nós simplesmente consideramos casos individuais, fazendo abstração do contexto histórico, por óbvio que a correção pode florescer na ausência do questionamento socrático. É também razoavelmente óbvio, como diversos diálogos de Platão parecem, entre outras coisas, fazer ver que a sondagem socrática que confronta o interlocutor com sua própria ignorância é em si mesma impotente para converter uma tolice moral convicta numa sabedoria moral. Com isso pode parecer que o que Sócrates estava fazendo estaria mais para um empreendimento inútil, por interessante que possa ser lermos acerca dele. Para ver por que não é assim, temos de dar uma olhada no contexto histórico e considerar o efeito da influência sofística no ambiente moral geral.

O contexto sofístico

Havia razão para se estar nervoso acerca de sua influência: não porque fosse algo novo, não porque se trabalhasse em *logoi*, não porque os sofistas eram homens maus individualmente (não há motivo particular para se acreditar nisso), mas porque o treinamento sofístico em retórica trouxe poder sem responsabilidade ou direção, tendo sido ministrado e recebido numa atmosfera de admiração acrítica pelas habilidades retóricas como tais. Esse entusiasmo era inteiramente natural, dado que a arte retórica foi o equipamento necessário para o mundo crucialmente importante da política da época. Tal entusiasmo seria, assim, inteiramente natural, dada a ausência de qualquer outra disciplina intelectual de apelo comparável. Com efeito, existia um vácuo intelectual no qual poderia florescer a ilusão de que o que os sofistas ensinavam era não uma preparação – meramente útil, e mesmo indispensável – para a cena cívica, mas o cume da realização intelectual e a arte soberana da vida política.[6] Esse inflacionamento da arte sofística é compreensível como fenômeno, mas traz implicações arriscadas.

Pois se a retórica é a competência suprema, ela tem de ser a sua própria autoridade mais elevada, sem ser subserviente a nenhuma competência anterior a ela. Mas a habilidade retórica é habilidade de *persuasão* – em fazer as pessoas aceitarem um conjunto de aparências em vez de outro. Não se trata de competência em descobrir realidades por trás das aparências. Suponha que houvesse tal competência, uma competência em descobrir realidades nas áreas em que mais importa ser hábil em persuadir, isto é, nas grandes questões da vida: tal competência seria ou deveria ser soberana sobre a retórica, direcionando a retórica à criação de aparências de modo que refletissem o conhecimento dos mais elevados especialistas nas realidades éticas e políticas. Portanto, se a retórica é soberana, não pode haver tal competência sobre as realidades.

6 Ver a declaração de Platão no *Sofista* 216b-217c, segundo a qual, ao confundir as aparências, não obstante, o sofista, o político e o filósofo são três tipos distintos. (A palavra "filosofia" à época não significava nada de muito mais preciso do que "a mais elevada atividade intelectual". Foi a visão de Sócrates e a de Platão sobre a "filosofia" nesse amplo sentido que fez com que ela fosse compreendida de maneira mais estrita, em termos da busca racional pela verdade objetiva.)

Agora, se não se tem disponível nenhuma de tais competências sobre realidades, isso pode se dever a uma de duas razões. De acordo com a primeira, o conhecimento das realidades é tão fácil de ter e de aderir a ele que possuí-lo não pode ser considerado uma *competência*. Nesse caso, embora tal conhecimento devesse certamente guiar nosso uso da retórica, ele não suplantará a retórica como competência mais elevada. De acordo com a outra razão, nessas áreas simplesmente não existem realidades como objetos de conhecimento ou competência.

Os sofistas dificilmente poderiam abraçar a primeira alternativa. Se o conhecimento das coisas mais importantes é tão facilmente disponível para todos, por que existe tamanha dissensão? E qual a necessidade, afinal, da arte de persuasão dos sofistas? Alguém que já conhece não precisa ser persuadido da verdade, e não pode ser persuadido a acreditar em nada que seja diferente. E sendo assim para os que idolatram a retórica, a segunda alternativa seria a única a se trilhar, quer o percebam, quer não. Sua devoção hiperbólica só faz sentido se não houver realidades por trás das aparências de bem e mal, certo e errado, se qualquer aparência puder ser tão verdadeira quanto qualquer outra. Era com essa concepção que as autoridades intelectuais da época estavam comprometidas – se é que os sofistas poderiam ser considerados autoridades intelectuais.

Essas implicações do movimento sofista encontram-se dispostas com brilhante acuidade nos diálogos de Platão. Pode bem ter sido Platão, e não Sócrates, o primeiro a visualizar claramente o significado do desvario pela retórica, construindo o seu personagem Sócrates como veículo para uma crítica que ele próprio, Platão, elaborava após a morte da pessoa de Sócrates. O Sócrates em pessoa, com sua firmeza acerca da real diferença entre bem e mal, sua insistência em que se refletisse sobre as coisas por si mesmo e seu obstinado questionamento ético sistemático se põe no sentido contrário ao dos sofistas tal como aqui esboçados. A vida de Sócrates só faria sentido se o intelecto humano pudesse chegar a respostas éticas de um modo científico, repostas que são objetivamente mais adequadas do que outras (por mais que respostas infalíveis se façam fugidias). Mas se tal nos for permitido, vemos que o lugar da retórica é meramente acessório, e que o intelecto humano, especialmente no que diz respeito às questões mais profundas da vida, não pode se satisfazer com aparências.

4 Platão

Christopher Rowe

O *corpus* platônico

De qualquer perspectiva, os diálogos de Platão são extraordinários. Outros tentaram escrever diálogos filosóficos, frequentemente em imitação aos dele. Na verdade, outros associados de Sócrates tentaram fazer uso do gênero antes que Platão o adotasse; pedaços e passagens, juntamente com títulos, se mantiveram. Mas os diálogos *platônicos* se mantêm essencialmente *sui generis*, quer se tome-os individualmente, quer como um todo. Tem-se algo em torno de 25 a 35 obras genuínas que, se sempre retornam à ética e à política, entre estas cobrem uma vasta gama de tópicos, cobertos em geral de maneiras notavelmente diferentes; sempre, contudo, usando um elenco de personagens que exclui o autor, ainda que em aparência. Um traço característico importante está em que tais obras definem – o que mais tarde será tomado como em se estando a definir – o que a filosofia em si mesma é, não apenas em termos de seu assunto, mas em termos de método e atitude ou abordagem. Tal os diálogos de Platão o fazem principalmente ao exibirem a filosofia em ação, ou então, de modo característico, ao exibir um filósofo – geralmente Sócrates – fazendo o que costumava fazer, em geral confrontando outros (professores de retórica, sofistas, políticos, poetas) que lidavam com as mesmas questões, mas de maneiras diferentes, não filosóficas.

Precisamente o que essa coisa, "filosofia", é, na abordagem de Platão, emergirá no devido curso. Em primeiro lugar, será útil passar em revista a extensão do *corpus*, as partes do qual serão dispostas a seguir segundo um antigo ordenamento. (O ordenamento – pelo menos dos primeiros 36 itens, arranjados em nove "tetralogias" – é provavelmente devido ao platônico Trasilo de Alexandria, do primeiro século d. C.).

Diagrama A: os conteúdos do corpus *platônico*

As extensões aproximadas são dadas nas páginas "Stephanus". São os números de página dos diversos volumes da edição de Platão de Henri Estienne, de 1574, usada por todas as modernas edições e traduções para proporcionar um sistema de referências padrão. Cada página Stephanus – ver p. 35 – é dividida em cinco seções, a-e; contudo, os números de linha dentro das seções são frequentemente específicos de edições particulares, de modo que podem variar. Uma página Stephanus contém, via de regra, em torno de 530 palavras, um pouco mais do que o equivalente a uma página deste livro. Títulos alternativos, e algumas abreviações mais obscuras, mas regulamente usadas, são dados entre colchetes.

Diagrama A

Título	**Tópico**	**Personagem(ens) principal(ais)**	**Páginas**
1. *Eutífron*	Sobre a piedade	Sócrates	14
2. *Apologia*	Discurso de defesa no julgamento, recriado (não é diálogo)	Sócrates	25
3. *Críton*	Sobre o cidadão e a lei	Sócrates	12
4. *Fédon* (*Fd., Fdo*)	Sobre a alma: ela sobrevive após a morte?	Sócrates	61
5. *Crátilo*	Sobre a relação entre linguagem e realidade	Sócrates	58
6. *Teeteto* (*Tt.*)	Três tentativas formalmente malsucedidas de definir o conhecimento	Sócrates	69
7. *Sofista*	(Sequência do *Teeteto*). O que é um sofista? Falsidade, não ser	Visitante de Eleia	53
8. *Político* (*Pol., Plt.*)	(Sequência do *Sofista*). O que é um político?	Visitante de Eleia	55
9. *Parmênides*	Sobre "formas", com exercícios de treinamento filosófico	Parmênides (de Eleia), Sócrates	41

Título	Tópico	Personagem(ens) principal(ais)	Páginas
10. *Filebo* (*Flb.*)	Sobre o prazer e o bem; método	Sócrates	57
11. *Banquete*	Sobre *eros* (amor apaixonado); discursos num banquete regado a bebida em casa de Agaton	Aristófanes, Agaton, Sócrates, Alcibíades *et. al.*	52
12. *Fedro* (*Fdr.*)	Sobre *eros* (amor apaixonado) e a arte de *logoi* (falar e escrever)	Sócrates	53
13. *Alcibíades* (*Primeiro Alcibíades, Alc. I*)	Uma espécie de introdução à filosofia platônica?	Sócrates	32
14. *Segundo Alcibíades* (*Alc. II*)	Uma versão em miniatura do *Alcibíades*?	Sócrates	14
15. *Hiparco*	Sobre a ganância	Sócrates	8
16. *Amantes* (*rivais*)	Sobre conhecimento e autoridade	Sócrates	7
17. *Teages*	Sobre Sócrates e seu "sinal divino"	Sócrates	10
18. *Cármides*	Sobre a *sophrosine* ("autocontrole"?)	Sócrates	24
19. *Laques*	Sobre a coragem	Sócrates	23
20. *Lísias*	Sobre o "amor" (ou "amizade": *philia*) e a motivação humana	Sócrates	20
21. *Eutidemo* (*Eutid.*, *Eud.*)	A filosofia encontra a sofística "erística"	Sócrates	37
22. *Protágoras*	Sobre conhecimento e excelência/virtude: o filósofo encontra o sofista	Sócrates, Protágoras	53
23. *Górgias*	Sobre retórica: o filósofo encontra o sofista (Górgias) e pupilos	Sócrates	81

Título	**Tópico**	**Personagem(ens) principal(ais)**	**Páginas**
24. *Mênon*	Sobre excelência/virtude e se ela pode ser ensinada	Sócrates	30
25. *Hípias maior* (*Hi. Ma.*)	Sobre a beleza: o filósofo encontra o sofista	Sócrates	24
26. *Hípias menor* (*Hi. Me.*)	Melhor fazer o errado deliberadamente ou sem a intenção?	Sócrates	14
27. *Íon*	Sobre poetas, poesia, conhecimento: o filósofo encontra o rapsodo (realizador de poema épico)	Sócrates	12
28. *Menêxeno* (*Mx.*)	Uma oração funeral (dita como vinda de Aspásia, amante de Péricles)	Sócrates	16
29. *Clitofonte*	Sobre as limitações de Sócrates como professor	Clitofonte	5
30. *República* (*Rep.*)	Sobre se a justiça compensa; construção de uma cidade idealizada; alma tripartite; teoria da educação	Sócrates	295 (em dez livros)
31. *Timeu*	Uma primeira "história" ateniense; o cosmos e a origem da humanidade	Timeu (em sua maior parte um monólogo)	76
32. *Crítias*	(Frag. cont. *Timeu*) guerra entre Atenas antiga e Atlântida	Crítias	16
33. *Minos*	Sobre a natureza da lei	Sócrates	9
34. *Leis* (*Leges, Leg., Lg.*)	Uma cidade imaginária construída, com sistema e teoria legal; excurso teológico estendido no livro X	Um ateniense em visita a Creta	345 (em doze livros)

Título	Tópico	Personagem(ens) principal(ais)	Páginas
35. *Epínomis*	(Apêndice às *Leis*). Sobre a sabedoria e como ela pode ser atingida pelo conselho governamental da cidade	O visitante ateniense (como nas *Leis*)	20
36. *Cartas* (*Epist. Ep.*)	[Abarcam de um quinto de página a 28 páginas]	Platão (autoria alegada)	53 (treze cartas)
37. *Definições*	Algumas definições acadêmicas de itens filosoficamente importantes		6
38. *Sobre a justiça*	Várias questões sobre a justiça	Sócrates	3
39. *Sobre a virtude*	Pode a virtude ser ensinada?	Sócrates	4
40. *Demódoco*	Uma pequena coleção de discussões acadêmicas?	Sócrates	7
41. *Sísifo*	Sobre conhecimento e deliberação	Sócrates	5
42. *Hálcion*	Interpretação de um mito	Sócrates	[2]
43. *Eríxias*	O dinheiro é uma coisa boa?	Sócrates	14
44. *Axíoco*	Sobre o prospecto da morte	Sócrates	8

Com (provável ou certamente) itens espúrios removidos, a lista aparece como segue, num ordenamento moderno razoavelmente padrão:

Diagrama B: um ordenamento moderno padrão das obras platônicas indubitavelmente genuínas

Diagrama B

Primeiros diálogos (ordem alfabética)

Apologia, Cármides, Críton, Eutífron, Górgias, Hípias menor, Íon, Laques, Protágoras, República (livro I); mais ("de transição"?) *Eutidemo, Hípias maior, Lísias, Menêxeno, Mênon*

Intermediários (ordem cronológica sugerida)
Crátilo, Fédon, Banquete, República (livros II-X), *Fedro, Parmênides, Teeteto*

Tardios (ordem cronológica)
Timeu-Crítias, Sofista, Político, Filebo, Leis

Ou, na ordem dada por estudos sobre o estilo de Platão ("estilometria") em sua maior parte datados do século XIX, que se iniciam com o fato razoavelente estabelecido de que as *Leis* foram escritas por último:

Diagrama C: as obras indubitavelmente platônicas agrupadas de acordo com critérios puramente estilísticos

Todos os grupos, até as *Leis*, obra posicionada em último lugar, estão em ordem alfabética.

Diagrama C

Grupo I (presumivelmente das primeiras obras)
Apologia, Cármides, Crátilo, Críton, Eutidemo, Eutífron, Górgias, Hípias maior, Hípias menor, Íon, Laques, Lísias, Menêxeno, Mênon, Fédon, Protágoras, Banquete

Grupo II (presumivelmente dos diálogos de transição aos da última fase)
Fedro, Parmênides, República, Teeteto

Grupo III (obras tardias)
Filebo, Sofista, Político, Timeu-Crítias, Leis

Vida de Platão

O diagrama B faz alegações mais ambiciosas do que o Diagrama C sobre a forma do *corpus*, conectando-o com uma visão particular sobre o modo como o pensamento de Platão se desenvolveu; isto é, ele ordena os diálogos, pelo menos em parte, de acordo com o conteúdo "doutrinal".

Duas teses em particular têm sido vistas por estudiosos modernos como relevantes para estabelecer as datas relativas de composição. Uma delas é a tese de que a alma tem três partes ou aspectos, e a relevância e importância dessa concepção para questões de datação será discutida nas p. 159-162 abaixo. A outra tese diz respeito à existência de um conjunto especial de entidades coletivamente chamadas "Formas" (*eide*) ou "Ideias" (*ideai*), que se encontram para além da existência fenomênica ordinária. Essa tese é tão fundamental para qualquer leitura de Platão, que requer uma introdução imediata; mas em todo o caso uma compreensão básica do conceito de uma "Forma" platônica é necessária para o argumento da presente seção.

O que então são as Formas platônicas? Não é uma questão fácil de responder. Uma razão para tal é a de que Platão jamais nos apresenta uma abordagem abrangente e única da "teoria" (como os estudiosos frequentemente a chamam) –, este não é o seu estilo (ver especialmente p. 143-144). Outra é a de que ele talvez não tenha nada que seja suficientemente estável para ser chamado de uma "teoria" (p. 151-158). Formas são, em primeiro lugar, aquelas coisas que o filósofo intenta apreender quando procura compreender algo de importante, seja a benevolência, ou a beleza, ou a justiça (isto é, o que é bom, belo ou justo), ou o cosmos como um todo (ver p. 144-145). Em segundo lugar, cada Forma é o que explica as causas particulares, sendo mesmo causa das coisas particulares que no nível fenomênico compartilham seu nome e "participam de", ou "se assemelham" a. Mas, em terceiro lugar, as Formas existem independentemente não apenas das coisas particulares fenomênicas, mas também de mentes, sejam elas humanas ou divinas. Elas podem ser imaginadas como localizadas em alguma região para além do alcance dos sentidos, muito embora na verdade elas sejam não espaciais e não temporais, bem como não corpóreas. À medida que são eternas, são elas próprias divinas; e diferentemente dos objetos fenomênicos, que podem vir a existir e deixar de existir, elas são e se mantêm exatamente o que são, assim representando um conjunto apropriadamente estável de objetos para o conhecimento. Aristóteles, olhando para trás da perspectiva de suas próprias concepções, tende a tratar as formas platônicas simplesmente como objetos de definição, universais, que teriam sido equivocadamente "separados" dos particulares, mas a imagem verdadeira por certo que será mais complicada. Em diferentes contextos em Platão, as Formas apresentam diferentes faces: por vezes elas de fato aparecem como universais, mas talvez com mais frequência elas se pareçam a paradigmas ideais ou casos limitantes (como, por exemplo, quando se diz que particulares se lhes "assemelham"); por vezes elas podem ser plausivelmente interpretadas como uma estrutura ordenada subjacente, assemelhando-se a um conjunto de leis físicas (ver p. 146).

Para a presente finalidade, contudo, o que importa é que é o momento ou processo da introdução das Formas como claramente independentes dos particulares, ou anteriores a eles, que fundamentalmente determina a forma e o caráter de membro do grupo de diálogos chamados de "intermediários" no Diagrama B. Tomando a concepção que esse diagrama representa (uma concepção que por contraste geralmente minimiza a importância, nesse ou em qualquer outro contexto, da introdução da alma tripartite), os diálogos iniciais ou "socráticos" não estabelecem qualquer compromisso metafísico significativo. Mas então, nos diálogos "intermediários", Platão definitivamente sai da esfera de influência de seu professor, passando a desenvolver – entre outras coisas – o selo distintivo, a "clássica" teoria das Formas. A mudança de diálogos "intermediários" para "tardios" também tem sido frequentes vezes vista como uma extensão da mesma história: agora Platão supostamente começa a ter dúvidas sobre a "clássica" teoria das Formas, ou mesmo a rejeita (ver p. 152-154, sobre o *Parmênides*), juntamente com outras construções do período "intermediário".

Essa leitura é sem dúvida psicologicamente plausível, mas é um tanto escassamente amparada. Por exemplo, enquanto o Diagrama C é compatível com o Diagrama B, ele se mostra falho em corroborá-lo: três dos principais diálogos "intermediários", o *Crátilo*, o *Fédon* e o *Banquete*, na verdade pertencem ao primeiro grupo estilístico. Uma segunda e talvez mais séria consideração é a de que dificilmente teremos uma evidência mais confiável e independente da maneira como a vida e o pensamento de Platão se desenvolveram; e inferir – do modo como o faz a leitura proposta – do conteúdo dos diálogos para a história da mente criativa por detrás deles é algo que chega perigosamente perto dos métodos dos antigos biógrafos, que, fatos estritos estando indisponíveis, tendiam a chegar a evidências anedóticas com o que quer que fosse plausível derivar do *corpus*.

Não obstante, como ainda veremos (p. 158-162), um modelo de interpretação evolucionário modificado ou "desenvolvimental" se mantém uma alternativa útil – talvez mesmo necessária – ao polo oposto, ou "unitária" de interpretação, mesmo concedendo-se que o último seria em si mesmo compatível com as descobertas dos estilometristas (Diagrama C). A tendência unitária, tratando o *corpus* como uma unidade mais ou menos estática, foi na verdade a norma até o período moderno, que em termos da interpretação de Platão se inicia no século XIX. Apesar disso, também o "desenvolvimentarismo" tem raízes históricas de um certo tipo (em Aristóteles), e em todo caso por certo seria surpreendente se alguém que vivesse e pensasse – filosoficamente – até a idade de cerca de oitenta anos não tivesse por vezes achado necessário mudar suas ideias.

Os pontos importantes que sabemos com certeza sobre o autor das obras coletadas sob o nome "Platão" são mais ou menos estes: que ele nasceu no início da década de 420 a. C. de um pai rico de nome Ariston (sobre o nome da mãe paira alguma dúvida); que ele tinha uma relação próxima, pelo menos num nível intelectual, com Sócrates; que ele passou a maior parte da vida em Atenas, sem sofrer a interferência de autoridades, apesar da natureza profundamente antidemocrática de seus escritos políticos; que ele fundou uma "escola" filosófica, a Academia, que estava destinada a sobreviver como instituição de pesquisa e reflexão, e também de ensino, por pelo menos três séculos; que de 367 até sua morte ele teve Aristóteles consigo na Academia; que ele morreu em 347.[1] Capítulos a

1 A *Carta Sétima*, ainda que não genuína, provavelmente deve acrescentar a essa escassa lista de itens biográficos três visitas a Siracusa, na Sicília, e algum tipo de envolvimento político ali. O autor da carta ecoa a famosa declaração de Sócrates na *República*, segundo a qual "até que os filósofos governem como reis ou que esses no presente chamados reis... filosofem... as cidades não terão descanso de seus males" (473c-d), e mostra Platão sendo malsucedido em tentar converter o tirano de Siracusa Dioniso II num filósofo (p. 107-13 e *República* VI, especialmente 502a-b). Foi talvez em suas viagens à Itália que Platão encontrou o pitagorismo (embora houvesse pitagóricos também visitando a Grécia metropolitana e ali residindo). Para outras viagens, mais certamente ficcionais atribuídas a Platão, ver capítulo 9, p. 251-2.

seguir neste volume deverão lidar com as fortunas do platonismo em suas várias formas, e de maneira mais imediata com Aristóteles, que de muitas maneiras foi o platônico mais fiel de todos, apesar de alguns pontos centrais de discórdia. Por elusivo que Platão possa ser, e tem sido, do ponto de vista de um biógrafo não há dúvida sobre a diferença que ele fez, como indivíduo, para a história da filosofia. Mesmo o estoicismo, o grande rival do platonismo nos primeiros dias de ambos, pode ser detectado a folhear diálogos platônicos a fim de proporcionar material para as suas próprias construções sistemáticas.

Formas, o mundo fenomênico e a busca da filosofia pelo bem: algumas ideias platônicas centrais

Por espantoso que possa parecer, temos todas as obras que Platão algum dia escreveu e desejou ler. Os diálogos são também as primeiras obras completas que possuímos do mundo antigo. Praticamente tudo que veio antes dele, e muito do que veio depois, temos apenas sob a forma de fragmentos. Em termos de preservação, Platão se sai muito melhor mesmo do que os três tragediógrafos canônicos atenienses, dos quais apenas uma seleção sobreviveu (Aristóteles sai-se melhor em termos de volume, mas isso apenas porque ele escreveu mais). Esse quadro por si só confere um testemunho da importância de Platão para as gerações subsequentes. Mesmo os trabalhos que nossa evidência nos ensina que teriam sido menos lidos do que outros sobreviveram juntamente com o restante, e novas obras – mais ou menos platônicas, mas não de Platão – vieram a ser acrescentadas até o século I a. C.

Que os textos de Platão tenham sobrevivido tão bem é um reflexo não apenas do estatuto de seu autor, mas da própria natureza do *corpus*. Em primeiro lugar, suas partes parecem ter sido destinadas a circular, algumas de maneira mais intensa, outras talvez com menos intensidade. Em segundo lugar, o que quer que Platão esteja a querer dizer, tal não é fácil de apreender de um único diálogo ou de um conjunto de diálogos (na verdade, em razão do tipo de escrita que esses apresentam, não é fácil apreendê-lo de forma alguma: ver abaixo). Não se tem dois diálogos a cobrir exatamente o mesmo assunto, e, como o Diagrama A confirmará (p. 134-137), não são muitos os que significativamente se interseccionam ou mesmo fazem referência um ao outro. Nesse sentido, conhecer Platão significa lê-lo por inteiro. Cada diálogo tende a ser surpreendentemente diferente de cada outro, exceto no sentido de que cada qual faz as mesmas pesadas demandas ao seu leitor. Para dizê-lo de outra forma, é difícil saber o que *descartar*, e presume-se que isso seja tanto mais difícil se se estiver inclinado, como muitos leitores de Platão têm estado, a supor que o *corpus* como um todo contém uma visão sistemática de mundo.

Tal leitura é incentivada tanto pelo escopo quanto pela natureza da cobertura de Platão. Seus tópicos, ou os de seus personagens, perpassam o macrocosmo, o cosmos ele próprio, passando daí para o microcosmo da alma humana individual; e todo e qualquer índice do *corpus* platônico incluirá referência substancial a qualquer assunto sério que teria sido familiar a um público antigo educado, bem como a muitos indivíduos que não o fossem. Ao mesmo tempo, o tratamento de qualquer um desses assuntos tenderá a ser de algum modo conectado com o tratamento de outros. Quando o principal porta-voz epônimo do *Timeu* vem afirmar que o mundo é tão "bom" quanto possa ser, o que ele quer dizer é que suas partes compõem um sistema ordenado, e que esse par de associações, de coisas no mundo com uma "benevolência" e de "benevolência" com ordem, é fundamental para o projeto platônico como um todo. O que esse projeto parece prometer acima de tudo é uma abordagem *sinóptica* de todas as coisas – algo muito mais ambicioso do que qualquer busca, em ciência moderna, por uma teoria de campo unificada, à medida que o seu intuito era explicar indivíduo e sociedade no mesmo sopro com que explicaria o próprio cosmos, usando os mesmos princípios ou similares.

Ao mesmo tempo, as próprias partes do *corpus* platônico são notavelmente *a*ssistemáticas. A abordagem extensa e contínua do mundo físico no *Timeu* praticamente não encontra paralelo para o restante, e leitores têm assim eles próprios de juntar os pontos a contar de conversas ou trechos de conversas aqui e ali. Assim, se o *corpus de fato* contém um sistema elaborado, é um estranho modo de mostrá-lo. Na verdade, os principais porta-vozes, em especial Sócrates, de modo característico qualificam como provisória, a carecer de autoridade, qualquer ideia positiva que possam ter. É uma característica duradoura do Sócrates de Platão ele afirmar que nada sabe, que não apreendeu nada substancial de coisa alguma; mesmo a abordagem presente no *Timeu* é apenas uma "história provável" ou uma "abordagem provável" (ver abaixo, p. 145-146), por mais que se nos diga que "é apropriado aceitarmos uma narrativa verossímil e nada além disso" (*Timeu* 29d). Talvez o principal desafio para o intérprete de Platão seja explicar esse paradoxo de uma promessa de sistema combinado com uma forma de exposição que parece quase que destinada a excluí-lo.

Esse, contudo, é um tópico para outras seções (p. 154-162 abaixo). Por ora, é suficiente notar que existem explanações disponíveis, a mais antiga das quais explora a natureza do ensinamento socrático como retratado nos diálogos: uma espécie de ensinamento que ajuda aquele que recebe a encontrar o seu próprio caminho, primeira ou simultaneamente purificando-o de suas concepções equivocadas. O caso é que Platão pretende que seus leitores façam o trabalho duro por si mesmos. Isso, podemos notar, também proverá um estilo "unitário" de explicação do misto que se tem no *corpus* dos chamados diálogos "socráticos", com frequência aparentemente negativos em seu resultado, com obras mais positivas, como o *Timeu*. Intérpretes que adotam esse modo de proceder, como a maior parte fez por dois milênios, podem então com segurança continuar buscando por "doutrinas" platônicas. (O que segue é meramente uma perspectiva sobre tais doutrinas; não há implicação de que tal seja como os intérpretes platônicos em questão as vejam.)

O mundo, então, faz sentido em termos de sistema, ordem, harmonia. A contar daqui a trilha conduz a diversas direções. Em primeiro lugar, há um forte condão matematizador em Platão, que expressa a si mesmo especialmente em falas sobre princípios, apropriados do pitagorismo: o Limite, o Um e o Ilimitado (também, ou mais tarde, chamado "Díade Indefinida") com uma pluralidade contável a emergir da imposição do anterior sobre o posterior. Esse é o tipo de fala encontrado no *Filebo* (166c ss.), e segundo as evidências de Aristóteles e de outros, estava muito em voga na Academia após a morte de Platão. O *Timeu* também proporciona abordagens matemáticas da estrutura da Alma do Mundo racional e dos elementos e suas relações (ver abaixo, capítulo 10, p. 340-341).

Mas em paralelo com essa abordagem matemática, e talvez em princípio ou aspiração em última instância redutível a ela, encontram-se duas outras. A Forma do Bem, descrita na *República* como estando "para além do ser, em autoridade e em poder" (VI, 509b, talvez porque *explique* a evidência de outras coisas?),[2] é comparada no mesmo contexto com o sol, pois dá origem a tudo de inteligível, uma vez que o sol dá origem a tudo o que vem a ser no reino físico; ao mesmo tempo, tem-se Formas – uma vez que estas, ou muito mais "cópias" delas, são recebidas pelo Receptáculo, o "local" obscuro que lhes permite adquirir localização física (*Timeu* 48e-53c) – que de algum modo explique os objetos fenomênicos particulares que compartilhem seus nomes com elas. O surgimento do universo físico pode então também ser descrito, ainda uma vez no *Timeu*, como um processo da cooperação entre razão e necessidade, com a razão como um divino e providente Artesão ou "Demiurgo" impondo um padrão (as Formas) sobre materiais recalcitrantes (27e ss., 47e ss.; capítulo 10, p. 340-341). A "necessidade" é representada tanto pelo fato de que a realização das intenções do Criador frequentes vezes requer puramente meios instrumentais e em si mesmos indesejáveis quanto, em segundo lugar, pela instabilidade inerente ao "Receptáculo", este que o Criador assumiu como já contendo "traços" dos elementos em movimento desordenado (52d-53b: ele impõe as estruturas matemáticas).

Se essa é ainda apenas uma "história provável", o que ela descreve não obstante será algo *como* a verdade, no nível de realidade última. As formas no *Timeu* são representadas centralmente pela Forma da Criatura Viva, o modelo para o cosmos, ele próprio uma criatura viva animada por uma alma racional, cujos movimentos são tornados visíveis pelos corpos celestes. A Forma da Criatura Viva encapsula as relações estruturais que se

2 Cf. Hankinson, p. 344 neste volume, para um contraste de tal explanação teleológica com "causas (meramente) mecanicistas". Essas últimas, na abordagem de Platão, pertencerão à esfera da "necessidade", e, a esse respeito, ver p. 145.

assume que existam entre as Formas, e são espelhadas nas relações entre coisas no mundo fenomênico. Sendo uma imagem ou uma semelhança dessa Forma, o mundo é capaz de revelar algo da natureza da Forma; do mesmo modo, uma semelhança não é a mesma que seu original, e uma abordagem baseada exclusivamente na semelhança será inferior a uma baseada no original correspondente (será meramente "semelhante").[3] Quando Sócrates bane a astronomia observacional da educação matemática mais elevada dos futuros governantes-filósofos na *República*, em favor de um estudo dos "reais movimentos", do "número verdadeiro" e das "figuras verdadeiras" (VII, 529c-d), ele talvez esteja se fiando na mesma distinção entre estruturas corporificadas e relações e as mesmas estruturas e relações consideradas em isolamento de tal corporificação, e isto significa em termos puramente matemáticos. Esse é o contexto do desafio de Platão – ou da história de seu desafio – aos matemáticos de encontrar um modelo que desse conta dos movimentos reais dos céus (ver capítulo 10, p. 354-355).

O indivíduo, como um composto de corpo e alma, é uma parte orgânica do universo físico. Ao mesmo tempo, a alma, em seu melhor estado, espelhará a ordem desse universo, com os movimentos de sua parte racional mimetizando os movimentos da Alma do Mundo. Almas habitam corpos, mas são elas próprias incorpóreas; almas divinas movem os corpos celestes. Tudo isso confere um sentido literal ao ideal de "tornar-se como deus" (*homoiosis theoi*), mais eloquentemente expresso no *Teeteto* (176a-177a). Interpretado de modo mais geral, "tornar-se como deus" significa tornar-se tão racional quanto possível, deuses sendo entidades puramente racionais.

A analogia pode também seguir pelo outro caminho, como o faz no mito – fantasia – do movimento de retrocesso do mundo no *Político* (268d-274e). No meio da longa série de divisões (sobre o método, ver

3 À medida que a existência do Demiurgo é inferida da "benevolência" do mundo fenomênico, estará sujeita à mesma advertência, isto é, "provável", mas não certa; e, na verdade, os deuses são um de apenas dois exemplos que Timeu usa ao explicitar seu aspecto acerca da mera "probabilidade" da abordagem seguinte ("se, no que diz respeito a variadíssimas questões sobre os deuses e sobre a geração do universo": 29c). Assim, a evidência é a de que houve uma criação e um Criador, mas a evidência não é tão boa.

p. 153-154) que em última instância conduzirá a uma definição do verdadeiro político, o Visitante de Eleia embarca numa história que, ele admite, está fora de proporção com a função para a qual é introduzida (ilustrar um caminho errado nas divisões). "Você se recorda daquelas histórias antigas", ele diz para o homônimo mais jovem de Sócrates, "sobre o portento que apareceu durante a disputa pelo reinado entre Atreu e Tieste – o retrocesso dos movimentos dos corpos celestes? Bem, a verdade sobre isso não foi jamais contada...". Existem, ao que parece, duas eras recorrentes na história do mundo, uma de ouro, pertencendo a Cronos, e outra pertencendo a Zeus, na qual nós vivemos; e essas duas eras são separadas por um período mais breve de retrocesso,[4] quando a divindade deixa de ser o piloto do universo, "abandonando, por assim dizer, o leme". Nesse período, que se inicia e termina com grande destruição, corpos mortos retornam à vida na terra e ficam cada vez menores à medida que o tempo passa, até desaparecer completamente. O que causa o retrocesso? Recebemos duas explicações: em primeiro lugar, é nos dito que a causa é a natureza corpórea do todo – nada corpóreo pode se manter na mesma condição para sempre. Essa explicação se encaixa bastante bem com a que se tem no *Timeu*. Mas a segunda já parece diferente. O retrocesso é agora atribuído ao "desejo inato" do universo físico (272e), reprimido durante o tempo em que a divindade piloto estava no controle; finalmente, contudo, o universo relembra o ensinamento de seu "artesão e pai", que "governava tudo o que havia em seu seio" (273b) e retorna ao seu próprio curso. Essa segunda explanação faz lembrar de uma imagem comum em Platão, de uma alma dividida na qual a lei natural da parte racional encontra-se permanentemente sob ameaça dos desejos da parte ou partes irracionais.[5] No mito do *Político*, o mundo não é apenas uma criatura viva, como no *Timeu*, mas como criatura humana sua instabilidade é causada não pela "necessidade" e

4 Uma interpretação mais usual do mito tem apenas dois estágios em cada ciclo, com o mundo – desconcertantemente – em retrocesso para o todo da idade (ideal?) de Cronos.

5 "Irracionalidade" aqui é definida por oposição aos ditames da razão. A razão é naturalmente direcionada para o bem; desejos "apetitivos" são os desejos por alimento, bebida, sexo e assim por diante, sem referência a ser tais objetos bons ou não. Ver mais abaixo, e p. 160-161.

pela imperfeição dos materiais de um artesão, e sim pelo seu próprio desejo, que o leva para a direção oposta àquela favorecida pela razão. Por mais que no *Político* se tenha uma metáfora que trata o cosmos como se fosse um agente humano, ele é natural o bastante se levarmos em conta que, de acordo com o *Timeu*, as partes mais baixas da alma são elas próprias um produto da necessidade (isto é, especificamente um subproduto da inserção da razão num corpo) e que desejos irracionais podem ser tratados – como o são no *Fédon* – como desejos do corpo.

Também a sociedade pode ser analisada ao longo das mesmas linhas. O grande experimento de pensamento da *República*, no qual Sócrates concebe uma cidade ou *pólis* desde a sua base, estabelece uma analogia direta entre cidade e almas individuais (livros II-IV). Cidade e alma cada qual se compõem de três partes, a racional, a "irascível" e a apetitiva: a cidade naturalmente consiste de governantes sábios, bravos soldados, produtores eficazes, enquanto conflitos internos na alma mostram-*na* a conter três tipos separados de desejos com tipos separados de objetos,[6] o tipo racional de desejos sendo naturalmente dominante sobre os outros dois.[7] Se se permitir que quaisquer das duas partes mais baixas – especialmente a apetitiva – saia do controle e usurpe a função de governo da razão, o resultado será uma cidade adoentada[8] e um indivíduo adoentado. Uma vez que a própria razão de muitos indivíduos é por demais fraca para exercer seu governo natural, o governo da razão tem de ser estabelecido a contar de fora; e isso significará um governo *filosófico*, exercido por aqueles que bem-sucedidamente emergiram da

6 A segunda parte, "irascível", muito embora seja aliada natural da razão, é também irracional e, portanto, tem ela própria seus projetos: a manutenção da autoestima, vencer, e assim por diante.

7 O argumento estendido para esse efeito no livro IV da *República* tem um bom respaldo para ser um dos mais importantes em Platão. Ver p. 159-162 abaixo, e, anteriormente, p. 45-46, onde parte do argumento é citada.

8 Uma cidade "saudável" será uma cidade sábia, governada pela sabedoria e pela razão em seus governantes; será de fato uma cidade onde todos os três grupos constituintes, governantes, soldados e produtores, fazem "o que lhes cabe fazer" – e assim ela será também "justa"; com "justiça" sendo definida como "fazer o que lhe é próprio". A coragem, a cidade a terá de seus soldados adequadamente treinados – e obedientes –, e o "autocontrole", do acordo dos três grupos acerca de quem deve governar. Todas as virtudes "políticas" assim se relacionam essencialmente com o fator único do governo da sabedoria.

caverna na qual o resto da humanidade se encontra, indo rumo à verdade e ao Bem.[9]

O universo, então, do qual somos partes é estruturado; é, como o Sócrates do *Fédon* esperava encontrá-lo, "formado e conservado pelo bem e conveniente" (99c-d). E o bem que forma e conserva o todo é o mesmo bem que todos nós buscamos em nossas vidas, à medida que somos racionais. Não é uma mera questão de coincidência de estruturas. Uma série de argumentos em diferentes diálogos intenta mostrar que nossas almas sobreviverão à nossa morte, e na verdade durarão para sempre, passando de uma encarnação a outra (para as origens pitagóricas dessa doutrina, p. 76). À medida que "nós" somos idênticos a nossas almas, somos não meras criaturas efêmeras, mas partes permanentes do universo. E mais ainda, quando liberta do corpo, a alma pode ou alçar voo através dos céus ou afundar nas profundezas da terra, a depender da qualidade de sua conduta em suas encarnações anteriores. Os mitos escatológicos no *Górgias*, *Fédon*, *República* e *Fedro* ilustram um cosmos que pode ter sido concebido para proporcionar recompensas e punições satisfatórias aos seres humanos. Eles são, é claro, *mitos*, e não devemos esperar que mitos nos digam verdades literais (o mito do *Político* é um bom exemplo). Além disso, eles diferem em tom, em registro e no grau com que tomam de empréstimo motivos dos mitos tradicionais. Da mesma forma, como Sócrates sugere no contexto do mito do *Fédon*, a verdade será isso ou algo *como* que semelhante a isso,[10] e na verdade no universo platônico não há lugar específico que as almas desencarnadas possam povoar, só podendo ir para cima ou para baixo.[11] O que tais histórias sugerem, sem o ter de

---

9 A referência à "Caverna" é feita ao grande símile (514a-518d) que encerra o grupo de três na *República* VI-VII. Se a lacuna entre governantes e governados é muito mais estreita na outra cidade imaginária de Platão, nas *Leis*, isso evidentemente tem tanto a ver com a exclusão das pessoas comuns do corpo de cidadãos quanto com qualquer relaxamento nas exigências feitas ao governo (como dispostas em sua forma mais extrema no *Político*).

10 *Fédon* 114d. Isso é um tanto diferente da "probabilidade" da cosmologia do *Timeu*; ali a abordagem foi (apenas) "provável" em razão dos problemas com a evidência, enquanto aqui o problema é que não há evidência alguma – o que é uma razão para passar ao registro "mítico".

11 O universo para Platão é uma esfera de tamanho limitado (sua fronteira sendo marcada pelas estrelas fixas) e não há outra dimensão para as coisas; as almas, evidentemente, têm sempre de estar situadas em algum lugar dentro do próprio universo. Desse ponto de

estabelecer, é a ideia de um universo cuja estrutura de algum modo manifeste a benevolência, a justiça e a beleza que – como o Sócrates de Platão exorta – deve ser manifesta em vidas humanas; e manifestá-las mesmo (talvez) a ponto de proporcionar, por meio de sua geografia ou de outras maneiras, aquelas recompensas e punições que as instituições humanas podem falhar em proporcionar para vidas bem ou mal vividas.

Assim, ainda que o homem não seja o que há de mais elevado no mundo, na abordagem de Platão, não obstante, nesse mundo ele tem um papel central. Graças à sua natureza dual, ele pode se tornar como deus mantendo-se meramente humano, ou mesmo se tornar um animal. O que faz a diferença entre uma vida de primeira classe e uma menos bem-sucedida é a *filosofia*, que a um só tempo possibilita a alguém ver o que uma boa vida realmente é, sendo o principal constituinte de tal vida. (As partes irracionais funcionarão nesse meio tempo, mas domadas do modo mesmo como o sistema de educação estatal da "cidade bela" na *República* é visto como a domar seus cidadãos; de modo semelhante em Magnésia, nas *Leis*.) A *filosofia* faz a diferença, pois mesmo concedendo tudo o que é invocado por Sócrates e outros sobre o modo como as coisas são no universo, isso proporcionará não mais que um arcabouço aproximado para se decidir como exatamente devemos viver nossas vidas no dia a dia. Que se deve viver uma vida boa/estruturada/harmoniosa/racional, em imitação a deus/à natureza, eis aí algo bom e justo; mas o que exatamente conta para esse tipo de vida e como eu posso me assegurar de que decisões particulares tomadas no dia a dia vão contribuir para ela? Não admira que Sócrates siga se recusando a reivindicar qualquer conhecimento, insistindo na necessidade de refletir mais e mais. Não admira que a importância da filosofia seja *o* tema central do *corpus* platônico como um todo. Podemos identificar muitas outras "doutrinas" em Platão, mas deixar essa de fora é ignorar o aspecto principal.

---

vista, dado que as almas são imortais, a teoria pitagórica de sua "transmigração" de corpo para corpo parece suficientemente econômica.

Filosofia e verdade

Descobrir o bem demandará uma investigação racional sistemática, e é isso que os diálogos acima vão ilustrar e promover. Tal investigação em Platão é quase sempre tratada como a envolver uma discussão cara a cara – uma conversa – com outros; na verdade, a competência na investigação racional é apenas a "arte da conversa" ou "dialética" (*dialektiké, techné*), e mesmo pensamentos internos assumem a forma de fazer questões e responder a elas (ver capítulo I, p. 48). O que o filósofo quer é conhecer a verdade; uma vez que ele não a tem, tem de continuar procurando-a; e onde mais senão nas outras pessoas? Mas ele tampouco pode assumir que estas a possuam. Procederá a testá-las e desafiá-las tal como testa e desafia a si mesmo, e permitirá a elas que façam o mesmo com ele.[12]

Dada essa ênfase na importância de se conversar com os outros, pode haver uma tentação de atribuir algum tipo de noção de verdade intersubjetiva a Platão; e tanto é assim que ele parece reservar a real sabedoria aos deuses tão somente. Se uma "visão de olho de deus" encontra-se para sempre além de nós, então talvez devamos todos nos contentar com que, compartilhando ao menos em parte a racionalidade dos deuses, possamos chegar a uma concordância (racional) entre nós. Ainda assim, ao final, isso se parece a um diagnóstico improvável da posição de Platão, dado o seu evidente compromisso com as Formas como objetos últimos do conhecimento: o Bem em si mesmo, a Beleza em si mesma, a Justiça em si mesma e assim por diante. Platão é um "platônico", que acredita em verdades objetivas.

Como, então, adquirimos acesso a essas, se é que adquirimos? Não pode ser apenas conversando com as pessoas, porque outros, como os sofistas irmãos Eutidemo e Dionisodoro, que Sócrates encontra no *Eutidemo*, também passam seu tempo em conversas. O que importa é o *tipo* de conversa que se tem. Os irmãos são meros especialistas na erística, ramo da sofística que é a arte da disputa verbal, e o *Eutidemo* mostra com algum vagar qual a diferença entre ela e a real dialética: o mais importante

12 "Testar", "examinar" e "refutar", todas caem no escopo da raiz grega central nessa área: *elench-*, como no verbo *elenchein* e no nome *elenchos*.

é que o real dialético, o filósofo, estará interessado em fazer distinções onde o "erista" deliberadamente evita fazê-las – mesmo que as compreenda – porque tudo o que ele deseja é *vencer* o debate.

Em suma, o filósofo argumenta *filosoficamente*, isto é, com o objetivo de encontrar a verdade (o *philosophos* é, literalmente, o "amante da verdade"), enquanto o erista argumenta para vencer. O Sócrates de Platão está atrás de argumentos que convenceriam qualquer pessoa racional, tão somente em virtude de aquela pessoa ser racional. Dado que existem tão somente pessoas para com elas experimentar argumentos, e dado que as capacidades humanas são limitadas, nenhum acordo entre indivíduos particulares em que uma razão tenha se mostrado vencedora pode ser considerado como final. Tampouco o fato de uma conclusão não ter sido ainda refutada significa que não vá ser refutada no futuro. O hábito de Sócrates de "examinar a mim e a outros" (*Apologia* 38a) é muitas vezes tratado por modernos como se fosse uma espécie de terapia; mas a purificação da falsa crença é apenas uma condição e um efeito colateral da busca pela verdade. A questão que Sócrates põe para si mesmo e para outros é: "Tenho eu *razão* para acreditar nisso?". E não pode haver padrão melhor do que o que a razão *até agora* demonstrou (*Críton*, 46b), do que as conclusões mais fortes *até agora* alcançadas (*Fédon* 100a). É consistente com isso que os únicos personagens reconhecidos como filósofos em Platão sejam Parmênides e um visitante da cidade natal de Parmênides, Eleia (atual Velia). Parmênides se destaca pelo rigor austero de seu argumento, muito embora Platão tomasse suas conclusões por equivocadas e tenha passado um considerável naco do *Sofista* deixando o visitante de Eleia mostrar o porquê (mostra, especificamente, que um tratamento adequado de ser e *diferença* proporcionará uma via pela qual "o que não é" pode ser – algo que Parmênides havia negado).[13] No diálogo que leva o seu nome, Parmênides se torna o crítico do uso das Formas por Sócrates, ao mesmo tempo em que admite que elas são uma condição necessária

13 Ser e diferença, juntamente com similaridade, movimento e repouso constituem os cinco "grandes tipos" (*megista gene*) em cuja inter-relação complexa o *Sofista* se fia para a sua solução do problema de como um enunciado falso é possível.

para se pensar e falar. A segunda e mais extensa parte do diálogo consiste no que é anunciando como um exercício de treinamento (135d-136a) em dedução, a começar de certas hipóteses ("se [o] um é..."; "se [o] um não é..."); somente Parmênides poderia dar a Sócrates tais lições em argumento. Protágoras é tratado com algum respeito, especialmente no *Teeteto*, mas praticamente qualquer outro personagem com alguma pretensão intelectual tende a ser despachado – juntamente com, e por causa de seus métodos e/ou objetivos – com a plena força da ironia socrática. A segunda parte do *Fedro* introduz uma teoria da retórica filosoficamente fundamentada, que permitirá ao orador realmente versado suprir diferentes tipos de público (como Platão ele próprio implicitamente faz?); contar histórias e não ensinar é dito no *Político* como sendo o apropriado para as massas (304c-d); e as *Leis* advogam que leis elas próprias sejam acompanhadas de prelúdios persuasivos, os dados exemplos que certamente ficam a desejar ante o tipo de argumento rigoroso associado à empresa filosófica em outros diálogos. Mas a não ser por isso, aquele argumento rigoroso é tratado como *a* exigência, por mais elusivos que os argumentos definitivos possam realmente ser.[14]

Se o filósofo/dialético evidentemente empregará sempre pergunta-e--resposta, pergunta-e-resposta pode empregar diferentes tipos de método sistemático: um ou mais tipos de método hipotético (*Menon*, *Fédon*, *República*), e o método de "coleta e divisão" que o *Fedro* e – mais alusivamente – o *Filebo* descrevem e o *Sofista* e o *Político* empregam. O último método é o da definição: "coleta" é uma questão de tentar identificar o item mais geral sob o qual o *definiendum* incide, enquanto a divisão quebra esse item em estágios sucessivos até que o *definiendum* seja alcançado, a definição consistindo no que quer que em cada divisão seja mantido para outras divisões. Mas é claro que "sob" o *definiendum*, que ele próprio será um item geral, ter-se-á a indeterminada pluralidade de suas instâncias particulares. O método claramente pressupõe uma realidade estável e

14 O *Fédon* ilustra nitidamente os pontos essenciais: quatro argumentos (aproximadamente) para a imortalidade, cada argumento sucessivo destinado a melhorar seu(s) predecessor(es), e um argumento final que – Sócrates promete (107b) – proverá os bens, com algum trabalho adicional.

estruturada a fim de fornecer o material para divisão; existem camadas a se conectar com camadas escandindo-se da unidade mais elevada para (o que podemos chamar de) *infima species*, que – como Sócrates observa no *Filebo* – é nossa tarefa como filósofos descobrir antes de "abandonar cada uma delas [unidades] ao ilimitado" (16e), isto é, abandonar o mundo fenomênico que resulta da imposição de limite ou unidade, em suas várias formas, ao ilimitado.

Mas a dialética é ainda uma questão de *conversa*, de usar a linguagem, e nem a linguagem nem a mente que a utiliza obviamente possui qualquer conexão natural ou necessária com as coisas que elas se propõem a referir. Esse é um problema que Platão herdou.[15] Uma solução, que aparece no *Mênon*, no *Fédon* e no *Fedro* é a de que nossas almas "viram" os objetos do conhecimento antes de ter nascido em corpos, mas esqueceram-nos no nascimento, de modo que "aprender" sobre eles é na verdade uma questão de relembrar (*anamnesis*): uma espécie de teoria de ideias inatas. A proposta imediatamente neutraliza qualquer problema de separação entre linguagem e Formas, ou entre almas/mentes humanas e Formas. Se tal teoria é dificilmente visível fora do *Mênon*, do *Fédon* e do *Fedro*, é porque em outra parte Platão não tem em mente o tipo de radical separação entre Formas e particulares que a teoria estava destinada a superar – e que Parmênides critica no *Parmênides*. Aqui se tem um caso, pelo menos, em que pode haver vantagem em não atribuir "doutrinas" a Platão. A filósofos mais do que a ninguém mais deve-se permitir que não apenas mudem de pensamento, mas que tenham dúvidas, estas que o próprio filósofo de Platão – Sócrates – sempre tem.

Lendo Platão

Nada do que foi dito acima, contudo, dá muito a ideia do que é efetivamente *ler* Platão. Uma descrição externa de um diálogo platônico deve estar tão longe da coisa real quanto, digamos, uma paráfrase em

15 Ver especialmente o *Crátilo*. Deve-se contrastar também o discurso frequente sobre "ver" os objetos do conhecimento nos livros VI-VII da *República* com a descrição subsequente no livro VII do que a dialética pode efetivamente atingir: uma apreensão que consiste de enunciados até agora não refutados (534b-c).

prosa de um poema. Entre as coisas que inevitavelmente se perdem há o *caráter indireto* da técnica de Platão. Se o autor nunca aparece (ele é referido duas vezes, de passagem), de modo geral, não é difícil localizar a voz autoral, usualmente por detrás do orador principal. Porém isso não significa que se possa ir do texto à *mente* autoral. As estratégias do personagem Sócrates são muitas vezes menos do que diretas; pelo menos em diálogos mais breves elas são tipicamente respostas a interlocutores particulares em contextos particulares, e efetuar a leitura de resultados mais gerais pode ser uma tarefa espinhosa. Os diálogos mais longos podem parecer mais transparentes, e talvez o sejam, mas a sua pura e simples variedade, combinada ao fato de a maior parte deles ser formalmente independente de cada outro, dificilmente torna mais fácil a vida do intérprete. E então, para coroar tudo isso, há um modo pelo qual eles tendem a mimetizar – ou fingem mimetizar – a imprevisibilidade das conversas comuns. Tudo isso ilustra o aspecto salientado mais acima sobre a natureza assistemática do *corpus*, seu *desordenamento* essencial. Isso não significa necessariamente que o pensamento que está por trás seja desordenado (embora possa ser), mas é algo como estar consciente da aparência do material original.

Considere-se agora, como forma de exemplo, três diálogos mais breves e dois mais longos:

(a) *Eutífron*. Eutífron e Sócrates estão ambos envolvidos com as autoridades jurídicas atenienses. Eutífron está processando o próprio pai por homicídio, enquanto Sócrates logo se verá diante da corte em julgamento, estando em jogo a sua vida. Eutífron é uma espécie de *expert* religioso, bem o tipo de pessoa para discutir a natureza de *hosiotes* (piedade/propriedade?) com Sócrates. Perguntado sobre o que seria *hosiotes*, forma de questão característica dos diálogos mais breves (embora seja também perguntada nos mais longos, como o *Teeteto*), ele começa propondo que é o que ele está fazendo naquele momento, ao processar o pai. Quando essa tentativa cai por terra, sempre suscitado por Sócrates, ele vem com outras propostas, mas nenhuma delas sobrevive ao escrutínio, e ao final a conversa termina num círculo; Sócrates sugere que eles precisam começar tudo de novo, mas Eutífron tem assuntos urgentes para tratar em outro lugar. De fato, diversas observações filosóficas foram feitas ao longo do percurso, e quase ao final, Sócrates sugere, sem explicar, que Eutífron teria *quase* chegado lá. Questões: (1) o que isso significa? (2) Se ele quase chegou, em qual parte ele esteve quase certo? E (3) por que Platão permitiu que a conversa estancasse ali?

(b) *Críton*. Sócrates está na prisão, esperando a execução, e seu associado próximo Críton chega para exortá-lo a fugir. Sócrates em vez disso aproveita a oportunidade para fazer alguma filosofia: seriam boas as razões de Críton ao propor a fuga, e elas superariam as conclusões racionais a que eles tinham chegado nas discussões precedentes? Nunca é bom lesar ninguém, nem mesmo em retorno a uma lesão perpetrada, e quebrar acordos com pessoas lhes é algo lesivo; escapar quando foi condenado pelo devido processo legal quebraria um acordo com as leis e as lesaria; de modo que não é boa coisa para ele fugir, ainda que tenha sido condenado injustamente. E o leitor sabe que ao fim e ao cabo ele foi executado. Leitores de viés liberal, querendo tomar Sócrates como modelo, frequentes vezes se veem embaraçados pelo que se mostra como um argumento geral contra a resistência ao Estado, mesmo quando o Estado está errado. O argumento das leis obviamente não parece forte, e ainda assim Sócrates diz que ele está "zunindo em seus ouvidos" e impedindo-o de escutar qualquer outra coisa. Então, teria ele morrido desnecessariamente? Ou a própria real razão de Platão seria uma razão diferente?

(c) *Lísias*. Sócrates está num novo ginásio, onde encontra Hipotalés, admirador do jovem *Lísias*, e então *Lísias* e seu amigo Menêxeno. Sócrates começa por ensinar a Hipotalés uma lição sobre como falar a um amado, isto é, humilhando-o. Sócrates, *Lísias* e Menêxeno então discutem o que é o que ama e o que é amado. O que amamos é evidentemente aquilo pelo qual dizemos que amamos outras coisas, o "primeiro amigo", algo bom e não amado em função de outra coisa; o que ama não é nem bom (conhecedor) nem mal (completo ignorante). A conclusão final do argumento principal é a de que o verdadeiro amante, isto é, o que verdadeiramente ama o que ele diz que ama, tem de necessariamente ser amado pelo amado (222a) – e afinal, quem não amaria alguém que o ama e sabe o que é verdadeiramente digno de amor? (Hipotalés se delicia, sem entender nada). Mas agora os participantes chegam a um impasse, aparentemente porque os dois rapazes em última instância não podem aceitar os resultados paradoxais do argumento. Também os leitores são postos em face da escolha: aceitar o argumento ou ir com os rapazes e dizer o que está *errado* com o argumento.

(d) *Fedro*. Sócrates encontra Fedro num cenário idílico fora dos muros da cidade. Fedro, um devoto do orador Lísias, tem um discurso deste enfiado sob as roupas. Após ler o discurso sobre "porque favores devem ser concedidos àquele que não está apaixonado, e não ao amante", Sócrates responde com dois discursos de sua própria verve, um a favor da tese e outro – um discurso inspirado – contra ela. O segundo discurso primeiramente argumenta em favor da imortalidade da alma, para então, em registro mítico, comparar a alma tripartite a um cocheiro e a seu par de cavalos, um branco e outro negro, prometendo uma escapatória ao menos temporária do ciclo de reencarnações ao verdadeiro amante, à alma que tiver vivido três vidas filosóficas sem concessões ao cavalo negro do apetite. Tal alma vai se alçar aos céus com os deuses e vai esperar ter outra visão das Formas, para além dos céus, no festim desfrutado pelos deuses após milênios de ciclos reencarnatórios. Após esse discurso, Sócrates debate com Fedro sobre o que faz uma boa ou má escrita e uma boa ou má fala, desenvolvendo uma teoria da retórica filosófica para, por fim, desvalorizar a escrita em comparação com a dialética viva e sua capacidade de coletar e dividir; o dialético versado é o verdadeiro semeador da semente imortal nas almas dos outros.

(e) *Filebo*. O epônino Filebo apoia o prazer como candidato ao que constitui o Bem na vida boa; Sócrates apoia o conhecimento. O diálogo se inicia com esses protagonistas discordando, e Protarco vindo a assumir a posição de Filebo. A conversa termina, contudo, com a conclusão de que, muito embora o conhecimento esteja acima do prazer, o Bem em si mesmo não é nenhum desses dois, mas a combinação de beleza, medida e verdade que regula o seu misto. O diálogo, em sua maior parte, consiste numa análise detalhada de prazer e prazeres, precedido por um excurso – dialógico – sobre o método e suas pressuposições metafísicas: a passagem ao Limite e o Ilimitado (ver p. 109, 115-6), que também tem um produto e uma causa. O excurso parece seguir consideravelmente além do que seria exigido pela discussão que segue, e em muitos aspectos é mais sugestivo do que explícito. Isso porque Platão tem mais cartas na manga do que está a nos contar, ou por que não as tem?

Leituras alternativas

A falta de determinação nos textos platônicos, assim como sua variedade e complexidade, gerou – o que não surpreende – numerosas estratégias interpretativas. Destas, as mais antigas e gerais podem ser classificadas respectivamente como as tendências "dogmática" (ou "doutrinal") e a "cética". Os sucessores imediatos de Platão na Academia continuaram com o tipo de esquemas metafísicos sugeridos no *Filebo*; não muito tempo depois, porém, a "Nova" Academia (ver capítulo 6) estava tratando Platão como cético – uma abordagem que, como a sua oposta, pode facilmente ser justificada privilegiando-se algumas partes do *corpus* e minimizando outras. Tipos "dogmáticos" de interpretação então recuperaram a ascendência, dando origem ao que classificamos como "platônicos médios" e neoplatônicos, cuja ideia de platonismo se manteve a mais amplamente aceita até o período moderno.

Ambos os modos "dogmático" e "cético" de interpretação têm seus análogos modernos: o primeiro, por exemplo, na leitura "esotérica" de Platão, ou na straussiana, o segundo no que pode, em termos gerais, ser denominado como leitura "analítica", que provavelmente ainda prevalece no mundo de língua inglesa. Intérpretes "esotéricos" situam o cerne de

Platão em seu ensinamento oral, ao que Aristóteles chama de "doutrinas não escritas" e documenta como tal; os diálogos são convites à dança mais ou menos explícitos. Para os straussianos (seguidores do estudioso platônico e filósofo político Leo Strauss), o caráter indireto de Platão é ocultação: o sentido real, subversivo do filósofo – sempre temeroso de sofrer destino semelhante ao de um Sócrates – precisa ser buscado, pelo leitor treinado, sob a superfície.

Uma caricatura de um intérprete "analítico" identificaria Platão como um filósofo que formaliza o que quer que possa ser formalizado, descartando o restante; ou então como aquele que não vê diferença entre um argumento dialógico e sua contraparte monológica. A forma extrema de interpretações autoconscientemente "literárias" tenderá, por contraste, a tratar os argumentos dos diálogos como secundários.

São os intérpretes analíticos que, como seria mesmo provável, mais entusiasticamente abraçaram o modelo "desenvolvimental" referido anteriormente nas p. 138-142, em parte em razão de um compromisso fundamental com a ideia de progresso em filosofia; o desenvolvimento nesse caso implica melhoria e correção de erros, talvez mesmo o abandono da metafísica; e, em todo caso, para o Platão analítico é finalmente o *argumento* o que importa, e não grandes conclusões.

Esotéricos, straussianos e outros são de tendência essencialmente "unitária" – como, ainda uma vez, todos os antigos eram. Isso em si pode parecer um fato impressionante, muito embora esteja claro que os antigos em questão eram platônicos comprometidos, com suas próprias convicções a defender, de um modo como a maior parte dos leitores modernos não é. (Tampouco intérpretes antigos inventaram a estilometria, que é valorosa para essa tendência.)

Existe, contudo, o que se parece com um obstáculo maiúsculo a toda e qualquer interpretação unitária: a presença e a mobilização ativa, em diversos diálogos, de uma teoria filosófica que é inconsistente com uma proporção significativa das ideias anteriormente descritas como "platônicas" nas p. 144-150. Nesse grupo de obras – que acaba por mais ou menos coincidir com o Grupo I no Diagrama C (p. 138) –, o ponto de partida ou ponto final é uma concepção de motivação humana que explícita ou implicitamente nega que possamos ser "tomados por desejo (irracional)"; não podemos "fazer o errado voluntariamente".[16] Assim, de modo mais direto no *Protágoras* (351b ss), mas também no *Lísias*, que argumenta que mesmo os desejos mais básicos, fisiológicos, são direcionados para o que é verdadeiramente bom para nós; também no *Banquete*, onde Diotima, a sacerdotisa e professora de Sócrates esposa um argumento similar, e nos "diálogos de definição", que tendem consistentemente a assimilar as "virtudes" (excelências) ao conhecimento (o *Cármides* trata mesmo a *sophrosyne* dessa forma, uma excelência caracteristicamente compreendida e tratada na *República* IV como "autocontrole" – uma noção para a qual na verdade não haverá espaço, como não há para a "fraqueza da vontade"). Nessa teoria, o que motiva cada ação que executamos, exceto quando sob compulsão externa, é nosso desejo pelo que é, de um modo geral, bom para nós, e a única diferença relevante entre nós como indivíduos é o que calha de acreditarmos que vá contribuir para esse bem. (Devemos também, é provável, ser atraídos por outras coisas, mas não vamos realizá-las a não ser que pensemos serem elas o melhor. A qualidade de nossas ações, então, é determinada pela qualidade de nossas crenças, daí o nome dado à teoria, "intelectualismo".)

Ser um humano, nesse caso, será simplesmente ser racional: não há nenhuma besta em nós para ser açoitada, induzida ou condicionada à mansuetude, tanto que o único meio de mudar o comportamento das pessoas será conversando com elas, dando-lhes razões para mudar. Essa é a posição contra a qual o Sócrates de Platão parece estar a argumentar no livro IV da *República*, quando ele introduz a alma tripartite, racional em um terço e irracional em dois terços,[17] pois ele especificamente argumenta tanto que os desejos das "partes" irracionais têm seus próprios

16 Ver capítulo 3, p. 128-129. O quanto do tratamento da teoria que encontramos em Platão teria sido operado já por Sócrates é impossível dizer; se foi quase inteiramente feito por Platão, não obstante é evidente que se trata de posição original socrática, e assim, em certa medida, o tratamento deve contar como genuinamente socrático.

17 A tripartição em Platão por vezes dá lugar à bipartição, como, por exemplo, nas *Leis*, onde ele mostra menos interesse em tratar o agressivo/competitivo como um aspecto distinto do lado irracional da humanidade.

objetos não racionais, quanto que essas partes são capazes de sobrepujar nossos desejos racionais, direcionados para o bem (de modo que *haverá* uma necessidade por modos irracionais de controle. A dimensão política em Platão, e na verdade muitos outros aspectos de seu pensamento, parecem vitalmente dependentes do argumento da *República* IV. O Sócrates intelectualista não é um teórico político; nem acontece de ele ter muito interesse em ciência, ou na ideia de uma alma imortal).

Aristóteles está familiarizado com esse tipo de teoria, que ele consistentemente atribui ao Sócrates real. Mas, a exemplo de muitos modernos, ele não pensa muito nisso, vindo a descobrir a real diferença entre Sócrates e Platão na separação das Formas por parte deste último (ver p. 138-140, 144-146). Também aqui o juízo de Aristóteles tem se mostrado influente, pois a distinção entre ser "do primeiro período" e "do período intermediário" no Diagrama B (p. 137-138) é essencialmente baseada nessa referida separação. O intelectualismo socrático, de sua parte, é hoje frequentes vezes considerado facilmente falseável, e por isso mesmo desinteressante. Ainda assim, *Platão* evidentemente não vai logo descartando a teoria socrática – em parte, talvez, por tê-la compreendido melhor. Aristóteles observa, entre outras coisas (e os modernos ainda uma vez passarão a adotar o refrão), que a teoria abandona o fator de motivação e/ou emoção, coisa que – como Platão elabora – ela de modo algum o faz: na teoria em questão, o que nos conduz é precisamente o desejo pelo bem. Pode ser até mesmo que Platão pensasse estar melhorando, e não abandonando, o Sócrates na *República* IV, à medida que o substancial de suas visões sobre a natureza da vida boa se mantinha inalterado. De novo, muito embora ele pensasse – ou tenha vindo a pensar – que nem todos os desejos eram para o bem, não obstante ele considerava que cada *alma*, cada pessoa, deseja o bem, *enquanto* ser racional (a ideia de desejo pelo bem meramente aparente é uma invenção socrática). Mas as consequências da mudança em outros aspectos são consideráveis – e muito maiores que as da "separação" metafísica (do ponto de vista de *Aristóteles*, formas "separadas" representam um erro filosófico enorme, porém desse erro haveria poucas implicações para a ética).

Se Platão considerava haver uma continuidade mesmo aqui entre ele próprio e Sócrates, no entanto o aspecto mais importante é o de que, no presente contexto, o próprio Platão parece ter finalmente se decidido contra a concepção "intelectualista". Por certo que é concebível que ele tivesse *começado* com o modelo anti-intelectualista, irracionalista da mente humana, mais tarde vindo a passar para o que Aristóteles identifica resolutamente como o campo socrático; mas se a estilometria revela alguma coisa, de modo consistente ela parece mostrar que o interesse de Platão pela posição intelectualista teria aparecido mais no início do que nos desdobramentos subsequentes. E é o tema geral de um conflito entre razão e não razão que domina diálogos como a *República*, o *Fedro*, o *Político*, *Timeu-Crítias* e as *Leis* – e, por meio deles, o *corpus* como um todo. Este, juntamente com a crença na filosofia e na diferença que ela faz para a vida (porque contribui para a vitória da razão sobre a não razão, da ordem sobre a desordem), tem todo o direito de ser chamado propriamente de "platônico".

5 Aristóteles

John M. Cooper

Vida

Aristóteles (384-322 a. C.) era um rico nativo de Estagira, cidade costeira grega da península calcídica da Macedônia, não distante da moderna Tessalônica. Seu pai, que morreu durante a infância do futuro filósofo, era médico do rei macedônio. Em 367, Aristóteles foi enviado a Atenas, aos dezessete anos, para completar sua educação na escola de Platão, a Academia. Acabou por se manter ali até a morte de Platão, em 347, estudando, escrevendo e ministrando aulas a abarcar toda uma hoste de assuntos filosóficos com raízes na própria obra de Platão – teoria do argumento retórico e da persuasão, teoria lógica, ética, questões de metafísica, entre outros. Com a morte de Platão, Aristóteles, juntamente com Xenócrates, outra das figuras-chave da escola, deixou Atenas em direção à costa noroeste da Ásia Menor, onde o governante local Hérmias (com cuja filha Aristóteles casou e teve dois filhos) estabeleceu-os na cidade de Assos. Aristóteles deu prosseguimento a seu trabalho ali, e depois, por algum tempo, em Mitilene, na ilha de Lesbos, onde ao que parece ele teria colaborado com Teofrasto, filósofo mais jovem, ao menos de início: ao que tudo indica, suas mais importantes pesquisas sobre animais marinhos datam desse período. Em 343, o rei Felipe II da Macedônia convocou-o (acompanhado por Teofrasto e outros) à corte real para se tornar tutor de seu filho Alexandre ("o Grande"). Aristóteles parece ter ficado na Macedônia até 335, período em que Alexandre, tendo sucedido o pai no trono em 336, garantia a hegemonia macedônia sobre Atenas e sobre o restante da Grécia. Aristóteles retornou a Atenas como estrangeiro residente, abrindo a sua própria escola na área de exercícios físicos do Liceu, do lado de fora dos muros da cidade – isso em vez de se juntar a seus antigos colegas na Academia, do lado oposto da cidade. Pelos treze anos seguintes, ele escreveu e deu aulas no Liceu até o verão de 323, quando chegou a Atenas a notícia da morte de Alexandre, na Babilônia. Com os ânimos antimacedônicos em alta em Atenas e a ameaça de uma rebelião, Aristóteles refugiou-se em propriedades da família em Cálcis de Eubeia, na costa norte da Ática, onde viria a falecer no ano seguinte, aos 63 anos.

Obras

Fontes antigas nos falam de diálogos de Aristóteles, que ele teria escrito seguindo a tradição de Platão, como nos falam de outras obras mais amplamente acessíveis "exotéricas", das quais, contudo, apenas citações isoladas sobreviveram. Todas as obras sobreviventes de Aristóteles são textos ("esotéricos") de filosofia profissional e de ciência, escritos em prosa não adornada e repleta de tecnicalidades filosóficas, em sua maior parte pressupondo familiaridade com a filosofia e sua história precedente. São trabalhos para especialistas ou estudantes avançados. Podem derivar, em última instância, como os estudiosos tradicionalmente pensaram, da coleção das obras de Aristóteles preparada em Atenas (ou talvez teria sido em Roma) por Andrônico de Rodes, em algum momento indeterminado de meados do século I a. C.; mas o papel de Andrônico em estabelecer os textos "esotéricos" de Aristóteles nos últimos tempos tem sido tema de controvérsias. Seja como for, os títulos das obras, juntamente com o número e com o agrupamento de seus livros constituintes que encontramos em nossos manuscritos, diferem enormemente do que é reportado nas listas antigas sobreviventes das obras de Aristóteles – essas listas parecem antedatar o trabalho de Andrônico ou, em todo o caso, ser baseadas em coleções organizadas independentemente de seu esforço, se é que é correta a visão tradicional de seu papel no estabelecimento de nosso texto de Aristóteles. Seja como for, o arranjo do *corpus aristotelicum* (o "corpo" das obras de Aristóteles) tal como o conhecemos hoje chega até nós somente pela edição das obras de Aristóteles por I. Bekker (Berlim, 1831).

As obras mais longas do filósofo, em comum com outros escritos mais extensos do período antigo, foram divididas por seus primeiros editores em "livros" (a extensão de um livro sendo determinada aproximadamente pela extensão padrão de um rolo de papiro enrolado – no qual eram escritas obras literárias e outras) – algo em torno de quinze a vinte páginas de um livro moderno com a mancha densamente preenchida. Esses livros foram mais tarde divididos em "capítulos".

O *corpus* se inicia com um *"Organon"* ou "instrumento" para a investigação filosófica, consistindo de seis trabalhos dedicados a estudos lógicos (quinze livros ao todo), seguidos por 29 obras sobre a natureza e filosofia natural, incluindo o estudo de animais e plantas (mais de oitenta livros ou o equivalente a isso), e então pela *Metafísica* (título que literalmente significa "após os escritos da física") em catorze livros, três tratados éticos (dezessete livros) juntamente com uma breve obra espúria, *Sobre virtudes e vícios* e trabalhos em política, gerenciamento doméstico ou de Estado ("economia"), retórica e poética (dezesseis livros); em edições modernas, a *Constituição dos atenienses*, recuperada em papiro somente ao final do século XIX, é incluída nessa última seção. Assim, mesmo com a exclusão de obras espúrias, de longe a maior porção do *corpus* aristotélico é dedicada a estudos em ciência natural e em filosofia da natureza.

Abaixo, em forma tabular, estão os títulos das obras de Aristóteles que sobreviveram, juntamente com suas latinizações mais frequentemente encontradas e as abreviações destas. Um asterisco único indica uma obra de autenticidade duvidosa, um asterisco duplo, obra da qual universalmente se concorda não ser de Aristóteles.

Organon

Categorias (*Cat.*)
De interpretatione (*Int.*)
Analíticos anteriores/Primeiros analíticos (I, II) (*An. Pr.*)
Analíticos posteriores/Segundos analíticos (I, II) (*An. Post.*)
Tópicos (I-VIII) (*Top.*)
Refutações sofísticas[1] (*SE, Soph. El*)

1 As *Refutações sofísticas* completam o projeto dos *Tópicos*, sendo por vezes tratadas como *Top.* IX.

Física

Física (I-VIII) (*Fis.*)
Sobre o céu (*De caelo*) (I-IV) (*Cael.*)
Da geração e corrupção (*De generatione et corruptione*) (I, II) (*GC*)
Metereologia (I-IV) (*Meteor.*)
** *Sobre o universo* (*Mund.*)
Sobre a alma (*De anima*) (I-III) (*DA, de An.*)
Da sensação e dos objetos dos sentidos (*Sens.*)
Sobre a memória (*Mem.*)
Sobre o sono (*Somn.*)
Sobre os sonhos (*Insomn.*)
Da adivinhação no sono (*Div. Somn.*)
Da duração e da brevidade da vida (*Long. vit.*)
Sobre a juventude, idade avançada, vida e morte e respiração (*Juv.* e *Resp.*)
** *Sobre a respiração* (*Spir.*)

Zoologia

História dos animais (*Historia animalium*) (I-X)[2] (*HA*)
Partes de animais (*De partibus animalium*) (I-IV) (*PA*)
Sobre o movimento dos animais (*De motu animalium*) (*MA, de Motu*)
Da progressão dos animais (*De incessu animalium*) (*IA*)
Geração de animais (I-V) (*GA*)

Miscelânea de tratados físicos (a maioria inautêntica)

***Sobre as cores* (*Col.*)
***Dos objetos da audição* (*Aud.*)
***Fisionogmia* (*Physiog.*)
***Sobre as plantas* (I, II) (*Plant.*)
***Das maravilhosas coisas ouvidas* (*Mir.*)
***Mecânica* (*Mec.*)

---

2 Muito embora *History of animals* tenha sido durante muito tempo o título padrão em inglês dessa obra, de modo algum se trata de uma história. Trata-se na verdade de "Pesquisas sobre animais" coletadas por Aristóteles. O Livro X provavelmente não é de Aristóteles; p. 400 abaixo.

**Problemas físicos* (I-XXXVIII)[3] (*Prob.*)
***Das linhas indivisíveis* (*Lin. insec.*)
***As situações e nomes dos ventos* (*Vent.*)
***Sobre Melisso, Xenófanes e Górgias* (*MXG*)

Metafísica

Metafísica (I-XIV) (*Metaf.*)

Ética, política, estética

Ética a Nicômaco (I-X)[4] (*EN, NE*)
**Magna moralia* (I, II)[5] (*MM*)
Ética a Eudemo (I-VIII) (*EE*)
** *Sobre virtudes e vícios* (*VV*)
Política (*I-VIII*) (*Pol.*)
**Economia* (*I-III*) (*Ec.*)
Retórica (*I-III*) (*Rhet.*)
***Retórica a Alexandre* (*Rhet. Al.*)
Poética (*Poet.*)
Constituição dos atenienses[6] (*Ath. pol.*)

Em escritos eruditos, essas obras, à exceção da última, são padronizadamente citadas pelas páginas, colunas (a e b), e linhas da edição Bekker, onde se encontram editadas na ordem dada acima; a numeração Bekker encontra-se impressa nas margens de todas as edições subsequentes dos textos gregos de obras de Aristóteles, bem como nas traduções. A divisão tradicional em livros (via de regra em algarismos romanos) e capítulos (via de regra em algarismos arábicos) é regularmente usada junto com esse sistema de citação mais exata. De modo que uma

3 Essa é uma compilação mais tardia, mas pode conter problemas de contribuição do próprio Aristóteles.

4 A *Ética a Nicômaco* e a *Ética a Eudemo* compartilham esses três livros: *NE* V-VIII = *EE* IV-VI.

5 O texto não é da pena de Aristóteles, mas parece conter materiais aristotélicos independentes dos dois outros tratados éticos.

6 Muitos estudiosos atribuem essa obra não ao próprio Aristóteles, mas a algum(uns) estudante(s) a escrever sob sua supervisão.

citação completa pode ser lida da seguinte forma "Aristóteles, *NE* X 7, 1177b33": que significa: *Ética a Nicômaco*, livro X, capítulo 7, paginação Bekker 1177, coluna b, linha 33.

Entre os trabalhos perdidos, os mais importantes de que restam significativos fragmentos (são geralmente tidos por obras de juventude) são o diálogo *Eudemo* ou *Da alma*, as obras em formato incerto *Sobre a filosofia* (três livros) e o *Protréptico* (um convite e incentivo à filosofia e à vida filosófica), e os tratados *Sobre o bem* (três livros, um relato e uma discussão sobre doutrinas metafísicas tardias de Platão) e *Sobre as Ideias* (contendo argumentos contra a teoria das Formas de Platão).[7]

Influência na antiguidade

Exceção feita às últimas obras, "exotéricas", os escritos de Aristóteles não foram, ao contrário de todos os escritos de Platão, copiados e postos a circular por livreiros durante e imediatamente após o seu tempo de vida. Sua própria escola no Liceu, liderada após sua morte por Teofrasto e daquele momento em diante chamada "Peripatos" (o nome vem de uma passagem coberta que havia nas dependências da escola), é que preservou cópias. No período imediatamente subsequente à sua morte e a partir dali, cópias de ao menos algumas dessas obras foram encontradas em outros centros de ensino e pesquisa filosóficos, como Rodes e Alexandria. Não está claro, contudo, até que ponto filósofos importantes das gerações seguintes que não eram peripatéticos, como Epicuro e os primeiros estoicos (mais notavelmente Zenão e Crisipo) estavam familiarizados com tais escritos aristotélicos. Uma vez que esses filósofos todos viviam e ensinavam em Atenas, e uma vez que havia um amplo intercâmbio entre as escolas de filosofia, eles certamente puderam ter tido acesso às obras de Aristóteles. Tem se argumentado que ao desenvolver sua teoria do atomismo, Epicuro estava tomando por base argumentos que Aristóteles propusera em sua *Física* contra o atomismo de Demócrito, e que estaria respondendo a esses argumentos; e argumenta-se que as concepções de

7 Esses e os fragmentos de outras obras perdidas de Aristóteles encontram-se disponíveis de modo mais conveniente em Barnes [70], ver Bibliografia.

Epicuro sobre responsabilidade moral devem muito às próprias teorias de Aristóteles em sua Ética acerca do caráter moral e seu papel na responsabilidade. Ocorre que em seus escritos que chegaram até nós, Epicuro não cita Aristóteles. E com plausibilidade se tem mantido que muitos aspectos da lógica, metafísica, física e teoria ética dos primórdios do estoicismo que podem convidar comparação (ou contraste) com aspectos de Aristóteles derivam não da leitura de suas próprias obras, mas (na melhor das hipóteses) da leitura das de Platão e de uma associação com teorias platônicas das quais, ensinadas na Academia, o próprio Aristóteles teria sido herdeiro ao desenvolver suas próprias teorias. (Não sabemos de menções específicas a escritos de Aristóteles ou de concepções filosóficas do estagirita por quaisquer dos estoicos, muito embora saibamos de discussões e desacordos com as concepções de Platão.) O peripatético Teofrasto (morto em 287) e (em menor extensão) Estratão (morto em 269), seu sucessor na liderança da escola, continuaram a fazer um trabalho original no âmbito do arcabouço aristotélico em lógica, na investigação do mundo natural, na metafísica, ética e na teoria da retórica, mas os então dominantes sistemas filosóficos de Epicuro e dos estoicos foram amplamente construídos sobre novas fundações que devem pouco à obra de Aristóteles. Depois de Teofrasto, o peripatetismo passou a ser um agente menor no mundo da filosofia helênica.

Foi apenas por volta de fins do século II a. C. que os filósofos começaram de novo a ler as obras "esotéricas" de Aristóteles e a levar em conta suas concepções e argumentos ao desenvolver suas próprias ideias. O filósofo estoico Panécio e seu pupilo Posidônio (ver abaixo, p. 210), cuja escola ficava em Rodes, passaram a considerar Aristóteles, bem como Platão, como autoridades do pensamento – como divinos, inspirados. Foi assim que de várias maneiras eles suavizaram e ajustaram ensinamentos estoicos tradicionais para acomodar a "verdade" encontrada nesses predecessores clássicos e mais antigos dos primeiros estoicos. Sabemos de comentários de pleno direito sobre obras de Aristóteles a começar já durante o tempo de vida de Posidônio, em meados do primeiro século a. C. – com mais indicações do estatuto de autoridade desses trabalhos então lhe sendo atribuídos com o passar do tempo. Gradualmente, no curso dos séculos seguintes, um número cada vez maior de filósofos fez do estudo e da explicação de textos de Aristóteles (e de Platão) elementos centrais da prática da filosofia e da formação e desenvolvimento de suas próprias ideias filosóficas. À altura de fins do século II d. C. e entrando no século III, o grande filósofo aristotélico Alexandre de Afrodísias (ver p. 300-301 abaixo) escreveu comentários que, em sua enorme argúcia, destacaram-se pela amplidão, pelo detalhe, por ser parágrafo a parágrafo e sentença por sentença (e muitos deles sobrevivem) sobre o *De interpretatione* de Aristóteles (perdido), sobre os *Tópicos, Refutações sofísticas, Analíticos anteriores* I, *Analíticos posteriores, Física* (perdido), *Sobre o céu* (perdido), *Metereologia, Sobre a sensação* e *Metafísica* (os cinco primeiros livros sobrevivem), juntamente com as obras independentes *Sobre o destino, De anima* (*Sobre a alma*), *Sobre o misto* e vários *Problemas* e *Questões*, todos com o objetivo de estabelecer as concepções de Aristóteles, atualizadas conforme o necessário para dar conta da alternativa estoica e de outras, tornando-as assim as melhores e mais defensáveis correntes de ideias (segundo e terceiro séculos d. C.) sobre seus temas. Para Alexandre, o gênio inspirado dos escritos de Aristóteles, se adequadamente interpretado, explicado e tornado consistente, seria base suficiente para resolver de maneira completamente satisfatória todas as questões debatidas entre filósofos de várias escolas de seu próprio tempo.

Todavia, à época de Alexandre e nas várias gerações que o antecederam, um poderoso movimento estava a caminho para conectar a filosofia corrente à via que remontava ao antecessor de Aristóteles, Platão. Platão, não Aristóteles, era para ser o gênio divino cuja autoridade proporcionaria o contato que os pensadores necessitavam com a "verdade" original, antiga – esta que filósofos helenistas (epicuristas, estoicos, neoaristotélicos) tinham abandonado ou feito ofuscar –, se quisessem lidar adequadamente com os problemas filosóficos (e espirituais) de sua própria época. Em fins do século III, com a obra de Plotino (ver p. 301 abaixo), todos os filósofos gregos eram platônicos ou se professavam como tal (virtualmente nenhum deles se chamava de peripatético ou aristotélico), envolvidos que estavam em recuperar ou pelo menos rastrear nos escritos de Platão as soluções para todos os problemas de filosofia. A tradição de leitura e comentário das obras de Aristóteles não obstante prosseguia, e na verdade se entranhava nesse novo mundo intelectual uniformemente platônico. O pupilo e biógrafo de Plotino, Porfírio (p. 301 abaixo), com o reforço de seu próprio pupilo Iâmblico, estabeleceu uma duradoura tradição de harmonização de Aristóteles com Platão (não obstante o fato incômodo e um tanto óbvio da rejeição, por Aristóteles, da teoria das Formas separadas, puramente intelectuais de seu mestre). Por meio de seus escritos em lógica, em filosofia natural, em ética, metafísica, e mesmo em política e retórica, Aristóteles proporcionaria as abordagens detalhadas, sistematicamente desenvolvidas e desdobradas do mundo físico, sensível, e de nossa vida nele, o que tinha sido negligenciado pelo próprio Platão. Essas abordagens eram tomadas como a conferir consistência e a se aplicar às intuições platônicas do mundo suprassensível das Formas, da Mente Divina, da fonte última de todas as coisas e do Um, estas que, para esses neoplatônicos, eram o cerne indispensável da filosofia de Platão e da "verdade" antiga em si mesma. É desse ponto de vista platonizante que a grande série de comentários sobre Aristóteles do quarto até o sexto séculos foi escrita: ver o catálogo nas p. 303-306 abaixo.

Lógica

A lógica é o estudo sistemático dos argumentos ou da argumentação: o estudo do que *se segue* de dadas premissas, e do *porquê* se segue (e do que não segue, embora possa parecer que segue). Como ele próprio observa (*SE* 34), Aristóteles é o primeiro pensador a conceber a lógica como objeto de estudo. Assim, ele é o primeiro lógico, o inventor da lógica – isto é, do estudo (não, obviamente, do *uso*!) dos argumentos. Contudo, ele concentra o seu estudo sobre a argumentação em dois contextos específicos, de modo que seus feitos notavelmente pioneiros em lógica têm também severas limitações. Por certo que tal está longe de ser o sistema "completo" de lógica que seus seguidores mais tarde tentaram reivindicar. Em primeiro lugar, temos o contexto do argumento "dialético", argumento ou debate no qual uma pessoa tenta forçar a outra a extrair alguma conclusão simplesmente com base na concessão de certas outras proposições. Sócrates, nos diálogos "socráticos" de Platão – diálogo como o *Críton* ou o *Laques*, ou a primeira parte do *Mênon* – o ilustra, quando aborda seu interlocutor com uma série de questões, ganha concessões e então faz o interlocutor ver que suas respostas logicamente o comprometem com alguma conclusão indesejada, algo que ele tinha previamente negado. Para o estudo de tais argumentos dialéticos Aristóteles dedica os seus *Tópicos* e suas *Refutações sofísticas*. Em segundo lugar, existe o que Aristóteles chama de "demonstração" nas ciências. Aristóteles aceitou as disciplinas matemáticas de aritmética e geometria como modelos para todo o conhecimento e entendimento científico, incluindo o que ele consideraria como ciências empíricas e experimentais, como a medicina ou biologia, ou a física. A geometria apresenta-se a si mesma sob a forma de provas rigorosas, a começar com os primeiros princípios básicos (axiomas), para uma série sistemática de teoremas a dispor de propriedades de todos os vários objetos estudados pela ciência (as figuras geométricas – triângulos, quadrados e assemelhados). Assim, de forma semelhante, pensava Aristóteles, cada uma das ciências deveria idealmente ser apresentada como a principiar de um pequeno conjunto de verdades básicas que estabelecem a natureza fundamental dos tipos específicos de coisas que a ciência estuda, derivando desses "princípios" por demonstração ou prova o restante das verdades na ciência (seus "teoremas"). Em seus *Analíticos anteriores* e *Posteriores*, Aristóteles estuda argumentos demonstrativos nas ciências, concebidos de maneira ideal. Quando e por que as conclusões dos argumentos científicos (argumentos que estabelecem os "teoremas") efetivamente se seguem de suas premissas? Que condições adicionais, para além de simplesmente ter conclusões que se seguem logicamente de suas premissas, os argumentos nas ciências têm de satisfazer? (Ver adicionalmente capítulo 10, p. 349-350 abaixo).

Foi em seu estudo da argumentação científica que Aristóteles fez sua descoberta mais celebrada – sua teoria da "silogística". Ele toma como certo que cada asserção em cada uma das ciências tem a forma de um enunciado sujeito-predicado, no qual algo (um predicado) é ou afirmado ou negado de algum sujeito. Além disso, nas ciências os sujeitos são sempre tipos de coisa, e não indivíduos: triângulos isósceles, e não o triângulo cujos lados iguais têm duas polegadas de extensão, seres humanos, e não Sócrates ou Platão. (Mesmo que as ciências tenham coisas a dizer sobre indivíduos, é sobre eles como membros de dados tipos – tipos que são, do ponto de vista científico, os sujeitos básicos dos predicados em questão. De modo que quaisquer de tais afirmações podem ser desconsideradas, como derivativas do assunto principal da ciência, que diz respeito a tipos ou "universais".) Com esses pressupostos severamente limitativos em seu devido lugar, Aristóteles observa que as afirmações científicas serão sempre de uma dentre quatro formas, a depender de o predicado ser afirmado ou negado de todo o sujeito, ou apenas de parte dele. Assim, usando uma convenção introduzida nas Idades Médias para designar esses tipos de afirmação, cada afirmação científica será de uma das quatro formas seguintes (*a*, *e*, *i* ou *o*, respectivamente). (Eu ilustro cada um desses com o que se pretende que seja uma verdade, mas por óbvio que há muitos falsos exemplos de cada um deles também.)

A pertence a todo (qualquer) B.	AaB	"Todo homem tem dois pés."
A pertence a não B.	AeB	"Nenhum peixe tem penas."
A pertence a algum (de) B.	AiB	"Alguns lírios são brancos."
A não pertence a algum (de) B.	AoB	"Alguns lírios são não brancos."

Assim, cada uma das premissas e a conclusão de todo e qualquer argumento científico será de uma ou outra dessas quatro formas.

No primeiro capítulo dos *Analíticos anteriores* Aristóteles define os argumentos que ele chama em grego de *syllogismoi* (singular: *syllogismos*), dos quais argumentos científicos são, de acordo com ele, um caso especial, como segue:

> Um *syllogismos* é um argumento em que certas coisas sendo postuladas, alguma outra coisa diferente das coisas postuladas resulta com necessidade em razão de serem assim (*Pr. An.* I I, 24b18-20).

Assim, um *syllogismos* é, em terminologia moderna, um argumento dedutivamente válido (isto é, um argumento tal que se ou quando quer que suas premissas sejam verdadeiras, a conclusão necessariamente *tem de* ser verdadeira também), e ademais trata-se de um argumento de um tipo particular, qual seja, um argumento no qual a conclusão é *diferente* de sua premissa ou premissas.[8] Nosso termo "silogismo" foi, na verdade, adotado em inglês [em português] simplesmente como uma transliteração do *syllogismos* de Aristóteles, ainda que seja sempre usado de tal forma que existam *ambos* silogismos válidos *e* inválidos (isto é, argumentos válidos e inválidos de uma certa forma determinada). Assim, paradoxalmente, faz-se desejável, ao se discutir a silogística de Aristóteles, não usar "silogismo" para traduzir o seu grego: em vez disso, é melhor falar do sujeito pretendido da definição que eu acima citei como *deduções* (válidas, de um certo tipo – isto é, deduções em que a conclusão é diferente de quaisquer das premissas). Agora, é evidente que, com algumas óbvias exceções, nenhuma proposição única de quaisquer das formas *a*, *e*, *i* ou *o* pode logicamente implicar qualquer outra proposição *diferente* de quaisquer daquelas formas.[9] Assim, quaisquer deduções (*syllogismos*) a envolver apenas proposições das quatro formas terão de ter, no mínimo, duas premissas. Ademais, é também evidente que nenhum par de proposições daquelas formas pode implicar uma terceira, a não ser que cada qual tenha ao menos um termo em comum com o outro (seja como seu sujeito ou como seu predicado): de outro modo, cada qual dirá algo logicamente de todo não relacionado com o que o outro diz. Assim, tomando

8 Por boas razões, é fundamental aos sistemas modernos de lógica matemática que um argumento de qualquer proposição como premissa que tome aquela mesma proposição como conclusão seja tratado como válido. Tal argumento não conta para Aristóteles como um *syllogismos*. (Nada é "coletado [ou 'calculado'] junto", que seja o sentido ordinário do verbo do qual o nome grego deriva, ao chegar a tal "conclusão".)

9 Estas são as exceções: *AeB* implica *BeA* – que nenhum cão é cavalo implica que nenhum cavalo seja cão; *BiA* implica *AiB* – que alguns cães sejam fêmeas implica que algumas fêmeas sejam cães; e *BaA* implica *AiB* – que todos os cães sejam animais implica que alguns animais sejam cães. Aristóteles reconhece e faz uso separado dessas exceções sob as regras de "conversão" que ele utiliza em suas provas da validade de inferências nas três figuras (ver abaixo).

todas as combinações possíveis de duas proposições *a*, *e*, *i* ou *o* diferentes tendo exatamente um termo em comum, Aristóteles pergunta quais delas são e quais delas não são premissas que conduzem, via deduções (válidas) do tipo requerido, para alguma conclusão *a*, *e*, *i* ou *o*, ou então (em particular) para alguma conclusão *a*, *e*, *i* ou *o* tendo apenas termos que as premissas *não* tenham em comum. Suas respostas a essa questão constituem a sua teoria da silogística.

Ele agrupa todos os pares possíveis de proposições *a*, *e*, *i* ou *o* tendo precisamente um termo comum em três conjuntos, três assim chamadas "figuras". Ou (1) o sujeito de uma proposição é o predicado da outra – essa é a "primeira figura" – ou (2) as duas proposições têm o mesmo predicado – a "segunda figura" – ou (3) as duas proposições têm o mesmo sujeito – a "terceira figura".

Primeira figura		Segunda figura		Terceira figura	
Predicado	Sujeito	Predicado	Sujeito	Predicado	Sujeito
A	B	A	B	A	B
B	C	A	C	C	B

Tomando cada figura por vez, Aristóteles então pergunta quais pares de proposições, cada um dos quais é de uma das formas *a*, *e*, *i* ou *o*, implica alguma conclusão diferente de quaisquer das duas premissas, isto é, uma conclusão *a*, *e*, *i* ou *o* tendo como seus termos os dois termos que as premissas não têm em comum.[10] Trabalhando sistematicamente por meio dos dezesseis pares de premissas possíveis em cada figura, ele prova, para cada qual das quatro formas *a*, *e*, *i* ou *o*, que uma conclusão daquela forma ou segue ou não segue das dadas premissas. Deixando de lado, por falta de espaço, uma consideração dessas provas (e de seus métodos), podemos resumir a teoria resultante das deduções válidas (as que Aristóteles chama de "disposições") na tabela a seguir. Eu acrescento os nomes medievais para cada disposição; eles são um mnemônico útil, uma vez que as três vogais em cada nome indicam a qual das formas *a*, *e*, *i* ou *o* cada uma

10 Aristóteles chama o termo comum às duas premissas (isto é, o termo que *não* ocorre na conclusão) o "termo médio" da dedução; o predicado da conclusão o "termo maior"; e o sujeito da conclusão o "termo menor".

das três proposições, em ordem, pertence. Algumas consoantes, mas não todas, funcionam para indicar o método de prova, porém essa exposição para iniciantes omite tais refinamentos.[11]

Primeira figura[12]

AeB, BaC; portanto AaC	*Barbara*
AeB, BaC; portanto AeC	*Celarent*
AaB, BiC; portanto AiC	*Darii*
AeB, BiC; portanto AoC	*Ferio*

Segunda figura

MaN, MeX; portanto NeX	*Camestres*
MeN, MaX; portanto NeX	*Cesare*
MeN, MiX; portanto NoX	*Festino*
MaN, MoX; portanto NoX	*Baroco*

Terceira figura

PaS, RaS; portanto PiR	*Darapti*
PeS, RaS; portanto PoR	*Felapton*
PiS, RaS; portanto PiR	*Disamis*
PaS, RiS; portanto PiR	*Datisi*
PoS, RaS; portanto PoR	*Bocardo*
PeS, RiS; portanto PoR	*Ferison*

Os *Analíticos* são obra ainda de grande interesse para além dessa teoria básica da silogística categórica (silogística lidando com proposições

11 Na tabela abaixo eu sigo a prática tradicional, iniciada pelo próprio Aristóteles, de usar as letras A, B, e C para os termos de uma dedução de primeira figura, M, N e X para aqueles de segunda figura, e P, R, e S para os de terceira.

12 Em adição àqueles que Aristóteles oficialmente considera, um par de premissas pertencendo à primeira figura pode ter para a sua conclusão proposta o termo maior como sujeito e o menor como predicado, em vez do outro modo (como nas disposições registradas abaixo). E, na verdade, existem cinco formas válidas desse tipo (com lógicos medievais, mas não Aristóteles, essas se constituem num conjunto separado de disposições válidas da "quarta figura"). Na verdade, em uma passagem ou outra nos *Pr. An.* Aristóteles reconhece argumentos de todas essas cinco formas como válidos. Teofrasto proporciona o tratamento sistemático dessas formas de argumento que Aristóteles omite, tratando-os como formas "indiretas" de primeira figura.

categoriais simples): existe também uma silogística modal (a lidar com argumentos com uma ou mais premissas onde o pertencimento do predicado ao sujeito é qualificado como necessário ou possível), e uma série de discussões que nós hoje em dia tomaríamos como do tipo "metalógico", relacionadas com as propriedades estruturais do sistema dedutivo de Aristóteles – e muito mais. Mas para isso não temos espaço aqui; é suficiente sugerir por que, a contar da revivescência do platonismo e do aristotelismo na antiguidade tardia e por todas as Idades Médias (quando as contribuições importantes dos estoicos para a teoria lógica foram negligenciadas) – na verdade, até os primórdios da lógica matemática, com a obra de Frege, em fins do século XIX –, a lógica de Aristóteles simplesmente *foi* a lógica. Era como se Aristóteles tivesse virtualmente completado a inteira lógica de uma vez por todas, por mais que a tivesse estabelecido como objeto de estudo pela primeira vez. Somente com o desenvolvimento da moderna lógica matemática as muitas limitações da lógica de Aristóteles passaram a ser generalizadamente reconhecidas.

Para as questões abordadas nesta seção, ver também o capítulo I.

Filosofia natural e ciência natural

Eu afirmei, anteriormente, que de longe a maior porção do *corpus aristotelicum* é dedicada ao estudo da natureza em geral e de vários fenômenos naturais específicos, incluindo, e de forma preeminente, a população animal do mundo. Talvez a introdução mais útil a essa parte da obra de Aristóteles estaria em discutir brevemente os objetivos e principais conteúdos das principais obras que incidem sob essa rubrica, com algumas observações também sobre a relação dessas obras entre si e com as ambições gerais de Aristóteles no que tange ao conhecimento do mundo natural.

Com frequência é observado, e corretamente, que apesar da abordagem ambiciosa de Aristóteles nos *Analíticos posteriores*, pela qual todas as ciências consistiriam de demonstrações de "teoremas" a começar das concepções primitivas ("axiomas" definitivos de seu assunto em questão), nenhuma dessas obras em filosofia e ciência natural apresenta seus resultados nesse formato. No que diz respeito à *Física*, isso se deve à função dessa obra ser mais a de explicar e defender certas análises específicas das concepções reais que Aristóteles tem como fundamentais ao estudo da natureza em geral e em todos os seus ramos. A argumentação que ele emprega, em vez de ser uma demonstração científica como a que é explicada nos *Analíticos*, é muito mais próxima da argumentação dialética disposta nos *Tópicos*. No Livro I, por exemplo, ele desenvolve uma abordagem geral do que a mudança é (mudança de qualidade, de quantidade, de lugar, de natureza ou substância), e defende contra as objeções de certos filósofos pré-socráticos o postulado básico (do qual todo estudo da natureza depende) de que as coisas efetivamente mudam de todas essas maneiras. Seu objetivo é o de mostrar que essas noções fundamentais podem ser expressas clara e coerentemente – de um modo que as libere de todas as dúvidas filosóficas acerca de sua coerência e aplicabilidade a objetos e a fenômenos da natureza. No Livro II ele faz a mesma coisa com as noções cruciais, em primeiro lugar, da *natureza* de uma coisa: no que a natureza de uma coisa que existe por natureza de fato consiste? Então, a noção de uma "causa" – o que quer que, num dado caso, explique ou uma mudança por que algo esteja passando ou os modos pelos quais tal coisa é e permanece. Aqui (II 3) ele introduz sua famosa e amplamente influente distinção entre quatro tipos básicos de "causa": *material* (a matéria de que uma coisa é feita à medida que ela é responsável por certas de suas propriedades), *formal* (a natureza ou "forma" da coisa como fator responsável por outras de suas propriedades – uma macieira tendo flores ou frutos de um certo tipo), "*eficiente*" (essa terminologia, embora tradicional, não corresponde a nenhum termo de que o próprio Aristóteles se utilize – ele em geral fala aqui da "fonte da mudança", o que quer que sofra uma mudança sempre que algo muda de alguma forma), e "*final*" (a coisa pretendida ou função ou finalidade natural – é o "em função do que" ou "fim", como quando dizemos que dar uma caminhada após as refeições é algo que se faz em função da saúde – nossa caminhada deve ser explicada com referência a isso – ou que a construção específica do olho se dá em função de ver). Para a importância fundamental desse princípio teleológico na filosofia natural de Aristóteles, ver abaixo o capítulo 10, p. 283 e 286.

Os Livros III e IV proporcionam análises detalhadas de cinco conceitos adicionais que são centrais ao estudo da natureza e dos objetos naturais, tais como via de regra os compreendemos: (a) a *mudança* em si mesma (o que um processo de mudança efetivamente é – questão não abordada no Livro I), (b) a espécie de "*infinidade*" que caracteriza as magnitudes estudadas na física (magnitudes físicas, a mudança em si mesma, o tempo), (c) como deveríamos compreender o *lugar* de uma coisa (cada objeto natural, ao que pareceria, tem de estar *em algum lugar* em cada momento), (d) se necessitamos pensar que existem espaços *vazios* no mundo natural (isto é, para tornar o movimento possível), (e) o que o *tempo* (algo requerido se for para existir alguma mudança) efetivamente *é*. Aristóteles levanta dificuldades para cada um desses conceitos, e as dificuldades que ficarem sem resolução ameaçam sua coerência e aplicabilidade; ele discute essas dificuldades em pormenor e de maneira brilhante; e propõe a sua própria abordagem final que pretende responder às bases de objeção e acomodá-las, enquanto oferece (com duas exceções) concepções refinadas, claras e coerentes, adequadas para o uso despreocupado por quem quer que deseje estudar a natureza e os objetos naturais. (Ele rejeita a noção de um espaço vazio como completamente incoerente, mas também desnecessária; e enquanto aceita que as magnitudes pressupostas na física sejam "infinitas" de algumas maneiras, ele rejeita a ideia, de novo tida por incoerente, de que exista qualquer magnitude física infinitamente estendida, e argumenta que ninguém preocupado com física tem qualquer necessidade de tal ideia de alguma forma.) A *Física* V-VIII discute outros enigmas acerca da mudança (a dinâmica do movimento em particular) e desenvolve (VIII) a ideia de que o mundo, que é, como um todo, sujeito a constante mudança, pode não ter vindo a ser, mas tem de ser eterno, embora dependa, para o seu funcionamento continuado, de algum outro tipo não determinado de "motor imóvel" ou fonte última dessa constante mudança, que em si é livre de toda mudança e reside completamente fora do sistema físico.

Tendo assim estabelecido versões claras e coerentes dos conceitos básicos aplicáveis a todos os objetos naturais, ele segue a usar esses conceitos, assim compreendidos, numa série de estudos especializados de partes e aspectos particulares do mundo físico. *Sobre o céu* e *Da geração e corrupção* discutem os quatro tipos básicos de matéria (terra, ar, fogo e água) que em última instância compõem todos os corpos que não o sol, a lua e outros corpos celestes – estes, na visão de Aristóteles, são feitos de um "quinto corpo" separado, chamado "éter", provido de movimento natural circular. Aristóteles também considera os modos de transformação de um no outro de terra, ar, fogo e água, seus "lugares naturais" e "movimentos naturais". A *Metereologia*, como o seu nome implica, discute e oferece explicações para todos os tipos de fenômenos meteorológicos e outros fenômenos naturais: arco-íris, estrelas cadentes, nuvens, neve, terremotos, relâmpagos, rios, fontes etc. Sobre tudo isso, ver mais no capítulo 10, p. 341-343.

Aristóteles aplica os mesmos princípios em outros estudos, também – sobre as coisas viventes. Porém, nesse caso, princípios adicionais são demandados, uma vez que muitos dos fatos e fenômenos a ser entendidos e explicados nesse âmbito não podem, pensa ele, ser adequadamente tratados de todo em termos dos vários materiais dos quais esses objetos naturais são compostos. Temos de compreender as coisas viventes também especificamente como *estando vivas* – e isso significa, para ele, em termos de suas almas. Uma alma (*psychê*) é precisamente o que qualquer coisa viva (mesmo as plantas) possui simplesmente em virtude de estar viva, e a isso, em última instância, todos os comportamentos que constituem seu tipo específico de vida devem remeter: sua absorção de alimento, crescimento, a automanutenção física, seu comer e dormir e respirar (se for animal), seu mover-se de um lugar para o outro.

O *De anima* proporciona uma investigação e abordagem geral de todas as variadas funções vitais das coisas viventes (plantas, bem como animais) e os tipos de órgãos demandados para a sua execução – nutrição e reprodução (estas se aplicando virtualmente a todas as coisas viventes), sensação e movimento de um lugar para o outro (virtualmente a todos os animais) e mente e pensamento (aos humanos). Para Aristóteles, a alma de um tipo de animal ou planta pode ser equacionada com sua "forma", isto é, com o princípio de organização, automanutenção e funcionamento continuado especificamente corpóreo que o constitui como precisamente *aquele* tipo de objeto natural – uma folha de relva, uma ostra, um estorninho, um cavalo, um ser humano.[13] Aristóteles dedica especial atenção aos animais em geral, e sobretudo ao ser humano: confere abordagens fascinantes e detalhadas dos cinco sentidos, em termos de seus objetos essencialmente diferentes (cores para a visão, odores para o olfato etc.), e de como os sentidos e órgãos dos sentidos funcionam para obter informações sobre objetos físicos e suas propriedades (II 5-III 2). Discute também os poderes "cognitivos" mais elevados de *phantasia* ("imaginação", como geralmente se traduz – capacidade dos animais de receber imagens ou impressões de coisas e de formar imagens, por exemplo, em sonhos; III 3) e *nous* (mente, isto é, a capacidade humana para o conhecimento científico e filosófico; III 4-7); aqui ele formula a sua famosa, porém obscura, distinção entre mente ativa e passiva, e expõe a sua tese de que no conhecimento ativo a mente é idêntica ao objeto conhecido. Finalmente, discute a locomoção animal e sua fonte no seio das capacidades que constituem a alma animal (III 9-11).

Desse modo, o *De anima* serve como a fonte dos conceitos básicos adicionais demandados, para além daqueles propostos pela *Física*, para o estudo das coisas viventes, e Aristóteles os aplica numa longa série de trabalhos dedicados a variados aspectos sobre (especialmente) animais e vida animal – seus escritos "psicológicos" sobre sensação e os sentidos, memória, sono, sonho etc. e as obras espantosamente ricas, pioneiras, de sua biologia (entre elas fundamentalmente a *História dos animais*, *Partes de animais* e *Geração de animais*). Na antiguidade, Aristóteles se celebrizou como o mais "etiológico" dos filósofos – o mais dado a investigações (superambiciosas, como o eram para muitos) e a oferecer explicações para todos os tipos de fenômenos naturais – e é na clarividência e inventividade de suas explicações em biologia que esse aspecto de seu pensamento e de sua obra mais bem se apresenta.

---

13 Sobre essa noção de forma, ver p. 184-185. Na medida em que o *De anima* desenvolve e discute essa noção de uma alma da coisa como a sua forma (especialmente nos capítulos 1-3 do livro II), a obra faz importantes contribuições às teorias metafísicas de Aristóteles, e o faz também proporcionando a fundamentação para seus estudos científicos dos animais e da vida animal.

Metafísica

Os catorze livros da *Metafísica* de Aristóteles foram reunidos pela primeira vez numa obra única cerca de três séculos após sua morte.[14] Nossa palavra "metafísica" deriva desse título. O próprio Aristóteles fala em "filosofia primeira" em diversos momentos na própria *Metafísica* e alhures como sendo um estudo cujo valor intelectual encontra-se acima dos da ciência natural e da matemática. Ele inicia a *Metafísica* Alfa (capítulos 1-2) com uma discussão sobre a "sabedoria" (*sophia*) como um ramo ou tipo de conhecimento, cuja especificação e explicação precisas vêm a ser o seu objetivo na investigação lançada ali. O que então emerge é que essa "ciência" é o conhecimento das *primeiras* "causas e princípios", isto é, as causas e princípios que em última instância estão por trás de *todas as coisas*, e nessa medida nada têm a jazer por detrás *deles próprios*. Aristóteles, além disso, identifica esse conhecimento como um conhecimento que lida com "coisas que são divinas" e como conhecimento que, entre outros tipos de conhecimento, tem o direito de ser chamado de "o mais divino". Na *Metafísica* Gama 2 ele descreve esse conhecimento como conhecimento do "ser *enquanto* ser", ou do ser simplesmente como tal – conhecimento do que pertence a qualquer coisa que tem o seu ser de algum modo, isto é, que exista e seja alguma coisa (o que quer que possa ser), simplesmente à medida que é. E no Épsilon 1 ele adicionalmente nomeia essa ciência como teologia, e a classifica como estando acima das várias ciências matemáticas e físicas, como dizendo

---

14 É costumeiro fazer referência aos livros da *Metafísica* não usando numerais romanos ou arábicos, como no restante das obras de Aristóteles, e sim (ou adicionalmente) usando-se as letras do alfabeto grego. (Os gregos usavam as letras de seu alfabeto como numerais.) A razão para isso é a de que a obra tal como tradicionalmente constituída tem um segundo livro introdutório, bastante breve. Essa segunda introdução foi tradicionalmente contada usando-se a mesma letra do primeiro livro (a primeira letra do alfabeto grego, alfa), mas em letra minúscula: "pequeno alfa", como foi chamado o pequeno livro. Isso causa confusão quando o terceiro livro da série recebe a letra grega normal para 2, ou seja, Beta. Assim, em referência aos livros de *Metafísica* I usa-se os nomes das letras gregas: Alfa (A) = 1, pequeno alfa (α) = II, Beta (B) = III, Gama (Γ) = IV, Delta (Δ) = V, Epsilon (E) = VI, Zeta (Z) = VII, Eta (H) = VIII, Teta (Θ) = IX, I Iota (I) = X, Kappa (K) = XI, Lambda (Λ) = XII, Mu (M) = XIII, Nu (N) = XIV.

respeito universalmente a todas as coisas, enquanto as ciências matemática e física, que se iniciam com os resultados daquela mais elevada ciência, investigam e fazem saber sobre partes particulares especiais do que é, via princípios que se relacionam, em particular, com aquelas partes particulares (e, numa primeira instância, somente com elas). Assim, ficamos sabendo que Aristóteles reconheceu uma filosofia ou ciência "primeira filosofia", filosofia esta que lida com deus ou a divindade como "causa ou princípio" primeiro, que tem aplicação universal e igual a tudo o que é, na medida mesma em que é, ou seja, a tudo o que tem de ser de algum modo ou que é de algum modo que seja. Nossa coleção chamada *Metafísica* é o resultado da busca dos primeiros editores de Aristóteles, entre seus escritos sobreviventes, por itens escritos que partam dessa perspectiva.

A concepção por Aristóteles de deus como causa e princípio primeiro absoluto influenciou enormemente o desenvolvimento das teologias judaica, cristã e muçulmana durante a antiguidade tardia e as Idades Médias. Porém, os leitores modernos advindos dessas tradições têm de compreender que o deus ou a divindade de Aristóteles não pode ser concebida como uma pessoa – como um pai ou mãe que ama e, como tal, está envolvido de um modo pessoal com o que sucede com os seres humanos e com o restante da natureza, tendo esperanças e expectativas ou algum poder de punição caso aconteça algo que ele ou ela desaprove ou proíba. Deus, para Aristóteles, é uma entidade eternamente existente, extrafísica e não material, cuja atividade é o modelo original e fundamental do que é *ser* de algum modo ou a algum respeito, e como tal serve como fundação para o ser de todas as coisas no mundo físico – e como fonte de uma série de mudanças, em constante renovação, a manter o mundo unificado e funcionando como um todo único sobre a vasta extensão do tempo. Infelizmente, se Aristóteles chegou a escrever uma abordagem completa dessa divindade e de suas atividades, esta se perdeu antes que seus primeiros editores fizessem o seu trabalho. O que restou para eles (e para nós) é uma abordagem bastante incompleta (no livro Lambda, 6-10) desse "deus" como uma entidade que consiste em nada além de pensamento – sua atividade é a do puro conhecer, conhecer acerca de *si mesmo* como a fonte de ser para tudo o mais.

Os vários livros da *Metafísica*, como hoje os conhecemos, são ensaios de estudo sobre o ser, o estudo sendo concebido como a focalizar a divindade e seu papel em relação ao restante do que é.[15] Contudo, a referência à divindade por vezes regride ao ponto da invisibilidade virtual, e isso é particularmente assim com as intrincadas análises investigativas do "ser" dos objetos físicos e de suas propriedades que encontramos nos chamados "livros intermediários" da obra, livros Zeta, Eta e Teta. Aristóteles está preocupado aqui com uma elaboração detalhada e com dar uma fundamentação filosófica a duas disputas metafísicas fundamentais: (a) entre as entidades que compõe o mundo físico, são os seres vivos – as plantas e os animais – que são ontologicamente básicos. Ou seja, o ser de outras coisas (os vários tipos de matéria inorgânica que existem, e as várias propriedades de cor, peso, tamanho etc. que caracterizam tanto as matérias do mundo quanto esses seres vivos) vem a eles derivativamente do ser dos seres vivos; estes, por essa razão, constituem as "substâncias" ou seres básicos do mundo físico. Assim, tomando a teoria de Aristóteles, é por meio de suas relações com as substâncias naturais (os seres vivos) que o ser dessas outras entidades deve ser concebido; (b) quanto às substâncias, são suas "formas", não sua constituição material, e não por assim dizer *elas próprias* (como unidades de sua matéria tomada juntamente com suas formas) que têm a prioridade. *O que* elas são, e *que* ser elas têm, eis aí algo que lhes é dado por suas formas. Essas formas são o que Aristóteles chama de *atualidades* plenas, em oposição à corporificação material de formas em carne, sangue, ossos etc. de tipos especiais (a depender das necessidades das dadas espécies): os materiais têm ser apenas *potencialmente*, como a constituir as coisas vivas sob as especificações dadas pelas formas. Como Aristóteles observa, a constituição material de uma substância natural é em potencialidade o que a forma da substância é em atualidade. Assim, no mundo natural,

15 Dos livros Delta e Kappa geralmente se concorda serem apenas frouxamente conectados com o restante. O Delta é uma espécie de léxico filosófico, com discussões sobre vários conceitos de uso central em estudos metafísicos, e o Kappa consiste de resumos de partes iniciais da *Metafísica* e de algumas partes da *Física*. Nenhum estudioso duvida seriamente da autoria aristotélica do Delta, mas alguns especialistas consideram espúrio o livro Kappa.

os seres básicos são as formas que conferem o contorno e direcionam as vidas das coisas vivas que o mundo contém.

A metafísica aristotélica de forma e matéria, disposta com maior profundidade nesse livros "intermediários" (e no *De anima*), recentemente mereceu estudos intensos e apreciativos em grande quantidade. Em sua maior parte, contudo, esse montante pouco tem levado em conta o lugar e a função desses livros no seio do arcabouço proporcionado pela concepção por Aristóteles de filosofia primeira como o estudo das causas e princípios absolutamente primeiros. Mesmo nesses livros encontramos uma indicação clara (Zeta 11, 1037a 10-20) de que o exame de Aristóteles do ser dos objetos físicos, tomados em si mesmos, é realizado com uma visão para o conhecimento do ser das substâncias não físicas. Presumivelmente, então, uma lição um tanto implícita que temos a aprender desses estudos dos "livros intermediários" é a de que por muito mais básico que o ser das formas das plantas e animais do mundo possa ser em relação ao ser de tudo o mais no mundo físico (esse tudo depende imediatamente dessas formas para o seu ser), essas formas não são responsáveis por seu próprio ser; quanto às causas e princípios absolutamente *primeiros* do ser, temos de olhar por detrás ou acima deles, para o ser transcendente de deus.

Ética, política, retórica e poética

O *corpus* aristotélico contém três tratamentos abrangentes do tópico ética – a substância e natureza da *eudaimonia* (o bem geral e final para um ser humano e para uma vida humana), as virtudes morais da coragem, justiça, temperança e demais qualidades, e seu lugar numa tal vida, o valor de bens subsidiários como o prazer e assim por diante: a *Ética a Nicômaco*, a *Ética a Eudemo* e a *Magna moralia*. (O filho de Aristóteles se chamava Nicômaco, como o pai do filósofo, e Eudemo de Rodes foi um famoso pupilo e associado de Aristóteles em seus últimos anos; estudiosos presumem que Nicômaco e Eudemo tenham sido responsáveis pelos dois tratados que respectivamente levam seus nomes, realizados aparentemente com base em anotações de aula de Aristóteles para duas séries de aulas distintas.) Em contraste, o *corpus* inclui apenas um tratado político abrangente e um (genuíno) sobre a retórica; da *Poética* tem-se apenas metade preservada, uma vez que a obra sob esse título versa exclusivamente sobre a tragédia antiga do período clássico (do quinto ao quarto século a. C. – tragédias de Ésquilo, Sófocles e Eurípedes e outros tragediógrafos cujas peças não sobreviveram para além do final da antiguidade), enquanto o estagirita de fato continuou sua discussão num segundo livro, que tratava da comédia clássica.

Na *Política*, Aristóteles frequentemente se refere a ou se vale de análises e discussões nos escritos sobre éticas (chamando-os simplesmente "a Ética"); parece claro que, sem exceção, os textos em questão pertencem à *Ética a Eudemo*, não à *Ética a Nicômaco*. Por outro lado, entre outras diferenças de ênfase ou mesmo de doutrina, o tratado *nicomaqueio* (mas não o *eudemônico*) apresenta a teoria ética como em si mesma *parte* da filosofia política (ver I 1-2, X 9). Na visão *nicomaqueia*, seus dez livros estabelecem a natureza do bem humano e o lugar da virtude moral no âmbito da vida conduzida na busca bem-sucedida do bem, e assim o fazem tomando a pressuposição fundamental de que todos os seres humanos por natureza necessitam viver suas vidas (se for para serem vidas de todo aceitáveis) num contexto bem urdido de relações sociais e políticas com outras pessoas, com as quais eles vivem e cooperam na condição de membros-cidadãos. A *Política* é concebida como seguindo direta e imediatamente a *EN*, com a tarefa de desenvolver o modo como os arranjos sociais e políticos pressupostos na *EN* devem legitimamente ser dispostos, dada a abordagem autorizada proporcionada na *EN* acerca do bem humano. As melhores estruturas políticas serão as que promovem o bem-estar individual dos cidadãos, proporcionando contextos apropriados para que desenvolvam as qualidades e habilidades pessoais que lhes permitirão individual e coletivamente conduzir a melhor vida humana. Assim, o modo pelo qual a ética é parte da filosofia política, na visão de Aristóteles, não subsume a ética à política, tal como efetivamente praticada em qualquer cidade ou Estado; muito mais, a ética estabelece *para* a política os objetivos concretos que, se propriamente conduzidos, a política tem de se orientar para eles. Para

Aristóteles, a ética é a fundação da política; a ordem de dependência não segue na outra distinção.

Ao que parece, então, as aulas "eudemônicas" sobre ética foram desenvolvidas e escritas antes de Aristóteles ter estabelecido e elaborado as concepções em política que encontramos no tratado chamado *Política* – concepções que pressupõem as teorias "eudemônicas" da *eudaimonia* e as virtudes morais, tendo sido apresentadas com referências que remetem à *Ética a Eudemo*. Algum tempo depois disso, presumivelmente no segundo de seus dois períodos de ensinamento em Atenas, perto do fim de sua vida, ele retrabalhou e revisou suas concepções sobre ética, posicionando-as agora explicitamente no arcabouço de uma concepção expandida do escopo da filosofia política. (Existem outras razões que não as que eu aqui tenho dado para se pensar que a *Ética a Eudemo* teria sido composta antes da *Nicomaqueia*). É para essa posterior concepção da ética, a *Nicomaqueia*, que gerações de estudantes, tanto nos tempos modernos quanto nos primeiros tempos, têm dedicado a sua atenção ao assenhorear-se da filosofia moral de Aristóteles. Embora haja uma grande quantidade de interesse voltada também à *Ética a Eudemo* (como também à *Magna moralia*), eu sigo a tradição de limitar minha discussão da teoria ética de Aristóteles a suas concepções presentes na *EN*.[16]

O conceito central e o tópico central da *EN* é a *eudaimonia*, palavra grega que é tradicionalmente traduzida como "felicidade" (e por vezes, em vez disso, como "florescimento"). Contudo, no uso de Aristóteles esse termo é empregado mais fundamentalmente como o nome de uma certa

16 A relação da *Magna moralia* com os dois outros tratados éticos ou então com as aulas das quais a obra derivou é alvo de uma série de disputas. Muitos estudiosos tiveram a *MM* como simplesmente derivativa das outras duas obras, tendo sido expedida por algum estudante não inteiramente competente de Aristóteles, da geração após sua morte. Uma abordagem melhor e mais filosoficamente alerta quanto às evidências produz a visão de que a obra deriva, em sua maior parte, de um terceiro conjunto de aulas, que podem ter sido ministradas antes ou depois das "Eudemônicas", escritas por um aluno ou associado de Aristóteles a contar de notas tomadas por ocasião da transmissão dos ensinamentos – com o "editor" também considerando, por vezes, as concepções que hoje encontramos no *NE*. Comparar os tratamentos dos tópicos comuns a *EE* e *MM* com aqueles do *EN* quase sempre tem efeito aclarador.

atividade, algo em que os seres humanos sob condições ideais podem se engajar. Engajando-se nessa atividade, uma vida é tornada uma vida *eudaimon*, uma vida "feliz" ou "florescente". Assim, o termo não denota uma inteira vida boa, ou alguma condição dela (sua "felicidade" ou caráter como "florescente"), porém se refere mais àquela atividade, focalizando centralmente o modo como a vida é conduzida e que a torna bem-lograda e "feliz". A principal questão para Aristóteles, e para seus intérpretes, está em especificar de que atividade se trata. Já no próprio livro I (capítulo 5), o estagirita menciona três vidas, construídas em torno de três concepções do que essa melhor atividade é: as vidas respectivamente do prazer (sensual), a ação virtuosa em favor da comunidade (a vida "política") e o estudo filosófico e "contemplação" filosóficos. Quando em I 7 ele chega a proporcionar um esboço preliminar da *eudaimonia*, identifica-a com a "atividade da alma a derivar da virtude (excelência humana), e se existe mais do que uma virtude, da virtude melhor e mais final (ao modo de uma virtude-fim) dentre todas elas" (1098a 16-18) no curso de um espaço de tempo finito. Essa atividade, o que quer que exatamente Aristóteles tenha em mente, é a que faz bem lograr nossa natureza como seres humanos e por essa razão constitui nosso bem final ou último. O caráter vago dessa especificação, contudo, tem deixado comentadores a descoberto, uma vez que parece permitir quaisquer dos desenvolvimentos a seguir, muito diferentes entre si. (a) A *eudaimonia* é uma atividade constante (sobre um espaço de tempo finito) a derivar de virtudes morais (justiça, coragem, temperança e as demais) juntamente com a atividade sobremaneira excelente ou virtuosa a consistir no entendimento filosófico refinado da natureza básica do mundo e de seus princípios ordenadores fundamentais – todas essas excelências morais e intelectuais sendo tomadas em conjunto como a virtude melhor e mais final. (b) A *eudaimonia* é atividade derivante de um perfeito entendimento filosófico, onde, contudo, tal é considerado como finalização ou ornamento no cume das virtudes morais. (c) A *eudaimonia* é (simplesmente, sem nenhuma adição) atividade de um entendimento filosófico aprimorado do mundo e de seus princípios mais básicos.

A *EN* II-V trata da virtude moral em geral e das virtudes específicas. Aristóteles as enumera como *coragem*, *temperança* (controle do impulso por prazer sensual), *generosidade* (o direito de usar seu dinheiro e outros recursos materiais em benefício dos outros), *magnificência* (riqueza extraordinária bem empregada), *"grandeza de alma"* (a virtude dos heróis públicos, manifesta no ato de receber honrarias públicas e responder a elas, ou de buscá-las), *orgulho próprio*, *boa têmpera* (controle do impulso da raiva), as virtudes do intercurso social (*simpatia* ou *agradabilidade* dignificada no trato com os outros, *modéstia adequada*, *bom gosto*), e *justiça*. Em geral, Aristóteles trata essas virtudes como tendo cada qual não um único, mas dois vícios opostos (a justiça é uma exceção parcial): a boa têmpera, por exemplo, é um "meio" ou condição intermediária, a residir entre os vícios da irascibilidade (uma tendência excessiva para a raiva) e o que se poderia chamar de "inirascibilidade", a deficiência correspondente. As ações e os sentimentos virtuosos do agente virtuoso, em diferentes circunstâncias e em ocasiões diferentes incidem todos num meio – eles são a resposta mensurada, adequada, nem grande demais nem pequena demais, a qualquer situação que venha a surgir. Aristóteles deixa perfeitamente claro que, em sua concepção, nenhuma vida humana poderia contar como feliz, bem lograda ou florescente se não tivesse virtude moral ou atividade moralmente virtuosa como objetivo e busca fundamentais ao modo como é vivida. Ele explica com vagar (VIII-IX) o valor e a importância da verdadeira amizade em qualquer vida humana – a preocupação mútua de cada pessoa com seus amigos e com as necessidades materiais, espirituais e intelectuais destes. E ele discute a natureza e o valor do prazer em dois minitratados separados, VII 11-14 e X 1-5. É somente ao final do tratado, em X 6-8, que Aristóteles retorna à questão original, fundamental, uma resposta a ela tendo sido esboçada em I 7-9: que atividade é *eudaimonia*?

Muito embora de novo a sua linguagem dê margem a outras interpretações, que estudiosos em décadas recentes desenvolveram com engenhosidade e considerável interesse, a interpretação mais direta é clara: que a *eudaimonia* efetivamente consiste em atividade perfeita e excelente do entendimento filosófico do mundo e seus princípios básicos, isto é, o entendimento pleno e ativo de deus como causa absolutamente primeira e princípio de tudo o que existe – sendo bem-sucedida, essa atividade faz a meta organizadora única e geral da vida do indivíduo, pondo-se acima de todas as outras metas, preocupações e buscas. Essa é a opção (c), anteriormente descrita. Assim, tomando por base essa interpretação mais natural, Aristóteles sustenta que a vida mais feliz para qualquer ser humano é aquela em que o supremo valor dessa atividade de "contemplação" seja a um só tempo reconhecido e receba uma posição dominante em todas as escolhas, decisões e, na verdade (implicitamente, em todo caso), em todas as ações do agente que constituam a sua vida (tudo o que ele ou ela faz intencionalmente, voluntariamente). Parece, então, que Aristóteles retorna aqui em X 7-8 às três vidas mencionadas em I 5 (as vidas contemplativa e política, mais a vida do prazer sensual) e declara que a vida contemplativa é a melhor vida humana, porque sua meta definidora é, dadas as nossas naturezas e capacidades naturais, nosso bem final e último. Contudo, ele classifica como "secundariamente feliz" o que ele chama de "a vida do resto da virtude" (X 8, I 178a 9), isto é, a vida da virtude moral – a vida que trata a atividade moralmente boa, com sua incorporação nos negócios sociais e políticos da comunidade como sua meta única, geral e organizadora (assim, passando por alto ou negligenciando o valor superior da filosofia e do entendimento filosófico). Embora ele não a chame aqui (ver, porém, I 177b I 2, I 178a 6-7), Aristóteles parece estar a classificar também a vida política do Livro I como vida valorosa, boa e feliz – mas isso apenas "secundariamente". A vida do prazer foi implicitamente eliminada mais cedo, uma vez que ela reside em equívocos demonstráveis sobre tanto a natureza quanto o valor do prazer: sendo o prazer adequadamente concebido, revela-se que as duas vidas felizes são extremamente prazerosas, muito preferíveis simplesmente em termos de prazer a uma vida que trata a indulgência sensual como o bem mais elevado.

Intérpretes têm resistido a aceitar essa interpretação direta porque para eles parece que as pessoas, ao conduzir a vida contemplativa, inevitavelmente negligenciariam seus deveres e interesses éticos para satisfazer-se, em vez disso, com os prazeres do estudo filosófico, assim como claramente rebaixariam o valor da virtude moral e seu contexto social e político – e parece claramente inconsistente com o inteiro teor de sua discussão das virtudes morais supor que Aristóteles pretendesse endossar o mais elevado valor de uma vida assim imoral, ou amoral. Contudo, quão perfeita é essa inferência segundo a qual pessoas que conheçam e tornem realidade em suas vidas o valor supremo do mais elevado e pleno entendimento filosófico do mundo vão inevitavelmente buscar esse valor como bem supremo, negligenciando pelo menos algumas das exigências da moralidade? De fato, talvez Aristóteles conceba a busca de entendimento como a governar a melhor vida de tal maneira que também as virtudes morais e suas atividades sejam positivamente endossadas como bens fundamentais. Talvez ele pense que os próprios mesmos aspectos de contemplação excelente que façam dele o supremo valor também sejam encontrados, instanciados de algum modo secundário, em ações morais. Se assim for, de um contemplativo se pode esperar ter um entendimento mais profundo e pleno do verdadeiro valor da ação moral do que mesmo a melhor pessoa "política" possa ter, não obstante retendo o compromisso tão firme (na verdade mais firme) com sua vida social e política de modo a ser plenamente corajoso, justo, temperado, bem temperado, um cidadão de espírito público. Se essa interpretação puder ser sustentada, então podemos aceitar a interpretação direta da abordagem por Aristóteles da *eudaimonia* no Livro X sem de nenhum modo solapar o valor predominante na esfera social e política das virtudes morais e da vida moral.

6 Filosofia helenística

Jacques Brunschwig e David Sedley

Introdução

A era "helenística" foi um período definido politicamente, delimitado em seu início pelo declínio do império de Alexandre, o Grande (por ocasião de sua morte, em 323 a. C.) e em seu final pela inauguração do Império Romano por Augusto, em 27 a. C. Esses três séculos foram um período de uma série de convulsões geopolíticas no mundo de fala grega, em razão primeiramente do crescente poderio dos reinos mais a leste e, na sequência, de Roma.

De um modo ou de outro, desenvolvimentos filosóficos acompanharam o passo dos desdobramentos políticos. No início da nova era, a morte de Alexandre foi quase que imediatamente seguida pela de Aristóteles (322), que outrora tinha sido seu tutor pessoal. Nos anos posteriores de Alexandre, por contraste, este tinha se feito acompanhar em sua campanha pelo Oriente por Pirro, cerca de vinte anos mais novo que Aristóteles, e filósofo cujo nome veio a se tornar sinônimo de ceticismo (mais tarde conhecido como "pirronismo"). Pirro foi a voz da nova era emergente na mesma medida em que Aristóteles havia sido da antiga.

Ainda uma vez, nos anos de encerramento do período helenístico, as novas agitações pelas quais passou a filosofia (ver p. 306-307) estiveram intimamente atreladas ao crescente domínio de Roma como centro filosófico. Na era da Roma imperial que se seguiu, a filosofia seria reserva natural de figuras políticas como Sêneca e Marco Aurélio (ver capítulo 7), ou de professores profissionais trabalhando em relativo isolamento nas províncias. Isso vem marcar um nítido contraste com a era helenística, na qual quase todos os principais agentes tinham sido líderes das escolas filosóficas oficiais de Atenas (ver ilustração p. 16): a Estoa, o Jardim de Epicuro e a Academia. (A escola de Aristóteles, o Liceu, ou Perípatos, também sobreviveu por todo o período ou pela maior parte dele, vivendo, porém, uma fase mais tranquila; capítulo 5, p. 168-169).

Essas filosofias helenísticas diferiam das suas predecessoras especialmente na nova centralidade que elas davam à busca pela felicidade. Se a felicidade tinha sido uma preocupação também para a maior parte da filosofia do quarto século a. C., na nova era a busca pela salvação pessoal se tornou mais dominante, mais insistente, mais impaciente. A impressão que se pode ter é a de clientes formando fila para receber uma terapia emocional nas escolas de filosofia, à espera por uma cura rápida. Embora as principais escolas não tenham feito dessa pressão urgente uma desculpa para abandonar as partes mais teóricas da filosofia, elas insistiam em que essas partes em última instância encontrassem justificação somente no objetivo moral ao qual elas eram subservientes. Seu foco prático na produção da felicidade se tornou um legado duradouro para Roma. Na era helenística, a especulação desinteressada foi em grande medida deixada para especialistas nas ciências matemáticas, agora separadas das escolas de filosofia e a funcionar autonomamente (ver capítulo 10).

Pirro

Pirro de Élis (c. 365-c. 275) incide cronologicamente entre Aristóteles e os fundadores das novas escolas, mas não se assemelha a nenhum deles. Se for para se assemelhar a alguém, ele teria mais de um Sócrates, não escrevendo nada, mas influenciando outros por sua conduta única, por seu carisma e por sua lenda.

Aristóteles tinha se proposto a adquirir e disseminar um amplo escopo de conhecimento, ao tempo em que revelava pouca ou nenhuma preocupação em fazer ver se tal conhecimento era de fato acessível à mente humana. Já os fundadores das principais escolas helenísticas, por contraste, punham enorme ênfase em estabelecer o "critério de verdade" – a garantia de que o conhecimento pode ser adquirido. Seria uma aposta natural supor que entre Aristóteles e as principais escolas helenísticas tinha havido um pensador que desafiasse a capacidade da mente humana de conhecer. Pirro vem a ser aqui o candidato perfeito.

Muito embora o posterior movimento "pirronista" (ver p. 226-330 abaixo) descenda de Pirro apenas em parte, e muito embora sua importância resida largamente em seu exemplo pessoal, existem muitas razões para supor que ele tenha oferecido justificações teóricas para a sua rejeição da aspiração a conhecer. Na verdade, ele parece ter proposto que uma vida desprovida de crenças não apenas é possível, como na verdade é a única maneira de ser feliz.

A tradição biográfica retrata Pirro como indiferente à sua própria segurança, sem desviar de seu caminho para evitar veículos, precipícios e cães, e sem acreditar em seus sentidos. Essa imagem de um Pirro imprudente foi rejeitada pelos pirronistas que vieram depois, como Enesidemo (p. 226-227). A verdade pode estar em que as manifestações de indiferença a perigos externos davam-se com fins de instruir seus amigos ou seguidores, e não eram repetidas quando ele não pudesse se fiar em outros para salvá-lo (afinal de contas, ele viveu até os noventa!). Uma outra série de anedotas esboça uma imagem diferente, retratando Pirro como a levar uma vida tranquila e bastante convencional no campo. A coexistência dessas tradições diferentes é parcialmente explicada por uma anedota em que Pirro, fugindo de um cão bravo, observa que "é difícil se desvencilhar completamente de ser humano": ou seja, descolamento pirroniano é um ideal por vezes muito difícil mesmo para o próprio Pirro.

Essa mesma dupla imagem de Pirro pode dar conta do posterior surgimento de tendências céticas rivais, com alguns considerando o verdadeiro objetivo pirronista como sendo a "insensibilidade" (*apatheia*), outros como a "mansidão" (*praotes*); e, ainda uma vez, com alguns favorecendo um ceticismo "rústico" que se esquiva de todo o tipo de crenças e passivamente baseia toda ação cotidiana em meras aparências, enquanto outros privilegiam uma versão "urbana" que não exclui nenhuma crença, exceto as crenças filosóficas.

A maior parte das informações que temos sobre o próprio Pirro deriva em última instância de seu pupilo Tímon de Fliunte (c. 315-c. 225

a. C.), um extravagante personagem e vivaz escritor que se associou com Pirro durante muitos anos, tendo sido amplamente responsável por criar a lenda em torno do mestre. Em seu poema satírico *Silloi*, Tímon desanca quase todos os filósofos, a não ser Pirro, propondo, porém, que fossem poupados aqueles que de algum modo prefigurassem o perfil do próprio Pirro. Em outro poema, *Indalmoi* ("Imagens"), ele pergunta ao mestre o segredo de sua imperturbável serenidade e o exalta como um guia incomparável para a vida.

Uma outra passagem de Tímon, relatada por Eusébio (*Preparação evangélica* XIV 18.2-4), desfruta da concordância de se tratar de um testemunho-chave:

> Pirro não deixou nada escrito, mas seu pupilo Tímon afirma que quem quer ser feliz tem de considerar as três questões a seguir: (1) Como são as coisas por natureza? (2) Que atitude devemos adotar para com elas? (3) Que benefício resultará para os que adotarem tal atitude? (1) Considerando as coisas, Tímon afirma que Pirro declarou-as igualmente indiferentes, instáveis e não resolvidas, e que por essa razão nem nossas sensações nem nossas opiniões são verdadeiras ou falsas. Portanto (2), por essa razão deveríamos não pôr nossa confiança nelas, mas deveríamos ser sem opinião, sem compromisso e inabaláveis, sem dizer de cada coisa que ela não mais é [isso ou aquilo] do que não é, ou que é ambos ou nenhum, ou que isso ou aquilo não sejam. (3) O benefício para aqueles que efetivamente adotam essa atitude, diz Tímon, será primeiramente o mutismo, e então a liberdade de perturbações.

É impossível aqui discutir os muitos debates interpretativos que cercam esse texto. Podemos simplesmente observar certos aspectos salientes que distinguem Pirro, tal como aqui apresentado, de versões posteriores do ceticismo. É notável o modo como ele inicia não com uma crítica a nossas faculdades cognitivas, mas com uma afirmação acerca da natureza do mundo: "as coisas são igualmente indiferentes, instáveis e irresolutas". Que essa premissa em si resulte de uma reflexão sobre relatividades culturais, tal é sugerido por outra fonte (Diógenes Laércio IX 6 1):

> Ele proporia que nada é honroso ou base, ou justo ou injusto e que de modo semelhante em todos os casos nada é [isso ou aquilo] em verdade; e que a convenção e o hábito estão na base de tudo o que as pessoas fazem; para cada coisa é não mais isso do que aquilo.

Evidência como essa favorece a interpretação de que a diferenciação que Pirro negava era, acima de tudo, uma diferença entre *valores*, mais do que apenas entre propriedades perceptíveis ou físicas. Seu ceticismo pode assim parecer ter sido de orientação mais moral do que epistemológica.

Se os aspectos acima parecem distinguir o primeiro pirronismo do pirronismo tardio, os eventuais benefícios descritos sob (3), "mutismo" (i.e., a não assertividade) e uma "liberdade livre de perturbações" ou uma "tranquilidade" (*ataraxia*) deveriam se manter *desiderata* vitais também para pirronistas tardios. Aqui o exemplo pessoal de Pirro se tornou e se manteve uma inspiração para seus seguidores. Tímon o via como uma figura divina:

> Assim, Pirro, meu coração anseia por ouvir como tu, embora humano, ages com a máxima tranquilidade e calma, jamais tomando pensamento e a se manter consistentemente imperturbado, desatento aos movimentos giratórios e à doce voz da sabedoria. Tu somente lideras o caminho para a humanidade, como o deus que dirige a inteira terra ao que ela gira, mostrando o disco fulgurante de sua esfera bem redonda (Fragmento 61 A-D).

Epicuro

Epicuro se tornou uma figura de proa como que divina para seus seguidores, tanto como Pirro para os seus. O poeta latino Lucrécio, no primeiro século a. C., saudou-o como salvador divino, e dois séculos depois um certo Diógenes, na pequena cidade asiática de Enoanda, celebrou e anunciou sua filosofia preenchendo toda uma colunada com escritos de Epicuro.

Vida. Nascido em 341, Epicuro se apresentava como estando a marcar um novo início em filosofia, enfatizando, por exemplo, que não tinha aprendido nada com seus professores filosóficos – um platônico e um democrítico –, mas que seria "autodidata". Apesar dessa postura formal, não há dúvida de que a sua filosofia é um produto da tradição atomista fundada por Demócrito (ver capítulo 2, p. 93-96).

Após estabelecer escolas em regiões afastadas do Egeu, Epicuro se mudou para Atenas em 306 e fundou sua principal escola, que se celebrizou sob o nome de "Jardim", onde ele ensinou até sua morte, em 270. Como característica da nova era, o Jardim não era um centro de pesquisas como o tinham sido as escolas de Platão e de Aristóteles, mas uma comunidade com enfoque doutrinal. Era frequentada por crianças e adultos, jovens e velhos, homens e mulheres. Como política, essa comunidade intimamente entrelaçada abstinha-se de qualquer envolvimento, para além do mínimo, nos assuntos cívicos, em vez disso cultivando a sua própria amizade interna como base dos valores sociais. Paralelamente ao isolamento cívico havia uma rejeição da educação convencional, baseada que esta era em temas de estudo como a poesia e a retórica. Epicuro também excluiu as ciências matemáticas, que a escola de Platão havia tornado fundamentais para o treinamento filosófico. As únicas disciplinas bem-vindas eram aquelas capazes de curar o mal-estar humano, que vinham assim a estar contidas na filosofia de Epicuro.

Filosofia. Todos os escritos de Epicuro eram voltados, direta ou indiretamente, para esse mesmo fim terapêutico. A maior parte dos trezentos pergaminhos vindos de sua pena encontra-se hoje perdida, porém possuímos, em adição a pequenos fragmentos de papiro com seu *magnum opus Sobre a natureza*, três epítomes: a *Carta a Heródoto*, sobre a física, a *Carta a Pítocles*, sobre fenômenos meteorológicos, e a *Carta a Meneceu*, sobre a ética. Também dispomos de uma coleção de suas máximas, as *Doutrinas-chave* (*Kyriai doxai*), cujas primeiras quatro, que são conhecidas em seu conjunto numa forma ainda mais condensada como o *Tetrafármaco* ou "remédio quádruplo", rezam como segue:

1. Que o ser [isto é, deus] que é bem-aventurado e imperecível não sofre nem inflige sofrimento, e por essa razão não é afetado nem por raiva nem por favor. Pois todas essas coisas são marcas de fraqueza.

2. A morte não é nada para nós. Pois o que se dissolveu não tem sensação, e o que não tem sensação não é nada para nós.

3. A remoção de toda dor é o limite da magnitude dos prazeres. Sempre que o prazer estiver presente, enquanto ele ali estiver, a dor ou a aflição ou sua combinação estará ausente.

4. A dor não dura continuamente na carne: quando se faz aguda, é por um período muito curto, enquanto a dor que excede o prazer na carne não persiste por muitos dias; e as doenças crônicas contêm um excesso de prazer na carne sobre a dor.

Não é a curiosidade intelectual, mas a dependência de nossa felicidade em relação a esses quatro feitos – não temer a deus (1) ou a morte (2), e conhecer os limites tanto do prazer (3) quanto da dor (4) – que legitimam a empreitada filosófica de Epicuro. Como ele observa em outra máxima (*Doutrinas-chave* 11),

> Se não nos puséssemos perturbados pelas preocupações que os fenômenos celestiais e a morte podem trazer para nós, e também pelo fracasso em apreciar os limites de dores e desejos, nós não teríamos necessidade da ciência da natureza.

A busca do conhecimento por Epicuro com frequência parece mais elaborada do que o seu programa estritamente utilitário poderia justificar, e em dado momento ele observa de modo explícito que o prazer de fazer filosofia é intrínseco à atividade, e não um mero efeito colateral. Não obstante, a estrutura de seus programas é tal que a física, embora um ramo distinto da filosofia, é em última instância subserviente à ética. Abordaremos essas duas subdisciplinas com brevidade, mas primeiro temos de examinar a terceira teoria do conhecimento, que Epicuro chamou "canônica" e esboçou numa obra hoje perdida intitulada o *Kanôn*.

Canônica. Demócrito, principal antecipador de Epicuro na tradição atomística, tinha admitido acentuadas dificuldades metodológicas. Se, como ele sustentou, átomos e vazio são as únicas entidades fundamentais, enquanto tudo o que os sentidos podem acessar são qualidades, como cores, que carecem de realidade objetiva, os dados dos sentidos podem não bastar para confirmar o atomismo; por esse motivo, dada a sua dependência dos sentidos, tampouco o pode a razão. Foi a necessidade de romper com qualquer círculo vicioso, e de resistir a qualquer outra forma de ceticismo que pudesse ameaçar, que conduziu à exigência, reconhecida pelas escolas doutrinais helenísticas a contar de Epicuro, de nomear um "critério de verdade" – um ponto de partida absoluto cujas reinvindicações de verdade poderiam ser seguramente fundadas. Esse critério foi assim frequentes vezes chamado, como o título do tratado de Epicuro, um *kanôn* – a régua reta de um carpinteiro contra a qual a retidão de outras linhas pode ser testada.

De Epicuro se relata ter nomeado três de tais critérios: sensações, preconcepções (*prólêpsis*) e sentimentos, defendendo as primeiras com a máxima provocadora: "Todas as sensações são verdadeiras". Foi já bem reconhecido que os dados das sensações podem conflitar: a mesma coisa pode aparecer de modo diferente quando percebida de diferentes pontos de vista, sob diferentes condições, com diferentes sentidos, por diferentes indivíduos etc. Como então podem todas essas sensações ser verdadeiras? Porque, Epicuro responde, a impressão de conflito surge de nosso fracasso em distinguir a própria sensação do juízo interpretativo que nela sobrepomos. Em si mesma, a sensação é passiva, mecânica e registro irracional de dados por um sentido. É somente quanto interpretamos, na verdade superinterpretamos, uma sensação que ela pode ser pensada como falsa, por exemplo, se ilegitimamente assumimos a forma entortada que percebemos quando olhamos para um remo na água como sendo a forma do próprio remo. Na realidade, a falsidade reside na interpretação, nunca no evento sensorial ele mesmo. Tomada pelo que essencialmente é, um evento representacional a refletir sua própria história causal no mundo externo, a sensação é um item autocertificador de evidência, e, usada com o devido cuidado, um ponto de partida adequado para juízos inferenciais.

O segundo critério referido, a *prólêpsis*, é traduzido de várias maneiras como "preconcepções", "antecipações" etc., nenhum dos quais é adequado. Tendo primeiramente sido introduzido por Epicuro, o termo veio a desempenhar um papel-chave em todos os sistemas helenísticos. Uma *prólêpsis* é uma noção universal de algum tipo de coisa, e haure o seu estatuto criterial do fato de que, analogamente às sensações, ela é gerada em nós de modo natural e não refletido, em geral por percepções dos sentidos repetidas. É graças a nosso estoque naturalmente adquirido dessas percepções, o que equivale à nossa compreensão latente de conceitos-chave, que nós somos capazes de lançar investigações, focalizar nossas mentes nos objetos dessas investigações e nos expressarmos em linguagem. (Platão argumentava que a "rememoração" do contato pré-natal da alma com as Formas é o que torna tais atos possíveis, ver p. 154; na era helenística, a confiança na *prólêpsis* natural se tornou a alternativa empirista a isso.) Já em sua *Carta a Heródoto* (37-8), Epicuro enfatiza o papel de nossas *prólêpsis* (ele não as nomeia assim, mas a referência é clara) como um ponto de partida indispensável para uma investigação filosófica.

Um importante exemplo (embora não necessariamente um exemplo *característico*, porque suas origens causais são a um só tempo pouco usuais e problemáticas) é a *prólêpsis* de deus; se consultarmos as noções existentes de deus, desnudadas de todos os seus acréscimos culturais, encontraremos o seu núcleo compartilhado e irredutível como estando na ideia de um ser bem-aventurado e imortal. Isso então serve como critério em relação ao qual podemos julgar outra característica frequentemente atribuída aos deuses (tanto por várias religiões quanto por filósofos como os estoicos), seu governo do mundo; uma vez que uma análise conceitual adicional mostra essa atividade como incompatível com a bem-aventurança, uma vez que a bem-aventurança é parte da *prólêpsis* de deus, temos de inferir que deuses não se envolvem no governo do mundo.

Tal como a *prólêpsis,* também as impressões dos sentidos são regularmente invocadas como critério em relação ao qual opiniões podem ser julgadas verdadeiras ou falsas. Opiniões sobre fatos empíricos simples estão sujeitas a verificação direta – chamada "confirmação" (*epimartyresis*) – pelos sentidos, que, ao falhar, têm de ser rejeitadas como falsas. Mas as opiniões com base nas quais a física tipicamente centra a sua atenção dizem respeito a entidades microscópicas e a outras entidades inacessíveis (por exemplo, átomos, corpos celestes, outros mundos), e por essa razão não são candidatos a observação direta; em vez disso, devem ser aceitos como verdadeiros se e somente se recebem "não desconfirmação" (*ouk antimartyresis*) dos sentidos. Tome-se uma tese causal acerca de eventos no nível atômico, pretendendo explicar algum fenômeno. A maior parte das teses explanatórias concorrentes – isto é, baseadas nas análises de corpos não em átomos, mas nos quatro elementos tradicionais terra, ar, fogo e água – revelar-se-á desconfirmada por algum dado sensorial. Isso equivale a dizer que tais teses revelar-se-ão *incompatíveis*, se não com o fenômeno real que está sendo explicado, em todo o caso com algum processo causal análogo ou de outro modo relevante que tenha sido diretamente observado. Se somente uma tese sobrevive a esse teste – e Epicuro acredita que os pilares fundamentais do atomismo são esses desse tipo –, ela tem de inequivocamente ser aceita como verdadeira. Mas e se duas ou mais dessas teses sobreviverem ao teste, como frequentemente acontece com a explanação de fenômenos muito distantes, como os daqueles no céu? Seria arbitrário favorecer quaisquer uma delas, de modo que todas têm de ser igualmente aceitas. Se por vezes os epicuristas parecem com isso querer dizer que todas são realmente *verdadeiras*, não apenas possíveis, sua justificação formal para tal é a de que entre a inteira infinidade de mundos e de tempo não existe distinção entre o possível e o real. Contudo, a própria ênfase principal de Epicuro não reside nessa noção problemática de verdade, mas em sua insistência em que, contanto que excluamos todos os tipos inapropriados de explanação para um fenômeno celeste, em especial explanações de um tipo religioso, e retenhamos somente as propriamente naturalísticas que se conformam com nossa experiência direta de como a matéria se comporta, não é tão importante seguir e escolher entre esse último conjunto de explanações.

Física. Epicuro inicia por estabelecer a permanência do universo e de seus conteúdos primários. Nada (1) vem a ser de nada ou (2) perece convertendo-se em nada. Essas tese não são aventadas, como pelos primeiros pensadores, para ser verdades conceitualmente autocertificantes, mas são inferidas da fixidez observada de processos naturais. Contudo, os próximos dois princípios *são* puramente conceituais: o universo, sendo a soma total do que existe, não pode (3) crescer por meio de adição ou (4) de encolhimento por subtração, porque não haveria nenhum outro lugar para que as partes extras entrassem ou escapassem.

Dentro dessa totalidade, não obstante, a mudança ocorre por meio da *redistribuição* dos ocupantes primários. Esses são corpos interativos, a ocupar um infinito "vazio" e a mover-se através dele, o que em si mesmo é concebido como um espaço cujas partes estão por vezes completamente não ocupadas, sendo por vezes coextensivo com um corpo que o esteja ocupando. É a insistência em que o movimento depende de porções desocupadas de espaço – "vazio" em seu sentido mais estrito – que representa a oposição de Epicuro aos principais sistemas físicos rivais (incluindo o estoico) e sua reversão ao atomismo de Demócrito.

Os ocupantes desse vazio são "átomos", porções fisicamente indivisíveis de puro corpo, que diferem entre si em forma e tamanho. Sua indivisibilidade os torna imperecíveis, e de fato no nível de átomos individuais não há nem vir-a-ser nem perecer: átomos são permanentes e internamente imutáveis. O vazio é composto de átomos que são transientes. As inumeráveis, embora finitas, diferenças em forma e tamanho dos átomos capacitam esses mesmos átomos a dar conta do vasto, embora finito, espectro de fenômenos. Propriedades sensíveis, como cor e odor, não têm existência no nível atômico, mas são geradas por arranjos microscópicos de tipos apropriados de átomo, que em si mesmos são distinguidos por forma, tamanho e peso, mas por nenhuma outra propriedade. Com um grau impressionante de economia explanatória, argumenta-se que os movimentos mecânicos desses infinitamente muitos átomos num vazio infinito sejam suficientes para dar conta do mundo e de tudo o que está nele, bem como de um sem número de outros mundos postulados em outras localizações e em outros tempos.

A mais importante mensagem desse modelo físico está na exclusão da intervenção divina. Acidentes numa escala suficientemente grande dão conta não apenas do surgimento de alguns mundos viáveis, mas também, num mundo único como o nosso, do surgimento de formas de vida viáveis, a nossa inclusa, e de novo, no curso da história humana, da invenção original de todas as instituições culturais. Em momento algum precisa deus ser invocado como causa – e felizmente é assim, uma vez que, como vimos acima, a atividade de governo do mundo seria contrária à natureza divina. Essa descoberta, de que somos livres da visão geral divina, é um benefício vital de se estudar física, e elimina os maiores medos que o mundo inspira em nós.

Juntamente com essa garantia, a física também nos ensina a verdadeira natureza da morte. A alma (*psyché*), nossa força animadora, tem de ela própria ser um amálgama de átomos para possuir os poderes causais que ela evidentemente possui, e disso se segue que, como qualquer composto, ela ao final se desintegrará – ao tempo em que nosso corpo começar a fazê-lo de fato. Também essa descoberta, ao que suas implicações tiverem sido pensadas em toda a sua extensão, vai nos libertar do medo – o medo de que nossa morte futura seja uma transição para um estado de privação ou mesmo de tortura. A morte é mera não existência, que, quando presente, não pode nos angustiar: estar morto não será pior do que o que se tinha, séculos atrás, quando ainda não éramos nascidos.

Ética. Conforme vimos, acima, nas duas *Doutrinas-chave*, a ética epicurista se segue diretamente da física e se inicia com estas duas compreensões: nem deus nem a morte representam algum terror para nós. Mas a terceira e a quarta das Doutrinas são a chave para o planejamento positivo de nossas vidas. Trata-se dos princípios de administrar prazer e dor, o prazer sendo proclamado por Epicuro como meta de toda ação humana (e animal). Assim como em epistemologia de cada filósofo doutrinal se esperava que fizesse referência ao "critério de verdade", também na ética o "fim" ou a "meta" (*telos*) tinha de ser referida, e a escolha de Epicuro faz dele o mais proeminente dentre os antigos expoentes do hedonismo.

Diferentemente de Aristóteles, que olhava para o adulto maduro como o melhor juiz do que é bom, Epicuro apela para a criança recém-nascida, ainda feliz e livre de qualquer sistema de valores que sua família e cultura, no devido tempo, imporão a ela, por essa razão sendo a verdadeira voz dos valores da própria natureza. E, assim Epicuro argumenta, o que guia o recém-nascido é visivelmente a busca de sentimentos prazerosos, e a evitação dos dolorosos.

O que a ética de Epicuro oferece para acrescentar a nosso impulso natural por prazer é o conselho relativo a como maximizar sua obtenção, tarefa esta que a maior parte das pessoas irremediavelmente estraga. Diferentemente dos cirenaicos, uma escola contemporânea hedonista (famosa por sua tese epistemológica de que temos acesso cognitivo tão somente a nossos próprios estados internos), Epicuro insiste em que uma condição estática de sensação não dolorosa é já em si mesma mais um prazer do que um estado meramente neutro. Na verdade, esse tipo de prazer "estático" é tão agradável quanto as experiências mais comumente reconhecidas como prazeres – estimulações sensoriais positivas e bem-vindas, mas usualmente de vida curta, como aquelas envolvidas em comer e beber, que Epicuro posiciona na subclasse de prazeres "cinéticos". Descobrir que prazeres estáticos são tão agradáveis quanto os cinéticos, bem como de mais longa duração e mais confiáveis, é o primeiro passo para redelinear nosso método de gerenciamento de prazeres. Significa que não ter fome ou sede, e poder estar confiante de que isso continuará, contribui mais para o nosso desfrute da vida do que os prazeres cinéticos reais de comer e beber, apesar do fato de que esses últimos satisfazem desejos que são "a um só tempo naturais e necessários". Mesmo o comer e beber luxuriante – a satisfação do que Epicuro classifica como desejos "naturais, mas não necessários" – na verdade não aumentam a efetividade total de prazer. A concentração exclusiva nesses prazeres, que nas mãos dos cirenaicos rendeu ao hedonismo uma conotação negativa, vem a ser contraproducente para a maximização do prazer. Por bem-vindos que possam ser quando ocorrem, um excesso de tais prazeres ameaça aumentar a nossa dependência de sua disponibilidade continuada, e, com isso, nos tornar mais vulneráveis ao infortúnio, pondo-nos correspondentemente menos tranquilos. O estilo de vida tanto pregado quanto praticado pelos epicuristas foi, por essa razão, um estilo de vida da frugalidade simples, apenas pontuado por festins ocasionais e outras indulgências. O uso moderno de "epicurista" para *bon vivant* não poderia ser mais desvirtuador.

Apesar da importância de regular adequadamente o prazer corpóreo, é o prazer mental que conta mais, porque com a mente podemos não apenas desfrutar do que está presente, mas também reviver prazeres passados (presumivelmente os prazeres cinéticos) e antecipar prazeres futuros. Se apropriadamente se recorrer a eles, esses desfrutes mentais podem nos ajudar a suportar com alegria dores corporais intensas, mas de curto prazo. Porém, o prazer mais valioso de todos é o prazer mental, "estático", a tranquilidade ou "liberdade de perturbações" (*ataraxia*), e ele resulta de (a) livrarmo-nos dos medos de deus e da morte, (b) maximizar nossa independência da fortuna minimizando nossas necessidades e (c) saber como a dor corpórea, se ela aparecer em nosso caminho, pode ser suportada. A suprema importância da *ataraxia* foi o legado que Epicuro trouxe de Pirro, a quem ele muito admirava no âmbito pessoal, muito embora a receita epicurista para se chegar a ela venha a ser indubitavelmente não pirroniana.

De modo correspondente, as dores mentais são as piores. O injusto é um mau calculador: qualquer prazer corpóreo de curto prazo obtido de seu agir equivocado será compensado por uma ansiedade de longo prazo. Na verdade, as virtudes tradicionais – justiça, moderação, coragem e sabedoria – são, propriamente compreendidas, os meios corretos para a maximização do prazer, o seu valor sendo mais instrumental do que, como sustentavam Platão e Aristóteles, intrínseco a eles.

Responsabilidade. A inclusão por Epicuro de uma classe de desejos que são "naturais, mas não necessários" simboliza seu reconhecimento de um hiato entre natureza e necessidade, tema que passa para o primeiro plano em seu tratamento do determinismo. Sua herança filosófica a remeter a Demócrito atribuía toda causação – a causação psicológica inclusa – ao movimento dos átomos, movimentos ensejados por propriedades puramente físicas, como peso e trajetória. Ao olhar de Epicuro, essa causação ameaçava passar por cima de nossa própria responsabilidade autoevidente por nossas ações, roubando-nos a um só tempo o crédito e a culpa por elas. De maneira célebre, a essa questão ele respondeu pela introdução de um grau mínimo de movimento *não* necessitado em átomos, um minúsculo "afastamento" ou "desvio" (*parenklisis*, porém mais conhecido por sua tradução latina *clinamen*) de sua trajetória em lugar ou tempo algum que pudesse ser fixado, trajetória esta por demais pequena para gerar caos macroscópico, mas suficiente para deixar o futuro indeterminado.

De que modo o desvio pode dar conta de nossa autodeterminação – em vez de apenas nos fazer desastrosamente imprevisíveis –, eis aí um notório problema para intérpretes, e infelizmente não temos a abordagem do próprio Epicuro para ajudar a solucioná-lo. Algumas das evidências sugerem que sua principal resposta ao determinismo reside em tratar o si mesmo como uma fonte intrinsicamente autônoma de ações, irredutível a uma estrutura mecânica de átomos. Se for assim, o desvio pode ter desempenhado um papel auxiliar, ajudando, por exemplo, a dar conta do surgimento inicial desse si mesmo autônomo, fazendo-o causalmente independente de todos os seus antecedentes físicos. (Isso, se correto, configuraria um intrigante paralelo com uma segunda função reportada ao desvio: iniciar as séries de colisões atômicas que conduzem à formação de um novo mundo.) Parece igualmente plausível que o desvio continue a desempenhar um papel no comportamento e no desenvolvimento posterior do si mesmo. Será de fato o desvio que, garantindo a nossa flexibilidade e adaptabilidade, abre-nos para os benefícios da educação moral oferecida por uma escola filosófica?

Os estoicos

O sistema. A fundação da escola estoica, por volta do ano 300 a. C., sucede a do Jardim em apenas alguns anos, e seu fundador, Zenão de Cítio (nascido em 334), morreu menos de uma década depois de Epicuro. Esse efeito especular cronológico bem simboliza a relação entre as duas escolas doutrinais que iriam dominar a era helenística: com uma pequena simplificação, seria possível dispor seus dois sistemas em oposição polar:

Epicurismo		**Estoicismo**
	metodologia	
rejeita a dialética		tem por base a dialética
	física	
democrítica		heraclítica
antiteológica		teleológica
atomista		continuísta
mecanicista		panteísta
múltiplos mundos		único mundo
nega a intervenção divina		afirma a providência divina
	ética	
hedonismo		ética da virtude
politicamente minimalista		politicamente maximalista

Existem certos aspectos – típicos do período – que as duas escolas têm em comum: um grau de ortodoxia intraescolar, a criação de um *sistema* filosófico estruturado e abrangente, e a subordinação, pelo menos em princípio, da investigação teórica ao objetivo prático da felicidade. Ainda aqui, contudo, algumas distinções são apropriadas.

Quanto à ortodoxia, a tradição epicurista foi percebida como uma tradição muito bem urdida, baseada no culto ao fundador, cujos escritos foram minuciosamente estudados e mesmo memorizados. Em contraste, os estoicos não foram (após os primeiros anos, em todo caso) chamados "zenonianos", em vez disso haurindo o seu título do local em Atenas – a Estoa pintada (ou "colunada") – em que se reuniam. E esse diferente modo de autodefinição corresponde a um grau maior de flexibilidade e divergência doutrinal do que o encontrado no Jardim.

E mais uma vez, quando se chega às estruturas dos dois sistemas, uma diferença se evidencia. No sistema epicurista, uma distinção é feita entre primeiros princípios e as consequências derivadas deles, estas últimas por vezes chegando a ser, como vimos (p. 201-202), deixadas indeterminadas. Por contraste, o sistema estoico se orgulha de ser um todo orgânico, e tão entretecido que, qualquer fio que se venha a puxar, a corda inteira se segue a ele.

Ainda outra assimetria entre as duas escolas reside em seus lugares respectivos na cultura do mundo antigo. O epicurismo, em que pese o seu êxito em comunidades distantes e seu recrutamento de indivíduos carismáticos – em Roma, por exemplo, não apenas Lucrécio, mas outro poeta de proa, Horácio, e Ático, amigo de Cícero –, manteve-se culturalmente marginalizado. A única escola antissocrática, suspeita de ateísmo, ridicularizada por seu hedonismo, estava longe de ser respeitável. Quando em 155 a. C. a cidade de Atenas enviou uma delegação a Roma, escolheu três filósofos para representá-la, numa celebrada ocasião que marcou a verdadeira chegada da filosofia no mundo romano. Mas os filósofos escolhidos foram um estoico, um acadêmico e um aristotélico: aparentemente não se fez nenhuma questão de acrescentar um epicurista.

O estoicismo, por outro lado, adquiriu uma respeitabilidade que contradiz completamente sua origem. A primeira influência de Zenão remete ao cinismo, um movimento filosófico informal, famoso por desafiar e mesmo ultrajar as normas sociais e morais. (Seu fundador foi Diógenes de Sinope em meados do século IV, e seu modelo de estilo de vida lhe rendeu o título de "cínico", que literalmente significa "canino".) Ainda assim, ao final Zenão foi oficialmente homenageado pelos atenienses em razão de que ele (nas palavras da inscrição que erigiram) "viveu a vida de um bom homem, exortando os jovens que vinham se juntar a ele à virtude e à autodisciplina e incentivando-os na direção do que é melhor, dispondo como modelo a sua própria vida, que estava de acordo com todos os ensinamentos sobre os quais ele discursava". O estoicismo foi um credo que facilmente se adaptou a uma ampla diversidade de indivíduos e suas circunstâncias, indo de imperadores romanos a escravos. Tão disseminada foi sua influência, que sua terminologia e metodologia se tornaram moeda corrente mesmo entre aqueles que se opunham a seus ensinamentos.

A escola. A longa história da escola estoica é convencionalmente dividida em três fases: estoicismo "primeiro", "médio" e "imperial" ou "romano", este que já incide fora das fronteiras cronológicas da filosofia propriamente helenística. O primeiro estoicismo, com efeito, é a fase da escola em Atenas, indo desde a sua fundação até fins do segundo século a. C.:

trata-se da era em que o estoicismo foi dominado pela sede metropolitana da escola em Atenas, sob a liderança primeiramente de Zenão (morto em 262), então de seus sucessores Cleanto (morto em 232) e Crisipo (morto em 206), seguidos por uma série de chefes de escola relativamente menores. O próprio Zenão havia estudado com o cínico Crates; com Estilpo da escola megárica, um movimento amplamente ético com reputação de inclinação pelo paradoxo filosófico, formalmente considerado socrático; estudara também na velha escola de Platão, a Academia. E também se assentara aos pés do brilhante lógico Diodoro Cronos. Todas essas influências se tornariam ingredientes vitais em sua filosofia recém-construída. Seus escritos, contudo, eram frequentemente lacônicos, e disputas entre suas interpretações corretas se tornaram um foco frequente para seus dois sucessores. Cleanto foi acima de tudo um seguidor leal e porta-voz de Zenão, muito embora conhecido pela inflexão mais fortemente religiosa que sua obra assumiu. Crisipo, por sua vez, desenvolveu o sistema de forma rigorosa e volumosa, a ponto de ser considerado pela posteridade como seu refundador, se não como seu verdadeiro fundador.

A começar com Panécio (morto em 110), e tanto mais com seu eminente pupilo Posidônio, a massa crítica da escola migrou de Atenas para outros centros, particularmente Rodes e Roma. Panécio e Posidônio são as figuras principais do "estoicismo médio". E, por fim, a lista de chamada de autores cuja obra representa o estoicismo romano nos confere testemunho eloquente da extensão de seu apelo: Sêneca (1-65 d. C.), conselheiro do imperador Nero; Epiteto (55-135), um escravo emancipado que ensinou em Nicópolis, num quieto rincão da Grécia continental; e, por último, mas não de menor importância, Marco Aurélio (121-180), o próprio imperador. Estes serão mais plenamente cobertos no capítulo dedicado à filosofia romana (p. 253-260).

Dos literalmente milhares de livros dos estoicos escritos nas fases primeira e intermédia da escola, nenhum chegou até nós intacto, à exceção do pequeno *Hino a Zeus*, de Cleanto. O que sabemos deles vem das numerosas citações secundárias, paráfrases (muitas vezes hostis) e sinopses mais ou menos sistemáticas. As fontes principais são, em ordem cronológica: os diálogos filosóficos de Cícero (escritos em sua maior parte em 45-44 a. C.); as obras antiestoicas de Plutarco (do primeiro ao segundo século d. C.); o cético Sexto Empírico e o médico Galeno (ambos do século segundo d. C.); e o biógrafo filosófico Diógenes Laércio (do segundo ao terceiro século d. C.), cuja obra *Vidas dos filósofos* inclui um livro inteiro (VII) sobre o estoicismo. Por contraste, obras inteiras dos estoicos romanos – em grande medida sobre temas éticos e menos técnicos que os escritos dos primeiros estoicos – chegaram até nós.

O sistema estoico espelha o epicurista em sua tripartição: em "lógica", "física" e "ética". Estas são, estritamente falando, partes não da filosofia como tal, idealmente concebida como um todo contínuo, mas do "discurso filosófico", que é inevitavelmente fragmentado de modo que suas partes possam constar em sequência linear. O sumário abaixo tem de seguir o último expediente. A questão sobre que ordem adotar era controversa; se se começar com a lógica, ao menos quanto a isso estaremos nos alinhando à preferência, entre outros estoicos, do próprio Crisipo.

Lógica. Segundo estudos das décadas recentes, Crisipo tem emergido como um dos grandes lógicos pioneiros. Contudo, a "lógica" (*logikon*) estoica não se encontra limitada ao que é chamado por esse nome hoje em dia, mas é o estudo do discurso e do raciocínio (ambos se chamam *logos* em grego) de todos os pontos de vista, incluindo o que acima deparamos como o "critério de verdade". É com esse último, de fato, que devemos aqui iniciar.

O êxito do estoicismo como sistema doutrinal reside na convicção de que possuímos um firme ponto de partida, o critério de verdade. Seu nome para isso é *phantasia kataleptike*, muitas vezes traduzido por "impressão cognitiva". Genericamente, uma impressão (*phantasia*) é uma aparição passiva, é o modo como as coisas nos afetam, especialmente pela via dos sentidos, independentemente de tomarmos a aparição como verdadeira. O ato posterior de tomar a impressão como verdadeira é chamado "assentimento" (*synkatathesis*), e é por esse assentimento, e não pela impressão inicial, que podemos ser tomados como responsáveis. O progresso intelectual fia-se em nosso aprendizado de conceder nosso assentimento somente a certas espécies de impressão, as "cognitivas", que como que certificam a sua própria confiabilidade. Uma impressão cognitiva é uma impressão que não apenas retrata com precisão o objeto do qual é derivada, mas o faz com uma autoevidente clareza, que exclui a possibilidade de o sujeito confundir a identidade do objeto. Essa ressalva se originou como resposta aos ataques de Arcesilau, crítico acadêmico de Zenão (ver abaixo, p. 222-224), que citava exemplos como o dos gêmeos idênticos, a fim de alegar que mesmo as mais claras das impressões são falíveis. Isso continuou a ser debatido ao longo de um período de mais de um século. Em sua defesa, os estoicos puderam ao menos recorrer a seu próprio princípio metafísico, defendido de maneira independente, segundo o qual cada ser possui uma "qualidade peculiar" passível de ser identificada de maneira única durante toda a vida.

O recebimento de impressões cognitivas, e o resultante estado de "cognição" (*katalepsis*), é apenas o início da estrada que leva ao entendimento. Ao final dessa estrada encontra-se o "conhecimento" ou a "ciência" (*episteme*), cujo possuidor tem integrado um inteiro conjunto de cognições numa estrutura racionalmente articulada e autossuficiente, invulnerável a contra-argumentos. Somente o sábio semimítico (ver mais, abaixo) é creditado com conhecimento nesse sentido estrito.

A origem tipicamente sensorial das impressões cognitivas pode fazer os estoicos parecerem empiristas radicais, mas um tracejamento igualmente forte de racionalismo percorre toda a sua epistemologia. Em seres racionais tais como nós somos, as impressões são em si propriamente chamadas "racionais" (*logikai*; talvez também "discursivas"), porque são naturalmente captadas por nós na linguagem; e são essas impressões articuladas, ou articuláveis – em todo o caso as impressões cognitivas entre elas – que no tempo se unem em conceitos que, como um conjunto, constituem a racionalidade adulta. Essa estrutura essencialmente racional da experiência humana é o que posiciona a "lógica", o estudo do discurso racional ou *logos*, no coração da metodologia estoica. Os estoicos distinguiam dois tipos de *logos*: o discurso enunciado externamente (*logos prophorikos*) e o discurso interno (*logos endiathetos*), este que é idêntico à própria razão. O estudo do discurso externo compreende disciplinas como a retórica e a gramática, esta sendo uma disciplina cuja origem e desenvolvimento foram amplamente devidos aos estoicos.

A lógica no sentido moderno e mais estrito desse termo é muitas vezes identificada pelos estoicos com "dialética", uma disciplina cujas origens remontam, passando por Aristóteles e Platão, até o modelo de método proposto por Sócrates. A dialética para os estoicos por vezes reflete o formato oral pergunta-e-resposta que tal origem sugere, porém mais frequentemente serve como estudo das regras formais a governar a verdade e a validade em argumentos. (Para a lógica estoica, em seu contexto histórico mais amplo, ver o capítulo 1.) Seu foco não está nos "significantes", isto é, nas palavras e sentenças que os estoicos tomam como sendo corpóreas, uma vez que, como enunciações, eles são eventos físicos de algum tipo, mas no "significado". Este último é o conteúdo incorpóreo expresso pela linguagem – especialmente por sentenças inteiras –, para os quais os estoicos discutiram amplamente um termo alternativo, chegando a *lekta*, coisas "ditas" ou "dizíveis". Dentro desse grupo, a obra-chave em lógica é dedicada amplamente a uma espécie, cuja *lekta* é capaz de verdade e falsidade – isto é, proposições (*axiomata*).

Proposições inteiras, mais do que termos individuais característicos da lógica aristotélica (ver p. 171-177), são as unidades básicas da lógica estoica. Isso traz consigo um interesse especial pelos conectivos que ligam proposições: "e", "ou" e "se". (O sentido exato do conectivo "se" – isto é, o critério para um condicional perfeito – foi tema de um alentado debate que se iniciou antes do advento do estoicismo com o professor de Zenão, Diodoro Cronus e com Filo, seu colega na classe de Diodoro.) Com base nesses conectivos mais o sinal de negação ("não"), os estoicos chegaram a cinco formas silogísticas irredutíveis, cujo estatuto axiomático foi transmitido pela identificação *anapodeiktoi* – argumentos "indemonstráveis" ou, talvez melhor, "não provados":

1. Se o primeiro, o segundo; mas o primeiro, portanto, o segundo.
2. Se o primeiro, o segundo; mas não o segundo; portanto, não o primeiro.
3. Não o primeiro e o segundo; mas o primeiro; portanto, não o segundo.

4. Ou o primeiro ou o segundo; mas o primeiro; portanto, não o segundo.
5. Ou o primeiro ou o segundo; mas não o segundo; portanto, o primeiro.

Esses cinco são mantidos pelos estoicos como as formas que todos os argumentos válidos apresentam ou às quais eles são em última instância redutíveis por um conjunto de quatro regras (*themata*).

Uma boa parte da obra detalhada dos estoicos em lógica estava interessada na solução de enigmas. Dentre esses, os dois mais famosos são o Paradoxo do Mentiroso ("Eu estou mentindo" é verdadeiro ou falso?) e o Paradoxo Sorites ou "do Monte" (Quantos grãos fazem um monte?). Este, que demanda o ponto preciso numa escala em que um dado predicado se inicia, ou cessa, para pertencer a um sujeito, foi usado pelos críticos Acadêmicos dos estoicos com o intuito de desafiar algumas das distinções mais básicas da escola, e buscar uma solução para tal se tornou uma prioridade particular para Crisipo.

Física. Assim como a lógica, a "física" – a segunda parte do sistema estoico – difere em escopo de sua contraparte moderna. Acima de tudo o mais, a física estoica é uma grande visão do mundo como uma unidade perfeita, um ser divino sendo governado por sua própria razão onipresente e providencial. Ela deixa para outros especialistas o estudo detalhado dos fenômenos, processos e estruturas individuais e se concentra nos amplos princípios.

Talvez o princípio mais surpreendente seja a identificação entre ser e corporeidade. Somente corpos têm o poder de agir e de sofrer ação, um poder sem o qual nada poderia estritamente "ser" – constituem parte do mobiliário do mundo. Se então *existem* coisas como virtude e outras qualidades, que atuam causalmente sobre corpos, como elas evidentemente fazem, têm elas próprias de ser corpos. A justiça, por exemplo, é propriamente analisada como a alma em tal e qual condição, onde a alma em si mesma é corpórea, sendo uma porção de *pneuma* (ver abaixo). Somente um resíduo muito restrito de itens incorpóreos é admitido, de fato apenas quatro, dos quais um é a *lekta* já delineada acima. Os outros três são lugar, vazio e tempo.

O lugar, como a extensão tridimensional que um corpo ocupa, não pode ele próprio ser identificado ou com o corpo ocupante – quando o corpo se move, na verdade, ele deixa o lugar para trás – ou com qualquer outro corpo. Também o vazio é uma extensão tridimensional, mas não ocupada por qualquer corpo, e sua incorporeidade é autoevidente. De acordo com o estoicismo, não existe vazio no mundo – que, ao contrário do mundo epicurista, é completamente cheio de corpos –, mas apenas externamente a ele. Carecendo de qualquer vazio interno, o mundo tem uma coesão perfeita que o protege de se dispersar no vazio do entorno. Mas por fim ele romperá e se dissolverá, ao final de cada fase do mundo (ver abaixo), e quando o fizer, o que se expandirá é o vazio no entorno.

O tempo, finalmente, foi definido por Zenão como "o intervalo do movimento". Uma simples ilustração estaria em comparar um objeto mais rápido e um mais lento fazendo a mesma viagem: as coordenadas *espaciais* das viagens não diferem, de modo que tem de haver algum outro "intervalo" ou "dimensão" em que as viagens difiram; e esse intervalo é o tempo. Crisipo ademais especificava que o tempo é o intervalo do movimento *do mundo*, não estando com isso a contradizer Zenão, mas a mover o foco dessa parte ou daquela parte do tempo para o tempo tomado como um todo.

Deixando de lado esses casos especiais, onde a incorporeidade é concedida, o mundo estoico é povoado por corpos, que graças a seu estatuto corpóreo, interagem causalmente. Mesmo no nível mais baixo de análise os dois princípios constitutivos últimos do mundo são corpos. Eles são um princípio passivo, chamado "matéria" (*hylé*), cuja natureza é sofrer ação; e um princípio ativo, que pode ser chamado de "razão" (*logos* novamente) e "deus", que lhe interpenetra e, agindo sobre ele, confere-lhe a forma dos quatro elementos fenomênicos, terra, água, ar e fogo, com base nos quais, por sua vez, todas as entidades mais complexas são formadas. Matéria e deus são construtos teóricos, cada um deles a representar uma metade do traço característico oficial do corpo, sua capacidade de agir ou de sofrer ação. A matéria, como parceiro puramente passivo, é em si mesma uma entidade de todo indeterminada, propriamente chamada de "matéria prima". (Tal visão da matéria frequentes vezes tem sido atribuída a Aristóteles, mas suas credenciais como conceito estoico são muito mais fortes.)

O princípio ativo, deus, é em muitos contextos estoicos representado ou substituído por uma entidade empiricamente mais familiar, o fogo. Seguindo na tradição de Heráclito (acima, p. 85-88), o estoicismo atrela poderes especiais a um "fogo" cósmico que combina as funções criativas de luz e calor – este último a incluir a função de "sopro" quente ou *pneuma* (que em sua forma latinizada se torna a nossa palavra para "espírito") que serviu como força vitalizante do mundo estoico. Deus é por vezes definido como um "fogo artífice que metodicamente procede à geração do mundo".

A dominância dos processos cósmicos do fogo, incluindo a própria geração do mundo, encontra-se intimamente relacionada à convicção dos estoicos – que nisso os alia a Epicuro e separa de Aristóteles – de que o mundo vem a ser e, no devido curso, termina. Cada fase do mundo culmina num estado de total flamejância, conhecido como *ekpyrósis*. Uma vez que essa flamejância é a mais pura forma da divindade imanente inteligente, as conotações destrutivas de "conflagração", a tradução geralmente favorecida de *ekpyrósis*, podem ser algo desvirtuador. A *ekpyrósis* é um estado idealmente bom da matéria do mundo, e nele a divindade se concentra em planejar e dispor a próxima fase do mundo num ciclo cósmico que nunca termina. É esse último aspecto, o governo inteligente do mundo, que acima de tudo põe a física estoica em forte contraste com o epicurismo.

O ciclo cósmico traz consigo um paradoxo notório. A divindade, sendo supremamente sábia, não tem razão para fazer coisas de um modo diferente de um mundo para o seguinte. Com isso, mundos sucessivos são indistinguíveis um do outro, mesmo em seus detalhes. O presente capítulo foi escrito em suas idênticas palavras infinitamente muitas vezes em mundos precedentes, e o será de novo em infinitamente muitos mundos futuros. Ao abraçar essa estranha presunção, os estoicos podem bem ter sido atraídos por suas implicações morais: não sonhe com o que você poderia fazer, ou pode ter sido capaz de fazer "em outra vida", porque a outra vida seria exatamente a mesma que esta. Não há nada de novo sob um sol que, mesmo ele, não é novo.

O poder do fogo cósmico, ou mais particularmente do *pneuma* (usualmente analisado como um amálgama de ar e fogo), para controlar o mundo inteiro depende em parte da teoria estoica do misto total. A matéria é contínua e infinitamente divisível, não atômica, e não contém vazio. Consequentemente, duas substâncias podem se interpenetrar por inteiro, fato que torna possível para o *pneuma* estar literalmente em toda a parte. É a "tensão" variável do *pneuma* nas substâncias que empresta aos corpos sua coesão e os provê com suas qualidades. Minimamente, um objeto tem um "teor" (*hexis*) – sua própria coerência particular como uma única entidade discreta. Mas em uma planta, o *pneuma* dominante é mais do que isso, sendo chamado de sua "natureza" (*physis*), o tipo de coerência que lhe concede ser de uma entidade vivente. Em terceiro e, por último, em um animal o *pneuma* controlador é chamado de "alma" (*psychê*), porque provê o seu possuidor com aquele tipo muito especial de unidade e coesão que somente os seres animados possuem. Essa é a rota pela qual os estoicos chegam à corporeidade da alma, doutrina que, como vimos, contribui para a sua análise de todos os seus autênticos "seres", mesmo as virtudes, como corpos.

Em adição a seu papel explanatório na constituição de seres individuais, o *pneuma* tem uma função diacrônica. Visto de uma perspectiva universal como poder onipresente, ele governa o mundo inteiro e sua história numa progressão causal rigidamente determinada, chamada "destino", fazendo dos estoicos os principais advogados do determinismo (para um contraste com a posição de Epicuro, p. 206-207 acima). Numa celebrada imagem, Zenão e Crisipo compararam um ser humano a um cão atrelado a uma carroça; ele pode seguir a carroça voluntária ou involuntariamente, mas segui-la ele a vai seguir. Isso imediatamente sugere um problema ético que os críticos do estoicismo não hesitaram em levantar, o "Argumento do Preguiçoso". Se a inteira história futura do mundo é escrita por antecipação, perguntam eles, por que adotar ações preventivas? Por exemplo, quando você fica doente já está pré-determinado se vai se recuperar ou não. Dado que não pode mudar o resultado a que se destina, por que não poupar dinheiro e esforços deixando de ir ao médico? Crisipo respondeu que resultados não são pré-determinados de maneira absoluta, mas são "codestinados" juntamente com fatores como nossas próprias decisões de agir ou de não agir. O entendimento do modo como nossas próprias decisões e ações estão causalmente relacionadas com a abrangente rede do destino é a chave para se ver de que modo a responsabilidade individual é de fato compatível com o determinismo.

Essa última ideia foi desenvolvida com uma elaborada classificação de diferentes tipos de causa. O destino causa todas as coisas que acontecem, mas o faz desempenhando um papel causal análogo a dar um pontapé inicial num barril, que começa a rolar. É a forma do barril que é primariamente responsável pelo seu rolar. De modo semelhante é o nosso si mesmo racional, que é primariamente responsável por nossos atos. O papel causal do destino é limitado a um estímulo inicial, por meio das "impressões" (*phantasiai*) de fatos e objetos externos que inevitavelmente se chocam com a nossa consciência. O modo como respondemos, por previsível que possa ser à luz de nossa própria história passada e caráter presente, está "em nosso poder": a responsabilidade por tal cabe a nós próprios.

Ética. O sistema ético fundado nos princípios gêmeos de natureza e razão dispõe-se a um só tempo como sendo mais autenticamente naturalista que o de Epicuro e mais integralmente racionalista que o de Aristóteles. Como todos os sistemas éticos antigos, ele se inicia com a postulação de um "fim" (*telos*). Que esse fim possa ser equacionado com "felicidade" (*eudaimonia*), aí se tinha terreno comum, mas a prescrição específica a versar sobre aquilo em que ele consiste foi uma questão que dividiu escolas entre si, e mesmo estoicos entre si. Zenão o especificou como um "viver de acordo" (*homologoumenos zen*) ou, mais precisamente, "viver de acordo com a natureza".

A versão que parece menos completa ("viver de acordo") tem a vantagem de enfatizar a importância da harmonia interna, e etimologicamente o termo para "de acordo" tem um componente de *logos*, "razão", a transmitir que o "acordo" em questão seja um acordo racional. A falta de conflito interno é certamente uma parte vital da concepção estoica. Mas é importante nesse estágio enfatizar que não se trata de uma questão de conflito, como o era para Platão (acima, p. 160-162), entre os componentes racionais e irracionais da alma. A alma – ou pelo menos a sua parte "diretiva" (a *hêgemonikón*), que é a única relevante para a ética – é inteiramente racional. Seus estados supostamente "irracionais", as "paixões", são na raiz erros de juízo avaliativo, e uma vez que eles são na origem racionalmente escolhidos, a terapia apropriada é uma que mantém o agente culpável por eles e busca não os moderar (como na tradição aristotélica), mas erradicá-los completamente. A terapia das paixões é um aspecto muito importante da ética estoica.

A formulação mais completa do fim como sendo "viver de acordo com a natureza" torna-se objeto de repetidas tentativas, por sucessores de Zenão, de anular o seu sentido. Por exemplo, a "natureza" em questão seria natureza humana ou natureza cósmica? A medida que, por qualquer uma das duas vias, fosse uma natureza essencialmente racional, em última análise não haveria conflito entre as duas concepções, e Crisipo de fato decidiu que ambos os tipos de natureza estavam cobertos. A questão mais substantiva versava sobre o necessário para desenvolver seres humanos alinhando-os com a natureza racional. E nisso os estoicos trabalharam um esquema radicalmente oposto ao de Epicuro (acima, p. 204-206). Onde Epicuro havia apontado para o prazer e para a evitação da dor como objetivos naturais da criança recém-nascida, os estoicos reconheceram a emergência de um tipo muito diferente de "afinidade". *Oikeiôsis*, o termo grego para "afinidade", também traduzível por "apropriação", familiarização" etc., significa mais literalmente "fazer (de algo) seu próprio". Tornou-se um termo de arte nas teorias éticas estoicas e nas influenciadas pelos estoicos. As primeiras afinidades naturais das criaturas são por si próprias e pela sua própria "constituição", por sua sobrevivência e desenvolvimento, e pela sua própria prole. O prazer pode acompanhar seu esforço rumo a essas metas, mas mesmo quando não o faz – como quando uma criança pequena insiste em tentar andar, em que pese a dor de cair, a fim de desenvolver a sua própria natureza –, o esforço se mantém inalterado. No caso de seres racionais como somos nós, com maturação as afinidades se estendem para além de nós mesmos, para nossa família, amigos e colegas cidadãos, e, em última instância, para a inteira comunidade de seres racionais, humanos e divinos.

Esse mesmo processo de *oikeiôsis* nos faz aprender a posicionar valores, positivos ou negativos, sobre itens ambientais de acordo com sua contribuição ou obstrução em relação a nossos objetivos naturais. De algum modo, a contar dessas escolhas e evasões primitivas – conformidade com a natureza num sentido bastante modesto –, os estoicos nos convidam a progredir para um elevado entendimento moral. Muito *grosso modo*, a progressão é vista como segue. Nossas escolhas naturais nos convidam a desenvolver um conceito do "valor" (*axia*) das coisas escolhidas e a aprender as "funções próprias" (*kathekonta*) que, ao modo de regras, realçam nosso êxito em agir de acordo com a natureza. À medida que nós desempenhamos essas funções com cada vez maior regularidade e consistência, começamos a ver que seu valor individual é completamente sobrepujado por aquele da harmonia ou "acordo" (*homologia*, cognato com *homologoumenôs*, "de acordo") que se obtém entre eles. É nessa harmonia que nós primeiramente reconhecemos "o bem", termo que os estoicos reservam exclusivamente para o seu uso moral. Somente a virtude moral – ela própria compreendida como um estado perfeito do intelecto – confere benevolência genuína a todas as coisas.

Outras coisas convencionalmente chamadas "boas" ou "más", como a saúde e a doença, são na realidade indiferentes, e por essa razão reclassificadas como respectivamente "preferidas" (*proegmena*) e "despreferidas" (*anpoproegmena*). A progressão com base em valores convencionais, fundada nessas preferências, para uma perspectiva ética estoica, na qual o real "bem" os eclipsa, é a chave para o iluminismo moral. Um modo útil de ver essa progressão é aquele no qual uma concentração na *matéria* de escolha deliberada é suplantada por uma concentração em sua *forma*. Os objetos iniciais de escolha são itens modestos como alimento, bebida e abrigo, e o que conta é efetivamente obtê-los com o intuito da sobrevivência. Mas o interesse do agente se torna cada vez mais centrado na regularidade e na coerência racional do conjunto de escolhas, e tal coerência racional é um objeto cujo atingimento pode ser garantido independentemente de quaisquer êxitos correspondentes em se obter os próprios itens externos. Por essa razão, enquanto "bens" convencionais muitas vezes estão fora de nosso controle, o verdadeiro "bem", cujo atingimento equivale à felicidade, é invulnerável à fortuna.

Coisas que são convencionalmente valorizadas, como a riqueza e a reputação, mesmo se obtidas, não contribuem para a felicidade. Por essa razão, os cínicos tinham aconselhado uma posição contrária à sua busca, e por essa razão comportavam-se de modo calculado para ultrajar as normas cívicas. A posição estoica é sutilmente diferente de suas origens cínicas. Esses objetos, recomendados pela natureza, *são* dignos de ser buscados. A razão é esboçada acima: o que importa não é o seu atingimento, mas a busca racionalmente concebida das coisas que são naturalmente preferíveis. Assim, um sábio estoico por um lado se comporta muito como qualquer cidadão convencional, mas por outro é conduzido por um conjunto de valorações completamente diferentes. Para ele, de modo algum importa se os objetos naturalmente preferidos e que ele busca não aparecem ou se concretizam. Ele os busca somente como uma espécie de caráter provisório conhecido como "reserva" (*hypexairesis*), bem ilustrada pelas palavras de Crisipo (citado por Epiteto, *Discursos* II 6.9):

> Uma vez que o futuro é incerto para mim, eu sempre me apego àquelas coisas que são mais bem adaptadas para obter as coisas de acordo com a natureza; pois o próprio deus me fez disposto a selecioná-las. Mas se eu efetivamente soubesse que estava destinado agora a estar doente, eu até mesmo teria um impulso para estar doente. Pois também meu pé, se ele tivesse inteligência, teria um impulso para ficar lamacento.

Esse "sábio" idealizado, figura central na maior parte do teorizar moral estoico, era um construto teórico ou semimítico, uma vez que os estoicos dificilmente o punham para nomear qualquer pessoa real – eles próprios incluídos –, que jamais se tornaria tal sábio. Ainda assim, somente o sábio é bom e feliz, e mesmo aspirações convencionais como ser livre, rico, um rei etc. são na realidade (isto é, uma vez que esses termos são propriamente compreendidos) alcançadas somente por ele. E pior, todos nós, não sábios, temos os predicados opostos: somos maus, miseráveis, escravos, pobres etc. E isso é verdadeiro mesmo se tivermos avançado um longo caminho até o padrão disposto pelo sábio. Como os estoicos sombriamente observam, se você está se afogando, você se afoga com a mesma efetividade estando a alguns centímetros da superfície ou bem abaixo dela. Não obstante, enorme importância é atribuída a incentivar "progresso" (*prokopé*) rumo à sapiência, e vastas passagens dos escritos éticos estoicos são destinadas a facilitar exatamente isso. A última palavra pode ser deixada com Crisipo (citado por Estobeu V 906.18-907.5):

> Aquele que progride até o ponto mais longínquo desempenha todas as funções adequadas sem exceção e não omite nenhuma. Contudo, sua vida ainda não é feliz. A felicidade lhe sobrevém quando essas ações intermediárias adquirem as propriedades adicionais de firmeza e teor e sua própria fixidez particular.

O ceticismo e suas variedades

A denominação "céticos" foi introduzida como o nome de uma escola alternativa para os neopirrônicos somente após o final da era helenística. Quando, neste capítulo, o termo e seus cognatos são grafados sem a inicial maiúscula, eles funcionam como uma rubrica informal a generalizar sobre filósofos e movimentos que não raro têm ideias muito diferentes. As duas escolas em questão são os Acadêmicos e os Pirrônicos. Mais acima neste capítulo encontramos Pirro, historicamente o primeiro filósofo de inclinação cética do período. Nosso tópico a seguir é a Academia cética. (O uso do termo com inicial maiúscula, "Céticos" para essa escola, muito embora disseminado em muitos estudos modernos, é seriamente desvirtuador.)

Arcesilau. A própria obra de Platão tinha manifestado uma tendência crescente para a doutrina sistemática, e seguindo a sua morte, em 347 a. C., seus sucessores na escola que ele fundou, a Academia, deram continuidade ao processo – notavelmente o seu sucessor imediato, Espeusipo, e o sucessor deste, Xenócrates. Após um período bastante tranquilo, em fins do século quarto e início do século terceiro, sob a liderança de um certo Pólemon, a escola passou por uma revolução na década de 260 a. C., quando elegeu Arcesilau como seu líder. Para a vertente do platonismo de Arcesilau, este residia não no desenvolvimento das supostas doutrinas de Platão, mas num retorno ao espírito socrático de seus diálogos de final mais aberto, os que caracteristicamente terminam num fracasso em encontrar o que estavam buscando e na derrota dos interlocutores que pensavam que pudessem fazer melhor. Essa tendência mostrou-se recorrente mesmo no que é hoje considerado um diálogo relativamente tardio de Platão, o *Teeteto*, no qual todas as tentativas de definir o conhecimento encontram esse mesmo destino. Não admira, então, que Arcesilau fosse capaz de apresentar a renúncia sistemática ao conhecimento como o verdadeiro legado de Platão.

A escola de Arcesilau veio a ser conhecida como Nova Academia (ou por vezes, a fim de permitir desenvolvimentos subsequentes, como Academia "Média"). Em que pesem todas as suas credenciais platônicas, foi vista como algo de um híbrido. O estoico contemporâneo Aríston de Quios, numa forjada linhagem homérica, descreveu Arcesilau como uma quimera filosófica, "Platão na frente, Pirro atrás, Diodoro no meio" – e note-se essa referência ao virtuoso dialético Diodoro Cronus (acima, p. 210, 213), percebido como a inspirar os métodos filosóficos de Arcesilau. Em adição a essas possíveis influências, o movimento de Arcesilau é naturalmente interpretado como reação à chegada à cena de uma filosofia tão altamente doutrinal como foi o estoicismo. Arcesilau, que morreu em 241 a. C., era cerca de vinte anos mais novo do que Zenão, e segundo relatos, teria entabulado intensos debates tanto com ele como com sua escola.

Cícero, ele próprio um seguidor da Nova Academia (ver abaixo, p. 246-253), proporciona um admirável resumo sobre a filosofia de Arcesilau (*Academica* I 44-6):

> Foi com Zenão, assim temos ouvido, que Arcesilau iniciou toda a sua luta não por obstinação ou desejo de vitória – em minha opinião, pelo menos – mas por causa da obscuridade das coisas que tinham levado Sócrates a uma admissão de ignorância; e

> antes dele já Demócrito, Anaxágoras, Empédocles, e quase todos os antigos, que disseram que nada poderia ser apreendido ou conhecido ou sabido, dizendo que os sentidos são restritos, a mente, fraca, o curso da vida, curto, e que (para citar Demócrito) a verdade submergiu num abismo, com tudo sendo da esfera das opiniões e convenções, nada sendo deixado para a verdade e sendo tudo, por sua vez, envolvido em obscuridade.
>
> Assim Arcesilau estava na prática de negar que qualquer coisa pudesse ser conhecida, mesmo a coisa que Sócrates havia admitido, o conhecimento de que nada sabia: tal foi a extensão da obscuridade na qual tudo espreitava, em sua avaliação, sem que houvesse nada que pudesse ser discernido ou compreendido. Por essas razões, disse ele, dever-se-ia manter ou afirmar algo ou dar aceitação de assentimento, mas dever-se-ia sempre refrear sua temeridade e restringir-se de todo deslize; pois seria precipitação extraordinária aceitar algo como falso ou incognitivo, e não haveria nada mais desonroso do que, por assentimento e aceitação, correr à frente de cognição e apreensão. Ele costumava agir em consistência com essa filosofia e, ao argumentar contra a opinião de outrem, ele dissuadia a maior parte das pessoas da própria opinião delas, de modo que quando razões de igual peso eram encontradas de lados opostos sobre o mesmo objeto, o caminho mais fácil estava suspender assentimento dos dois lados.
>
> Eles chamavam a essa Academia de nova, muito embora eu ache que ela seja velha se contarmos Platão como um nome da velha Academia. Em seu livro nada é afirmado e há muito argumento pró e contra, tudo é investigado e nada é enunciado como certo.

O que temos visto aqui é a modificação por Arcesilau da posição de Sócrates, recusando-se a fazer pronunciamentos firmes mesmo sobre o *não* saber alguma coisa, e com isso ele encarna um das principais preocupações do ceticismo helenístico, qual seja, a sua própria consistência interna.

A negação do conhecimento por Arcesilau é expressa de um modo que reflete o seu confronto com Zenão e com a teoria da "impressão cognitiva" desse último (acima, p. 211-212). A política do "suspender assentimento", tecnicamente chamada de *epoché*, é apresentada em nossas fontes como a resposta de Arcesilau à (a) própria orientação de Zenão contra o assentimento a impressões não cognitivas, equiparado com o ato de se deixar levar por meras "opiniões" falíveis, combinadas com (b) seu fracasso, no debate com Zenão, em aprender de quaisquer circunstâncias concebíveis no que uma impressão *poderia* ser cognitiva, isto é, autocertificadora.

Mas seu ceticismo não era apenas uma tática de debate intraescola. Ficamos sabendo que a sua prática didática era a de encorajar seus alunos a externar suas próprias concepções, então vindo a convencê-los, por meio de debate, de que um caso igualmente forte poderia ser construído para a oposição oposta, enquanto se lhes permitia defender o seu lado do debate da melhor maneira que pudessem. Um resultado disso foi a confiança reduzida na autoridade de qualquer pessoa, e uma confiança maior no próprio poder do argumento. Apesar de um certo solo comum entre ambos, a campanha dialeticamente conduzida e intelectualmente motivada por Arcesilau em favor da suspensão do assentimento, perseguida em direta rivalidade com importantes escolas atenienses, põe-se em forte contraste com a receita predominantemente moral de Pirro, que propunha uma felicidade pessoal sob a forma da tranquilidade.

Carnéades. A outra figura eminente da Nova Academia é Carnéades, que liderou a escola em meados do segundo século a. C. (aposentou-se em 137, morreu em 129). Em 155, foi ele que tomou parte na celebrada expedição a Roma (ver p. 209 acima), tendo escandalizado os romanos quando, na sequência de um discurso no qual louvara a justiça, voltou no dia seguinte para fazer um segundo discurso justamente denunciando a justiça. Ele nada escreveu (nisso emulando Sócrates, Pirro e Arcesilau), mas seus argumentos foram volumosamente catalogados por seu discípulo e amanuense Clitômaco. Mesmo para seus próprios seguidores, sua metodologia e objetivos eram muito menos claros e mais elusivos do que os de Arcesilau haviam sido. Embora saudado por Clitômaco como defensor da *epoché*, ele por vezes pareceu advogar uma forma de falibilismo – aceitando as impressões que fossem "convincentes", ao tempo em que reconhecia a sua falibilidade. E onde Arcesilau tinha combinado (a) a afirmação de Zenão, de que o sábio nunca dá assentimento a impressões não cognitivas, com (b) o argumento de que nenhuma impressão é cognitiva, gerando a conclusão de que nunca se deveria dar assentimento, Carnéades em vez disso combinava (b) com (c) a afirmação de Zenão, de que o sábio dá assentimento a algumas impressões, a fim de produzir a conclusão, bastante diferente, de que se deveria dar assentimento a algumas impressões não cognitivas, isto é, sustentar meras opiniões. Até que ponto Arcesilau ou Carnéades ou ambos podem estar argumentando segundo o modo típico *ad hominen* da dialética, não temos como saber. Mas tanto esse argumento quanto a aprovação por Carnéades das impressões "convincentes" levaram alguns de seu seguidores a gerar com ele uma filosofia falibilista que era doutrinal em conteúdo (ver p. 300 abaixo). E assim foi que, nas mãos de sucessores de Carnéades, notavelmente Filo de Larissa (c. 161-c. 84 a. C.; ver também capítulo 7, p. 248 abaixo), a Academia do primeiro século a. C. retrocedeu de sua instância firmemente cética, incorrendo no que um crítico contemporâneo descreveu como "estoicos combatendo estoicos".

Neopirronismo. Esse crítico foi Enesidemo, que, após Pirro, Arcesilau e Carnéades, é o quarto e último inovador de destaque na história do ceticismo antigo. Embora sua formação filosófica e suas datas sejam alvo de alguma controvérsia, não há dúvida de que a sua revivescência do pirronismo no século I a. C. tenha sido em grande parte a sua reação contra a recente diluição do ceticismo na Academia (da qual provavelmente ele próprio fora um integrante). Enesidemo proclamou Pirro e sua (alegada) linhagem de herdeiros, incluindo ele próprio, como a verdadeira voz do ceticismo.

Nenhuma das obras de Enesidemo chegou até nós, mas elas constituíram parte importante do pano de fundo para os escritos que – estes, sim, sobreviveram – vieram da pena de um neopirrônico posterior, Sexto Empírico (segundo século d. C.). Esses escritos são as *Hipotiposes pirrônicas* (abreviado como *PH*) e *Contra os professores* (*Adversus Mathematicos*, abreviado como *Math.* ou *M*). O feito mais monumental de Enesidemo foram os seus Dez Modos (por extenso, os Dez Modos de Suspensão do Juízo), que ele sintetizou e organizou com base num amplo corpo de materiais, grande parte dele legada pela tradição. Os Modos mostram por que não podemos jamais encontrar acesso cognitivo à forma como as coisas são de seu pleno direito:

1. Diferentes criaturas percebem coisas de modo diferente, e não há motivo para preferir as impressões de uma *espécie* à de outra.
2. Mesmo se preferirmos uma das espécies, a humana, diferentes seres humanos percebem as coisas de modo diferente, e não há motivo para preferirmos as impressões de um *humano* às de outro.
3. Mesmo se preferirmos as impressões de um ser humano, os cinco sentidos com frequência entram em conflito entre si, e não há motivo para preferir um *sentido* a outro.
4. Mesmo se preferirmos um sentido, o mesmo sentido pode perceber as coisas diferentemente em condições diferentes, e não há motivo para se preferir um conjunto de *condições* a outro.
5. *Posições, distâncias etc.* afetam o modo como percebemos as coisas.
6. Nossas impressões são contaminadas por *acréscimos* do ambiente ou de nossa própria química corpórea.
7. Os mesmos objetos fazem impressões diferentes de acordo com a sua *quantidade e disposição.*
8. Todas as coisas são, de um modo ou de outro, *relativas.*
9. As coisas ocorrem a nós de modos diferentes a depender de elas serem *familiares* ou não.
10. O modo como as coisas aparecem é muitas vezes *culturalmente* determinado.

Em todos esses aspectos, uma coisa pode aparecer a nós de dois ou mais modos conflitantes, e, não estando nós em posição de julgar o conflito, somos obrigados a suspender o juízo quanto ao modo como as coisas são em si mesmas. O mesmo resultado, suspensão do juízo, foi pensado como vindo na sequência dos numerosos ataques, por Enesidemo, às posições doutrinais propostas em todas as principais subdisciplinas filosóficas. De acordo com Enesidemo, tal reconhecimento de sua própria ignorância é o modo pelo qual "se filosofa de acordo com Pirro"; na verdade, a suspensão do juízo em si mesma é o fim, e se constitui na felicidade. Se Enesidemo, talvez influenciado pela interpretação de Pirro por Tímon, estava aqui a oferecer uma noção mais intelectualizada e menos emotiva de felicidade do que o modelo original de "tranquilidade" de Pirro, isso sem dúvida reflete o seu pano de fundo imediato de ceticismo na dialética acadêmica.

Com relação a isso, pelo menos, o ceticismo de Sexto, escrevendo dois séculos depois, representa até certo ponto uma reversão em relação a Pirro, já que Sexto apresenta a tranquilidade (*ataraxia*) como o fim, e a *epoché* como não mais do que um meio para ele. Em uma imagem celebrada, o cético (ou melhor, Cético, uma vez que esse termo, literalmente "investigador", em seu tempo competia com "Pirronista" para ser o nome da escola) é comparado por Sexto ao pintor Apeles, que, após repetidos fracassos em tentar pintar a espuma saindo do focinho de um cavalo, desistiu e lançou sobre a pintura a sua esponja de limpar pincéis, assim criando exatamente o efeito pelo qual tanto ansiara. De modo semelhante, o cético é alguém que, com o interesse de atingir a tranquilidade, inicia tentando resolver todas as disputas filosóficas que o inquietam; mas é somente quando desiste em desespero e decide suspender o juízo que descobre, para a sua surpresa, que com isso inadvertidamente está a atingir o seu objetivo, a paz de espírito.

Para além de tais alterações no foco ético, o ceticismo esposado por Sexto provavelmente difere em alguns aspectos metodológicos do de Enesidemo, embora a difícil questão da *natureza* de tais mudanças não possa ser abordada aqui. Por certo que nos dois séculos intervenientes outros membros da escola desenvolveram a sua metodologia, notavelmente Agripa (de datas incertas), cujos Cinco Modos complementam, mais do que substituem, os Dez Modos de Enesidemo. Eles são (1) dissensão (*diaphonia*), (2) regresso infinito, (3) relação, (4) suposição e (5) circularidade. Um exemplo usando todos exceto um desses é o argumento de Sexto (*PH* II 19-20) que apresentamos a seguir, o qual se inicia com a falta de consenso quanto a existir ou não um critério de verdade:

> Essa *dissensão*, eles a pronunciarão solucionável ou não solucionável. Se a pronunciarem como não solucionável, admitirão

> sem mais que devemos suspender o juízo. Se, por outro lado, for solucionável, deixamos que digam por qual critério tal está para ser julgado, quando nós nem temos um critério concorde, nem qualquer ideia sobre se tal existe, mas estamos investigando exatamente isso. Além do mais, a fim de que a discórdia que surgiu quanto ao critério seja resolvida, precisamos ter um critério concorde por meio do qual seremos capazes de julgá-lo. E a fim de que devamos ter um critério concorde, a discórdia quanto ao critério precisa ser resolvida primeiro. Desse modo, o argumento incide no modo de *circularidade*, e a descoberta do critério se encontra bloqueada. Pois nós não permitimos a eles selecionar um critério por *suposição*; e se querem julgar o critério por um critério, nós com isso ativamos um *regresso infinito*.

Muito embora sua vida seja posterior à era helenística (como provavelmente a de Agripa), Sexto Empírico é hoje a principal voz sobrevivente do movimento helenista neopirrônico tardio. Em suas críticas filosóficas, o escopo de seus ataques reflete o estado do debate filosófico durante o período helenístico muito mais do que os desenvolvimentos filosóficos de sua própria era. Por exemplo, ele está bem informado acerca do primeiro estoicismo, mas ignora a chamada Estoa imperial. Encontra-se profundamente interessado, por razões óbvias, pelas fases sucessivas da "Nova Academia", mas não conhece nada acerca do movimento, que lhe é contemporâneo, hoje conhecido como "Platonismo Médio" (ver abaixo, p. 300). E fala muito pouco de Aristóteles e de sua escola – que, significativamente, tinha tido uma atuação bastante discreta durante o período helenístico –, parecendo ignorar completamente a revivescência do interesse pelo aristotelismo e os inícios da tradição de comentários a Aristóteles, que já vinha ganhando fôlego no primeiro século a. C. Por essa razão, não é pouco razoável tratá-lo, como comumente é feito, sob a rubrica de filosofia helenística.

Em décadas recentes, Sexto tem sido cada vez mais respeitado como filósofo criativo, trabalhando para erigir o pirronismo numa instância filosófica mais forte, mais coerente e mais sofisticada. Particular atenção tem sido dada a suas respostas a duas recorrentes acusações feitas ao ceticismo pirrônico: a de que é teoricamente inconsistente e que torna a vida prática impossível. O Cético sextânico por um lado evita todo *dogma* – termo usado para designar não toda crença, mas qualquer concepção doutrinal numa questão alvo de disputa –, e por outro lado facultativamente se conforma às "aparições" passivas (*phainomena*). Se essa é uma política que intenta evitar toda a crença e se é bem sucedida em fazê-lo, são questões que continuam a ser intensamente debatidas por historiadores de filosofia antiga.

Posfácio

Até décadas recentes, os filósofos helenísticos eram seriamente desvalorizados. Essa atitude se deveu em parte ao conteúdo de seu ensinamento – Epicuro, por exemplo, foi visto por alguns como a oferecer uma síntese chocante de materialismo cru, hedonismo e criptoateísmo –, em parte em razão da forma popularizadora na qual frequentes vezes é apresentado. No caso do estoicismo, acidentes de sobrevivência têm parte da culpa: enquanto a ética da escola encontrava-se elaboradamente documentada em nossas fontes romanas, os detalhes mais técnicos do sistema em ampla medida pereceram com a perda dos escritos da primeira Estoa, tendo de ser laboriosamente reunidos. Fatores como esses se combinaram para dar à era helenística uma duradoura reputação de era de declínio filosófico, devidamente ofuscada pelas glórias recentes de Platão e Aristóteles.

Muito mais pode ser dito sobre o porquê e como desde meados do século XX os filósofos helenísticos têm amplamente recuperado a elevada posição de que desfrutavam em sua própria época, atraindo renovado interesse e respeito. Essa reabilitação filosófica tem trabalhado basicamente em favor do estoicismo. A lógica estoica tem sido um agente importante nessa história. Depois de ter sido desprezada como pedante e formal durante séculos, particularmente durante o século XIX, veio a ser reconhecida, por boas ou más razões, como uma valorosa antecipação de uma série de teorias modernas em lógica, em semântica e em filosofia da linguagem. Em meados do século XX, a física estoica veio a ser comparada, com admiração, com algumas tendências antimecanicistas da física moderna. E em décadas mais recentes, a ética estoica – em particular as teorias e práticas da Estoa imperial – tem sido revisitada em profundidade, chegando mesmo a adquirir ares de filosofia da moda em alguns círculos.

Mas essa renovação da atenção dada ao estoicismo tem também, por derivação, beneficiado as outras escolas helenísticas, e mesmo filosofias pré e pós-helenísticas. Ao ler algumas abordagens sinópticas recentes de filosofia antiga, é possível obter uma imagem altamente estoicizada do mundo filosófico grego, realçando, por exemplo, a íntima interdependência entre teoria intelectual e prática espiritual. Para quem quer que continue a reconhecer a filosofia antiga como a melhor rota de entrada para o estudo da filosofia em si mesma, a filosofia helenística reivindica fortemente ser o seu ideal ponto de partida.[1]

1 O esboço inicial deste capítulo foi escrito por David Sedley, usando escritos existentes de Jacques Brunschwig sobre filosofia helenística como sua principal base. O texto foi então ajustado e finalizado por meio de intenso debate entre ambos.

7 Filosofia romana

A. A. Long

Introdução

O título deste capítulo teria chocado a maior parte dos romanos na época de Cícero como provocativo, se não como flagrantemente inapto. A filosofia tinha adentrado Roma como uma importação grega, e aqueles que ensinavam ali eram advindos sobretudo da Grécia ou de um oriente ainda mais distante da Itália. Os romanos que desejassem estudar filosofia, de modo geral, viajavam para Atenas ou para outros centros de fala grega. No início do principado de Augusto (27 a. C.-14 d. C.), Quinto Séxtio fundou uma escola que combinava a ética estoica com princípios do pitagorismo, como a abstenção da carne. Mas, à parte essa seita de vida curta e pouco memorável, não havia escolas de filosofia exclusivamente romanas, a exemplo dos Acadêmicos, Peripatéticos, Epicuristas e Estoicos, há muito estabelecidos. O movimento cínico, que ganhou aderentes romanos no início do Império, não contava como instituição formal, e também ele era originalmente grego, remontando a Diógenes, de quem os estoicos tinham se apropriado juntamente com Sócrates. Não havia opção interna, "caseira", provida de qualquer consequência, e por isso não haveria filosofia romana enquanto tal.

Ocorre que, com o benefício da retrospectiva, esse veredicto dificilmente fica de pé. Em muitos pensadores, do início da Renascença a meados do século XVIII, a influência de Cícero e Sêneca foi enorme, superando em sua difusão geral o impacto mesmo de Platão e Aristóteles (para mais detalhes, ver capítulo 12). Os ensaios de Montaigne constantemente refletem sua leitura das *Cartas morais a Lucílio*, de Sêneca. Em seu pensamento político, Locke, como muitos outros, pautou-se em grande medida pelo *Dos deveres* (*De officiis*), de Cícero. Hume modelou seus celebrados *Diálogos sobre a religião natural* no *Sobre a natureza dos deuses* (*De natura deorum*), de Cícero. Outro texto seminal, especialmente para os neoepicuristas do século XVII, foi o poema didático *Sobre a natureza das coisas* (*De rerum natura*), de Lucrécio. Esses livros são uma amostra do potente legado de Roma para a filosofia. Eles deveram a sua notável vida posterior ao fato de terem sido escritos em latim, e não em grego.

Antes de Lucrécio e Cícero, não houve escritos filosóficos importantes no latim vernacular. Isso explica a reclamação de Lucrécio em seu poema sobre a "pobreza" da linguagem latina em dar conta dos detalhes obscuros da física epicurista. Cícero, escrevendo poucos anos depois, frequentemente acha necessário cunhar palavras latinas para os termos gregos que ele necessita transmitir a seus leitores. Daí se tem, como derivativos ingleses do latim de Cícero, termos como "qualidade" (*poiotes*). O latim que ele e Lucrécio herdaram era inadequado para expressar as nuances do grego filosófico. Ainda assim, graças à sua notável iniciativa, o latim foi lançado na via que o tornaria o soberbo instrumento para o discurso científico, como viria a ser para Copérnico, Galileu, Descartes e Newton. Na verdade, grande parte de nossa terminologia filosófica em inglês, muito embora em última instância derivada do grego, é mais diretamente tomada de latinizações clássicas e medievais de termos gregos, por exemplo, *"virtue", "substance", "essence, "element", "principle", "matter", "form", "potentiality", "accident", "efficient cause", "final cause"* etc. [*"virtude", "sustância", "essência", "elemento", "princípio", "matéria", "forma", "potencialidade", "acidente", "causa eficiente", "causa final"* etc.] (cf. glossário p. 449-462, para detalhes desses e de outros termos).

O que confere substância ao título deste capítulo inclui não apenas a produção de obras influentes em latim, mas também os papeis que a filosofia viria a desempenhar na cultura romana de fins da República em diante. Muito embora poucos romanos cultivassem e escrevessem filosofia em nível elevado, esse número é contrabalançado pelos muitos que eram por ela tocados e influenciados de maneira indireta. Os grandes poetas augustanos Horácio e Virgílio, ambos os quais tinham estudado filosofia, incluem temas estoicos e epicuristas em seus versos. No início de seu período imperial, o estoicismo figura fortemente nas sátiras de Pérsio, no poema épico *Sobre a guerra civil*, de Lucano, e no poema astronômico de Manílio Tácito, e, além disso, Plínio, o Jovem e Quintiliano são escritores eminentes cuja educação envolveu alguma exposição à filosofia; isso é ainda mais evidente nas conversas eruditas reportadas nas *Noites áticas*, de Aulo Gélio. Augusto, o primeiro imperador romano, considerou um ato político ter um filósofo da corte, e dois séculos depois o estoico Marco Aurélio sentaria no trono imperial. A partir do terceiro século d. C., as obras latinas de apologistas cristãos como Tertuliano e Lactâncio, embora oficialmente hostis à filosofia pagã, ajudaram a fazer a tradição seguir adiante. Com eles e com Agostinho, um século depois, chegamos a figuras por demais magnificentes para serem trazidas neste capítulo, mas suas contribuições à teologia cristã configuram também a vida póstera da filosofia romana.

É difícil pensar numa sociedade em que os membros da classe alta estiveram mais, de modo geral, conscientes da filosofia do que parece ter sido o caso da Roma Imperial. Para alguns deles, na verdade, essa percepção terá sido bem superficial e dificilmente positiva, mas a verdade é que todo senador ou cavaleiro conhecia a diferença entre os valores de um estoico e de um epicurista. O romancista Petrônio esclarece essa questão de maneira divertida quando o seu personagem cômico, o homem liberto Trimálquio, diz aos convidados de seu jantar gargantuano que seu epitáfio será: "Deixou 30 milhões de sestércios e jamais ouviu a um filósofo" (*Satiricon* 71.12).

Duzentos anos antes, em Roma, os filósofos tinham sido vistos pelas autoridades como uma novidade preocupante. Quando o acadêmico Carnéades visitou a cidade em 155 a. C. como embaixador e provocou grande escândalo com suas conferências públicas ao argumentar a favor e contra a justiça natural (acima, p. 225), Catão, o Velho, persuadiu o Senado a mandá-lo embora, bem como aos outros filósofos embaixadores, antes que tivessem tempo de subverter a juventude de Roma. Como dar conta da conversão da suspeita em torno da filosofia para a sua difusão entre muitos da elite romana?

Qualquer resposta a essa questão tem de levar em conta os interesses especiais dos indivíduos, mas, entre os fatores genéricos, os seguintes são de especial importância: acesso a filósofos gregos dentro e fora da Itália, disponibilidade de textos filosóficos gregos; exigências de educação mais elevada nas áreas de retórica e gramática; a pobreza da religião romana como contexto para a ética e espiritualidade; e, acima de tudo, talvez, as guerras civis que selaram o fim da República, deixando no Senado um carimbo de autocracia imperial mais do que de arena gratificante para debates intelectuais e autodefinição. Uma breve revisão de todos esses fatores se faz necessária antes de passarmos a um levantamento dos principais contribuidores e tendências.

A começar com o estoico Panécio, nos últimos anos do século II a. C., eminentes filósofos gregos passaram um tempo em Roma. Durante a juventude de Cícero, esses incluíram os acadêmicos Filo e Antíoco e o estoico Posidônio. Cícero e Catão, o Jovem, deram, cada um, guarida permanente a um filósofo estoico. Cícero, Ático, Varrão, Brutus e Horácio estudaram em Atenas com filósofos que incluíram Crátipo, o principal peripatético da época. Nos anos intermediários do século I a. C., o epicurista Filodemo, sob o mecenato de Calpúrnio Pisão, ensinou na região de Nápoles, como o fez outro epicurista, Sirão, que tinha entre seus alunos Virgílio e, provavelmente, Horácio. A tabela de nomes, por incompleta que possa ser, mostra quanto dos romanos mais intelectualmente hábeis estavam tirando vantagem de um treinamento filosófico.

Principais autores filosóficos romanos

Nome	**Dados biográficos**	**Filiação**	**Principais escritos de importância filosófica a sobreviver**
Lucrécio	Desconhecido c. 95-50 a. C.	Epicurista	*Sobre a natureza das coisas* = *De rerum natura* (*DRN*) (poema didático)
Cícero (nome completo Marco Túlio Cícero)	Orador e político romano; 106-43 a. C.	Acadêmico	*República* = *De republica* *Leis* = *De legibus* *Paradoxos estoicos* = *Paradoxa Stoicorum* *Academica (Ac.;* Livro I, por vezes chamado *Varro*, Livro II, *Lucullus)*

			Sobre os fins = De finibus bonorum et malorum *Discussões tusculanas = Tusculanae disputationes* *Sobre a Natureza dos Deuses = De natura deorum (ND, DND)* *Timeu* (trad. latina incompleta do diálogo de Platão) *Sobre a velhice = Cato maior, de senectute* *Sobre a adivinhação = De divinatione* *Sobre o destino = De fato* *Tópicos = Topica* *Sobre a amizade = Laelius, de amicitia* *Dos deveres = De officiis*
Varrão	Estudioso, 116-27 a. C.	Antioquiano	*Sobre a linguagem latina = De lingua latina*
Sêneca (o jovem)	Político e estudioso romano; c. 1-65 d. C.	Estoico	Consolações (várias) *Sobre a ira = De ira* *Sobre a brevidade da vida = De brevitate vitae* *Sobre a constância = De constantia sapientis* *Sobre a tranquilidade = De tranquillitate animi* *Apocoloquintose do divino Cláudio = Apocolocyntosis* *Sobre a providência = De providentia* *Sobre a clemência = De clementia* *Sobre a vida feliz = De vita beata* *Sobre o ócio = De otio* *Sobre os favores = De beneficiis* *Questões naturais = Naturales quaestiones* *Cartas morais a Lucílio = Ad Lucilium epistulae Morales*

Musônio Rufo	Cavaleiro romano e professor; nascido em c. 20 d. C.	Estoico	*Discursos* (em grego)
Cornuto	Professor de filosofia e de retórica; nascido c. 20 d. C.	Estoico	*Compêndio de teologia grega* (em grego)
Epiteto	Escravo em Roma; após a emancipação, ensinou em Nicópolis, na Grécia; c. 55-135 d. C.	Estoico	*Discursos = Dissertationes* (em grego) *Manual = Enchiridion* (em grego)
Marco Aurélio	121-80 d. C.; imperador romano 161-80	Estoico	*Meditações* (em grego)
Apuleio	Orador, filósofo e romancista (*O jumento de ouro*); nascido c. 125 d. C.	Platônico	*Sobre Platão e sua doutrina = De Platone et eius doctrina* *Sobre o Deus de Sócrates = De deo Socratis* *Sobre interpretação = De interpretatione*
Tertuliano	Clérigo e teólogo; nascido c. 160 d. C.	Cristão	*Sobre a alma = De anima*
Lactâncio	Retórico e apologista cristão; c. 240-320 d. C.	Cristão	*Sobre a criação de Deus = De opificio Dei* *Institutos divinos = Divinae institutiones* *Sobre a ira de Deus = De vitae Dei*
Calcídio	Desconhecido; quarto século d. C.	Platônico; possivelmente cristão	Comentário sobre o *Timeu* de Platão
Mário Vitorino	Quarto século d. C.	Platônico e cristão	Comentário sobre a retórica de Cícero

Agostinho	Bispo e teólogo; 354-430 d. C	Cristão	*Contra os acadêmicos = Contra Academicos* *Sobre a dialética = De dialectica* *Sobre o livre arbítrio = De libero arbítrio voluntatis* *Sobre o mestre = De magistro* *Confissões = Confessiones* *Cidade de Deus = De civitate Dei*
Macróbio	Desconhecido; quinto século d. C.	Platônico	Comentário sobre Cícero, *O sonho de Scípio*
Marciano Capela	Administrador romano; quinto século d. C.	Platônico	*O casamento de Filologia e Mercúrio = De nuptiis Philologiae et Mercurii*
Boécio	Administrador romano; 480-524 d. C.	Cristão e platônico	Comentários sobre a *Isagoge* de Porfírio, sobre as *Categorias* de Aristóteles, o *De interpretatione* de Aristóteles, sobre os *Analíticos anteriores* de Aristóteles e sobre os *Tópicos* de Cícero *Sobre silogismos hipotéticos = De hypotheticis syllogismis* *Sobre a divisão = De divisione* *Sobre o silogismo categórico = De syllogismo categorico* *Introdução aos silogismos categóricos = Introductio ad syllogismos categoricos* *Consolação da filosofia = De consolatione philosophiae*

Nota. Esse quadro inclui, em adição aos principais filósofos romanos pagãos, alguns poucos autores cristãos importantes que conscientemente escreveram na tradição (principalmente ciceroniana) da filosofia latina. Os títulos listados em latim e em português não pretendem ser exaustivos, mas suficientes para fazer com que os leitores reconheçam referências por extenso e abreviadas às obras. As obras são todas em latim, exceto quando o grego é indicado. São listadas em ordem cronológica à medida que essa ordem pode ser estabelecida.

O currículo filosófico foi dividido nos três campos da física (investigação sobre a natureza do mundo), da ética e da lógica, esta última incluindo linguagem, gramática e retórica. A filosofia, tal como celebremente construída por Platão, era antitética ao meramente falar persuasivo, e durante toda a antiguidade retóricos foram nitidamente distinguidos dos filósofos. Mas a retórica encontrava-se por demais arraigada na cultura greco-romana para que os professores filósofos a ignorassem, enquanto os retóricos necessitavam do treinamento em argumentação, e este os filósofos eram excelentemente equipados para providenciar. Filo, professor acadêmico de Cícero, era especialmente reconhecido por seu trabalho em teoria retórica. Na condição de florescente jurista, Cícero, a exemplo de outros ambiciosos romanos, tinha motivações fortemente práticas, bem como teóricas, para estudar técnicas de argumentação *pro* e *contra* com tal professor.

Além da retórica, havia a necessidade de treinamento em gramática. A gramática básica era matéria de instrução elementar, mas num nível mais elevado tinha sido objeto de notável investigação da parte de filósofos estoicos, cujo trabalho estava sendo realizado por especialistas em gramática. Nessa esfera, como com a retórica, a filosofia grega se infiltrava na educação superior. A obra mais famosa de Varrão foi o seu estudo sobre a língua latina e, ao compor sua grande série de livros, embora fosse ele próprio mais um seguidor de Antíoco do que um estoico, foi fortemente influenciado, como todos os gramáticos posteriores, pela fonologia e classificação das partes do discurso próprias dos estoicos.

Cícero reconhece a diferença entre filosofia e retórica, mas constantemente insiste na conveniência de combiná-las, para a mútua vantagem de cada qual. Esse tema, que é uma das contribuições que o distinguem, influencia fortemente a sua maneira de escrever filosofia. O que se aplica a Cícero é pertinente também à filosofia romana de modo mais geral. Os escritos de Sêneca e mesmo as *Meditações* de Marco Aurélio (compostas em grego) são altamente retóricos, sentenciosos e engenhosamente construídos. Esses autores dificilmente poderiam ter insulado sua composição de filosofia em relação a seu treinamento retórico, mas seu gosto por um discurso surpreendente, que fosse distinto da prosa desapaixonada e técnica, é sintomático também de outro aspecto da filosofia romana – seu teor ético e prático.

Se tomarmos Lucrécio no início de nosso período ou o cristão Boécio ao seu final, a filosofia composta em latim e a filosofia escrita por romanos em grego tendem a ser imperiosas em seu tom e terapêuticas no efeito desejado. Essas tendências, que pressupõem o valor *per se* da filosofia, não são romanas em origem. Sua promessa de curar males mentais e reorientar valores remete diretamente a Sócrates e a Platão. Mas tal objetivo recebera ênfase particular da parte de estoicos e epicuristas, que ofereciam seus sistemas como abrangentes filosofias da vida; essas duas escolas foram as mais vivas e mais influentes durante a República romana em sua fase tardia e no início do Império. Uma teoria elaborada, por certo, era o alicerce de ambos esses sistemas. Isso foi plenamente compreendido e bem refletido pelos principais romanos a escrever sobre eles. Mas eles viviam em um tempo em que toda a filosofia, tal como ensinada pelos gregos, era caracterizada pela fidelidade a essa ou àquela escola e pela autoridade mais do que por inovação conceitual ou por uma investigação sem fim ou delimitação. Os grandes desenvolvimentos em filosofia, associados com a emergência do neoplatonismo e dos comentários aristotélicos (ver capítulo 9 abaixo), são posteriores às figuras que, em primeiro lugar, pensamos como filósofos romanos. Eles são criativos principalmente no modo como escrevem sobre sua herança grega, no que dela selecionam e no manto educacional que assumem.

No início de seu poema, Lucrécio olha para o epicurismo como o antídoto ao conflito e competição que estavam arruinando a República Romana. Cícero, no *De officiis*, volta-se para o estoicismo, tendo em vista o rearmamento moral que ele pensa que o Estado necessita no pós-guerra civil. Dois anos antes, em 46 a. C., Catão, o mais famoso estoico romano desse período, tinha cometido suicídio para não se submeter aos cesarianos, contra os quais lutara resolutamente. Esses tempos conturbados, que são refletidos nos poemas de Virgílio e de Horácio, foram uma influência significativa sobre a viragem romana para a filosofia. Enquanto a estrutura principal da República estava intacta, romanos de liderança tinham se definido sobretudo por referência à tradição familiar e pelo renome que o serviço cívico e militar poderia proporcionar. Com o Estado em completo desarranjo e sem amparo ético ou emocional a ser derivado da religião oficial, começamos a encontrar uma mentalidade mais reflexiva e ascética, que se tornaria ainda mais proeminente no Império.

O que eu acabo de descrever é um conjunto de condições que conduzem a filosofia em Roma mais do que uma caracterização organizada – e tal não seria muito possível – dos filósofos romanos enquanto tais. Ainda assim, as condições e caracterizações são suficientemente próximas para facilitar um amplo sentido do que era romano na filosofia romana. Em contraste com seus mentores gregos e autoridades da escola, os romanos que tenho estado a mencionar não eram professores profissionais. Para traçar um contraste adicional, com a possível exceção de Lucrécio, eles todos vieram dos escalões superiores da sociedade. Três deles, Cícero, Sêneca e Marco Aurélio, tinham notáveis carreiras políticas, e o retiro que deu a Cícero e Sêneca a oportunidade de se concentrar na filosofia em tempo integral lhes foi forçado. O ativismo e a experiência política desses homens acrescentam uma dimensão significativa a suas obras filosóficas, não só à medida que eles discutem a sociedade diretamente, mas também em suas alusões a eventos ou pessoas romanas e em sua refração de conceitos estoicos ou outros conceitos filosóficos através de lentes explicitamente romanas.

Cícero queria que o seu surto de trabalho filosófico ao final da vida fosse construído como um serviço patriótico. Ao apresentar as doutrinas das escolas gregas numa série de livros latinos, deu a seus concidadãos uma cornucópia de literatura filosófica de que eles antes careciam. Lucrécio dedicou seu poema a Gaio Mêmio, um nobre politicamente ativo. Sêneca, embora menos abertamente político do que Cícero, escreveu o *Sobre a piedade* para Nero como forma de conselho ao jovem imperador em início de reinado. Seja discutindo a ira e a tranquilidade ou instruindo Lucílio nas *Cartas morais*, Sêneca apresenta-se também como um severo crítico da luxúria, da crueldade e do declínio moral romano.

Marco Aurélio provavelmente escreveu suas *Meditações* simplesmente para si mesmo, mas em sua condição de estoico inteiramente comprometido, também não deixa de nos fazer pensar no ideal de Platão de um governante filósofo (p. 147-148 acima).

Tendo posto em revista um amplo contexto de filosofia romana, podemos agora lançar um olhar mais detido às principais figuras e suas distintas contribuições, focalizando os quatro autores cuja obra eu aqui já enfatizei – Lucrécio, Cícero, Sêneca e Marco Aurélio. Cada um deles é por demais idiossincrático para proporcionar material a qualquer história linear da filosofia romana; não obstante, em si esse fato já nos diz muito sobre o que os romanos fizeram de sua herança filosófica grega.

Lucrécio

O *De rerum natura* é uma obra surpreendente. Ao modo de uma interpretação poética da filosofia de Epicuro, ele parece espocar de lugar nenhum. Lucrécio estava a escrever justamente ao tempo em que uma escola epicurista florescia em Herculano sob a liderança de Filodemo, mas ele não revela nenhum traço claro da influência do professor. Baseia sua exposição na obra mestra do próprio Epicuro – o *Sobre a natureza*, com seus 37 livros. Ainda assim, em vez de imitar a prosa seca de Epicuro, Lucrécio transforma as doutrinas deste num poema hexâmetro, modelado no verso filosófico de Empédocles, que rivaliza com a Eneida de Virgílio em escala e gênio literário.

Se Lucrécio tivesse sido grego, sua síntese de Empédocles e Epicuro seria bastante estranha, mas em seu tempo e lugar romanos tinha-se aí uma decisão inspirada. Ele opta pelo verso como se fosse (em sua própria célebre imagem) mel posto na borda de um copo que traz um remédio amargo, e de maneira tipicamente romana adota um ilustre modelo literário grego. Virgílio, na geração seguinte, ousadamente se apresenta como o Homero romano, enquanto Cícero não menos ousadamente imita Platão chamando suas primeiras obras filosóficas de *República* e *Leis*. Epicuro não foi um ilustre nome literário, mas Empédocles atingiu esse estatuto por meio de seu poema cosmológico, que, como o de Epicuro, se intitula *Sobre a natureza*. Por volta da época de Lucrécio, Empédocles já tinha sido adaptado para o latim, como sabemos por Cícero, que contrasta a *Empedoclea* de Salústio de maneira desfavorável em relação ao brilho do poema de Lucrécio.

Nós hoje creditamos Lucrécio com uma inteligência filosófica que nenhum outro romano, incluindo Cícero ou Sêneca, teria ultrapassado. Na própria Roma, contudo, sua escolha de gênero fez com que ele fosse classificado como poeta, e não como filósofo. Isso explica a omissão, notável não fosse por isso, do nome de Lucrécio de todo o *corpus* filosófico de Cícero.

Uma vez que a obra original de Epicuro é hoje extremamente fragmentária, o *De rerum natura* é, muitas vezes, nossa fonte mais completa para o pensamento dos fundadores. Lucrécio inclui tópicos fundamentais como o "desvio" atômico, a evolução da sociedade e a antropologia da religião, esta sobre a qual nada ficamos sabendo do próprio Epicuro. Nenhum detalhe é recôndito demais para Lucrécio reproduzir e elaborar. Ele é incrivelmente inventivo em seus esforços de transformar o grego técnico de Epicuro num latim elegante. Seus argumentos geralmente têm uma estrutura lógica mesmo quando, como acontece com tanta frequência, ele os embeleza com imagens notáveis, jogos de palavras e outros dispositivos poéticos. Como todos os epicuristas, ele lança um olhar a Epicuro como sua única autoridade; não tem interesse em inovação doutrinal ou em desvios substanciais de textos que toma como sendo canônicos. Ainda assim, enquanto Lucrécio corretamente tem sido chamado de epicurista "fundamentalista", sua obra é imensamente criativa não apenas em sua forma poética, mas também em seu poder retórico e emocional e em sua relevância social.

Epicuro tinha elaborado sua cosmologia atomística como o único antídoto efetivo contra o temor do controle divino e da morte. Ele também desenvolveu teorias sobre cognição, experiência mental, valores e práticas sociais, rastreando o fracasso em se ter satisfação na vida em falsas crenças sobre a natureza e o cultivo de desejos desnecessários. Tudo isso está em Lucrécio, mas é do modo mais expansivo que ele lida com a teoria física e a psicologia epicurista, em especial a mortalidade da alma. De um modo que é verdadeiramente epicurista, ele apresenta essas doutrinas como a fundação da prescrição libertadora da filosofia, tendo em vista uma vida imperturbável. Mas ao conceber a "natureza" de maneira regularmente personificante e como maravilhoso agente criativo, Lucrécio usa metáforas que poderiam conduzir os incautos a pensar ter ele abandonado a física austeramente mecanicista do próprio Epicuro.

Em vez de expor as tecnicalidades da ética de Epicuro, ele tende a confinar o ensinamento explicitamente moral do mestre aos prefácios e conclusões de seus seis livros. Essas seções incluíam sua poesia e retórica mais poderosas, e são também as partes mais claramente originais de sua obra. Ali nós encontramos a sua acusação de superstição religiosa, exemplificada pelo brutal sacrifício de Ifigênia por Agamêmnon; o seu contraste entre a tranquilidade epicurista e a correria competitiva, emblemática da sociedade romana; sua eulogia de Epicuro como o único salvador da humanidade; sua longa sátira de pessoas que se agarram à vida por um medo irracional da morte; sua mordente disquisição sobre o desejo sexual; seu ridículo da mitologia; e seu horrível retrato, esboçado por Tucídides, dos que morreram da peste ateniense no início da Guerra do Peloponeso. A última dessas passagens, que é um meio extraordinário de concluir o poema, torna plausível supor que Lucrécio não deixou sua obra como pretenderia fazê-lo; e há outras razões para pensar que o poema carece de uma revisão final.

Até que ponto, à parte pelo seu uso virtuoso do latim, Lucrécio romanizou sua fonte epicurista? Os lugares e nomes próprios que ele menciona são amplamente gregos, e em tais contextos ele tempera o seu verso com palavras gregas, honrando a cultura de Epicuro. Ele não deixa dúvida a seus leitores de que o autor de sua salvação, como da própria filosofia, é completamente grego. Porém Lucrécio incorpora Roma não apenas na abertura de seu poema, com sua invocação de Vênus, "mãe de Enéas e sua raça", e com a prece para que ela dissuada Marte da guerra civil, mas também nas alusões a Cipião, conquistador de Cartago, e a Ênio, um grande predecessor poético. Epicuro, juntamente com sua eminência intelectual e filantrópica, é também apresentado como o pai romano ideal, fornecendo em suas páginas "preceitos paternos". Lucrécio faz do medo da morte a causa principal da "ganância, e a paixão cega por honras, que obriga homens infelizes a transgredir os limites da lei... e com esforço cada vez maior os faz escalar o pináculo do poder" (III 59-63). Ele acusa a competitividade social e política, tão antitética ao ideal epicurista, de ter responsabilidade pelos desastres da Roma de então.

O quietismo que Lucrécio advogava não combinava bem com a maior parte dos membros da elite romana. Eles tinham sido criados sob uma ideologia que premiava os feitos militares e o renome político. O poema de Lucrécio, contudo, vindo à lume à época do colapso da República Romana, foi um desafio notável aos valores romanos tradicionais. Cícero, embora admirasse Lucrécio, não tinha simpatia pelo epicurismo. Ainda assim, ambos compartilhavam da crença de que filosofia de algum tipo fosse necessária para explicar e aliviar a situação difícil da política romana.

Cícero

Por muitas razões, Cícero tem de ser a figura central deste capítulo. Seus volumosos escritos filosóficos percorrem a maior parte dos tópicos e pensadores sobre os quais se falava durante o período em que ele escreveu. Como vimos, ele estava familiarizado com filósofos gregos importantes, e muitos de seus amigos romanos compartilhavam de seus interesses filosóficos. Se tivesse sido um professor ou um estudioso profissional, sua produção teria sido de todo notável. De fato, embora o seu interesse pela filosofia fosse constante, devotou apenas alguns poucos anos de sua vida cheia de energia ao estudo e à escrita em período integral. As obras de viés jurídico e a política ocuparam muito de seu tempo, exceto pelos dois anos da ditadura de César, quando esteve em retiro. Nesse breve período (46-44 a. C.), Cícero escreveu bem mais de trinta livros. A série começava com *Hortensius*, um diálogo em que tão eloquentemente se recomendava o estudo da filosofia a ponto de inspirar Agostinho a se voltar ao Novo Testamento como fonte de sabedoria. O *Hortênsio* sobrevive apenas em umas poucas citações, mas possuímos o texto completo da maioria das obras filosóficas de Cícero. Estas incluem pesquisas topicamente organizadas das escolas filosóficas de seu tempo, obras de teoria retórica, ensaios sobre a velhice e sobre a amizade, traduções parciais de dois diálogos platônicos, e finalmente sua obra mais influente, o *Dos deveres* (*De officiis*). Enquanto estava a completar a sua última série de livros, ele também retornava à arena política, com a série de orações filipenses direcionadas contra Marco Antônio.

O estatuto de Cícero como figura histórica mundial deve muito à sua combinação extraordinária entre retórica, política e filosofia. Enquanto suas contribuições à filosofia são nosso tema aqui, mesmo uma avaliação resumida dessas obras precisa ser prefaciada pelo reconhecimento de que Cícero jamais se desvencilha de sua identidade como orador excepcionalmente dotado e participante na arena pública romana. No curso dos últimos cinco séculos, sua reputação como pensador tem flutuado enormemente. Alcançou seu ponto mais elevado durante a Renascença e na Ilustração. Mais recentemente, contudo, Cícero tem sido visto muitas vezes como um edificante fanfarrão, tecnicamente deficiente, seu valor estando em sua condição de fonte para os trabalhos perdidos da filosofia helenística. Agora, após anos de negligência e depreciação, seus escritos filosóficos estão de novo sendo estudados intensamente. O seu feito começa a ser reconhecido em termos dos critérios apropriados para o seu tempo e lugar romanos. Muito embora ele nem um pouco reivindique ser um pensador com um conjunto fresco de teorias ou metodologias, seu aporte filosófico é criativo de numerosas maneiras, sendo marcado em toda a sua extensão por sua personalidade poderosa.

No que segue, eu devo comentar primeiramente sobre as afiliações e prioridades filosóficas de Cícero; em seguida, passarei em revista os projetos que ele empreendeu como autor romano de filosofia; finalmente, devo proporcionar uma breve avaliação de suas realizações filosóficas.

Filiações e prioridades filosóficas. Como vimos, em sua juventude, Cícero teve um contato em primeira mão com filósofos importantes. Possuía uma boa livraria, que provavelmente continha todo o *corpus* platônico e textos representativos de outras escolas, incluindo alguns dos diálogos perdidos de Aristóteles. Embora conhecesse pouco dos escritos técnicos de Aristóteles, que voltariam a circular somente ao final de sua vida, ele frequentemente invoca o estagirita, sobretudo como modelo para a metodologia *pro* e *contra* que ele próprio advoga como a constituir a afinidade básica entre argumento retórico e filosófico. Deve ter recorrido intensamente a obras gregas previamente publicadas para as suas abordagens do estoicismo, do epicurismo e da filosofia acadêmica, mas o *De officiis* é único na dependência explicitamente enunciada de seus primeiros dois livros em relação a uma obra do estoico Panécio.

Cícero constantemente louva Platão como o filósofo preeminente e registra a sua afiliação chamando-se a si próprio de acadêmico. Com essa classificação, contudo, alinha-se também à tradição do ceticismo que tinha marcado a Academia desde Arcesilau até Filo de Larissa (p. 222-225 acima). Sua própria *Academica* é a nossa melhor fonte para essa fase complexa da história da Academia. Por ela, ficamos sabendo que Cícero, quando jovem, tornou-se um cético filoniano: isto equivale a dizer alguém que, enquanto desmentia qualquer acesso a práticas de certeza objetiva na argumentação *pro* e *contra*, tinha olhos postos em chegar a uma verossimilhança ou aproximação da verdade. Esse procedimento é evidente em muitas das obras que Cícero escreveu no final da vida, mas não em todas elas e não em sua *República* (*De republica*) e em suas *Leis* (*De legibus*), que são obras anteriores. Como podemos explicar essa discrepância?

A noção de Platão como cético rigoroso foi sempre unilateral. O outro professor acadêmico de Cícero, Antíoco, rejeitava-a completamente (capítulo 9, p. 300 abaixo). Em direta oposição a Filo, ele renunciou ao ceticismo em favor da teoria estoica do conhecimento. De modo mais notável e influente, interpretou Platão, e também os peripatéticos, como a proporcionar uma filosofia unitária que tinha amplamente sido incorporada ao estoicismo. Tal alegação, embora também fosse unilateral, estava longe de ser da ordem do ecletismo vago que os historiadores frequentes vezes julgavam que fosse. Se adotamos uma ampla perspectiva para revisar o epicurismo, o ceticismo e o estoicismo, e então perguntamos por suas relações com Platão e Aristóteles, somos obrigados a considerar o estoicismo como, de longe, o congênere mais próximo; e no atinente a Platão, sua cosmologia, teologia, ética e teoria política na verdade foram influências primeiras sobre a tradição estoica.

Cícero não esposa a epistemologia estoica de Antíoco. Mas esse outro acadêmico, mais moderado do que os estoicos em sua ética, foi provavelmente a mais forte influência contemporânea sobre o pensamento moral de Cícero. O seu ceticismo filoniano é inteiramente compatível com a escolha de teorias que, em exame, ele tem pelas mais plausíveis ou prováveis. Essa filiação dual em relação a Filo e, com qualificação, em relação a Antíoco, é uma interpretação altamente inteligente da tradição acadêmica. Ela permite a Cícero recorrer intensamente a Platão e ao estoicismo, advogando posições que ele fortemente defende ao tempo em que preserva um estilo exploratório em vez de dogmático e se reserva o direito de criticar os estoicos e, por vezes, mesmo Platão.

Ainda que o ceticismo de Cícero seja mais do que um estratagema literário, sua importância para a sua mentalidade filosófica não deve ser superenfatizada. Fora da *Academia*, nem ele nem seu porta-voz estão interessados em questões de epistemologia. Cícero nos proporciona muitos contextos em que ele ou aqueles que parecem falar por ele afirmam fortes crenças em doutrinas como a da imortalidade da alma, a da divina providência, a da justiça natural e a da divindade da razão humana. Sua posição sobre todos esses pontos é inequivocamente oposta ao epicurismo. Cícero é por vezes chamado de estoico, e se tal descrição é oficialmente incorreta, é ao estoicismo que ele se volta no *De officiis*. Em outras obras também, especialmente no *Sobre a amizade* e no *Sobre a velhice*, a inflexão ética é inequívoca, como é também o caso com a doutrina da lei natural nas *Leis*.

Com ou sem a mediação de Antíoco, o temperamento e os compromissos políticos de Cícero fizeram com que ele se voltasse fortemente contra o epicurismo. Ele deplorava a rigidez e os refinamentos técnicos do estoicismo, mas aprovava com ênfase o enfoque dessa filosofia na racionalidade, na obrigação social e no controle das paixões. Esses aspectos cardinais do estoicismo harmonizam bem com sua nostalgia pela retidão romana, que ele via, em grande medida, como ausentes em seu próprio tempo. Tudo somado, talvez seja melhor chamar Cícero de platônico. Isso não apenas se adequa bem à sua híbrida aderência a Filo e Antíoco; também reconhece suas constantes evocações a Platão e sua leitura atenta, bem como suas traduções do grande predecessor.

Obras filosóficas. Cícero começou a escrever filosofia somente na sua última década de vida. Sua carreira política parecia estar terminada, mas de tal maneira ele se encontrava envolvido com a vida pública que, quando se voltou para a escrita em larga escala, a política foi a sua primeira e óbvia escolha temática. No *De republica* e no *De legibus*, ao modelar seu estilo de diálogo e seus títulos nas duas mais extensas obras de Platão, dispôs suas reflexões sobre o governo e anunciou a si mesmo como o Platão romano. Não obstante esse reconhecimento e suas injunções especificamente platônicas, as duas obras de Cícero são de todo romanas.

No *De republica*, o principal orador é o grande soldado e estadista Cipião Africano. Ao criticar o utopianismo de Platão, Cipião favorece uma constituição mista, com uma meritocracia eleita e um sistema judicial que enfatiza a igualdade de todos na lei. Com efeito, Cícero está defendendo a constituição romana madura. Mais do que esboçar um Estado ideal, ele enfatiza o pragmatismo e o valor dos pesos e contrapesos estabelecidos durante um longo período de tentativa e erro, tal como refletido nas primeiras lutas de Roma e no êxito que em algum momento se deu. Questões são suscitadas dizendo respeito à naturalidade e necessidade da justiça para uma comunidade bem-sucedida. A obra é por demais fragmentária para mostrar como estas foram instauradas, mas podemos assumir, do que Cícero escreve alhures, que o argumento em favor de uma lei universal e natural prevaleceu.

Esse tema é desenvolvido, com o auxílio do estoicismo, no *De legibus*. Ali, Cícero se faz o principal orador. Ele descreve a lei como:

> [...] a mais elevada razão, situada na natureza, que comanda o que deve ser feito e proíbe o oposto. A própria mesma razão, quando estabelecida e aperfeiçoada na mente humana, é a lei (I 18).

Conexões são então esboçadas entre a razão perfeita, a sabedoria, a justiça natural e a comunidade divinamente dirigida de deuses e humanos. (Podemos estar certos de que Cícero plenamente subscreveu a esse sistema estoico de ideias, porque retorna a ele em outra parte, em especial em seu testamento político, o *De officiis*.)

Em comparação com Platão ou Aristóteles, essas duas obras ciceronianas são leves quanto ao conteúdo de teoria. O que mais vem lhe conferir substância é a sua riqueza de exemplos históricos. Na condição de leitores modernos, provavelmente acharemos equivocados os esforços de Cícero em validar seus ideiais políticos e jurídicos por referência ao paradigma de Roma, mas seu patriotismo é essencial para a sua concepção de seu papel como pioneiro filósofo romano.

Ele adotou esse papel com mais insistência nos dois últimos anos de sua vida. Suas motivações eram, em grande medida, pessoais, mas não há razão para duvidar de sua sinceridade quando escreve:

> A filosofia [em Roma] permaneceu dormente até agora, carecendo de qualquer iluminação em latim. Se eu, quando ocupado, tenho prestado algum serviço a meus cidadãos companheiros, também no meu lazer devo tentar ajudá-los lançando luz à filosofia e advogando-a (*Discussões tusculanas* I 5).

Ele segue a observar que as obras latinas que estão disponíveis são de má qualidade e escritas de modo incompetente. Do que a filosofia romana necessita, em outras palavras, é de um autor com a eloquência e competência de Cícero. Ele formulou e executou o plano de compor uma série de livros que não apenas defenderia a sua filiação ao ceticismo acadêmico (*Academica*), mas que também pesquisaria as teorias concorrentes na ética (*Sobre os fins* [*De finibus*]) e na teologia (*Sobre a natureza dos deuses* [*De natura deorum*]). Ele suplementou sua ambiciosa agenda escrevendo sobre a adivinhação e sobre o destino e advogando em favor do valor terapêutico da filosofia (*Discussões tusculanas*). No mesmo período, escreveu também obras mais breves sobre oratória e diálogos moralizadores sobre a amizade e a velhice.

Essas obras não cobrem todos os tópicos da filosofia de seu tempo, uma vez que a lógica e a cosmologia são tratadas apenas de forma esporádica. Mas elas proporcionam a nós, como proporcionaram aos leitores romanos de Cícero, uma abordagem notavelmente completa do tema que hoje chamamos de filosofia helenística. Somos quase que inteiramente dependentes dele para o nosso conhecimento de Filo e Antíoco. Seu tratamento da ética estoica é fundamental. Precisamos de Cícero já bem menos no que diz respeito ao epicurismo, mas seu viés contra tal filosofia é um importante contrapeso histórico às eulogias de Lucrécio.

O ensaio final de Cícero em filosofia, o *De officiis*, incide fora dessa agenda enciclopédica. Endereçado a seu filho, a obra não é um diálogo, mas um estudo das disposições de conduta e morais incumbentes ao cidadão romano que Cícero espera que o filho se esforce em ser. Embora Cícero esboce sua principal teoria com base no estoico Panécio, ele dedica o seu terceiro livro a uma questão que Panécio (ele nos conta) teria omitido: "Pode a excelência moral entrar em conflito com a conveniência?". Ao argumentar que ela não pode, Cícero se alinha à tradição platônica e estoica, mas suas numerosas alusões à própria carreira e seus constantes ataques aos romanos (notavelmente a César), que tinham arruinado a República, fizeram dessa obra a sua contribuição mais pessoal e apaixonada à filosofia. Fundando os valores romanos tradicionais na teoria estoica, e também invocando a história e a sua própria experiência, nessa obra Cícero oferece uma filosofia moral e política que é essencialmente romana.

Realização filosófica. As obras que eu aqui esbocei, muito embora dificilmente se possa dizer que sejam originais em teoria filosófica, são muito mais do que um passar em revista a um punhado de doutrinas de segunda mão. Com seu elenco de personagens e com seus cenários cuidadosamente escolhidos, os diálogos de Cícero buscam ser modelos de discussão urbana. Nessa imitação de Platão, ele obviamente fica a desejar; mas vai tão bem ou melhor do que os seus próprios imitadores Berkeley e Hume. Em particular, transmite o sentido de que a conversa filosófica é o que importa, sendo distinta do ensaio insípido de doutrinas que encontramos na literatura doxográfica grega. Cícero romanizou a filosofia não apenas pelo material que disseminou em latim e por suas constantes alusões à história e literatura romanas, mas também ao exibir debates entre participantes romanos. Sua própria *persona* pode variar entre o investigador de mente aberta e o expoente completamente comprometido com o que toma como suas certezas morais e políticas. Se acharmos tal variedade uma mácula, devemos então acusar Platão da mesma falha.

Uma vez que frequentemente lemos Cícero, de modo puro e simples, como fonte de informação sobre outros filósofos, é tentador castigá-lo por suas omissões e reclamar de seu estilo efusivo e de suas digressões não filosóficas. Tais críticas demandam do filósofo que ele mais se adeque a interesses modernos do que seja o intelectual romano notável que ele foi.

Quando tinha não mais do que dezenove ou vinte anos, Cícero escreveu a obra sobre retórica chamada *De inventione*. Ao final da vida, rejeita a obra como sendo peça crua, escrito de juventude, e nisso raramente é mencionada hoje em dia. Na verdade, é uma obra precoce, que mostra a capacidade de Cícero em lógica básica, que era parte integrante da teoria retórica. Em sua introdução, o jovem Cícero enuncia a posição, mantida ao longo de toda a vida, que subjaz à sua complexa carreira como político, orador e filósofo. Melhor do que qualquer outra passagem, servirá aqui como comentário conclusivo.

> Após longa reflexão, a própria razão me trouxe à seguinte convicção acima de todas: a filosofia sem eloquência é de pouca valia para comunidades, mas a eloquência sem a filosofia é geralmente danosa. Por essa razão, se alguém, ao negligenciar a razão e o dever, que são as buscas mais corretas e honrosas, dedica-se ao treinamento retórico, transforma-se em algo sem utilidade para si mesmo e danoso para o seu país. Aquele que, por outro lado, se arma com eloquência, não para atacar os interesses de seu país, mas para lutar por eles, em minha opinião será um homem mais útil tanto para si mesmo como para o interesse público, e um mais leal cidadão.

Sêneca

Os comentários juvenis de Cícero proporcionam uma ponte intrigante, embora instável, entre sua filosofia romana e a de Sêneca. Ambos os homens foram mestres da eloquência, tornaram-se cônsules e influenciaram políticas públicas. Mas os cem anos que separam seus nascimentos viram o governo romano mudar da rotação senatorial de cargos e postos para a autocracia imperial. Uma carreira ciceroniana na política não estava aberta para Sêneca, mas, em todo caso, dificilmente se adequaria a seu temperamento com tendências à reclusão. Muito embora seu pai fosse um retórico famoso, o jovem Sêneca preferiu a filosofia, sob a orientação de professores que lhe deram uma filiação ao estoicismo, e esta lhe seria uma constante por toda a vida. Foi apenas aos cinquenta anos que Sêneca se tornou uma figura pública, primeiro como tutor de Nero e então como conselheiro político do jovem imperador. Em 62 d. C., quando Sêneca retirou-se de suas funções imperiais, começou a escrever as *Cartas morais a Lucílio*, sua obra mais importante. Três anos depois, Nero forçou-o a cometer suicídio.

Em comparação com Cícero, as contribuições filosóficas de Sêneca são de escopo bem mais restrito, mas são também mais constantes. Os dois autores também diferem fortemente em metodologia e estilo. Mesmo em sua *Questões naturais* – alentada investigação de fenômenos como cometas, ventos e terremotos – Sêneca, como Lucrécio, incorpora prefácios e conclusões moralizadores. Sempre que escreve, ele o faz como alguém completamente comprometido com os principais ditames do estoicismo em ética, cosmologia e teologia. Permite-se o direito de criticar certas doutrinas estoicas e de julgar entre estoicos com diferentes visões. Também recorre positivamente às máximas éticas de Epicuro e à teologia platônica. Ao lidar com um tópico controverso, como a propriedade circunstancial da ira, pode apresentar ambos os lados da questão antes de refutar a posição antiestoica. Se uma doutrina abstrusa o interessa, tem os recursos conceituais e linguísticos para explorá-la rigorosamente. Mas a principal finalidade de seus escritos filosóficos é a aplicação criativa de um arcabouço estoico para as preocupações práticas daqueles a que se dirige e de si mesmo.

Sêneca tinha uma mente poderosa. O seu pendor filosófico teria gerado obra mais variada se tivesse sido contemporâneo de Cícero? Embora essa questão seja difícil de ser respondida, a formação filosófica de ambos, bem como seus temperamentos e contextos políticos, diferem marcadamente. Cícero fez-se profundamente formado por seus professores acadêmicos, enquanto, para Sêneca, a Academia já não é uma opção. Sem se aperceber da atual revivescência do ceticismo, sob o nome de Pirro (p. 226-230 acima), ele não vê necessidade de justificar as verdades do estoicismo. Todos os filósofos contemporâneos que diretamente o influenciaram foram estoicos ou cínicos. Por meio da leitura, ele obviamente esteve consciente de um corpo mais amplo de literatura filosófica, mas, nos círculos em que se movia, o estoicismo tinha se tornado a filosofia dominante como não tinha sido para Cícero.

Nos escritos de Sêneca, o estoicismo se encontra internalizado de modo que ele faz sua apresentação dessa filosofia de modo bem diferente do de Cícero e antecipador das introvertidas *Meditações* de Marco Aurélio. Mesmo nas *Discussões tusculanas*, onde o tratamento do mal-estar espiritual por Cícero mais nitidamente antecipa Sêneca, o autor se mantém um tanto descolado do material de que está tratando. Cícero não dá a impressão de que está ansioso por seu próprio progresso moral. Em Sêneca, por contraste, a filosofia estoica se torna uma voz constante e monitoradora.

> Utilizo-me desse recurso e diariamente advogo minha causa diante de mim mesmo. [...] perscruto todo o meu dia e repasso meus atos e palavras. Nada escondo de mim, nada omito.
> De fato, por que eu temeria algum de meus erros quando poderia dizer: 'Trata de não fazer mais isso; por agora te perdoo. Naquela altercação falaste de modo muito combativo. Não discutas, depois disso, com ignorantes; não querem aprender os que nunca aprenderam. Àquele, tu o advertiste com mais franqueza do que devias; desse modo, não o emendaste, mas o ofendeste' (*Sobre a ira* III 36.3-4).

O estoicismo ressalta esse "cuidado de si mesmo", como Michel Foucault bem o chamou, por uma série de doutrinas que são centrais aos interesses de Sêneca. Eles incluem o ideal do sábio perfeitamente racional; o conceito de progresso para aquele ideal extenuante; a análise das paixões como erros corrigíveis de juízo; a "indiferença" de contingências externas para o bem-estar genuíno de uma pessoa; e as intenções, não produtos, como o único objeto próprio da apreciação moral. Todas essas doutrinas foram tomadas como prescritas pela divindade cuja onipresente providência é supremamente manifesta em dar racionalidade e excelência potencial às pessoas. O que Sêneca faz para o estoicismo é, em essência, dar vida a essas ideias, aplicando-as à sua própria experiência do dia a dia, ou à de outras pessoas, provendo-as com suas brilhantes habilidades retóricas.

A centralidade desse estoicismo na filosofia de Sêneca pode ser reconhecida com base num passar em revista dos títulos dos chamados "diálogos" – obras que chamaríamos de ensaios porque raramente envolvem falantes diferentes. Além do controle da ira, seus temas cobrem a providência, a firmeza de caráter, a felicidade, a tranquilidade e a brevidade da vida. Sêneca também escreveu três "consolações", duas delas dirigidas a pessoas que faziam o luto e a terceira à sua mãe, durante o seu próprio exílio de juventude. Mais do que qualquer outro escritor, Sêneca é responsável pelo nosso uso do termo "filosófico" para significar uma resposta resoluta e desapaixonada às vicissitudes da vida.

Seus diálogos também incluem obras que lidam diretamente com o contexto social e político romano. Tal como Cícero, ele defende sua absorção em filosofia contra a acusação de que o ócio que ela implica seja incompatível com o patriotismo. Em retiro da corte de Nero, como Sêneca provavelmente estava ao escrever *Sobre o ócio* (*De otio*), ele insiste em que pode ainda servir à humanidade em geral por meio de suas investigações em ética e cosmologia. A sociedade romana foi amplamente mantida coesa por uma ideologia da reciprocidade. Em *Sobre os benefícios* (*De beneficiis*), Sêneca explora extensivamente a troca de presentes e favores, proporcionando uma exploração sutil de questões a envolver a verdadeira natureza e valor dos benefícios e os critérios para a determinação da gratidão.

Um tema consistente ao longo de toda a sua obra é o desgosto com a crueldade. Competições de gladiadores, o abate de animais em jogos e as horríveis punições inspiram algo de sua mais poderosa retórica. Em *Sobre a clemência* (*De clementia*), ensaio dirigido a Nero no início de seu reinado, Sêneca urge o jovem imperador a considerar a clemência como uma preeminente virtude, enquanto trata a piedade (que os estoicos oficialmente consideravam um mal-estar mental) e a severidade como igualmente repreensíveis. Essa obra, como protótipo da literatura de "aconselhamento ao príncipe", ajuda a explicar a popularidade de Sêneca durante a Renascença (p. 407-408 abaixo).

Sêneca voltou-se à epistolografia como o gênero para a sua melhor e última obra em filosofia. Em 124 cartas, cuja extensão pode ir de uma a vinte páginas, ele se dirige a Gaio Lucílio, amigo que tinha a posição de cavaleiro e era administrador de várias províncias romanas. A correspondência, embora claramente destinada à publicação, parece ser genuína. Sêneca por vezes responde a questões que Lucílio lhe teria feito. Trata o amigo como um parceiro filosófico em busca de instrução e encorajamento e também como confidente com quem conversa sobre qualquer assunto. O nível filosófico se torna mais técnico nas cartas posteriores, onde Sêneca inclui exposições de doutrinas estoicas em psicologia e metafísica, bem como em ética; mas passa longe de lógica e epistemologia.

Enquanto as cartas mantêm uma aura autêntica de topicalidade e autorrevelação, elas são tão estudadamente retóricas quanto quaisquer das outras composições de Sêneca. Seus pontos de partida característicos – uma viagem, um problema de saúde, um livro, a estação do ano – são em ampla medida veículos que capacitam Sêneca a se lançar em virtuosísticas reflexões sobre o valor terapêutico do estoicismo, aconselhando Lucílio e a si mesmo a evitar os equívocos a que a maioria das pessoas se encontra propensa. A passagem a seguir é representativa:

> A filosofia não é uma habilidade popular; nem se destina ao alarido. Ela diz respeito a coisas, não a palavras. Não é tomada como uma diversão agradável para o dia, ou como um alívio para o tédio. Ela dá forma ao espírito e o constrói; organiza a vida, dirige o comportamento, mostra o que se deveria fazer e não fazer, faz sentar junto ao leme e se suster mesmo quando a quilhar por ondas turbulentas. Sem ela não se pode viver destemidamente ou em segurança. A cada hora um sem número

de coisas acontece, a demandar uma política a ser buscada na filosofia (*Cartas morais* 16.3).

As *Cartas morais* são o testemunho de Sêneca sobre o valor do estoicismo como um sistema de crenças desafiante e acolhedor para cada momento. Ali, de modo ainda mais notável do que nas obras de Cícero, encontramos o emprego caracteristicamente romano da retórica a serviço da filosofia.

Desenvolvimentos posteriores

Para a elite romana durante o primeiro século da era cristã, o estoicismo se manteve como filosofia dominante. Estoicos de destaque incluíam Musônio Rufo, cujas conferências em Roma, ministradas em grego, foram assistidas por Epiteto, escravo emancipado natural da Frígia. Os dois homens, juntamente com outros, estavam no exílio quando imperadores tirânicos decidiram que a liberdade de discurso filosófico demandava supressão. Não que houvesse oposição estoica oficial ao principado, mas alguns proeminentes romanos que eram também estoicos tornaram-se ícones da nostalgia republicana, recusando-se a subordinar sua liberdade às demandas imperiais.

Epiteto, ao deixar Roma, estabeleceu uma escola estoica em Nicópolis, na porção oeste da Grécia. Seus pupilos incluíam Arriano, que viria a ser um importante escritor e figura pública, registrando os ensinamentos de Epiteto de uma forma que notável e intencionalmente ecoa o Sócrates de Platão e Xenofonte. A exemplo de Sócrates, Epiteto envolve seus interlocutores num diálogo brilhantemente desafiador. Sua contribuição mais distintiva à tradição estoica é a constante insistência em que a volição, como distinta do corpo e das coisas externas, é o único domínio em que as pessoas podem atingir a liberdade e a felicidade. Uma vez que Epiteto não era romano de origem, menciono-o aqui de maneira apenas sumária; mas sua importância e influência como filósofo estoico e socrático de modo algum são de segunda ordem.

Sob os regimes mais esclarecidos de Trajano e Adriano, as ameaças aos filósofos diminuíram. Em 177 d. C., a filosofia recebeu um impulso extraordinário quando Marco Aurélio, como imperador, estabeleceu em

Atenas quatro cadeiras de filosofia, em platonismo, aristotelismo, estoicismo e epicurismo, provendo cada qual com excelente salário. As primeiras duas dessas escolas passavam por uma forte revivescência, a ponto de logo eclipsar as outras duas como opções em vigor.

O próprio Marco Aurélio, embora fosse completamente estoico, registra a difusa influência platônica em suas *Meditações*. Como Epiteto, cujos *Discursos* estoicos em ampla medida o influenciaram, Marco Aurélio tende a tratar corpo e alma da maneira fortemente dualista que se tem no *Fédon* de Platão. Essa tendência "espiritualizante", que é um aspecto geral da filosofia no segundo século d. C., antecipa o platonismo de Plotino. E ela também ajudou a tornar a filosofia pagã adaptável, dentro de certos limites, à teologia cristã.

As *Meditações* de Marco Aurélio, embora escritas em grego, são um exemplo notável da filosofia em ação na vida de uma eminente figura romana. Para ele, tal como para Sêneca, o estoicismo é uma prática de autogoverno e autoescrutínio; mas se Sêneca publicizou seu regime estoico, Marco Aurélio parece ter escrito tão somente "para si mesmo", como reza o título apenso a seu texto. Imperador relutante, que não nasceu no cargo, Marco Aurélio usa o estoicismo como um meio de refletir sobre suas extenuantes funções, fomentando a sua moral e incitando a si mesmo para encontrar conforto em ser predestinado a desempenhar seu papel no universo providencialmente organizado. Ele estimula a si mesmo a "saudar tudo o que acontece, por mais que pareça duro, porque tal conduz à saúde do universo" (5.8).

Com Marco Aurélio, assim como com Sêneca, encontramos um uso criativo do estoicismo. Muito embora os estoicos romanos fossem dependentes da tradição grega para as doutrinas de sua filosofia, eles converteram-na em seu próprio estoicismo por ênfase distintiva e estilo literário. Marco Aurélio, por exemplo, é especialmente interessante por suas reflexões sobre a passagem do tempo e sobre o momento presente como sendo experiências que qualquer pessoa pudesse ter. Seu foco na temporalidade faz de seu perfil filosófico a um só tempo ação contemplativa e um incentivo à ação resoluta.

Lucrécio, Cícero, Sêneca e Marco Aurélio são os autores que melhor exemplificam a filosofia romana como distinta da filosofia composta por pessoas vivendo sob o governo romano ou por autores dos primórdios da era cristã. Dessa massa de material, eu seleciono umas poucas personagens cuja obra mereceria um tratamento muito mais alentado do que este capítulo pode proporcionar.

A renovação do interesse no platonismo se reflete em obras latinas transmitidas sob o nome de Apuleio. *Sobre Platão e sua doutrina* é uma exposição de manual, cobrindo cosmologia e metafísica no Livro I (que é, em grande parte, um sumário do *Timeu*) e ética no Livro II. As outras obras filosóficas atribuídas a Apuleio são também sintomáticas de interesses intelectuais vigentes em sua data provável de composição (final do segundo século d. C.): um livro sobre demonologia, uma tradução e adaptação do tratado cosmológico pseudoaristotélico *Sobre o mundo* (*De mundo*) e uma introdução à lógica. Este último é o primeiro texto a descrever o famoso "Quadrado da oposição" como meio de exibir a relação entre os quatro tipos aristotélicos básicos de proposição.

O que podemos inferir dessas obras é um público leitor latino interessado em adquirir uma formação nas filosofias que estavam começando a suplantar o estoicismo e o epicurismo. A atenção especial ao *Timeu* de Platão não era nova, uma vez que Cícero fora o autor de uma tradução incompleta da obra. Apesar de sua extraordinária dificuldade, o *Timeu* era visto (não sem razão) como o guia mais completo para a filosofia de Platão, vindo da própria pena do autor, e seu foco teológico se afinava ao gosto do período. Provavelmente do quarto século d. C., temos uma tradução latina incompleta da obra, com comentários, escrita por Calcídio. Esta foi um importante veículo para se transmitir conhecimento de Platão para as Idades Médias. Calcídio, que pode ter sido um cristão, comenta sobre Platão em termos que nos dão uma das melhores fontes para a física estoica. Um bom tempo depois de o estoicismo ter deixado de ser um sistema vivo, ele continuou a influenciar a linguagem e os conceitos da filosofia, tanto pagã quanto cristã.

Outros platônicos latinos incluem Mário Vitorino, Macróbio, Marciano Capela e Boécio. Vitorino comentou sobre os escritos retóricos de Cícero de uma perspectiva neoplatônica. Suas obras, perdidas, incluem traduções de Plotino, que influenciaram Santo Agostinho. Macróbio escreveu um comentário neoplatônico sobre o "sonho de Cipião", a visão de outro mundo, com que Cícero termina o seu *De republica*, modelado no mito de Er da *República* de Platão. Em *O casamento de filologia e Mercúrio*, de Marciano, temos um exemplo da paixão da antiguidade tardia por interpretações alegóricas e simbolismos numéricos. O autor conta uma narrativa que diz respeito a deuses tradicionais e abstrações personificadas, porém esses devem ser entendidos como um modo figurativo de explicar as hipóstases do neoplatonismo (ver p. 326-327 abaixo).

Muito mais importante filosoficamente é a obra do platônico cristão Boécio. Quando na prisão, no final da vida, Boécio escreveu sua obra mais famosa, *A consolação da filosofia*. Combinando prosa e verso, ele se imagina conversando com Filosofia, que lhe pede para retirar seus pensamentos de felicidade da fortuna e situá-los completamente em Deus como principal bem. (Também aqui vemos a influência continuada do estoicismo.) Em adição aos tratados teológicos, Boécio escreveu copiosamente sobre lógica aristotélica, e também publicou inúmeros comentários sobre Aristóteles e Porfírio. Como autor latino, provavelmente fez mais do que qualquer outra figura individual para transmitir o platonismo e o aristotelismo a países da Europa ocidental durante as Idades Médias.

Escrevendo no início do século VI d. C., Boécio não dá mostras de precisar justificar seus interesses filosóficos em sua condição de cristão. Três séculos antes, a nova religião encontrava defensores poderosos em Tertuliano e Lactâncio, cujas obras inauguram a tradição da teologia latina. Sendo zelosos convertidos, tomam o cristianismo como a única filosofia verdadeira, mas se, por um lado, nenhum deles favorece qualquer síntese oficial com pensamento pagão, por outro, ambos os autores, implícita e explicitamente, apropriam-se de um sem número de ideias da tradição filosófica greco-romana. Tertuliano, em sua obra *Sobre a alma*, recorre intensamente ao estoicismo, alinhando-se, contra Platão, com a identificação estoica da alma com a "respiração" e também com a doutrina dessa escola de que a alma se origina no nascimento. Lactâncio encontra-se fortemente em dívida com Cícero, em especial com a sua obra *Sobre a natureza dos deuses*, e também cita muitas passagens do *De republica*, do mesmo autor, passagens estas que estão faltando no único manuscrito da obra a sobreviver. Muito embora Lactâncio discorde do *De officiis*, de Cícero, considerando tal obra deficiente em sua reticência quanto à caridade cristã, ele julga Cícero, apesar de este ignorar as Escrituras, como tendo dito muitas verdades. Tanto Tertuliano quanto Lactâncio expressam sua aprovação a Sêneca, com o qual se acreditava ter se correspondido o apóstolo Paulo.

Com Agostinho, escrevendo um século depois que esses primeiros apologistas cristãos, chegamos a um pensador cujo brilho intelectual e aporte literário ofusca a todos os demais discutidos nesta investigação. Ainda assim, a descrição "filósofo romano", embora obviamente inadequada para categorizar Agostinho, é bem apropriada para essa figura gigantesca, especialmente no tocante aos primeiros estágios de sua obra literária.

Sua tortuosa rota para a conversão iniciou quando ele leu a exortação à filosofia composta por Cícero em *Hortensius*, sua obra perdida. Ao não encontrar na *Bíblia* ou nos Maniqueus a sabedoria que tal obra lhe inspirava buscar, Agostinho voltou-se para a *Academica* de Cícero; mas em vez de endossar o ceticismo, foi atraído de volta para o cristianismo e compôs o diálogo *Contra os acadêmicos*, como uma refutação da conclusão de Cícero de que a certeza não é atingível. Próximo do fim da vida, Agostinho retirou o louvor qualificado que tinha dirigido a Platão e aos acadêmicos nesse livro, mas a filosofia que ele aprendeu com a leitura de Cícero, em especial o estoicismo, é uma presença difusa em grande parte de sua volumosa obra.

8 Filosofia e literatura

Martha C. Nussbaum

Introdução

As filosofias grega e romana desenvolveram-se numa relação de proximidade para com gêneros literários, que frequentemente se fizeram adversários entre si, isso valendo em especial para a poesia lírica, para a tragédia e para o drama cômico. Aliás, os próprios filósofos usaram alguns desses gêneros e criaram ainda outros (como o diálogo filosófico, a epístola filosófica); a forma literária dos textos filosóficos é muitas vezes um ingrediente essencial em sua expressão filosófica. Foi de maneira sutil que filósofos ensinaram sobre o que os gêneros literários, eles próprios, expressam acerca da vida humana e do que nela é importante; sua competição com os tragediógrafos e outros autores deu-se tanto no nível do conteúdo quanto no da forma ou do estilo. Ao mesmo tempo, autores literários fizeram suas próprias alegações, visando a verdade quanto a importantes questões humanas, em alguns casos indo deliberadamente contra as teorias dos filósofos. Sendo assim, o tópico da relação da filosofia com a literatura nas antigas Grécia e Roma é tão vasto quanto o tema da própria filosofia, e não é possível tratá-lo de maneira exaustiva. Dois textos-chave para se compreender o entrejogo entre literatura e filosofia na inteira tradição são a *República* de Platão (sua abordagem da cidade ideal) e a *Poética* de Aristóteles.

Problemas conceituais: os gregos e a "estética"

Antes que possamos abordar mesmo partes desse tópico, precisamos iniciar com uma compreensão sobre o porquê de nossos modos intuitivos modernos de concebê-lo serem tantas vezes equivocados. A universidade moderna, na Europa e na América do Norte, segmenta marcadamente filosofia e literatura, apresentando-as como disciplinas humanísticas distintas. Nossas compreensões culturais mais abrangentes contêm, de maneira geral, a mesma cisão. Na Atenas do século V a. C., onde esta abordagem deve iniciar o seu tratamento detalhado, não havia categoria geral de "literatura"; não havia categoria geral de "filosofia"; e, assim, obviamente, não havia uma compreensão da filosofia como um campo de investigação ou expressão distinto da literatura. Platão começou a forjar essa compreensão em seu conflito com os poetas; o que ele descreve como uma "competição de longa data entre os poetas e os filósofos" é um meio de encetar as categorias conceituais para o qual ele contribuiu de maneira decisiva. Mas o próprio Platão compreendeu sua própria arte como a envolver uma dimensão literária, mesmo mimética; a sua cidade ideal continha arte, sob a forma de hinos aos deuses e louvores aos homens bons.

Ademais, uma dificuldade igualmente séria para nós, à medida que nos aproximamos dos textos, é a de que não havia, para a estética, uma categoria geral, distinta de categorias como a ética e a política. Certamente que não se tinha uma doutrina do descolamento estético, nem noção alguma de que as artes deveriam ser vistas como separadas das questões práticas urgentes da vida cotidiana. Nossas salas de concerto, palcos e proscênios, museus, são todos um incentivo à ideia de que as artes são um domínio estanque da vida, a ser contemplado com descolamento. Na Grécia antiga, por contraste, o teatro, as poesias épica e lírica, a música e outras artes encontravam-se inteiramente entretecidas na trama da vida cotidiana, em especial na vida religiosa. Os espectadores eram incentivados a esperar que o que viriam a ouvir e ver contribuiria para seu ideário acerca de como os indivíduos e a cidade deveriam proceder. A literatura era, assim, ética no sentido mais amplo do termo, ou seja, tinha relevância para o modo como os seres humanos deveriam viver.

Esses modos de abordar textos literários por certo que não são de todo estranhos a nossos hábitos contemporâneos. Algumas formas de teatro solicitam ao espectador que seja ativo e reflexivo mais do que passivo. (O teatro épico de Bertolt Brecht tem afinidades com alguns aspectos do teatro grego.) Tampouco romances têm sido lidos com uma aspiração de descolamento das emoções que suscitam. Na verdade, muitos dos maiores romancistas, como Dickens e Dostoiévski, compreenderam suas obras como contribuições às reflexões da sociedade sobre seu futuro. Especialmente próximo dos gregos, talvez, encontra-se Ralph Ellison, para quem o romance é uma jangada de percepções, de esperança e entretenimento com base nos quais os cidadãos de uma democracia turbulenta podem tentar "negociar perante alguns dos obstáculos e redemoinhos" que eles encontram na via para seus fins democráticos. Apesar de tais paralelos, contudo, temos de trabalhar duro para suspender preconcepções modernas se quisermos compreender como Platão e os poetas trágicos faziam-se não colegas trabalhando pacificamente em departamentos adjacentes, mas rivais cruentos na conquista de corações e mentes entre a juventude da cidade.

Outro passivo está em nossa tendência a pensar na literatura como um gênero distinto da música e das "belas artes" (pintura e escultura). Para os gregos desse período, toda a poesia tinha algum tipo de acompanhamento musical, e quase toda música tinha um texto a compor com ela. Texto e melodia/ritmo estavam, em geral, intimamente relacionados. O termo *mousiké* valia para ambos os elementos; para se referir à música sem texto, tinha-se de dizer *psilé* (desnuda) *mousiké*. Mesmo já no primeiro século a. C. esse entretecimento é dado como algo certo, e debates têm sido travados acerca do peso da contribuição emocional de cada elemento. Isso, para nós, está longe de ser suficiente, mas o que torna as coisas mais misteriosas é o fato de nosso conhecimento da música da Grécia antiga ser exíguo. Não obstante tentativas cada vez mais refinadas de reconstruir instrumentos antigos e compreender como efetivamente seriam os "modos" antigos (com o auxílio de recentes descobertas de papiros), ainda carecemos de uma boa apreciação do que Platão está realmente querendo dizer quando faz referência a comentários sobre os efeitos emocionais de vários "modos" musicais na *República*. Nem mesmo sabemos ao certo se os tais "modos" eram modos no sentido medieval/moderno do termo, ou se seriam melodias com base nas quais se procedia a variações.

Com metro/rima, estamos num terreno ligeiramente mais firme, uma vez que podemos assumir que texto e música, em geral, estão intimamente relacionados, e temos uma compreensão bastante boa das métricas grega e latina; entretanto, também aqui temos problemas, uma vez que nossas próprias reconstruções da métrica antiga sofrem de nossa dificuldade, como falantes de uma língua [o inglês] que tem acento tônico e nenhum acento tonal, e na qual a métrica se baseia mais no acento do que na quantidade de vogais, em imaginar e reconstruir o entretecimento de quantidade com acento tonal em grego, que tinha ambos esses acentos, mas nenhum acento tônico.

Temos uma dificuldade correspondente, tanto conceitual quanto prática, com os elementos visuais do teatro antigo. Tanto Platão quanto Aristóteles compreendiam que o drama tem um importante aspecto visual, que é parte de seu impacto sobre as emoções e sobre a compreensão do espectador. Ainda uma vez, temos de trabalhar no sentido contrário a pelo menos alguns de nossos hábitos modernos a fim de recuperar esse sentido da complexa obra teatral de então, muito embora seja óbvio que a ideia de uma obra de arte unificada da Grécia antiga tenha sido celebrada e "reinventada" por Wagner, Nietzsche e outros. Mais seriamente problemática é a nossa relativa ignorância sobre como as encenações realmente se pareciam. Apesar de algumas pinturas de vaso ilustrá-las, nosso conhecimento de trajes e cenários é muito incompleto, e o que sabemos dos elementos da dança aproxima-se da nulidade. Ao mesmo tempo, de modo característico, lemos dramas gregos antigos de um objeto livro como se então *houvesse* livros, e esse hábito nos distancia ainda mais da experiência dos gregos, que devem ter sido altamente cinéticos e multissensoriais. Estavam longe de ler obras dramáticas em livros, na verdade. A taxa de alfabetização na Atenas antiga é tema de intensa disputa, mas dificilmente importará aqui, já que as peças não eram frequentemente copiadas ou postas a circular (mas não que tal "nunca" acontecesse, como é mostrado pelo fato de que Dioniso, nas *Rãs* de Aristófanes, tem consigo um texto de Eurípedes); e, além disso, os gregos só foram ter encenações repetidas num período muito posterior.

Gêneros: o pano de fundo inicial

Se a antiga Atenas não contém essas apreciadas categorias e distinções modernas, o que ela contém? Encontramos vários gêneros tanto de escrita poética quanto em prosa, cada qual com suas formas características de expressão e cada qual com seu conjunto de tarefas e expectativas. As mais antigas dentre elas são os poemas de Homero e Hesíodo, que, de diferentes formas, proporcionam o ponto de partida para a maior parte da poesia que virá depois. À *Ilíada* e à *Odisseia*, obras épicas de Homero, os atenienses dos séculos quinto e quarto associavam intimamente o drama trágico, apesar de sua métrica e de outras diferenças formais. Platão trata Homero como, basicamente, um entre os poetas trágicos, embora ele esteja bem consciente da distinção entre representação direta e narração. Com muitos de seus enredos e muito de sua sensibilidade, esses poemas propiciaram os dramas trágicos posteriores à medida que o suspense é construído com base na vulnerabilidade de vidas humanas a diferentes desastres.

Em contraste, os poemas *Os trabalhos e os dias* e a *Teogonia* de Hesíodo são mais didáticos e etiológicos do que fundamentalmente narrativos, e de muitas maneiras se tornam o pano de fundo contra o qual a tradição da ciência natural ou da filosofia da natureza começa a emergir no século VI a. C. Esse é o lugar em que os intérpretes modernos tipicamente situam o surgimento da filosofia, e essas são as pessoas tipicamente ensinadas como sendo "os pré-socráticos". Os gregos os chamavam *physikoi* ou *physiologoi*, "homens-natureza" e "explicadores da natureza", porque, de maneira central, eles usavam a ideia de *physis*, natureza, e compreendiam os processos naturais como a se desdobrar de dentro da natureza das coisas, em vez de manipulados por divindades antropomórficas. Alguns membros dessa tradição, sobretudo Parmênides (início do século V a. C.) e Empédocles (meados do século V a. C.), escreveram em métrica épica, modelando o seu estilo por algo bem próximo de Hesíodo; mas eles compreendiam o mundo de um modo diferente, substituindo os deuses da religião tradicional por princípios de ordenamento universal. Nessa companhia haverá pensadores também escrevendo em prosa, como Anaximandro (sexto século a. C.), Heráclito (início do quinto século) e

Anaxágoras (final do século V). A prosa foi estabelecida desde os primórdios como opção característica para a investigação histórica e geográfica, e, mais tarde, para a ciência médica. Sem dúvida que compreenderíamos as opções literárias dos *physiologoi* melhor se soubéssemos mais sobre suas culturas locais: pois eles viviam em partes consideravelmente dispersas do mundo de fala grega.

No quinto século, contudo, o verso épico, embora culturalmente central, não era um gênero vivo em Atenas; seu uso mesmo pelos *physiologoi* italianos veio a estancar em meados do século com Empédocles. Os gêneros vivos no seio dos quais as pessoas buscavam por sabedoria eram a prosa narrativa, no caso da medicina e da história, e a poesia lírica e dramática, no caso de questões éticas, religiosas, emocionais e políticas. (É claro que histórias do século V como as de Heródoto e Tucídides também contêm contribuições importantes para o pensamento ético e político).

A poesia lírica tem uma longa história; diferentes gêneros líricos evidentemente abordavam diferentes dilemas humanos. As intrincadas métricas líricas de Safo, por exemplo, no século sexto a. C., parecem focalizar as vicissitudes da emoção erótica (muito embora ela também escrevesse em métrica épica, subvertendo os valores tradicionais do épico, lançando aspersões sobre a agressividade masculina em favor dos valores do amor e da amizade). Outras obras líricas eram executadas em forma de drama por coros, especialmente em Esparta. No século V, as odes à vitória de Píndaro e Baquílides constituem um gênero lírico distinto, que reflete sobre a excelência humana. Tomando seu ponto de partida, em cada caso, de uma vitória atlética, elas ruminam de maneiras complexas e serpenteantes sobre exemplos míticos de virtude e sobre os perigos que a vida traz para a pessoa que está tentando se destacar, seja nos esportes, seja em outros aspectos. Afirmam a beleza da realização humana, ao tempo mesmo em que reconhecem ser ela extremamente transitória e frágil.

Já nesse esboço de pano de fundo podemos visualizar alguns sinais de uma cisão emergente entre filósofos e (outros) poetas, no sentido de que a tradição dos *physiologoi* subverte muito da religião tradicional em favor de um apelo a princípios racionais. Essa cisão continua ao longo do século V sob a forma de desenvolvimentos da ciência paralelos e por vezes hostis, de um lado, e a religião cívica tradicional, de outro. Tanto Anaxágoras quanto Sócrates foram acusados de impiedade por aparentemente preferir a razão aos deuses da cidade, muito embora, como veremos, a relação de Sócrates com essa tradição tenha sido em parte construída por seus adversários. Mas as mais acaloradas disputas entre poesia e filosofia tiveram lugar no terreno do valor ético e político; muito embora Homero e Píndaro certamente estivessem entre os alvos de Platão, os principais competidores eram os poetas trágicos, e Platão, seu complexo adversário.

Drama trágico: a pessoa boa pode ser vitimada

Os dramas trágicos eram encenados em festivais religiosos sacros que eram assistidos por virtualmente todos os cidadãos e muitos não cidadãos (uma vez que as mulheres, embora não cidadãs, provavelmente formavam parte do público). Toda atividade cessava, e a cidade se reunia para passar o dia inteiro assistindo à obras dramáticas. Atores e dramaturgos eram cidadãos de proeminência, e os competidores eram julgados pelo público. Quando vamos ao teatro, em geral sentamos no escuro, olhando reto para a frente, incentivados a nos alhear dos outros espectadores. Espectadores atenienses, sentados juntos em plena luz do dia, olhavam através do palco para os rostos dos outros cidadãos espectadores, do outro lado do teatro semicircular. Essas circunstâncias físicas eram um incentivo à ideia de que responder a uma tragédia era um assunto sério, intimamente conectado ao pensamento sobre valores políticos centrais e, em especial, à tensões ou problemas em tal seara. Os dramas eram tradicionalmente avaliados com base em seu conteúdo ético, e o debate político frequentes vezes apelava a exemplos da tragédia como fonte de compreensão ética e política. Afirmar isso, contudo, não é afirmar que os festivais se davam deliberadamente de um modo desatrelado ou não emocional: respostas emocionais fortes eram incentivadas e com frequência registradas em descrições das encenações. A deliberação tinha lugar nessas respostas e por meio delas, não a despeito delas.

Dispomos de apenas uma pequena fração dos dramas trágicos do quinto século, mas essa amostragem, combinada com abordagens de obras perdidas por outros autores, dão-nos o suficiente para formar uma concepção dos alvos de Platão. Nosso termo "tragédia" sugere-nos uma peça com um final sombrio. O termo grego não tinha tal conotação, e muitas tragédias têm um final feliz. (A palavra *tragoidia* parece significar "canto do bode", embora não possamos dizer se a referência é feita ao sacrifício de um bode em algum estágio inicial do festival, ou às vozes "à maneira de balido", como que de bode, de adolescentes masculinos que constituíam alguns dos coros, ou ainda alguma outra coisa.) O que os trabalhos que sobreviveram compartilham, contudo, é um sentido de exposição de empenhos humanos a acontecimentos que a pessoa que se empenha não controla – em suma, a negação de uma proposição em cuja verdade Sócrates insistia que seus ouvintes deveriam se fiar, qual seja, de que "um bom homem não sofre nada de ruim nem na vida nem na morte" (Platão, *Apologia* 41d).

O enredo de um drama trágico, como Aristóteles observou, tende a girar em torno de uma reversão, ou *peripeteia*, nas fortunas de um herói (ou heroína), que caracteristicamente é uma boa pessoa, "melhor do que pior", embora não perfeita ou divina, e que em geral também é provido de boa fortuna como ponto de partida, devendo-se ela a um bom nascimento ou a uma boa classe social. Via de regra a reversão ameaça lançar a pessoa, ou efetivamente lança a pessoa, em extrema miséria e sofrimento. No último minuto a catástrofe pode ser evitada (forma de enredo que Aristóteles particularmente aprecia); ou o herói rebaixado pela catástrofe pode ser de novo soerguido, como no *Filoctetes* de Sófocles, onde o herói injustamente abandonado, que suportou isolamento e dor excruciante numa ilha deserta, terá restaurada a sua saúde e suas companhias. Mas em tais casos, não menos do que em outros, fica claramente demonstrado que os empenhos, mesmo dos virtuosos, estão expostos ao desastre.

Por vezes, o desastre é obra dos deuses, ou de forças naturais que estão completamente além do controle humano. Por vezes, em vez disso, é obra da maldade ou da agressividade humanas, como nas muitas peças que lidam com os horrores da guerra e com os sofrimentos das mulheres e crianças derrotadas. Assim, não é o caso de que as peças, tomadas em grupo, sejam um incentivo à ideia de que seres humanos sejam impotentes em face de forças que eles não controlam: com frequência, a sua contribuição para a deliberação pode estar precisamente em mostrar aos seres humanos quais sofrimentos eles infligem a outros, de modos que os possam controlar – como quando Eurípedes apresentou *As troianas*, peça que ilustra os sofrimentos das mulheres escravizadas da cidade derrotada, pouco depois de os cidadãos de Atenas terem votado por condenar à morte todos os cidadãos homens adultos de uma colônia rebelada e escravizar as mulheres e crianças. E por vezes, na verdade, enfatiza-se que a vida política diz respeito ao judicioso, e mesmo ao judicial gerenciamento de poderosas forças que costumavam dividir famílias por meio de vingança pessoal, como na celebração por Ésquilo da lei ateniense em *Eumênides*, peça final de sua trilogia *Oresteia*, dizendo respeito ao ciclo de vingança que arruína a casa de Atreus, e sua resolução final. Porém, mesmo nesses casos, é tornado claro que, no minuto mesmo em que as pessoas se preocupam com empenho e realização num mundo incerto, e isso pode envolver mesmo amizade e atividade política, elas se abrem para o desastre numa larga escala.

Aristóteles assim perspicazmente adverte que a tragédia é ela própria filosófica, porque mostra como as "tais coisas podem acontecer" numa vida humana (*Poética*, capítulo 9). Diferentemente da história, que, diz ele, simplesmente assenta o que de fato aconteceu, sejam eventos típicos ou não, a tragédia explora formas gerais de possibilidade humana. Ele também sugere que o prazer que os espectadores têm em contemplar terríveis eventos pode ser mais bem compreendido como um prazer de um entendimento aumentado.

Essas alegações são adicionalmente iluminadas pelas abordagens perspicazes de Aristóteles das duas emoções centrais à experiência da tragédia, a piedade e o medo. (Aqui temos de combinar sua análise na *Retórica* com as escassas observações que se têm na *Poética*). Aristóteles não está inovando aqui: ele registra uma compreensão tradicional dessas emoções que podem ser encontradas até já na *Ilíada* de Homero, e que é central à estrutura de enredo de muitas tragédias, se não da maior parte delas. A piedade (termo tradicionalmente usado para traduzir os termos gregos relevantes, muito embora "compaixão" possa ser um termo melhor) é uma emoção dolorosa direcionada à dor ou ao sofrimento de outra pessoa. A emoção é dolorosa, mas ela também envolve três pensamentos. Em primeiro lugar, um pensamento acerca de *tamanho*: em nossa piedade, vimos o sofrimento da outra pessoa como sério ou grande. Em segundo lugar, tem-se um pensamento sobre *culpa*: quando sentimos piedade, vemos o acontecimento como a atingir a pessoa de fora, por assim dizer. Muito embora a pessoa possa ter contribuído de algum modo para o desastre (e Aristóteles, na verdade, prefere enredos nos quais um equívoco em ação [*hamartia*], condenável ou não, é parte-chave do nexo causal), para termos piedade temos de sustentar que o sofrimento seja algo ao menos fora de proporção com o que a pessoa merece. A pessoa é vista como não merecendo tão grande infortúnio. Em terceiro lugar, um pensamento sobre *possibilidades semelhantes*. Não sentimos piedade, Aristóteles sustenta, se acharmos que somos de todo imunes ao tipo de desastre que a pessoa que testemunhamos está a enfrentar. Aristóteles chama esse estado mental de "disposição arrogante" (*hybristikê diathesis*). (Rousseau expandiu esse pensamento no *Emílio*, argumentando que reis não têm piedade pelo sofrimento dos súditos, uma vez que "contam com jamais serem seres humanos".) Assim, quando temos piedade por um herói trágico, estamos dizendo algo acerca de nós mesmos e de nossas próprias possibilidades.

O medo, de modo semelhante, envolve tanto a dor quanto o pensamento: o pensamento de que sérios infortúnios são iminentes e de que nós não estamos em plenas condições de afastá-los. Como a piedade, então, o medo envolve a ideia de que elementos da vida humana que são importantes para o bem-estar de uma pessoa jazem para além do controle dela. (Ainda uma vez, esses podem ser elementos que são, em princípio, incontroláveis, como os deuses, ou o destino, ou podem ser apenas outros seres humanos, ou aspectos do mundo, tais como doenças, que podemos controlar, mas muitas vezes não o fazemos.) Aristóteles afirma que tememos pelo herói trágico, vendo-o como alguém semelhante a nós mesmos;

assim, nosso medo envolve, como o faz nossa piedade, um pensamento acerca de nossas próprias possibilidades.

Como podem a piedade e o medo trágicos incrementar nosso entendimento ético? Se a piedade demanda sentir como o outro sente, de modo algum teremos piedade se, na verdade, nos pensarmos como estando fora do lote comum de seres humanos. Mas com frequência as pessoas reconhecem sua vulnerabilidade de um modo inconstante ou tremeluzente. Para tais pessoas, a tragédia pode tornar vívida a percepção das possibilidades da vida, reduzindo estratagemas de autoproteção. Pode também nos fazer conscientes de que pessoas que são diferentes de nós, ou que estão distantes de nós, sofrem de modos semelhantes aos nossos, talvez como resultado de políticas que nós próprios escolhemos: assim, de *As troianas* se pode esperar que desperte num homem ateniense não apenas o reconhecimento do sofrimento igual e semelhante das mulheres, mas também uma preocupação moral acerca das políticas de escravização (e de estupro) de mulheres de uma cidade conquistada. Obviamente que tais reconhecimentos têm de conviver lado a lado com o restante da experiência vivida por uma pessoa, e assim podem se mostrar de vida curta. O que se pode plausivelmente alegar, contudo, é que essas experiências dramáticas, em e por si mesmas, contêm elementos de entendimento ético. Alguém afirmaria isso somente se acreditar que a vida humana encontra-se de fato exposta ao desastre e que elementos prementes para o bem-estar residem de fato fora do controle do agente humano.

Um certo tipo de revelação ou "clareamento" da paisagem interna é um significado possível do disputado conceito aristotélico de *katharsis*, e ele confere sentido à afirmação notoriamente obscura de Aristóteles de que a *katharsis* se realiza por meio de piedade e medo. A definição da tragédia por Aristóteles afirma que a tragédia realiza, por meio de piedade e medo, "a *katharsis* de experiências desse tipo" (*Poética* 1449b27-8). Ele proporciona elucidação de todos os outros elementos da definição em outros momentos da obra, mas em parte alguma, aparentemente, uma elucidação adicional do conceito de *katharsis*. Uma vez que a obra está incompleta, é possível que alguma discussão pertinente esteja faltando; é também possível que as discussões sobre o entendimento como o objetivo de nosso interesse por toda representação, no capítulo 4, e da função filosófica da tragédia, no capítulo 9, sejam pelo menos parte da elucidação necessária. Tudo o que se tem como claro é que *katharsis* e seus aparentados caracteristicamente significam "clareamento" ou "limpeza", frequentes vezes pela remoção de algum obstáculo (a sujeira de uma cela de cavalo, a palha do trigo). A ideia de purgação médica, que limpa o corpo removendo obstáculos, é uma *aplicação* da ideia geral de purificação, mas não é o sentido mesmo da palavra; ademais, tais ideias de purgação não são encontradas nos escritos biológicos de Aristóteles, e, de modo algum, sua análise das emoções se baseia em tais ideias fisiológicas. Claro está que Platão, alvo comum de Aristóteles, no *Fédon*, sustentou que a alma chega a uma purificação (recorrendo repetidas vezes à família do termo *katharsis*) somente quando ela separa o intelecto da confusão das paixões (ver abaixo, p. 284-285). Nenhuma interpretação da *Poética* pode depositar muita ênfase nesse disputado termo; mas parece que a interpretação que o relaciona com iluminação ou entendimento baseados na emoção mostra-se bastante viável. Seja como for, tais ideias estão presentes em outras partes da obra.

Quer abordemos ou não a tragédia mediante as categorias oferecidas por Aristóteles, temos de conceder o seguinte ponto essencial: o de que as tragédias exploram, por uma gama variada de meios, o que pode ser uma lacuna entre ser bom e viver bem, entre uma personagem razoavelmente boa e a plenitude do florescimento humano, ou *eudaimonia*. Nesse ponto, podemos distinguir quatro diferentes variedades de tragédia, a depender de como se abre a lacuna entre a nobreza do herói e sua fortuna.

Como uma primeira variedade, temos o que podemos chamar de *tragédias de ação impedida*. Aqui acontece de pessoas boas não viverem bem simplesmente porque são impedidas de fazer as coisas que costumavam fazer, ou que gostariam de fazer. Em *As troianas* de Eurípides, por exemplo, vemos boas mulheres postas em situação de extrema impotência, na qual, desprovidas de cidadania, de amigos, laços familiares, recursos, elas não podem mais escolher as ações em que sua nobreza antes se expressava. Tudo o que lhes resta é falar e lamentar o seu desastre. O *Filoctetes* de Sófocles tem um enredo mais complexo, mas pelo menos parte de sua estrutura gira em torno da piedade pelas privações de uma ação política, da amizade, do movimento normal, de conversa com outros seres humanos de algum modo envolvidos na existência de Filotectes, solitária e cheia de dor.

Em segundo lugar, existem *tragédias de ação involuntária*. Aqui, circunstâncias para além do controle da pessoa fazem com que ela cometa um erro terrível, realizando algo que não pretendia. Édipo tem o intuito de viver bem, e ele procede às melhores escolhas que lhe são possíveis. Mas uma ignorância da qual ele não pode ser culpabilizado faz com que cometa atos horríveis. Aristóteles é afeito a esse enredo, muito embora prefira os casos em que a catástrofe é evitada por uma revelação feita no último minuto (antes que a pessoa mate seu parente, por exemplo).

A *Oresteia* (especialmente a sua primeira peça, *Agamêmnon*) e a *Antígona* de Sófocles são de um padrão diferente que pode se chamar *tragédia de dilema ético*. Aqui a sorte adentra de um modo diferente: não frustrando completamente a ação, mas produzindo um conflito contingente entre duas obrigações importantes, de modo tal que nenhum curso de ação inocente se encontra disponível. Agamêmnon não pode ao mesmo tempo honrar os deuses e preservar a vida de sua filha Ifigênia. Creonte e Antígona, nenhum deles percebe que a esfera da obrigação civil se choca com a esfera da obrigação religiosa da família, mas, como Hegel afirmou, do público se poderia esperar que visse o choque claramente. Em tais casos, como Hegel também observou, um desafio está implicitamente posto: como poderia esse conflito trágico ter sido evitado? A *Oresteia* fornece a sua própria resposta na peça final: por instituições cívicas que honrem os deuses da família e que venham em apoio às instituições públicas de justiça. A *Antígona* sinaliza para uma resposta semelhante, e Péricles jacta-se de que Atenas de fato honrava as "leis não escritas" da obrigação religiosa como parte de sua concepção de virtude cívica. Assim, tragédias, longe de incentivar resignação e pessimismo, frequentemente desafiam o seu público a proceder a uma ação política construtiva.

Ésquilo e Sófocles, de modo característico, retratam seus heróis como a manter a nobreza no infortúnio – embora Filoctetes de fato apresente uma obsessão com a vingança, que é corretamente criticada pelos outros personagens. Em Eurípedes, a tragédia por vezes cala mais fundo, e vemos o que se pode chamar de *tragédia do caráter erodido*. Entre as mulheres de *As troianas*, a maioria retém o bom caráter, porém Cassandra enlouquece em razão de um estupro, e sua perda da racionalidade, não nobre, e sim triste e grotesca, é um dos espetáculos mais chocantes que a peça nos oferece. A *Hécuba* de Eurípedes ilustra uma rainha outrora nobre que tem a confiança traída por um amigo, que lhe mata o filho. Essa traição a faz perder toda a confiança nos seres humanos, passando a se devotar, a partir dali, a projetos de vingança. Tornando-se a "cadela" que o final da peça profetiza que ela se tornará (e os cães, conhecidos por comer carniça, simbolizavam a total falta de consciência moral), Hécuba chega a se oferecer para prostituir a filha que lhe restou em troca de auxílio para seus esquemas de vingança. A metamorfose profetizada é provavelmente uma inversão deliberada do final da *Oresteia*. Ali, as deusas da vingança, por meio de um compromisso de confiança, tornam-se cidadãs de Atenas e são transformadas de cadelas, na caça de sua presa, a mulheres humanas com intenções benfazejas. Aqui, uma mulher com intenções benfazejas, perdendo a capacidade de confiar, ao final se transforma em cadela, mordendo os que a apedrejam. Ambas as transformações mostram a vulnerabilidade da virtude cívica, que é assim transformada. O que é feito pode também ser desfeito. Tais tragédias nos lembram de que nossas ações políticas e outras ações humanas não estancam na superfície da pessoa, danificando apenas o que é superficial e deixando a nobreza "transparecer" (como Aristóteles o coloca). Por vezes elas danificam o que há de mais profundo no coração e na mente.

Muitas abordagens da importância ética da tragédia grega têm sido proporcionadas por filósofos que a valorizam. Para Hegel, as tragédias, mostrando o choque de uma esfera do direito com outra, suscitam a transcendência desses conflitos por meio da liberdade humana e seu gradual desdobramento. Para Schopenhauer, as tragédias, mostrando nossa completa impotência diante de um mundo que não controlamos, induzem-nos a nos desapegarmos deste mundo e a perseguir um estado de contemplação pessimista. Para Nietzsche, o fato de que as tragédias afirmam o valor da nobreza humana mesmo em face do pior que o universo pode oferecer constitui-se numa afirmação da vida num mundo em que nenhuma justiça divina pode ser encontrada: elas são, assim, instrutivas para seres humanos que se debatem com a perda da fé. (Uma força da interpretação de Nietzsche está no fato de que ele não esquece que tragédias são encenações multidimensionais: ele confere tanto à dança quanto à música um lugar importante em sua ideia da afirmação trágica.) Para Bernard Williams, mais próximo de Schopenhauer do que de Hegel ou de (sua leitura de) Nietzsche, as tragédias nos contam inequivocamente que não há "boas novas" acerca da vida humana, com isso fazendo malograr as pretensões otimistas da maior parte da tradição da filosofia moral. Penso que existe alguma verdade em cada concepção, e é claro que não devemos esperar encontrar uma concepção unificada da vida entre três dramaturgos tão diferentes, ou mesmo dentro da obra de qualquer um deles. Mas a ideia de Hegel de que tragédias posicionam um desafio ao pensamento político certamente contém muita verdade, não apenas no tocante a peças do tipo da *Antígona*, mas também no que concerne a peças sobre guerra, estupro, mentiras e outras calamidades "demasiado humanas". (Deveríamos insistir, contudo, que os gregos eram perfeitamente capazes de refletir de maneira bastante sofisticada sobre o que pode ser requerido para sobrepujar o problema trágico. A ideia de Hegel de que o entendimento teve de emergir passados dois milênios é completamente desnecessária.)

A ênfase de Nietzsche na afirmação de um envolvimento continuado com a vida num mundo de sofrimento e acaso também é muito importante. Ainda que algumas tragédias possam ser evitadas por um melhor pensamento humano, e ainda que as tragédias repetidamente nos desafiem a pensar melhor (sobre guerra, estupro, logros, solidão e doença), a aspiração a gerir o inteiro mundo do acaso pelas artes humanas expressa uma *hybristiké diathesis* que a poesia trágica corretamente critica.

O poeta cômico e o poeta trágico

A outra forma de arte dramática de especial importância para a Atenas do século V foi a comédia. O Sócrates do *Banquete* de Platão é representado como a insistir em que comédia e tragédia poderiam ser obra do mesmo indivíduo, e há um sentido importante em que tal é verdadeira, as mesmas objeções platônicas se aplicando, *mutatis mutandis*, a ambos. A "Velha Comédia", da qual Aristófanes é o grande praticante, é como a tragédia em sua preocupação com tópicos políticos contemporâneos como guerra e paz. De modo característico, o herói cômico, seja ele um produtor rural ou a esposa de um cidadão, é retratado como um engenhoso, astucioso, subvertedor da venalidade, pompa e corrupção de outros tipos da cidade, incluindo famosos políticos e generais. Desse modo, embora com um toque de leveza, a comédia contribui para a deliberação cívica.

Mais profundamente, a comédia, como a tragédia, ilustra um universo no qual seres humanos não estão no controle das coisas mais importantes. Seus planos mais ambiciosos são muitas vezes derribados – seja por corrupção humana ou, ainda mais frequentemente, pelo puro aspecto surpreendente e miserável do corpo humano. O humor da Velha Comédia é franca e insistentemente corpóreo, tanto no escatológico quanto no sexual. Frequentes vezes o humor deriva do fato de que alguém que quer fazer algo de grandioso é detido pelo comportamento ridículo de seu próprio corpo. Homens que gostariam de manter o foco em lutar com os espartanos são vistos andando de um lado para o outro com o falo ereto porque as esposas lhes negam o sexo, e eles não conseguem viver sem. Um pai que quer se adestrar com os filósofos descobre que, em vez de aprender a lição, ele está tendo um acesso de gases por ter comido sopa de feijão em excesso. Isso não é tragédia, mas tem analogias importantes com a tragédia. A aspiração grandiosa à autossuficiência é repetidas vezes malograda, e os únicos bem-sucedidos são os que não se pretendem grandiosos em primeiro lugar – Dicéopolis, que tem uma crise de gases enquanto espera a Assembleia começar seus afazeres, Lisístrata, que sabe que o poder da sexualidade da mulher pode dobrar os ardis masculinos. (Talvez o texto moderno que mais reveladoramente se compare à isso seja o *Ulisses* de James Joyce, com suas aspirações similarmente enviesadas à autossuficiência, seja ela contemplativa ou política, por meio da comédia do corpo.)

O desafio de Platão: a autossuficiência da boa pessoa

Para Sócrates, relembrando, uma boa pessoa não pode ser vitimada. E essa convicção (podendo ser ou não imputada diretamente ao Sócrates histórico) levou Platão a conduzir um rematado ataque à poesia trágica e homérica, com a alegação de ser nociva à educação moral do jovem. A própria relação de Sócrates com a tradição literária é complexa. Muito embora a representação que dele faz Aristófanes, em sua comédia *Nuvens*, como um *physiologos* carregando uma cesta e estudando o ar, seja certamente pouco precisa, a sugestão da peça de que Sócrates pretende substituir a religião tradicional por novos deuses da razão foi mencionada pelo próprio Sócrates, na *Apologia de Platão*, como uma das mais influentes fontes de preconceito contra ele. Muito pode ser dito acerca de até que ponto essa acusação é verdadeira, embora nenhuma abordagem das concepções religiosas de Sócrates esteja livre de controvérsia. Sócrates provavelmente compartilhava pelo menos parte da agenda dos *physiologoi*, e daí seu ataque ao mito e à poesia tradicionais, no sentido de que ele queria que cidadãos vivessem pautados por princípios racionais que eles próprios descobrissem e articulassem, em vez de imersos sob a autoridade e sob a tradição. Isso os levou a desenvolver formas de interação que se centravam na argumentação e no exame cruzado, e não nos poderes emotivos da retórica e do verso. Como veremos, esse foco conduz Platão a construir o diálogo filosófico como uma forma literária distintiva, na qual os ideais peculiares à investigação socrática podem ser expressos, e essa forma representa uma ruptura radical com a poesia tradicional.

Contudo, vamos nos centrar na *República* de Platão e em seu ataque ao conteúdo e à forma da poesia trágica. E vamos supor que nós acreditamos, como o Sócrates de Platão nesse diálogo, que a virtude requer conhecimento e seja centralmente estruturada em torno do conhecimento e que, sendo assim concebida, seja ela suficiente para a vida florescente. A boa pessoa é vista como completamente autossuficiente para o bem viver: a vida mental interior é a coisa importante, e acidentes lá fora no mundo não lhe importam de modo algum. À luz desse entendimento do mundo, o que poderíamos pensar sobre os enredos trágicos tradicionais? Em primeiro lugar e mais obviamente, eles contêm muitos enunciados que são falsos, e esses enunciados falsos sobre valores são postos na boca de personagens que o jovem é incentivado a emular. Em segundo lugar, e mais profundamente, a inteira estrutura de interesses pelos quais eles cativam seu público é ela própria falsa. Nós seguimos tais enredos com ávida atenção porque acreditamos que o que acontece à cidade, à família e amigos importa profundamente, com o próprio enredo reforçando esses compromissos. A peça solicita emoções de piedade e medo que formam o cerne de seu envolvimento com o público, e essas emoções em si mesmas trazem embutida a falsidade, sob a forma do pensamento de que um dano significativo pode sobrevir a pessoas sem que elas tenham cometido falta alguma, numa situação que está além de seu controle.

Nos livros II e III da *República*, o argumento de Sócrates se inicia com a suposição de que as histórias que contamos aos jovens são muito importantes na formação de suas maleáveis almas juvenis; ele focaliza o perigo de a alma aceitar crenças falsas. Mitos sobre figuras divinas e heroicas são tomados como influentes por meio de uma espécie de identificação admirada. Por isso, Sócrates proíbe a literatura de mostrar os deuses a causar sofrimento imerecido: desse modo, uma ocasião importante para a piedade é excluída desde o início, e Sócrates simplesmente afirma que se os deuses vêm lesar alguém, tal deve ser mostrado como uma punição justa. Além disso, tanto deuses quanto heróis têm de ser representados como inteiramente autossuficientes, sem necessitar de nada do mundo. Heróis não podem ser mostrados temendo a morte ou fazendo o luto pela morte dos entes queridos, lamentando e clamando por piedade. Pois o homem bom não acredita que a morte de um amigo, ou de um filho, ou de um irmão seja algo terrível. Discursos de lamentação são permitidos somente se atribuídos a homens e mulheres inferiores, de modo a que cidadãos jovens "tenham uma aversão a se comportar de maneira semelhante" (388a). Numerosas passagens de Homero são acometidas por esse espírito. De um modo geral, ademais, da literatura se requer que mostre que mesmo entre humanos não heroicos os justos vivem bem e os injustos vivem mal. A censura de Platão às formas musicais é difícil de seguir por razões já dadas, mas ela claramente reforça a campanha contra uma preocupação intensa com eventos mutáveis no mundo.

A *República* X assume instância ainda mais forte contra a poesia trágica, excluindo toda a *mimésis* (representação ou dramatização), com exceção de hinos aos deuses ou louvores aos homens bons. Ainda uma vez, a objeção ética levantada contra a tragédia é a de que ela mostra pessoas boas vivendo reviravoltas na fortuna e se afligindo como se isso tivesse muita importância. De novo, o comportamento indecoroso do herói trágico é contrastado com a atitude calma e autossuficiente do homem verdadeiramente bom, que reconhece que "nada acerca das coisas humanas vale ser levado muito a sério" (604b). Aqui a piedade é central à análise. Sócrates observa que a poesia trágica faz com que nos sintamos no lugar do outro, e "nutre o elemento da piedade em nós, fazendo-nos fortes" (606b). Isso torna muito difícil, alega ele, chegar a uma atitude calma em nossos sofrimentos. A resposta certa a tais obras não é o entusiasmo, mas o desgosto. Sócrates observa que é difícil representar a pessoa verdadeiramente boa de um modo que instigue o interesse no teatro.

O ataque de Platão à literatura é, acima de tudo, moral. Suas observações no Livro X acerca do estatuto derivativo da literatura devem ser entendidas nesse contexto. Assim como uma cama representada não pode realizar as funções de uma cama real, menos ainda de uma cama ideal (ou seja, de uma Forma Platônica de cama), assim também a representação pelo artista de uma pessoa justa ou de uma ação justa não pode fazer o que uma pessoa ou ação justa real no mundo faz, essa representação sendo realizada sem uma real compreensão interna da essência da justiça; muito menos ela apresenta a essência interna da justiça, que deve ser aprendida ascendendo-se à contemplação das Formas. Assim sendo, a denúncia do estatuto epistemológico é um aspecto da denúncia moral: os artistas têm um entendimento deformado da justiça porque se centram no modo como as pessoas realmente se conduzem no mundo, tendo o intuito de agradar ao público proporcionando-lhe uma apresentação agradável deste mundo, tudo isso sem uma compreensão mais aprofundada ou mais crítica da natureza das virtudes.

O ataque de Platão às artes geralmente é tido por algo de abominável pelos leitores modernos, já que ele deixa transparecer que as pessoas não teriam nenhum direito à liberdade de expressão, e, além disso (um ponto distinto), para Platão, a liberdade do artista de modo algum seria uma fonte importante de benefício à sociedade. Muito embora essas ideias nos sejam familiares numa formulação moderna, elas não eram estranhas à antiga Atenas, onde o tópico da liberdade de expressão frequentes vezes se discutia e onde dramaturgos cômicos, em especial, invocavam-na como precioso valor crítico. Ante tais inquietações, a resposta implícita de Platão é a de que o perigo é grande demais: quando almas jovens estão sendo arruinadas, não podemos simplesmente parar e nos preocupar com a expressão dos artistas. Sua posição tem uma relação próxima com argumentos sobre tópicos como arte pornográfica e discursos racistas e sexistas que são correntes hoje em dia. Se realmente acreditamos que obras literárias moldam poderosamente a alma e criam um clima social pernicioso, então ao menos é o caso de levar a sério tais argumentos, mesmo que se pense que outros valores sérios venham a se impor contra toda restrição. Não obstante a afeição que a maior parte dos americanos nutre pela Primeira Emenda, o seu real sentido e alcance são profundamente contestados, e quase não há ninguém que seja um completo absolutista quanto à liberdade de expressão. Aceitamos sem muito questionar restrições a publicidade enganosa, perjúrio, aconselhamento médico equivocado, ameaças e subornos, e a toda uma hoste de outras modalidades de expressão. E isso porque me refiro aqui apenas a restrições legais. Virtualmente todos os pais e professores de jovens exercem uma gama de restrições mais informais.

Deveríamos admitir, então, que nosso próprio entendimento do que é por demais perigoso de estar em contato com os jovens é progressivo e incompleto, e por isso deveríamos argumentar seriamente com Platão, em vez de descartar seus contenciosos ou ser condescendentes com eles. À medida que argumentamos, devemos cuidadosamente distinguir objeções baseadas no valor primordial da livre expressão de objeções baseadas no conteúdo de seus valores morais. Achamos fácil de defender os poetas trágicos em parte porque a maioria de nós acha que eles estão dizendo a verdade, com Platão estando errado em seu louvor à autossuficiência. Mas suponhamos que o pretenso censor esteja certo: então como seria?

Platão dá vazão a seu envolvimento com os artistas também em outros diálogos. No *Íon,* ele proporciona uma abordagem da inspiração poética que frequentes vezes tem sido aludida na história da teoria estética, muito embora, em última instância, ele lance dúvidas, como na *República*, à alegação de que os poetas têm uma genuína compreensão do tópico que lhes serve de tema. O *Fedro*, a ser discutido mais a fundo na seção seguinte, parece assumir uma linha mais generosa para com os poetas, ao menos com relação aos elementos poéticos e eróticos da linguagem, quando usados com o devido entendimento por um filósofo. As *Leis* contêm prescrições que, de diversas maneiras, são semelhantes às da *República*, embora possivelmente mais liberais. Elas trazem a famosa, ainda que misteriosa, afirmação de que a cidade ideal em si mesma seria a "mais verdadeira tragédia". Isso muito provavelmente significa que a cidade diz a verdade sobre questões de valor, enquanto dessas questões a tragédia confere abordagem falsa e errônea: trata-se da *mimésis* da vida e da pessoa boa e serena que a *República* admitiria no lugar das tragédias existentes. Ainda uma vez, devemos lembrar que "tragédia" não significa "peça com final infeliz". Ela designa uma obra mimética séria, num certo estilo elevado. Não obstante, assim interpretado, o enunciado mantém-se surpreendente, já que substitui o foco da tragédia na reviravolta pelo louvor à autossuficiência e serenidade.

O teatro antitrágico de Platão

Platão é também um dos mais destacados escritores de literatura em prosa da língua grega antiga, e, de modo geral, seus diálogos têm sido compreendidos como altamente literários. De que maneira esse fato se coaduna com sua evidente hostilidade para com a poesia existente? Devemos lembrar, primeiro de tudo, que de modo característico temos Platão por um filósofo literário porque o comparamos com obras subsequentes de filosofia em prosa que parecem secas e, em alguns casos (Descartes e Spinoza, por exemplo), autoconscientemente expressam a emulação das ciências naturais pelo filósofo. Mas no antigo mundo grego não havia tais secos tratados em prosa de filosofia. Como vimos, havia as obras poéticas (e em prosa) dos *physiologoi* e havia as investigações éticas dos poetas. (Mesmo após o tempo de Platão, as obras de Aristóteles que sobreviveram não podem ser avaliadas estilisticamente, pois foram concebidas para ser aulas ou anotações de aulas, e sabemos também que Aristóteles publicou diálogos que se celebrizaram por sua eloquência estilística.) As obras de Platão incluem os primeiros exemplos de drama em prosa em língua grega a sobreviver, juntamente com os diálogos filosóficos de Xenofonte, que lhes são mais ou menos contemporâneos, alguns deles dizendo respeito a Sócrates; há alguma evidência de que outros pensadores escreveram diálogos em prosa em que Sócrates fazia-se figura central. Os diálogos de Platão devem ser vistos do modo como sem dúvida foram recebidos pelo seu público: como rivais da tradição do drama trágico.

Vamos, então, tentar imaginar como uma pessoa acostumada à tragédia ateniense reagiria a essas obras. E vamos relembrar que Sócrates, na *República*, observou que era muito difícil reter a atenção de um público quando explanava sobre o "temperamento sábio e sereno, sempre consistente consigo mesmo" (604e). Os diálogos de Platão, contudo, de fato representam um personagem, um Sócrates que se importa pouco com o prospecto de sua própria morte e que procede à sua busca filosófica sem considerar as circunstâncias externas.

O *Fédon* de Platão, que ilustra a morte de Sócrates, inicia-se com uma história que possui todos os ingredientes da ação trágica: tendo sido injustamente condenado, um homem bom e justo vai morrer em breve. Os interlocutores inicialmente viam a história desse modo, e observe-se que deles se esperava que sentissem piedade. Não a sentiam, contudo, porque a atitude de Sócrates para com reviravoltas dramáticas desencorajava fortemente tal resposta. Xantipa, a mulher do filósofo, é mandada embora por estar chorando. Apolodoro é severamente admoestado por seu desconsolo "feminino". Podemos dizer que aqui, conforme a recomendação de Sócrates na *República* III, Platão atribui a lamentação a mulheres e a homens inferiores; e o efeito dessa estratégia é, na verdade, como Sócrates ali afirmou, assinalar essas respostas como inapropriadas, e as pessoas deveriam sentir vergonha por emulá-las. Sócrates, o herói não trágico do *Fédon*, por contraste, trata a morte como algo que, na verdade, não o afeta. Ele calmamente procede à busca de seu entendimento; e o "drama" da obra se torna o drama do argumento a se desdobrar, a ser apreendido tão somente pelo intelecto. Esse intelecto, Sócrates aqui nos informa, raciocina melhor quando procura evitar a influência de emoções e desejos desnecessários, atingindo um estado no qual, impedimentos removidos, ele pode ver "purificadamente" ou "limpidamente" (*katharós*, 65c, 69c; ver observações sobre a *katharsis* aristotélica na p. 273-274 acima). A ilustração da morte de Sócrates por Platão provou-se profundamente inspiradora ao longo dos tempos. De modo claro, Sêneca modelou sua própria cena de morte com base nesse exemplo literário, e é provável que não seja o único pensador estoico a fazê-lo.

Vemos aqui o cerne de uma nova forma de literatura filosófica e um novo paradigma de heroísmo. Platão é bem-sucedido em tornar envolvente essa figura "sábia e serena" em razão de seu temperamento notavelmente retratado, e isso em parte por conta do poder de convencimento dos argumentos que Sócrates apresenta. (Ponho em parêntese aqui a controvérsia sobre as partes do retrato de Platão que podem ser imputadas ao Sócrates histórico, focalizando simplesmente a figura de Sócrates *nos* diálogos.) A combinação notável de Platão entre retrato e argumento, combinada com seu estilo em prosa merecidamente admirado e sua aguçada sagacidade tornou alguns diálogos monumentos literários, entre eles incluindo-se o *Eutífron*, o *Cármides*, *Laques*, *Lísias*, *Górgias*, *Protágoras*, o *Banquete* e o *Fedro*. Essas qualidades fazem de Platão ainda hoje um autor a quem estudantes recém-chegados à filosofia acham especialmente atraente.

Existe, contudo, uma tensão inerente entre essas duas fontes de interesse literário nos diálogos. O que Sócrates demanda de seus seguidores e Platão de seus leitores é um foco na busca pela verdade e no progresso do argumento. Mas o que muito frequentemente resulta de um envolvimento com esses diálogos "literários" é um enfoque no exemplo de Sócrates como indivíduo único. O retrato de Sócrates pode fisgar pessoas para o estudo da filosofia de um modo que poucas peças de escrita filosófica são capazes de fazer, com muitos leitores mostrando-se fascinados por Sócrates como indivíduo único, afeiçoando-se mais ao retrato do que a argumentos difíceis. Platão estava bem consciente desse paradoxo. Na verdade, ele o retratou no *Banquete*, onde apresenta alguns personagens como mais voltados a relembrar esse ou aquele dito de Sócrates do que em buscar a verdade e o entendimento.

À luz dessas dificuldades, não é de todo surpreendente que Platão, ao investigar questões filosóficas altamente complexas, algumas delas bem afastadas dos tópicos éticos que eram provavelmente o foco do Sócrates histórico, pouco a pouco enfatize menos os elementos dramáticos da figura do mestre e passe mais tempo simplesmente a desdobrar os argumentos. Assim, em obras como a *República*, e, em especial, nos diálogos em geral considerados tardios (incluindo o *Parmênides*, o *Teeteto*, o *Sofista*, o *Filebo*, o *Político* e as *Leis*), a forma diálogo é empregada de modo menos dramático, com longos segmentos de argumentação abstrata sendo ali apresentados – de qualquer modo, em especial na *República*, com brilhante uso de linguagem, imagem e mito, porém sem tanta interação dramática.

Platão alguma vez permitiu que o seu entusiasmo pelo drama o levasse a admitir que as concepções do personagem Sócrates fossem seriamente contestadas? De modo característico, os interlocutores de Sócrates, variados e intrigantes que são, exemplificam vários níveis e tipos de resistência à investigação filosófica e à crença, subjacente a esta, na autossuficiência da benevolência. Personagens como Crítias (no *Cármides*) e Cálicles (no *Górgias*) apresentam alguns falsos valores da democracia ateniense, como sua preocupação excessiva com *status* e poder; os generais Laques e Nícias (no *Laques*) mostram a indolência mesmo por pessoas boas quando precisam dar conta de suas crenças; Eutífron e Mênon (nos diálogos que recebem seus nomes) mostram a arrogância dos que fingem competência. Existe algum diálogo no qual um desafio mais sério às concepções e métodos de Sócrates seja proposto, um desafio que sejamos instados a ver com simpatia? O sofista Protágoras (no *Protágoras*) faz melhor do que a maioria dos interlocutores. Ele é retratado como um sério pensador sobre valores democráticos que realmente tem a oferecer uma ideia de virtude, que, em todo caso, é passível de ser seriamente defendida (a sua ideia tem muito em comum com as concepções éticas de Aristóteles), muito embora o próprio Protágoras não se mostre muito competente para defendê-la.

Mas é no *Banquete* que podemos encontrar uma curiosidade mais radical sobre se a abordagem da vida por Sócrates pode se adequar às complexidades do amor erótico. Sócrates expressa (por meio do discurso que diz ter ouvido da sacerdotisa Diotima) algumas ideias convincentes acerca da ascese do amor à contemplação da Forma ideal de beleza, ideias que viriam a ter grande importância em toda a história da filosofia ocidental e na arte, influenciando de maneira decisiva pensadores tão distintos quanto Plotino e Shelley. Porém, ao contrário do que se tem em outras obras, seu discurso ocupa um segmento relativamente breve do diálogo, e outros interlocutores recebem tanto um amplo espaço quanto uma autêntica audiência para dar vazão às suas próprias concepções.

Entre os discursos em louvor do amor que essa obra estilisticamente diversa e brilhante contém, apenas um (o de Agaton) é claramente ridículo, e apenas um outro (o de Erixímaco) via de regra não atrai real interesse. Os discursos de Fedro e Pausânias costumam ser apreciados no mínimo como bons exemplos do pensamento grego educado sobre amor entre pessoas do mesmo sexo e seus benefícios cívicos, sendo assim úteis para reconstruir a história desse tópico; porém leitores, tanto os primeiros leitores quanto os contemporâneos, frequentes vezes também simpatizam com as concepções expressas por esses homens quanto à capacidade de amantes de espírito elevado para o sacrifício e para a busca da excelência. E dois participantes, que, de modo explícito, se recusam a tomar parte no coro de admiração pelo discurso de Sócrates, propõem desafios especialmente duros à concepção deste de que o amor tem como objeto último a Forma abstrata do belo. O discurso de Aristófanes (escrito com uma profunda compreensão dos valores inerentes à comédia aristofânica) ilustra o amor como a busca de ser reunificado à sua "outra metade", perdida. O seu mito dos seres humanos como criaturas arrogantes que foram cortadas em duas metades como punição por suas ambições ímpias, tendo então de vagar em busca da outra parte de si mesmos, expressa algo de importante sobre a natureza do desejo e do amor que não encontra lugar na concepção de mundo de Sócrates: a pura contingência e o caráter surpreendente do amor erótico, o sentido que se tem de que o amor é essencial à sua própria completude, sendo questão do acaso se a pessoa certa vai aparecer e permanecer. Os amantes de Aristófanes veem a pessoa que amam não como veículo para uma qualidade abstrata, mas como únicos e insubstituíveis. As qualidades literárias desse discurso, a um só tempo cômico e trágico, ademais transmitem a concepção de um mundo não totalmente controlado pela razão.

O discurso final no *Banquete*, como se não bastasse, é dado não a Sócrates, mas a Alcibíades, que, na porção final do diálogo, adentra embriagado e coroado por violetas. Em vez de louvar o amor, ele louva a Sócrates. Sua abordagem, entre desordenada e apaixonada, apresenta um retrato notável e comovente que não poderia vir de ninguém que vê o mundo como Sócrates requer, como apenas um "amplo oceano de beleza". Alcibíades é obviamente um personagem fadado à ruína, e à ruína de outros, tendo sido deliberadamente selecionado por Platão, olhos postos nesse final ruim; mas ele também é (ao que parece, ele era) uma figura imensamente envolvente, que não pode ser descartada, cujo desafio ao amor ideal, em nome de um amor a indivíduos reais, mantém-se não resolvido no final do diálogo. Em sua íntegra, a obra nos mostra que Platão jamais saiu de todo do universo do teatro trágico, com seu foco em indivíduos e em seus amores por vezes desafortunados.

Na *República* X, Sócrates observa que uma pessoa que está apaixonada, se acredita que o amor não é bom para ela, continuamente repisará para si todos os argumentos contra o amor, ao modo de um "encanto em sentido inverso" contra o feitiço do amor. De modo semelhante, continua ele, o amante da poesia deveria continuamente repisar para si mesmo os argumentos contra a poesia – a não ser que e até que um defensor da poesia venha convencê-lo "em prosa sem métrica, mostrando como ela é não apenas agradável, mas também útil, para os Estados e para toda a vida humana" (607d-608b). Essas observações parecem autorreferenciais, no sentido de que Platão, claramente um amante da poesia, volta e meia repisa os argumentos contra ela, contra o tipo de amor erótico que com tanta frequência é o seu tema. Se assim é, podemos ver seu *Fedro*, escrito após a *República* e o *Banquete*, como uma apologia altamente qualificada, mas genuína, tanto para o amor erótico como para a poesia. De modo claro, é a obra em que o próprio estilo em prosa de Platão se torna mais poético e na qual ele proporciona a mais generosa apreciação tanto do amor erótico quanto da linguagem inspirada do amante. O próprio cenário do diálogo, numa região campestre e fora dos muros da cidade, é significativo: pois Sócrates, na verdade, nunca saía dos muros da cidade (como ele próprio nos conta em outra parte). De modo que somos apresentados a uma ficção sobre Sócrates e a um Sócrates que louva o amor pessoal de um modo que se distancia da atitude alheia do personagem, conforme se ilustra em outros diálogos.

Após apresentar dois discursos (sendo um deles uma notável imitação do estilo do orador ateniense *Lísias*), nos quais ele, de fato, repisa argumentos contra o amor apaixonado e em favor de um tipo de amizade sexualizada – que não era incomum como objetivo da relação entre pessoas do mesmo sexo –, Sócrates declara que ele tem sido ímpio e deve aos deuses uma retratação. Seu enunciado de que *eros* (amor sexual) é um deus (242e) é sumamente surpreendente para quem lembra da sua condenação de *eros* na *República* como sendo um tirano perigoso. O discurso de retratação que se segue, célebre e altamente lírico, retrata o amor erótico entre homens como uma fonte-chave tanto de motivação quanto de compreensão. Sócrates sugere que sem a presença física do amado e o fermento psicológico que tal presença suscita, as asas da alma se mantêm áridas e ressequidas. O par de amantes é apresentando como a manter uma relação de longo prazo que contém paixão de ambos os lados, muito embora a sua expressão física seja cuidadosamente limitada ao caso mais ideal. Eles jamais abandonam seu foco no individual em favor de um progresso em direção à Forma abstrata, como o *Banquete* parece exortar; em vez disso, procedem a sua busca por entendimento no contexto da devoção a um indivíduo. Com essa apreciação aparentemente potencializada do pessoal no amor, tem-se o que parece ser uma nova apreciação da linguagem inspirada da poesia amorosa. Sócrates atribui seu discurso de retratação ao poeta Estesícoro, "Filho de Reverente, do Desejo" (244a), assim relacionando – de maneira surpreendente para quem estiver familiarizado com a austeridade da *República* – piedade, poesia e paixão. E a melhor vida é descrita como aquela de "uma pessoa que será um amante da sabedoria ou um amante da beleza ou algum seguidor das Musas e um amante" (248d). A "loucura" ou a inspiração é exaltada como essencial para os maiores benefícios. Embora Sócrates se mantenha determinado a não deixar um poeta como Homero ensinar o jovem, a não ser que ele possa responder a questões sobre sua obra (278c) – e muito embora, nesse sentido, o único poeta do amor que Platão parece plenamente aprovar seja ele próprio –, a obra certamente contém poesia de amor (em prosa) em um nível muito elevado, que tem exercido uma influência tremenda, tanto em estilo quanto em conteúdo, sobre quase todo autor subsequente a escrever sobre o amor nas tradições filosófica e literária do ocidente.

A ética de Aristóteles: um espaço para a tragédia

A abordagem por Aristóteles da tragédia e das emoções trágicas já desempenhou um papel neste capítulo como guia para os valores éticos inerentes à tragédia. E, na verdade, o interesse de Aristóteles pela tragédia não é mero interesse estilístico desatrelado do resto; ele expressa uma concepção de vida que impregna seus escritos éticos. Pois Aristóteles, diferentemente de Platão, sustenta que a pessoa boa pode, na verdade, fracassar em razão de fatores que excedam seu controle. Muito embora ele resista à ideia euripideana de que o bom caráter pode ser solapado pela má fortuna, ele admite que a *eudaimonia*, ou florescimento humano, requer mais do que um bom caráter. Assim, a pessoa boa se mantém em necessidade de coisas que estão fora dela, se é que ela deve atingir o florescimento humano e nele se manter.

Na *Ética nicomaqueia*, Aristóteles rejeita a concepção de que o bom caráter é tudo o que é requerido para a *eudaimonia*. A atividade também é requerida. Mas então o mundo começa a desempenhar um papel: pois para agir bem são necessários recursos. Aristóteles reconhece que, de modo característico, as pessoas de bom caráter são mais capazes do que outras de usar o material que a vida lhes dá e, desse modo, conseguirão atuar melhor em circunstâncias que frustrariam pessoas mais fracas, assim como um bom general fará melhor uso das tropas que lhe forem confiadas. Uma pessoa boa tampouco fará coisas *ruins* sob a pressão do infortúnio. Mas se ela encontra a sorte de Príamo, isto é, infortúnios "grandes e numerosos" prolongados por um período de tempo, pode ser "desalojada" da *eudaimonia* e, se isso acontecer, não retornará a tal estado "num tempo curto, mas, se algum dia voltar, fá-lo-á num tempo longo e completo, caso, nesse tempo, vier a obter coisas grandes e boas" (1101a8-14). Aristóteles conclui que uma pessoa tem *eudaimonia* "se e somente se tal pessoa for ativa de acordo com a completa excelência e for suficientemente equipada com bens externos não para algum período de tempo ao acaso, mas para uma vida completa" (1101a14-15).

Teofrasto, notável pupilo de Aristóteles, é autor de uma significativa contribuição para a história literária com sua obra *Os caracteres*, retratos de tipos desagradáveis de pessoas, que foram de importância para a história da comédia.

Continuações helenísticas

O período helenístico (a iniciar em fins do século IV a. C.) conheceu um desenvolvimento bastante rico das relações entre filosofia e literatura tanto na Grécia quanto em Roma (até os primeiros séculos d. C.), uma vez que ambas as escolas epicurista e estoica manifestaram um aguçado interesse pela poesia como veículo para a filosofia, além de terem desenvolvido novos gêneros filosóficos. Epicuro em si mesmo parece ter tido pouco interesse pela poesia; com enunciados como "cuspo no belo (*kalon*) e em todos os que nele têm o olhar fixado, numa moda vazia", ele expressou seu desprezo pela cultura de elite, preferindo, ao que tudo indica, cultivar formas de escrita que estivessem abertas a pessoas de todas das formações e classes.

No primeiro século a. C., o poeta romano Lucrécio transformou a filosofia de Epicuro num grande poema épico, *De rerum natura* (*Sobre a natureza das coisas*, ver capítulo 7). A poesia de Lucrécio é muito poderosa e por vezes chocante. Suas descrições do sadismo do amor sexual e das depredações da agressão têm parecido difíceis para alguns leitores. E seus ataques aos deuses e à providência são parte de uma longa tradição de ceticismo religioso que tem se revelado controversa sempre que presente. Ademais, criou-se a história (registrada por São Jerônimo) de que Lucrécio teria enlouquecido ao beber de uma poção do amor, vindo a escrever o poema nos intervalos de lucidez de sua loucura. Esse é um modo conveniente de evitar o desafio da crítica do poema aos valores tradicionais. Mas a poesia de Lucrécio é extremamente controlada e rigorosamente argumentada, e as vívidas ilustrações poéticas da violência humana servem bem a uma função terapêutica, convencendo o leitor da seriedade das doenças da alma que Epicuro se propõe a tratar.

Tem havido uma tradição de se ensinar Lucrécio como se a poesia e a filosofia fossem basicamente elementos separados que pudessem ser estudados à parte. Porém Lucrécio chama a atenção para o seu papel como filósofo-poeta e argumenta em favor do valor da poesia ao apresentar doutrinas difíceis de Epicuro: seu verso é o mel em torno do copo que capacitará os leitores a aceitar doutrinas que de início são amargas, mas em última instância libertadoras, como a mortalidade da alma e a nocividade do amor.

A escola estoica também mostrou um interesse marcado pela literatura. Cleanto, o segundo grande líder da Estoa, escreveu um Hino a Zeus que sobrevive, e Sêneca relata-o a argumentar que a poesia pode expressar significado filosófico de um modo mais preciso e focalizado que a prosa. Cleanto compara o poder focalizador da poesia com o modo como o formato da trombeta força o ar a uma forma focalizada e de alto volume sonoro. Estoicos subsequentes tanto escreveram obras literárias de vários gêneros como fizeram uso educacional de obras existentes da literatura.

De muitos modos, a atitude dos estoicos para com a literatura lembra a de Platão, já que suas doutrinas éticas também enfatizam a autossuficiência da pessoa boa e a irrelevância de eventos casuais para a felicidade. Tomando Sócrates como seu modelo da vida boa, eles argumentam que a pessoa boa encontrará a adversidade sem medo ou perturbação, pouco se importando com coisas externas. Tanto Platão quanto os estoicos empregam tais exemplos em seus ensinamentos e procuram apresentar suas próprias vidas como exemplos da luta por tal objetivo. Ao mesmo tempo, conduzem uma severa crítica à literatura existente. Diferentemente de Platão, porém, não buscam removê-la ou bani-la: pois sustentam que ela pode ser um veículo útil para se reconhecer a variedade de formas assumidas pelo vício e pelos excessos humanos. Em vez disso, o professor tem de incentivar o jovem a cultivar uma postura de desapego crítico em relação à obra – como, assim é dito, Odisseu amarrado ao mastro para que possa ouvir o canto das Sereias, mas sem ser destruído por ele.

A tragédia, como se poderia esperar, é uma aposta constante da filosofia estoica. Assim, Epiteto (primeiro século d. C.) define-a como o que acontece "quando eventos do acaso se acometem de tolos" (*Discursos* II 26.31) e argumenta que o propósito de uma vida boa deve ser:

> [...] estudar sobre como remover da própria vida queixumes e lamentações, e expressões como 'Ai de mim!' e 'Quão miserável eu sou' e o infortúnio e a má fortuna... Pois o que mais são as tragédias que não os sofrimentos de pessoas surpreendidas por coisas externas, dispostos na métrica usual? (*Discursos* I 4.23-30).

Numa conversa imaginária com Medeia, a heroína de Eurípedes, que assassinou os filhos para se vingar do marido que a abandonou, Epiteto tenta convencê-la de que ela possui aspectos positivos, apenas cometeu um grande erro: apaixonar-se por seu marido. "Pare de querer o seu marido", diz a ela, "e já não haverá uma das coisas que deseja deixando de acontecer". Contra esses maus exemplos, os filósofos estoicos dispõem de uma variedade de bons exemplos: Sócrates, o herói romano Catão e, por vezes, eles próprios.

A autoapresentação do filósofo se torna um elemento crucial nas formas literárias preferidas pelos estoicos romanos, cujas obras, diferentemente das de seus predecessores gregos, sobreviveram na íntegra. Tanto Sêneca (primeiro século d. C.) quanto Epiteto fazem uso de um tipo de diálogo no qual o filósofo está sempre presente – embora, em ambos os casos, a rubrica "diálogo" seja algo desvirtuador, uma vez que o interlocutor está minimamente presente. Sêneca desenvolve também a forma da epístola filosófica, de uma forma que faz uso intenso (possivelmente fictício) de suas próprias experiências; as respostas dos destinatários são representadas somente em suas próprias respostas imaginadas. Muito embora a correspondência por vezes tenha sido lida como um conjunto de cartas a uma pessoa real, não há evidência alguma de que qualquer dessas cartas tenha sido enviada algum dia, a inteira obra sendo mais bem lida como um construto a expressar uma certa imagem da educação filosófica e a envolver o leitor no processo de terapia filosófica. O interlocutor Lucílio é conduzido gradualmente, com muitos recuos, à extirpação da paixão e a uma devoção tão somente da virtude.

Os estoicos também escreveram em gêneros literários pré-existentes. Sêneca escreveu tragédias que exerceram enorme influência na história da literatura, particularmente por meio de uma tradução elisabetana que mudou o curso da literatura inglesa. Essas obras, provavelmente escritas para leitura pública mais do que para encenação num palco, são altamente retóricas, escabrosas em sua ilustração de sofrimento físico e de crimes como o incesto e o de comer os próprios filhos, além de ser extremas no escopo das paixões que contêm. Sua relação com as obras filosóficas é difícil de perceber. Claramente, elas mostram de forma gráfica os terríveis excessos da paixão e a facilidade com que uma pessoa boa pode ser arrastada para vícios horríveis ao cometer o erro de valorizar uma pessoa externa que seja (afinal, algumas das tragédias dizem respeito a mulheres que se frustram no amor). Mas há algo acerca das peças que se esquiva à fácil reconciliação com os escritos em prosa: por vezes elas parecem ilustrar a paixão por coisas externas como sendo heroica, a vida de serena benevolência como indolente e pequena. Talvez seja difícil escrever no gênero trágico sem resvalar em tais atitudes, e podemos dizer que a forma simplesmente assume o comando. Mas também podemos ver Sêneca em mais conflitos com as normas estoicas do que os trabalhos em prosa sugerem.

A outra obra literária de Sêneca a sobreviver, a *Apocolocyntosis Divi Claudi* (*Apocolocintose do Divino Cláudio*), confere peso a essa conjectura. Se a tragédia estoica já é problemática, a comédia estoica pareceria uma contradição em termos, uma vez que a atitude estoica de um mensurado preparo para todos os acontecimentos da vida não permite espaço para a surpresa, que é essencial ao humor. Mas a *Apocolocyntosis* é a obra mais engraçada a sobreviver da Roma imperial. Mordaz sátira política, ilustra a morte e a intentada deificação do imperador Cláudio, que acaba sendo enviado a uma ocupação ignominiosa no inferno. O conhecimento, por Sêneca, do que se passa no interior de certos grupos, sua exposição franca e aberta dos defeitos físicos e mentais do falecido imperador e seu sentido geral de irrestrita liberdade cômica (exceto durante as passagens que oferecem festivo louvor ao novo imperador Nero), tudo isso se assemelha mais a Aristófanes do que ao Sêneca que normalmente conhecemos. A obra reforça a imagem de um homem que não está de todo em paz com as normas estoicas.

As normas estoicas exerceram profunda influência também sobre poetas que não escreveram obras de filosofia. As ideias do estoicismo encontravam-se amplamente disseminadas em Roma no primeiro século a. C. e nos dois primeiros séculos d. C., impregnando profundamente os modos como os poetas tinham de ver o mundo, de maneira semelhante a como as ideias da cristandade haviam feito em outros tempos. (Podemos ver a extensão dessa influência, por exemplo, nas cartas de Cícero, que espera que seus destinatários compreendam piadas que pressupõem um conhecimento pormenorizado de filosofia, ainda que, como sua mulher, Terência, eles não sejam particularmente bem-educados). Lucano, parente e contemporâneo de Sêneca, é o mais óbvio exemplo de poeta estoico; sua *Farsália* tem Catão como herói e explora temas estoicos por toda a sua extensão. Mas a *Eneida* de Virgílio, concluída no início do primeiro século d. C., também revela intensa influência estoica, e poetas contemporâneos mais jovens, como Ovídio e Propércio, encontram-se bem familiarizados com sua ideia normativa de terapia para a paixão. Horácio é a exceção: epicurista de um tipo mais suave que Lucrécio, desenvolve as ideias epicurianas de um prazer calmo e de serenidade contemplativa.

Cícero, nem estoico, nem epicurista, foi tanto um grande pensador filosófico quanto um dos gigantes literários da antiga Roma, ao final da República Romana (primeiro século a. C.). Seus diálogos filosóficos proporcionam intensos debates sobre a maior parte dos temas da filosofia e conferem uma abordagem detalhada das posições de diferentes escolas sobre esses tópicos (ver capítulo 7). Escritos com incríveis eloquência e graça – considerando a velocidade de sua composição e o fato de que, na maior parte do tempo, Cícero estava a escrever discursos políticos importantes, além de se mudar de um lugar para o outro para evitar assassinos, que finalmente o alcançaram em 44 a. C. –, os diálogos filosóficos de Cícero, em comparação com os de Platão, estão preocupados menos com uma caracterização detalhada e mais com a exposição; exerceram grande influência sobre outros autores de diálogos da tradição filosófica ocidental, incluindo Berkeley e Hume. Cícero também se orgulhava de suas composições poéticas, que têm foco em seus próprios feitos políticos; alguns poucos extratos sobrevivem em autocitações em suas outras obras.

Cícero foi não apenas um dos grandes oradores da história, mas também um dos mais influentes teóricos da retórica e do estilo literário. Em obras como *De oratore*, *Brutus* e *Orator*, ele propõe o estudo da retórica e do estilo num curso que é mais ou menos seguido até os dias de hoje, ali forjando ou articulando as categorias conceituais em termos das quais discursos e textos relacionados são analisados.

Cícero também escreveu epístolas, muitas das quais foram destinadas à publicação como registro de sua carreira intelectual e política. Grande número delas sobrevive: tem-se uma correspondência bastante completa, embora unilateral (provavelmente não destinada à publicação) com Ático, seu amigo de toda a vida, rico epicurista que se manteve distante da política, tal como Epicuro recomendava; e um amplo espectro de cartas, por vezes com respostas de seus destinatários, para e de sua mulher, de sua filha e de outros parentes, de políticos importantes, como de uma extensa gama de outros amigos e conhecidos. Essas cartas variavam enormemente de estilo: as mais públicas são frequentemente retóricas e altamente elaboradas; as cartas a Ático são condensadas, cheias de piadas e referências privadas, testemunho comovente de uma amizade de amor e lealdade inabaláveis. Muitas das cartas dizem respeito a questões filosóficas, e pode-se ver tanto em Cícero quanto nos textos de seus correspondentes até que ponto o pensamento filosófico dava forma ao modo como os eventos da vida eram vistos e às normas a que as pessoas aspiravam. Nesse sentido, elas podem ser comparadas às epístolas mais deliberadamente elaboradas de Sêneca.

Ao mesmo tempo, as cartas também mostram de modo fascinante as limitações da filosofia em face dos acontecimentos da vida. Repetidas vezes, ao interpretar pessoas e eventos à sua volta, Cícero se vê recomendando (ou criticando o desejo de) *humanitas*, que parece significar um delicado interesse pelas particularidades da pessoa e da situação. (Existe um exemplo fascinante disso numa abordagem um tanto enviesada que ele envia a Ático sobre o mau comportamento da irmã deste, Pompônia, para com o marido dela, Quinto, irmão não muito admirável de Cícero. Essa carta bastante engraçada também mostra que maus casamentos têm mudado pouco ao longo dos tempos). *Humanitas* é um valor humano. Cícero a obtém de sua experiência, mas não parece encontrá-la nos filósofos que estuda (muito embora possa ter detectado algo semelhante em Aristóteles).

Ainda mais notável é o choque entre filosofia e experiência quanto à questão da morte. As obras filosóficas de Cícero assumem a concepção estritamente estoica acerca da morte: não é apropriado temê-la ou então chorá-la quando alguém que se ama tiver morrido. Ele relata como notável o enunciado de um pai enlutado: “Eu sempre soube que tinha gerado um mortal”. Túlia, filha de Cícero, foi o grande amor de sua vida. Ele claramente apreciava mais a companhia dela do que a de qualquer uma de suas esposas, e somente Ático desfrutava de lugar assim tão íntimo em suas afeições. Ela teve três casamentos, os primeiros dois infelizes; morreu ao dar à luz durante o terceiro casamento. Pouco antes de ela morrer, Cícero escreve a um amigo enlutado recomendando os usuais pensamentos estoicos quanto à morte. Mas o falecimento da filha o devastou. Quando, após alguns meses, Ático sugere que o amigo pode retornar ao trabalho, Cícero responde irritado e com uma negativa, afirmando que, ademais, ele não acha que deveria fazê-lo. Grande parte de seu tempo antes de sua própria morte foi passado tentando erigir um santuário para Túlia.

Podemos ver, com base nessa correspondência, tal como o fazemos com as obras de Sêneca, a profunda seriedade com que os romanos acercavam-se da filosofia. Mesmo quando não a podiam seguir, sentiam o seu desafio; mesmo que ela não abrangesse toda a sua experiência de vida, jamais deixava a cena.

As tradições que aqui têm sido descritas continuaram dali para adiante. Autores posteriores, como Luciano, Plínio, o jovem, Dio Crisóstomo e o poeta épico Estácio, empregaram conceitos estoicos em obras literárias de vários gêneros. Autores cristãos refletiram sobre as normas e termos do debate e apresentaram versões especificamente cristãs de formas literárias clássicas e também literário-filosóficas. Filósofos neoplatônicos, sobretudo Plotino, no terceiro século a. C., desenvolveram ideias platônicas sobre a beleza e a ascensão do amor numa teoria estética completamente nova. Nesse ínterim, a importante obra *Sobre o sublime*, escrita provavelmente durante o primeiro século a. C. por um autor cujo nome é usualmente dado como Longino, inaugurou uma corrente inconfundível de teorização sobre literatura, que se mostraria de grande importância na tradição ocidental posterior. No espaço de um único capítulo, não é possível cobrir esses e outros desdobramentos. Não obstante, o escopo e a riqueza do assunto devem se mostrar evidentes por si sós; embora frequentes vezes ignorados em razão da segmentação moderna das disciplinas, tem-se aí uma das áreas mais instigantes do pensamento antigo grego e romano.

9 Filosofia antiga tardia

Frans A. J. de Haas[1]

Introdução

Este capítulo cobre um fascinante segmento na história da filosofia grega, que vai do crepúsculo do Império Romano, no primeiro século a. C., até a conquista árabe de Alexandria, em 640 d. C. É fato bem conhecido que, nesse período, a maior parte do legado antigo das filosofias bizantina, medieval e renascentista recebeu sua forma definitiva. Contudo, na transmissão desse legado aos séculos posteriores, muito da profundidade, do detalhe e da motivação da filosofia antiga tardia se perdeu. Somente em décadas recentes o período começou a receber a atenção que merece. No âmbito do presente capítulo, devemos reunir uma seleção das primeiras – em geral preliminares – conclusões desta área da filosofia antiga que se encontra a avançar rapidamente.

Mas, primeiramente, umas poucas palavras acerca de classificações e períodos. Existe alguma justiça em falar na filosofia antiga tardia como filosofia *Imperial*. Quase todos os filósofos mencionados neste capítulo viveram e trabalharam no Império Romano (do Ocidente, do Oriente ou em ambos), com alguns deles até mesmo devendo a sua posição a imperadores. Contudo, nenhum dos filósofos aqui discutidos escreveu em latim – mesmo que ensinassem em Roma. (Os autores de filosofia em latim foram aqui trazidos no capítulo 7.) Eles testificam que o grego continuou a ser um idioma importante para a filosofia durante todo o Império Romano.

1 O autor deseja agradecer a Keimpe Algra, Hal Baltussen, Tony Long, Jaap Mansfeld, Douwe Runia, Richard Sorabii e ao editor deste volume pelos seus conselhos de especialista aos primeiros esboços do presente capítulo.

Por razões que se tornarão claras, proponho dividir a história da filosofia antiga tardia em dois períodos principais, quais sejam, um período de *estabelecimento da verdade universal*, do final da era helenística no primeiro século a. C. até Plotino, na segunda metade do século III d. C., seguida por um período de *exploração da verdade universal*, que vai desde os sucessores imediatos de Plotino até a conquista árabe de Alexandria, em 640 d. C. Um breve quem-é-quem das principais figuras a ser discutidas pode servir como pano de fundo. Será seguido (p. 303-306) por um diagrama a tabular os principais comentários da antiguidade tardia a sobreviver e seus autores.

Primeiro período. Este vai de Filo de Larissa a Plotino. Filo de Larissa (c. 161-c. 84 a. C.), chefe da Academia cética de Atenas (ver acima, capítulo 6, p. 226), e seu pupilo Antíoco de Ascalon (c. 130-68 a. C.) marcam uma importante viragem da filosofia helenística para a filosofia antiga tardia. Filo, em idade madura, afirmou que Platão na verdade não tinha sido um cético e que os acadêmicos eram céticos quanto à definição estoica do conhecimento, e não quanto ao conhecimento enquanto tal. Antíoco mostrou-se à altura da ocasião e defendeu a definição estoica de conhecimento, bem como a convergência geral entre as doutrinas estoica, da Academia Antiga e peripatética. A essa doutrina de convergência, o platônico Numênio (segundo século d. C.) contribuiu considerando o puro platonismo como perfeitamente em acordo com o pitagorismo e buscando apoio nas práticas religiosas grega e oriental. Alcino (segundo século d. C.) é o autor de um famoso *Manual do platonismo* para professores de filosofia, no qual esboça brevemente os principais traços característicos de sua classificação do assim chamado Platonismo Intermediário, que combina doutrinas platônica, peripatética e estoica. Plutarco de Queroneia (c. 45 d. C. até depois de 120), prolífico filósofo moral e famoso biógrafo de políticos gregos e romanos, além de sacerdote délfico, escreveu críticas às doutrinas epicurista e estoica enquanto incorporava o pensamento pitagórico, peripatético e estoico em suas concepções ético-políticas; seus escritos religiosos preservam útil material sobre religião grega e egípcia. O principal representante da tradição peripatética é Alexandre de Afrodísias (fl. c. 200 d. C.), designado professor de filosofia aristotélica em nome dos imperadores Severo e Caracala (se para a cadeira em Atenas – a esse respeito ver p. 258-259 acima e 308 abaixo – ou em Roma não está claro). Seu impacto sobre o desenvolvimento da filosofia dificilmente pode ser superestimado: nos séculos subsequentes, ele veio a ser conhecido como o comentador *par excellence* por seus numerosos comentários a Aristóteles e por seus próprios *Sobre a alma* e *Sobre o destino*. Foi lido na classe de Plotino, que provavelmente dele extraiu mais do que algum dia seremos capazes de dizer; e quando platônicos posteriores mostram-se eles próprios críticos aos argumentos de Aristóteles, não raro o que se revela é mais o seu ataque à interpretação de Aristóteles por Alexandre do que ao próprio Aristóteles. O médico Galeno (segunda metade do século II d. C., ver p. 359-363, capítulo 10), cuja lógica, epistemologia e física trazem um distintivo selo peripatético, optou por discordar de Alexandre em, por exemplo, questões de dinâmica e psicologia.

A pedra angular da filosofia antiga tardia é Plotino (205-70 d. C.). Numa brilhante síntese da filosofia que o antecedeu, ele desenvolve o conceito de uma verdade universal num sistema abrangente, que transcende as escolas anteriores. Plotino é considerado o fundador do que é hoje chamado de Neoplatonismo, muito embora ele próprio estivesse convencido de estar apenas expondo Platão (nenhum *Neo-*), embora seu pupilo, Porfírio (232-309 d. C.), tenha corretamente assinalado que Plotino havia incorporado a maior parte da metafísica de Aristóteles, para mencionar apenas a fonte mais importante (sem *-platonismo* estritamente falando). Plotino estabeleceu uma escola em Roma e se fez bem familiarizado com o imperador Galieno e sua esposa, bem como com políticos, doutores e literatos de todas as partes do Mediterrâneo. Com seus cinquenta e poucos anos, começou a escrever ensinamentos em tratados, que Porfírio editou em seis *Enéadas* (conjuntos de nove) cerca de trinta anos após a morte de Plotino. Mesmo em pontos nos quais neoplatônicos posteriores vieram a discordar de Plotino de modo relevante, suas realizações podem ser compreendidas como a aprofundar, corrigir e estender *sua* concepção sobre a verdade universal.

Segundo período. Este vai de Porfírio (232-309 d. C.) a Estéfano (fl. 610); apenas uns poucos filósofos podem ser mencionados aqui. Porfírio desenvolveu a filosofia de Plotino, acrescentando um forte interesse em práticas religiosas e interpretação alegórica como fontes de sabedoria e atacando ferozmente a doutrina cristã. Iâmblico de Cálcis (250-325), pupilo de Porfírio, abriu uma escola em Apameia (Síria), onde trabalhou na plena e explícita integração do neoplatonismo com o pitagorismo e fez importantes mudanças na teoria da alma (ver mais, p. 324 abaixo). Também decidiu o cânone dos diálogos platônicos a ser lido no currículo filosófico (ver p. 312-314 abaixo). Temístio (fl. 340-85), bem conhecido orador e político, dirigiu uma escola filosófica em Constantinopla. Para a sua própria conveniência, escreveu influentes paráfrases de obras aristotélicas que revelam não apenas interesses platônicos, mas também uma mente independente, especialmente em sua paráfrase do *Sobre a alma*.

Em Atenas, o neoplatonismo alçou novas alturas com Siriano (morto em 437), que inovou em metafísica e veementemente opôs críticas de Aristóteles ao platonismo e pitagorismo. Seu filho, Proclo (411-85), é mais famoso por sua sistematização do neoplatonismo nas 211 proposições de seus *Elementos de teologia*, que tinha os *Elementos de geometria* de Euclides como modelo de apresentação. Também forjou uma plena integração entre metafísica neoplatônica e religião pagã grega, atribuindo a deuses, demônios e heróis o seu lugar em sua *Teologia platônica*. Sua influência se estende pelas Idades Médias até a revivescência do neoplatonismo no Renascimento. Damáscio (fl. c. 529) aprofundou o entendimento neoplatônico do *Parmênides* de Platão. Seu pupilo, Simplício (escrevendo após 529), legou-nos extensos comentários sobre Aristóteles que não apenas testificam o amplo aprendizado de neoplatonismo tardio, como também preservam numerosos fragmentos e testemunhos dizendo respeito aos pré-socráticos, aos estoicos e ao início da tradição dos comentários.

Em Alexandria, o platonismo foi representado por uma das poucas filósofas mulheres da antiguidade, Hipátia (fl. 370-85), de quem pouco se conhece além de sua morte nas mãos da turba cristã. Amônio, filho de Hérmias (c. 435-526), lidera uma série de neoplatônicos de Alexandria, entre os quais o cristão Filopono (c. 490-570) se destaca por sua crítica a Aristóteles e a Proclo e por suas inovações na física. Após Olimpiodoro,

Davi e Elias (todos da segunda metade do século sexto), que deixaram comentários tanto sobre Platão como sobre Aristóteles, Estéfano (fl. c. 610) estava à frente da escola quando o imperador Heráclio o convidou para a cadeira de filosofia em Constantinopla, pouco depois de 610. Com ele, o ensino de filosofia passou para o Império Bizantino.

Sem dúvida que o processo histórico mais importante, contemporâneo ao período da filosofia antiga tardia, é a ascensão da cristandade. Especialmente após o reinado de Constantino (306-37), que se converteu ao cristianismo (312 d. C.), teólogos e filósofos pagãos e cristãos passaram a se encontrar em campos opostos. O imperador Teodósio chegou a declarar a cristandade religião de Estado do Império. A legislação sob Teodósio (379-95) e Justiniano (527-65) veio a dificultar cada vez mais o ensinamento da filosofia pagã. Em 529, Damáscio, então chefe da Academia em Atenas, e alguns de seus pupilos, incluindo Simplício, procuraram asilo na corte do rei persa Cosroes. Logo retornaram para encontrar sorte melhor no Império. Somente a escola de Alexandria, começando com Amônio, filho de Hérmias, parece ter encontrado um modo prático de cooperação com estudantes cristãos e autoridades da Igreja, permitindo a Filopono, um cristão, deixar a sua marca na filosofia antes de escolarcas cristãos como Davi, Elias e Estéfano virem a assumir. Apesar de muitos debates interessantes e muitos casos de polinização cruzada entre os dois campos, este capítulo ficará quase que exclusivamente confinado à filosofia pagã.

Comentadores filosóficos da antiguidade tardia

Em um volume desta dimensão e deste escopo, não há possibilidade de listar todos os comentários filosóficos da antiguidade tardia. Não obstante, a tabela a seguir proporciona uma boa ideia do que hoje sobrevive, ao todo ou em parte substancial, incluindo muitas das obras que são acessíveis a leitores não especialistas.

Comentador	**Data**	**Autor**	**Comentário sobre**
Anôn.	Entre 50 a. C. e 150 d. C.	Platão	*Teeteto*
Aspásio	fl. 100-30	Aristóteles	*Ética a Nicômaco*, I-IV, partes de VII-VIII

Anôn.	Fim séc. II d. C.	Aristóteles	*Ética a Nicômaco* II-V
Alexandre de Afrodísias	fl. c. 200	Aristóteles Aristóteles Aristóteles Aristóteles Aristóteles	*Tópicos* *Analíticos anteriores I* *Sobre a sensação* *Metafísica* Alfa-Delta *Metereologia*
Calcídio	c. 256-357	Platão	*Timeu*
Porfírio	232-309	Ptolemeu Aristóteles	*Harmônicas* *Categorias*
(?) Porfírio	232-309	Platão	*Parmênides*
Temístio	c. 317-88	Aristóteles Aristóteles Aristóteles Aristóteles Aristóteles	*Analíticos posteriores* *Física* *Sobre o céu* *De anima* *Metafísica* Lambda
Iâmblico	Morreu em 325	Pseudo-Pitágoras Nicômaco	*Carmina aurea* *Introdução à aritmética*
Dexipo	Século IV	Aristóteles	*Categorias*
Siriano	Morreu em 437	Aristóteles	*Metafísica* Beta, Gama, Delta, Lambda, Mu
Hérmias	Século V	Platão	*Fedro*
Proclo	411-85	Pseudo-Pitágoras Platão Platão Euclides Ptolemeu Ptolemeu Platão Platão Platão	*Carmina aurea* *Alcibíades* *Crátilo* *Elementos* I *Tetrabiblos* [*Introdução ao Tetrabiblos de Ptolemeu*] *República* *Timeu* 17a-44d *Parmênides*
Hiérocles	Século V	Pseudo-Pitágoras	*Versos dourados*

Amônio	435/45- -517/26	Porfírio Aristóteles Aristóteles Aristóteles	*Isagoge* *Categorias* *De interpretatione* *Analíticos anteriores* I
Asclépio	Século VI	Nicômaco Aristóteles	*Introdução à aritmética* *Metafísica* Alfa-Zeta
Filopono	490-570	Nicômaco Aristóteles Aristóteles Aristóteles Aristóteles Aristóteles Aristóteles Aristóteles	*Introdução à aritmética* *Analíticos posteriores* I *Analíticos anteriores* *Categorias* *De anima* *Da geração e corrupção* *Metereologia* I *Física* I-IV, com excertos de V-VIII
Pseudo- -Filopono	Século VI	Aristóteles Aristóteles	*Analíticos posteriores* II *De anima* III
Boécio	c. 480-524	Aristóteles Aristóteles	*Categorias* *De interpretatione*
Damáscio	462 até após 538	Platão Platão Platão	*Fédon* (duas redações) *Filebo* *Parmênides*
Simplício	fl. 350	Epiteto Aristóteles Aristóteles Aristóteles Aristóteles	*Manual* *Categorias* *De anima* I-II *Sobre o céu* *Física*
Pseudo- -Simplício (Estéfano?)	Século VI	Aristóteles	*De anima* III
Príscio de Lídia	Século VI	Teofrasto	*Da sensação* *Soluções a Cosroes*
Olimpiodoro	Século VI	Aristóteles Aristóteles Platão Platão Platão	*Categorias* *Metereologia* *Fédon* *Alcibíades* *Górgias*

Elias	Século VI	Porfírio	*Isagoge*
Davi	Século VI	Porfírio Aristóteles	*Isagoge* *Categorias*
Anônimo	Século VI	Aristóteles	*De interpretatione* 16a30-24b7
Estéfano	Séculos VI/VII	Aristóteles Aristóteles	*De interpretatione* *Retórica*
Anôn.	(?)	Aristóteles	*Analíticos posteriores* II

Os comentadores de Aristóteles são padronizadamente citados por número de página e de linha no multivolume H. Diels (org.), *Commentaria in Aristotelem Graeca* (= "Os comentários gregos sobre Aristóteles"; Berlim, 1882-1909). Um grande número deles encontra-se agora traduzido para o inglês: para detalhes, ver Bibliografia [144].

O projeto da filosofia

No período de estabelecimento da verdade universal, as divisões mais ou menos claras entre as escolas helenísticas (ver capítulo 6) foram gradualmente substituídas pelas complexas mudanças de posição entre escolas existentes, bem como pelas revivescências do aristotelismo e pitagorismo. Esse complexo desenvolvimento se deveu a uma combinação igualmente complexa de fatores, e é provável que nenhum deles teria sido suficiente por si mesmo. Vamos primeiramente descrever com brevidade a paisagem filosófica do primeiro século a. C.

Apenas três escolas se mostraram filosoficamente férteis: a Estoa, o Jardim de Epicuro e a Academia cética. Àquela época, o Liceu já havia minguado; muitos dos escritos esotéricos de Aristóteles tinham, ao que tudo indica, desaparecido, e peripatéticos posteriores dificilmente tomavam parte nos debates contínuos com as outras escolas. Nesse ínterim, gerações de estoicos e céticos haviam versado debates técnicos cada vez mais engenhosos sobre o critério (se é que havia) de verdade. Ao mesmo tempo eles competiam em seu desprezo por alternativas epicuristas nessas áreas. Nenhuma inovação se deu enquanto persistiram as fronteiras tradicionais entre as escolas.

Ainda assim, uma nova divisão do território já se fazia discernível. Na verdade, as três principais questões filosóficas no primeiro século a. C. diziam respeito, na lógica, à escolha entre ceticismo e conhecimento confiável; na física, à escolha entre atomismo mecânico, por um lado, e teleologia e um *continuum* material, por outro; e, na ética, a escolha se dava entre prazer e virtude. Céticos e epicuristas confrontavam tanto os acadêmicos antigos, quanto peripatéticos e estoicos. Uma nova fusão desses três grupos viria logo eclipsar tanto os céticos quanto os epicuristas. Mas primeiramente Platão e a Academia Antiga teriam de se tornar de novo respeitáveis, e o interesse em Aristóteles e no Perípato teria de ser reavivado.

Circunstâncias históricas puseram um fim nos centros atenienses de ortodoxia filosófica, com isso dando lugar a mudanças: em 88/87 a. C., Mitrídates chegou ao poder em Atenas; no ano seguinte, o general romano Sula conquistou, capturou e arruinou a cidade. Entre os muitos que se refugiaram da guerra, encontramos Filo de Larissa, então chefe da Academia. Na sequência, já não mais se ouviu sobre a Academia de Atenas para dali a mais de um século. Tampouco os atenienses Estoa e Jardim parecem ter sobrevivido ao ataque. A tradição de autoridade de seus fundadores se estiolara, e outros centros de atividade filosófica passaram a vicejar em todo o Mediterrâneo (Alexandria, Roma, Pérgamo, Rodes).

A captura de Atenas por Sula foi benéfica para os peripatéticos: sem se aperceber do valor de seu espólio, o general romano levou consigo para Roma uma biblioteca contendo as obras de Aristóteles. No primeiro século d. C., uma versão desses manuscritos se fez disponível num ordenamento filosoficamente sensato, começando com as chamadas obras lógicas, que depois foram chamadas de Organon (*Categorias, De interpretatione, Analíticos anteriores e posteriores, Refutações sofísticas, Tópicos*). Muito embora algumas das obras de Aristóteles tenham se tornado conhecidas ao longo de toda a era helenística (por exemplo, a *Retórica* e os *Tópicos*), o ressurgimento desse conjunto de textos provocou um verdadeiro renascimento do interesse por Aristóteles e fez avançar uma série de debates existentes. Por meio de posteriores comentários platônicos, por exemplo, às *Categorias* e ao *De anima*, tornamo-nos familiarizados com uma série de primeiros críticos e defensores de doutrinas aristotélicas a atestar as vivas discussões que passaram a se dar a partir do primeiro século a. C. Esses críticos formularam um número respeitável de problemas textuais e doutrinais que comentadores mais benevolentes teriam de solucionar. Ainda que o objetivo dos críticos fosse eminentemente destrutivo, eles proveram revigorados impulsos à filosofia. A abordagem do texto de Aristóteles orientada para problemas – que tinha a sua contraparte platônica, por exemplo, nas *Questões platônicas* de Plutarco – reflete-se mais claramente no formato de obras como as *Quaestiones* físicas e éticas de Alexandre de Afrodísias e seu círculo e o *Comentário em Pergunta-e--Resposta sobre as Categorias* de Porfírio. Muito mais tarde, ela ainda se fará parte do tecido de comentários neoplatônicos elaborados no século VI sobre Aristóteles por Simplício e Filopono.

Dadas as revivescências do aristotelismo e do platonismo, não surpreende que, quando o imperador estoico Marco Aurélio (ver p. 258-260 acima) decidiu nomear professores de filosofia em Atenas (176 d. C.), tenha ele estabelecido quatro cadeiras: platonismo, aristotelismo, epicurismo e estoicismo.

Com essas quatro escolas em exercício novamente, precisamos perguntar sobre a razão pela qual filósofos cada vez mais combinavam doutrinas de diferentes origens. A questão controversa do critério de verdade foi sobrepujada pela crescente crença numa verdade universal da qual toda a sabedoria humana fora extraída desde tempos imemoriais. A exegese etimológica pelos estoicos do que eles viam como filosofar primitivo e difuso dos antigos desenvolvia-se assumindo a forma de um ofício. Não obstante, alguns filósofos resistiam ao processo de convergência. Um exemplo notável é Alexandre de Afrodísias, que discutia tanto com o platonismo quanto com o estoicismo em suas tentativas de desenvolver respostas peripatéticas a questões que Aristóteles não tinha abordado em detalhe algum.

Do primeiro século d. C. em diante, a maior parte dos filósofos passou a abordar a história da filosofia como uma série de tentativas de desdobrar e explorar essa verdade única. Acreditava-se que ela estaria contida na teoria e prática religiosas no mundo grego (mitologia grega, oráculos, Homero, orfismo, pitagorismo), bem como nos mistérios egípcios e em revelações dos magos persas, assírios e indianos, para nomear os mais importantes.

Obviamente que alguns primeiros filósofos teriam sido mais bem sucedidos do que outros em elucidar a verdade verdadeira. Enquanto isso acontecia, à parte da Academia, duas ou três outras influentes escolas poderiam ser facilmente demonstradas na maneira como derivam de Platão: Aristóteles tinha sido pupilo de Platão, e o pai estoico fundador, Zenão de Cítio, tinha sido ensinado por, entre outros, Polêmon, um dos sucessores de Platão. Por isso, esse desenvolvimento tendeu a favorecer o platonismo como tendo a melhor reivindicação da verdade, em especial quando a biografia de Platão foi postumamente enriquecida com viagens a países distantes, que lhe permitiram incorporar sabedorias antigas pitagóricas, egípcias e de outros gêneros, incluindo os livros de Moisés. O platonismo jamais colapsou em misticismo pitagórico ou egípcio porque os escritos pitagóricos e egípcios foram considerados muito mais obscuros que os diálogos de Platão. Por outro lado, um pleno entendimento dos diálogos de Platão requeria o estudo dessas doutrinas antigas. Daí que encontramos um número cada vez maior de comentários platônicos sobre, por exemplo, textos pitagóricos, bem como sobre a aparição de tratados pseudopitagóricos como o que faz referência às dez categorias aristotélicas que comentadores platônicos também intentaram encontrar em Platão. Os chamados *Oráculos caldeus*, que são revelações atribuídas a um pai e ao seu filho, Juliano, dois magos caldeus vivendo no segundo século d. C., descrevem uma versão do platonismo do segundo século. Os *Oráculos caldeus* estavam destinados a desempenhar um papel importante na posterior teologia neoplatônica.

O pitagorismo merece menção especial porque em grande medida impregnou a filosofia antiga tardia num casamento com o platonismo. O platônico Numênio (segundo século d. C.) usou da fidelidade dos pitagóricos a seu mestre e sua unidade de pensamento para desprezar a dissensão entre escolas platônicas. Não obstante, acreditava ele, a doutrina de Platão manteve-se intacta, portando o signo de verdade verdadeira.

Liberto de adulterações acadêmicas posteriores, o puro platonismo que emerge prova que é puro pitagorismo! Para Numênio, a diferença entre Pitágoras e Platão é uma diferença de estilo e ênfase, mais do que de doutrina. O platônico Nicômaco de Gerasa (segundo século d. C.) escreveu uma *Introdução à aritmética* que foi inspirada pela teoria dos números de Pitágoras. Em *Sobre o pitagorismo* de Iâmblico, a obra de Nicômaco encontra seu lugar juntamente com capítulos sobre aplicações físicas, éticas e teológicas da aritmética. Na *República* de Platão, o estudo das matemáticas tinha uma função protréptica em relação à ética, política e metafísica, uma vez que preparava a alma para o conhecimento de objetos inteligíveis. Em Iâmblico, o estudo da aritmética pitagórica exerce a mesma função. Finalmente, Porfírio promoveu o estilo de vida pitagórico em seu *Sobre a abstinência*, e é significativo o fato de que aspectos de sua descrição do verdadeiro filósofo possam ser encontrado em sua *Vida de Plotino*.

Nas seções anteriores, observou-se que o desenvolvimento da filosofia na antiguidade tardia veio a ter seu foco nos textos oficiais de Platão, Aristóteles, dos estoicos e da tradição pitagórica, bem como em escritos não filosóficos, tais como revelações e oráculos. Esse enfoque em textos de tão diverso caráter explica o aumento do número de comentários filosóficos na antiguidade tardia. Será conveniente listar a série de fatores que contribuiu para a popularidade do gênero:

(a) Na ausência de uma tradição oral e de um sucessor atuante dos fundadores das escolas, a autodefinição dos filósofos veio a depender mais do estudo dos textos da escola.

(b) Nos primeiros comentários, há uma considerável atenção a explanações lexicográficas que se tornaram necessárias uma vez que o grego vulgarizado (*koiné*) tinha substituído o grego clássico dos autores mais antigos. Mesmo léxicos de terminologia platônica foram reunidos. Problemas mais sérios de vocabulário e gramática se faziam esperar quando eram estudados textos pitagóricos mais idiossincráticos e também textos de revelação. Em comentários posteriores, evidencia-se que os mitos em diálogos platônicos, bem como os diálogos em si mesmos, estavam a demandar diferentes modos bem definidos de intepretação.

(c) Contra os Acadêmicos, uma leitura não cética de Platão e da Academia Antiga tinha de ser estabelecida de modo explícito.

(d) Por toda a tradição de comentários há uma clara percepção dos problemas de tradições de manuscritos divergentes e da subsequente discussão de diferentes leituras. Por outro lado, tem-se a evidência de uma adulteração filosoficamente inspirada em textos.

(e) A fim de salvaguardar a consistência interna, obras problemáticas de autores relevantes tinham de ser provadas espúrias, enquanto obras mais expedientes se provavam autênticas.

(f) Textos de origem pitagórica, peripatética e estoica tinham de ser interpretados de um modo tal que se mostrassem mais ou menos concordes com os fundamentos do platonismo, ou podiam ser construídos como representações imperfeitas ou como prefigurações de tais fundamentos.

(g) Tão logo a unidade da filosofia grega fosse estabelecida, o comentário proporcionaria um *locus* conveniente para as críticas a comentários rivais e para o desenvolvimento cuidadoso (e discreto) de novas compreensões, que tacitamente recebiam o selo da ortodoxia, uma vez que surgiam do estudo de um texto oficial, isto é, autorizado. Para essa finalidade, a tradição do comentário poderia ser manipulada por meio do uso seletivo de diferentes correntes da tradição.

(h) Comentadores neoplatônicos tendem a considerar o estudo de textos oficiais, mas também de comentários inspirados nesses textos da parte, por exemplo, de Iâmblico, como ele próprio um exercício espiritual que contribui para o progresso de partes específicas de suas almas rumo à união com a primeira causa, o Um. Daí que a escrita de comentários requer inspiração divina, sendo similar, quanto a esse aspecto, à escrita de hinos aos deuses.

Por maior que fosse o impacto dessa nova concepção que o projeto da filosofia tinha sobre a autoimagem das escolas, sobre o formato de grande parte de sua produção literária e sua real convergência, tal concepção jamais reduziu a filosofia a uma reconstrução e defesa de uma linhagem filosófica. Apelos a autoridade jamais se ancoravam em si mesmos: argumentos sérios, versando sobre questões filosóficas, mantiveram-se mandatórios. Na verdade, tratava-se de uma busca sincera pela verdade filosófica que conduzia a essa concepção, em primeiro lugar. E se o resultado se parece, para nós, com um "ecletismo" ou um "sincretismo", essas designações parecem menos aptas à medida que sugerem que filósofos estavam ocupados em selecionar pedaços de doutrinas convenientes para uma construção que viesse deles próprios, ou então estavam a se perder numa abençoada confusão de diferentes credos. No sentido contrário, uma vez que o *fato* da unidade da verdade se fez visível para eles, e tendo sido realizada a genealogia de tradições relevantes, era algo tão somente natural continuar a explorar cada uma dessas tradições por sua contribuição para a compreensão daquela verdade única. Esse foi o projeto que dominou a segunda metade de nosso período, quando a questão da autoridade já não demandava discussão.

Foi bem por essas razões que a filosofia na antiguidade tardia teve uma notável capacidade de inovação. Desenvolvimentos importantes em ética, lógica, física, psicologia e metafísica serão brevemente ilustrados abaixo. Eles foram o produto da perspicácia de filósofos profissionais treinados que possuíam uma impressionante familiaridade com todo o pensamento filosófico e religioso que os precedeu. Eram suficientemente críticos para avistar as lacunas do pensamento de seus mestres e suficientemente criativos para repará-las em mais de uma maneira. Em suas mãos, o formato do comentário filosófico que eles frequentes vezes (nem sempre) preferiam era nem mais nem menos do que um veículo para fazer filosofia, jamais uma camisa de forças.

A ordem pela qual devo apresentar as diferentes áreas da filosofia da antiguidade tardia no restante deste capítulo deriva da ordem do currículo filosófico após Plotino, ou seja, ética e política, lógica, física, psicologia e metafísica ou teologia. Essa é a ordem que Porfírio impôs aos tratados de Plotino em sua edição das *Enéadas*, bem como a ordem do treinamento filosófico de Proclo, conforme descrito em *Vida de Proclo*, de Marino, para mencionar apenas dois exemplos. No currículo platônico posterior, o estudo de Aristóteles, pupilo de Platão, veio a servir como uma introdução à filosofia platônica. Um comentador capaz tinha de mostrar que a mesma verdade resplandece através dos tratamentos por demais mundanos de Aristóteles à física, psicologia e metafísica, tanto mais que o objetivo de sua filosofia era considerado como nada menos do que o "Um" neoplatônico. Especialmente em lógica e física, as obras de Aristóteles proporcionavam um nível de sofisticação não encontrado em nenhum texto platônico ou pitagórico. Os tratados biológicos, que configuram parte importante de nosso *corpus* aristotélico, foram descartados como irrelevantes para a filosofia. A ordem dos tópicos listados acima foi usada para determinar a ordem de ambos os cursos, aristotélico e platônico. Cada obra de Aristóteles era prefaciada por um conjunto padrão de questões; um conjunto um pouco diferente de questões era usado como introdução para cada obra de Platão. Talvez a questão mais importante dissesse respeito ao objetivo (*skopos*) da obra a ser comentada, uma vez que a resposta a essa questão determinava tanto a sua posição no currículo quanto a perspectiva pela qual estava sendo interpretada.

Um curso completo de filosofia no século VI poderia consistir nos seguintes textos, a serem lidos sob a orientação de um professor. Em primeiro lugar, os noviços eram submetidos à leitura dos *Versos dourados* pitagóricos, ou ao *Manual* estoico de Epiteto, a fim de lhes preparar a alma para a filosofia. Os professores tinham de recorrer a essas obras não técnicas porque os tratados éticos de Aristóteles não poderiam ser dominados sem prévio treinamento lógico. A preparação ética era seguida por uma introdução geral à filosofia e às suas partes e pela *Isagoge* ("Introdução") de Porfírio, prefaciada por uma introdução de sua própria lavra. Após uma biografia de Aristóteles, o estudante prosseguiria com as *Categorias* de Aristóteles, com sua *De interpretatione*, com os *Analíticos anteriores*, com seus *Tópicos*, *Analíticos posteriores*, *Refutações sofísticas* e talvez a *Retórica* e a *Poética*. Então continuaria pelos tratados técnicos em ética e política: a *Ética a Nicômaco*, *Economia* e *Política*; em física: a *Física*, *Da geração e corrupção*, *Sobre o céu* e *Metereologia*, conduzindo ao *De anima*, talvez acompanhado por alguns dos *Parva naturalia* (nome coletivo para os breves tratados sobre sensação, memória etc., ver p. 166 acima); e finalmente a *Metafísica*. O curso platônico seria prefaciado por uma biografia de Platão e, de novo, conduziria o estudante pela ética (*Alcibíades*, *Górgias*, *Fédon*), lógica (*Crátilo*, *Teeteto*) e física (*Sofista*, *Político*), e ainda pela teologia (*Fedro*, *Banquete*), culminando com o Bem (*Filebo*). O curso seria concluído por imagens abrangentes da física (*Timeu*) e da teologia (*Parmênides*).

Ética e política

No *Manual do platonismo* 27-34, de Alcino, encontramos os ingredientes de grande parte da ética antiga tardia. O bem para o homem consiste no conhecimento e na contemplação do Bem primevo, que Alcino equaciona com o Intelecto Divino. Daí a felicidade ser encontrada tão somente nos bens da alma. O propósito da vida é a "semelhança com deus" (com base no *Teeteto* 176a-b e no *Fedro* 248a de Platão), porém Alcino indica que este tem de ser o deus *nos* céus (isto é, o Demiurgo), e não deus *sobre* os céus (Intelecto), cuja transcendência deveria não ser comprometida por esforços humanos. Ao progredir para esse objetivo, a atitude natural, o treinamento e o ensino combinam com a purificação e a preparação instiladas pela música e pelas disciplinas matemáticas, a fim de se atingirem as quatro virtudes cardeais – a coragem, o autocontrole, a justiça e a prudência. Essas virtudes são mutuamente dependentes: em razão da regra da razão envolvida em cada qual, uma pessoa não pode possuir uma sem as outras. Elas são cumes que não permitem variação, nem "meio-termo" (cf. a doutrina do meio-termo de Aristóteles, p. 189 acima), à medida que resultam de uma moderação das emoções (*metriopatheia*), e não de sua extirpação (*apatheia*).

As *Enéadas* I-2 de Plotino, lidas como um comentário ao *Teeteto* 176a-b, exploram a hierarquia das virtudes que foi desenvolvida de modo mais explícito nas *Sentenças* 32 de Porfírio. Essa hierarquia compreende virtudes cívicas ou políticas, seguidas por virtudes purificatórias, teóricas e paradigmáticas. Cada um desses tipos de virtude é uma manifestação de todas as quatro virtudes cardeais, tais como são modeladas no Intelecto (não mais o Demiurgo como em Alcino) e espelhadas em níveis mais baixos da alma humana, respectivamente, assim determinando diferentes tipos de vida do ser humano como um todo. Desse modo, em cada nível, essas virtudes podem ser vistas como imagens de deus (Intelecto) na alma racional humana. O interessante é que a realização de tal imagem em qualquer nível não é apenas parte do progresso de uma pessoa para a "semelhança com deus", mas é, ao mesmo tempo, parte também do cumprimento desse objetivo e uma condição persistente de sua alma. Em algum momento, a virtude da prudência trará consigo a comunhão entre deuses e homens prevista no mito no *Fedro* de Platão. Iâmblico associa o *Alcibíades* de Platão com o estágio inicial de autoconhecimento, *Górgias* com virtudes políticas e o *Fédon* com virtudes purificatórias, assim determinando a posição desses diálogos em seu currículo. Porfírio pretendia o seu *Sobre a abstinência* para estudantes mais avançados, já a ansiar por virtudes teoréticas. Em seu todo, o racionalismo neoplatônico tende a favorecer a *apateia* como objetivo final, muito embora a noção de progresso permita um estágio inicial de sobrepujamento das emoções irracionais por *metriopatheia*. No caso do comentário de Simplício sobre o *Manual* de Epiteto, que tem seu lugar antes do currículo filosófico propriamente, isso conduz à complicação de que uma obra estoica a prescrever a *apatheia* tem de ser interpretada como a advogar a *metriopatheia* neoplatônica. A aguda percepção do progresso de um estudante por estados virtuosos cada vez mais elevados de sua alma é a explicação de notáveis diferenças em, por exemplo, sofisticação metafísica entre comentários à obras (aristotélicas) no início do currículo e obras (platônicas) lidas num estágio educacional mais avançado. Faz sentido proporcionar mais sofisticação somente quando a alma do estudante tiver alcançado o estágio apropriado.

Embora muitos escritos neoplatônicos habitem os estágios mais elevados do conhecimento intelectual, neoplatônicos atribuem à virtude política um papel definitivo, uma vez que Platão claramente demandou filósofos plenamente educados para guiar os menos afortunados. Essa fundamentação é lembrada ao final das *Enéadas* de Plotino, numa passagem que contém uma exortação à benevolência disseminada do mesmo modo que o Um dissemina a si mesmo. Portanto, não surpreende que de Plotino se relate ter intentado a fundação de Platonópolis, uma cidade a ser governada pelas leis de Platão, na Campânia. Além disso, o amor ao Bem, que conduz à contemplação, ao mesmo tempo produz o amor do homem (*philanthropia*), conceito que deve muito de seu conteúdo à abordagem por Aristóteles da amizade, bem como à doutrina estoica da afinidade universal (*oikeiôsis*, p. 219-220 acima). Por essa razão, filósofos têm a obrigação de ajudar outros seres humanos a serem divinos. Ao mesmo tempo, sua atividade é, ela própria, divina e constitui a sua própria virtude, porque participa da atividade providencial de deus. Tornar-se divino assim requer atividade *tanto* contemplativa *quanto* sociopolítica. De modo que, ao final, o objetivo de atingir a semelhança de Deus, introduzido por Platão como escape adequado da alma de sua existência encarnada, demanda atividade sociopolítica.

Lógica

A contribuição da antiguidade tardia à lógica depende maximamente da sistematização e harmonização entre as realizações dos lógicos peripatéticos e estoicos e a metodologia disposta nos diálogos de Platão. A lógica foi concebida como uma disciplina que abarcava métodos tão diversos quanto a demonstração, a dialética e o argumento sofístico. Assim, numa seção chamada o "estudo da razão", Alcino lida com a dialética platônica e com a silogística aristotélica em capítulos consecutivos, nos quais ele ilustra a teoria silogística por meio de exemplos extraídos dos diálogos platônicos. Peripatéticos como Alexandre de Afrodísias observam que o objetivo da lógica reside na realização das partes da filosofia que servem como instrumento (*organon*). Para um platônico como Plotino, a dialética, que abarca os métodos de análise, síntese, divisão e definição, é um meio de explorar o reino inteligível. Por essa razão, ele favorece uma distinção entre a dialética, a parte mais nobre da filosofia, e a lógica formal, ou as regras triviais de discussão, que podem ser tão somente de caráter preliminar. Os comentadores neoplatônicos dos *Analíticos* seguem uma tradição já presente na discussão da questão por Alexandre quando alegam que a lógica é tanto parte quanto instrumento da filosofia: não são o martelo e a bigorna tanto produtos quanto instrumentos da arte do ferreiro? Com efeito, eles mudam a perspectiva da oposição entre lógica peripatética/estoica e dialética platônica para a distinção entre lógica formal e sua aplicação na filosofia, ou, em termos mais gerais, a distinção entre forma lógica e matéria. Amônio e Filopono remetem essa distinção de volta à Platão e à Academia, de modo que os encontramos a usar conceitos diferentes de lógica e dialética como um par.

Os comentadores das obras lógicas de Aristóteles impuseram a divisão familiar da lógica nos domínios dos termos (*Categorias*), proposições (*De interpretatione*) e inferências (*Analíticos anteriores e posteriores*, *Tópicos* e *Refutações sofísticas*). Eles tentaram dispor o corpo existente da lógica de um modo mais sistemático, isto é, aplicando uma divisão rigorosa de silogismos com base na relação entre as premissas. Nesse arcabouço, o papel básico do silogismo de primeira figura (p. 175-176 acima) tornou-se uma questão importante: esse silogismo "perfeito" garante a validade dos outros modos silogísticos (como acreditava Alexandre), ou cada modo em si mesmo garante a sua própria validade (como sustentado pelos neoplatônicos, que assim se puseram livres para explorar tipos não peripatéticos de lógica formal). Um exemplo de uma extensão antiga tardia da lógica de Aristóteles é a chamada prova tecmeriódica do efeito para a causa. A partir de uma base reduzida de textos aristotélicos sobre inferências de signos e uma série de sugestões em Temístio, Filopono e Simplício desenvolveram um tipo de prova que consideraram especialmente apropriada em física. Na verdade, a física tem o objetivo de compreender o reino sensível (o efeito) por referência a suas causas inteligíveis, que dispõem de um estatuto mais elevado na hierarquia platônica do ser. Esse tipo de inferência foi equacionado com a abordagem do problema por Aristóteles, procedendo de "o que é melhor conhecer por nós" a "o que é melhor conhecer pela natureza", ou a contar de um todo difuso até-então tal como ele se apresenta aos sentidos, a seus elementos constituintes apreendidos pela razão.

Uma vez que as *Categorias* vieram a ser posicionadas no início do curso de lógica, algo de sua recepção pertence mais à lógica do que à metafísica – se é que uma divisão entre essas partes da filosofia de algum modo se aplica a tal contexto. Um exemplo famoso é o conceito de gênero. Em Aristóteles, gênero é um dos predicáveis e descreve a relação entre sujeito e predicado quando o último é um predicado não conversível que pertence à essência do primeiro (isto é, *animal* pertence à essência de *ser humano*, muito embora *ser humano* não pertença à essência de *animal*). Aristóteles subscreveu à regra acadêmica de que um predicado que é aplicado a sujeitos que diferem em prioridade entre cada outro não é um gênero (por exemplo, *número* não é o gênero dos números naturais 1, 2, 3 etc.). Em seu tratado *Sobre os gêneros de ser*, Plotino fez essa regra se voltar contra uma interpretação importante das categorias de Aristóteles que consideravam as categorias como gênero mais elevado. Plotino observa que, em *Categorias* 5, Aristóteles aplica o termo "substância" tanto a substâncias primárias quanto secundárias, e na *Metafísica* Zeta 3 a toda forma, matéria e ao composto de ambas: duas instâncias de séries hierárquicas. Portanto, a julgar pela prática de nomear do próprio Aristóteles, as categorias não são gêneros, tecnicamente falando. Se o forem, revelam ser sem utilidade para o projeto do próprio Plotino, de estabelecer os gêneros de ser verdadeiros; a fim de preencher a lacuna, ele se volta para os cinco "grandes gêneros" do *Sofista* de Platão (Ser, Semelhança, Diferença, Movimento e Repouso; acima, capítulo 4, p. 152). Juntos, esse quinteto constitui o ser atemporal do Intelecto.

A conclusão de Plotino está a comprometer todas as divisões de ser sensível, muito embora Platão, especialmente no *Filebo*, tenha nos instruído a tentar tais divisões? Por certo que não. Os cinco gêneros inteligíveis produzem tipos mais baixos no nível do reino sensível que Plotino nos permite chamar gêneros do reino sensível, muito embora eles não mais sejam gêneros de máxima elevação nem gêneros no sentido tradicional. Pois esses gêneros inferiores imitam a natureza produtiva de suas causas e revelam ser a um só tempo causa e (portanto) predicado de seus efeitos. Contra esse pano de fundo, Plotino cuidadosa e criticamente explora a importância das categorias de substância, quantidade, qualidade e relação, juntamente com uma categoria recém elaborada de movimento, como um meio de descrever o reino sensível. Plotino visa a possibilidade de que, no final, essas cinco "categorias" possam bem se reduzir à dualidade platônica de ser independente *versus* ser relativo.

Na influente introdução de Porfírio à filosofia aristotélica, a *Isagoge*, encontramos esse tipo de gênero saudado como a noção de gênero em que os filósofos estão interessados. Na famosa Árvore de Porfírio, uma divisão de substância através do ser animal e humano até os particulares Sócrates e Platão, o gênero mais elevado de substância não é apenas predicado de cada membro dessa série hierárquica, mas também sua causa. Uma vez que a *Isagoge* serviu como introdução ao currículo aristotélico que se iniciava com as *Categorias*, sua noção não aristotélica de gênero influenciou a interpretação das *Categorias* na antiguidade tardia. E uma vez que a *Isagoge* precede as *Categorias* na maioria dos manuscritos medievais, essa obra de Aristóteles frequentes vezes até os dias de hoje tem sido lida com as lentes de Porfírio. O problema amplamente debatido dos universais recebeu a forma de uma fascinante passagem da *Isagoge*, na qual Porfírio observa que ele *não* a discutirá, uma vez que transcende o escopo de sua obra.

Em seus comentários sobre as *Categorias*, Porfírio restringiu a aplicabilidade da obra ao reino sensível (como Plotino tinha feito) e valeu-se de argumentos da tradição peripatética para resgatar todos os dez itens da crítica de Plotino como gêneros de *nomes*, indicando gêneros de *ser* apenas indiretamente. Na tradição de comentários posterior, o objetivo das *Categorias* foi geralmente visto como sendo uma divisão exaustiva dos tipos de *nomes* simples (*phonai*) a significar *coisas* simples (*pragmata*) via *conceitos* simples (*noemata*). Esta é a base da semântica antiga tardia; a partir de sua versão latina em traduções e comentários de Boécio, adveio a lógica medieval de termos (ver p. 260-261 acima e p. 392 abaixo).

Física

Com base nos intensos debates antigos tardios sobre a física, devemos isolar aqui três questões que têm continuado a atrair o interesse nos últimos tempos: (a) a natureza da matéria, (b) o número correto dos elementos e o conceito de seu misto, e finalmente (c) o nascimento da teoria do ímpeto.

Matéria. De acordo com Aristóteles, matéria e forma constituem dois princípios necessários para explicar a mudança que é característica dos objetos da física. Seguindo indicações nas discussões por Aristóteles desses princípios, que nada têm de claras, Alexandre de Afrodísias desenvolveu a teoria de maneiras importantes. Ele afirmou que as mudanças de fogo, ar, água e terra um no outro requerem um substrato comum que não possui nenhuma das qualidades que caracterizam os elementos, incluindo a corporeidade. Isso significa que ele concebe a mudança elementar como uma troca de formas num substrato permanente. Essa matéria sem forma incorpórea, mais tarde chamada matéria primeira, não pode existir sem a forma de um dos elementos, e nenhuma forma elementar pode existir sem a matéria primeira. Para autores posteriores, a noção por Alexandre de matéria primeira sugeriu identificação tanto com o Receptáculo do *Timeu* de Platão (p. 144-145 acima), que recebe as imagens das Formas sem se modificar, quanto com a matéria estoica, que foi também definida como desprovida de qualificação (p. 215-216 acima). Em Plotino e Proclo (para cujas diferenças nessa questão ver p. 329 abaixo), encontramos esse tipo de matéria como o nível mais baixo do reino sensível. Adicionalmente a isso, os neoplatônicos recorrem a uma leitura da *Metafísica* Zeta 3 de Aristóteles quando insistem, contra a Estoa, que a matéria é falha até mesmo em possuir as três dimensões que definem a corporeidade. Do mesmo texto, Proclo deriva a conclusão de que a tridimensionalidade tem de ser um nível separado entre a matéria primeira e os elementos, nível este que é não qualificado, porém nem isento de forma.

Neoplatônicos posteriores perguntavam-se se uma matéria desprovida de qualquer determinação pode desempenhar algum papel causal. Simplício e Filopono, em particular, exploraram a possibilidade de que o nível da matéria tridimensional, ou da tridimensionalidade sem limites quantitativos, é tudo de que necessitamos para explicar as mudanças elementares. Desse modo, a forma elementar é responsável pelos limites quantitativos dispostos, por exemplo, nos limites naturais de expansão (um dado volume de água vai sempre se evaporar num volume proporcionalmente igual de ar), enquanto, ao mesmo tempo, a matéria pode ser tida como responsável pela extensão tridimensional e pela divisibilidade que as formas incorpóreas sofrem no reino sensível. Simplício mantém a matéria primeira por razões metafísicas, enquanto Filopono está só ao extrair a conclusão de que a matéria primeira incorpórea é desprovida de utilidade para explicações físicas – uma conclusão que ele explora para atacar os argumentos de Proclo em favor da eternidade do mundo. A teoria de Filopono da matéria primeira tridimensional dos corpos naturais se adequa bem com a sua noção de lugar como uma extensão estática tridimensional que é sempre preenchida com corpos sem exercer nenhuma influência sobre eles. Essa noção de lugar tem seu rival na teoria de Iâmblico do lugar como um poder coesivo do universo como um todo e de cada coisa nele, um molde que torna possível a existência mesma do universo e se move com ele. Recorrendo a seu professor, Damáscio, Simplício expõe essa doutrina com algum vagar em seu comentário à *Física*, em especial na digressão conhecida como "Corolário sobre o lugar".

Elementos e misto. O destino do éter de Aristóteles (acima, p. 180, e abaixo, p. 341-342) é testemunho das tendências convergentes da antiguidade tardia. Enquanto Alexandre não têm dúvidas acerca da existência e das propriedades do quinto elemento de Aristóteles, os platônicos vacilam entre rejeitá-lo e assimilá-lo ao éter mencionado por Platão no *Fédon* 111b ou mesmo ao quinto sólido regular a que Alcino e Plutarco se referem no *Fédon* 110b6. Uma alternativa foi a de assimilar o éter ao fogo criador estoico. Na outra extremidade do espectro, Filopono rejeita a existência do éter e tenta subverter todo e qualquer argumento proposto em defesa de sua existência no *Sobre o céu*, de Aristóteles. Os fragmentos remanescentes dessa crítica são citados e indignamente rechaçados pelo comentário de Simplício a esta última obra, no qual o seu único objetivo é o de preservar a imutabilidade e eternidade dos céus, que ele via como postas em perigo pelos ataques de Filopono.

Com respeito ao conceito de misto de Aristóteles, filósofos antigos tardios apresentam uma notável variedade de posições, que podem ser discernidas até mesmo em discussões medievais e renascentistas sobre a questão. Aristóteles acreditava que o misto de quatro elementos formava materiais de ordem mais elevada, como o sangue e os ossos, mediante o atingimento de um novo equilíbrio entre as quatro qualidades – quente, frio, úmido e seco – que os caracteriza. Sem maiores elucidações, ele afirma que cada ingrediente se mantém potencialmente num misto, porque, em princípio, cada ingrediente pode ser recuperado do misto. O *Sobre o misto*, de Alexandre, uma polêmica sustentada contra os estoicos, especifica que, quando um misto é analisado em seus constituintes, estes reaparecem especificamente, embora não numericamente, os mesmos que antes. Alexandre também especifica que a recuperação é possível porque, no misto, tanto as formas quanto as qualidades dos elementos têm sido preservadas no estado imperfeito de sua atualidade, o que pode facilmente ser restaurado para seu estado anterior de perfeição. No comentário de Filopono ao *De geração e corrupção*, essa concepção é considerada uma interpretação adequada das intenções de Aristóteles. Não obstante, o próprio Filopono sustenta que somente as qualidades dos elementos, não as formas, são preservadas neste estado imperfeito. Pois se o grau máximo de calor é uma característica essencial do fogo, a mais leve redução do calor tem de ser equivalente à extinção do fogo.

Proclo e Simplício, por outro lado, rejeitam inteiramente a noção de misto na esteira de seu repúdio ao materialismo estoico. Jamais corpos constituirão uma nova unidade, somente suas qualidades incorpóreas vão interagir para criar o que é não mais do que a impressão de uma nova unidade. Simplício extrai a imagem vívida de um conjunto de tochas; suas chamas aparentemente se unem numa chama única, provando, porém, serem separadas sempre que seus bastões, que em momento algum formam uma unidade, afastam-se uns dos outros. Da mesma forma, fios de cores diferentes tecidos juntos dão a impressão de uma nova cor, embora eles nunca mudem. Na concepção de Simplício, o misto é uma das ilusões tão características do mundo do parecer e do vir-a-ser.

Teoria do ímpeto. Um conjunto de problemas na dinâmica de Aristóteles é nosso último porto de escala nesta seção. Aristóteles abraçou uma teoria da causalidade por contato: cada coisa movida é movida por algo em contato com ela. Essa posição tinha uma série de consequências. No vazio, o movimento era impossível, e esta era de fato uma das razões do estagirita para rejeitar a existência do vazio. Além do mais, o movimento de um projétil aparecia como um problema: como pode um dardo continuar a se mover após deixar a mão do lançador? A sugestão mais famosa de Aristóteles foi um estafeta entre bolsões de ar correndo atrás do dardo para impulsioná-lo para a frente. Mas por que, então, o movimento do projétil chega a um fim?

Filopono celebrizou-se por ter lidado com essas questões em termos da noção neoplatônica tardia da transmissão de poder. Essa teoria reside na noção de *dynamis* como sentido tanto de "poder" como de "potencialidade", a primeira sendo ativa e característica, acima de tudo, de causas inteligíveis, e a segunda passiva e característica dos níveis mais baixos de realidade sobre os quais exerce sua influência. Em virtude de seu "poder" criativo, causas inteligíveis produzem seus efeitos atuando em substratos que lhes dão uma "potencialidade" específica para receber essa influência. No caso de movimento de projétil, ou assim Filopono sugere, o lançador implanta no dardo um poder limitado que capacita o dardo a se mover até o poder expirar. Em seu *Da criação do mundo* (*De opificio mundi*), uma defesa cristã da criação, Filopono unifica a dinâmica estendendo o seu mecanismo aos céus, onde Deus implantou o poder de mover no momento de sua criação, à medida que implantou os movimentos naturais nos elementos e almas nos seres viventes.

É por essas mesmas linhas que o movimento num vazio pode ser defendido. Dada a regra de que um corpo limitado pode receber somente poder limitado, não há razão para temer um movimento de duração ou velocidade ilimitadas na ausência de um meio, como Aristóteles suspeitava. O único papel que o meio desempenha é o de um obstáculo adicional ao movimento. Ele não tem parte a desempenhar na transmissão de força, já que o movimento real depende fundamentalmente do poder ou inclinação inerente no objeto movente.

Psicologia

A história da psicologia filosófica na antiguidade tardia é talvez o melhor exemplo de como os platônicos refinaram seu entendimento de um conjunto limitado de conceitos platonizantes mediante distinções aristotélicas. Uma adição importante às divisões bipartite e tripartite da alma por Platão (p. 147-150) se tornou a *fantasia* de Aristóteles (muitas vezes traduzida por "imaginação"), depósito para percepções e área de funcionamento para o intelecto. Aqui os platônicos situavam o processo da rememoração das Formas: a *fantasia* foi concebida como solo comum onde percepções de fora e projeções dos *logoi* inatos na parte racional divina da alma são comparadas a fim de ser reconhecidas pelo que são. Desse modo, também, o processo de indução produz universais na mente, que podem servir como pontos de partida confiáveis para o verdadeiro argumento científico.

A epistemologia da antiguidade tardia depende amplamente da posição ontológica da alma humana. Nesse quesito, Plotino se acha em oposição a todos os filósofos tardios. Ele acredita que a parte racional da alma jamais desce do reino inteligível. Nossa falta de conhecimento das Formas não é devida a um verdadeiro lapso do Intelecto, mas a nosso ser que não percebe que parte da alma ainda está funcionando naquele nível. Portanto, a "rememoração" (p. 154 acima) é descrita como um movimento do si mesmo (ou "do nós", como ele o chama) em direção a um reconhecimento adequado do que ele ainda é – essa interiorização é, ao mesmo tempo, o projeto da ética plotiniana. De Iâmblico em diante, os neoplatônicos não mais acreditavam que a alma racional ainda reside no Intelecto. Portanto, quando a alma se estabelecesse num nível em que fosse separada do Intelecto (ver mais p. 329 abaixo), ela deveria sofrer uma mudança realmente substancial, que não pode ser reparada por rememoração. O resultado é uma visão menos otimista do conhecimento, adquirida por meio da filosofia e da ciência: o melhor que um ser humano pode alcançar é descobrir a imagem do Intelecto que é a sua própria. A plena compreensão de, por exemplo, como os deuses criam o corpo, ou sua vida, ou de como eles os relacionam, está além de nós. Por esse aspecto que, em Iâmblico e no neoplatonismo posterior, a chamada teurgia pode encontrar um lugar como um meio de sobrepujar a fatal separação entre os dois reinos. Teurgia, "o trabalho dos deuses", é um rito conduzido por seres humanos, mas empoderado por símbolos divinos, pelo qual o homem é vestido sob a forma de deuses e é alçado para ser unido à eles. Esse corte para o reino do divino complementa as dificuldades da filosofia racional como um modo, entre muitos, de trazer a alma para o contato com o reino inteligível.

Os fascinantes capítulos de Aristóteles sobre o intelecto (*De anima* III 4-5) inspiraram Alexandre e Temístio a teorias inovadoras e notavelmente influentes. Aristóteles propôs que a alma apresenta uma distinção entre o intelecto produtivo, "que faz todas as coisas", e o intelecto material, "que se torna todas as coisas", o primeiro dos quais é, de algum modo, associado à imortalidade divina. Em seu próprio *Da alma*, Alexandre apresenta uma divisão tripartite do intelecto: (a) o intelecto potencial ou material, que todos os seres humanos possuem ao nascer; (b) o intelecto disposicional, que não apenas possui a capacidade de abstrair seus objetos das percepções dos sentidos, mas também os considera já contidos em si mesmo. Nem todos os seres humanos alcançam plenamente esse nível de realização. A causa disso é (c) o intelecto ativo, ele próprio uma pura forma, supremamente inteligível. É de maneira célebre que Alexandre identifica esse intelecto com a Causa Primeira, o Motor Imóvel da *Metafísica* Lambda. Por isso, o intelecto ativo é a causa de ambos, ser e inteligibilidade de todos os objetos do pensamento, embora se mantenha muito pouco claro acerca de seu modo de causação. Além disso, existe um único intelecto divino ativo para todos os seres humanos. Na filosofia árabe e medieval, essa linha de pensamento foi acaloradamente debatida.

Alexandre rejeita qualquer tipo de imortalidade da alma individual – consequência de sua visão aristotélica de que a alma humana nada mais é do que a forma do corpo humano, e tem de perecer com ele. Essa concepção "hilomórfica" (como é hoje chamada) de alma e corpo dominou a tradição peripatética após Alexandre, enquanto, antes de Alexandre, os intérpretes de Aristóteles já tinham tendido a identificar o *pneuma* ("sopro"), e não o corpo humano, como um todo, como instrumento da alma. Essa dependência da alma em relação ao corpo pode ser reformulada em termos da superveniência da alma em relação ao corpo, de modo muito semelhante a como a forma do misto sobrevém em relação a uma combinação adequada de elementos.

Temístio rejeitou a concepção de que o intelecto produtivo de Aristóteles deve ser identificado com deus, que é assim protegido de associação com o pensamento humano. Temístio descreve como o intelecto produtivo, um "segundo deus", é eternamente associado com um único intelecto potencial numa relação de forma e matéria. Esse intelecto composto é separado do corpo humano, muito embora o intelecto potencial seja mais proximamente relacionado com a alma humana, e o intelecto produtivo seja por vezes identificado como "nós". Por sob esse par reside o intelecto passivo ou comum, que é perecível e responsável pela memória, pela emoção e pelo raciocínio discursivo. Uma vez que somente esse último intelecto é uma parte firme da alma humana, não há espaço em Temístio para a imortalidade pessoal; tampouco há qualquer sugestão de que uma vida intelectual seja de algum modo divina para um ser humano: a atividade verdadeiramente intelectiva transcende o nível humano.

Metafísica

As principais características e o desenvolvimento dos elaborados sistemas metafísicos da antiguidade tardia podem, talvez, ser melhor explicados se iniciarmos com Plotino. Ele desenvolve um sistema de três assim chamadas hipóstases ou níveis de existência, quais sejam, o Um, o Intelecto e a Alma. A *República* 509b de Platão, "o Bem está para além do ser", inspirou Plotino à conclusão de que o princípio do ser, o Um que ele identificou ao Bem, tem de estar acima do ser e desprovido de todas as qualificações que nós comumente atribuímos a seres. Da plenitude do Um emana, como a radiação de sua perfeição, o nível de Ser, isto é, o Intelecto divino que abraça todas as suas Formas em um único ato unificado de pensamento. Esse ato de unificação por autocontemplação é o modo do Intelecto de retornar à sua fonte, o Um. Do Intelecto, a Alma emana, porque num ato de negligência o Intelecto não contempla a si mesmo, mas "mira para fora". O raciocínio discursivo da Alma e o seu interesse no que é outro que não si mesmo cria a matéria primeira e o mundo sensível que está abaixo do Ser. Uma vez que a Alma governa o universo e envolve todas as almas particulares que governam partes do universo, como plantas, animais e seres humanos, o mundo sensível não é uma hipóstase de si próprio. Em suma: o desejo da Alma de pertencer a si mesmo conduz à autoalienação. Ainda assim, a Alma e todas as almas anseiam por retornar à sua fonte, o Intelecto, focalizando em sua parte racional e descobrindo que ela nunca deixou o Intelecto. Tomando parte no retorno do Intelecto à *sua* fonte, o Um, "nós", isto é, a parte racional de nossa alma, podemos retornar ao primeiro princípio num ato do assim chamado *ekstasis* (êxtase), que transcende o pensamento racional que era necessário para alcançar o reino do Intelecto. O sistema de Plotino é essencialmente dinâmico porque emanação (*prohodos*) e retorno (*epistrophê*) são ambos requeridos para que se constituam plenamente as hipóstases de Intelecto e Alma. Uma vez que as três hipóstases são eternas, não há início ou fim nesse processo. Geração e corrupção, bem como pensamento discursivo, são meros sinais de fraqueza da parte de seres inferiores, a serem explicados por uma falta de unidade que, em última instância, se deve à sua perda de orientação em direção ao Um.

Esse sistema é uma brilhante síntese de elementos de diferentes correntes filosóficas que podem ser discernidas perante Plotino. Por exemplo, em Alcino, encontramos os fundamentos de que as Formas são os pensamentos perfeitos e eternos de deus, esta que é uma velha visão acadêmica já abraçada em uma forma ou outra por Antíoco e pelo platônico judeu Filo de Alexandria (primeiro século d. C.). No caso de Alcino, deus é a um só tempo o Bem platônico e um Intelecto engajado em autocontemplação, modelada pelo deus de Aristóteles. Sua inefabilidade pode ser abordada por negações, por analogia ou por rastreio da beleza à sua fonte (como no *Banquete* de Platão). O conjunto de princípios de Alcino é completado por Matéria. Esse sistema triádico competiu com o dualismo do Um e da Díade Indefinida familiar com as doutrinas ditas não escritas de Platão, sendo ubíquo na recepção da filosofia de Platão pela Academia Antiga em diante. Um terceiro competidor foi o monismo pitagórico, no qual um único princípio chamado de Um, Hênada ou Mônada, desempenhava duas funções: ele foi a causa primeira, enquanto, ao mesmo tempo, servia como um constituinte de reinos mais baixos juntamente com a Díade. Plotino defende suas três hipóstases encabeçadas pelo Um único identificando-as com as primeiras três hipóteses do *Parmênides* de Platão, isto é, o primeiro Um, o segundo Um ou Um-Muitos (Intelecto) e o terceiro Um ou Um-e-Muitos (Alma). Uma leitura semelhante do *Parmênides*, juntamente com linhas pitagóricas a antecipar esse desenvolvimento, pode ser remetida ao primeiro século d. C.

Na sequência a Plotino, a posição do Um se faz incrementada. Siriano e Proclo desenvolvem o sistema das chamadas hênadas, cujas raízes são encontradas talvez em Iâmblico. Seu objetivo é o de garantir a transcendência absoluta do Um sem perder a explicação de unidade e unificação pela qual níveis mais baixos podem retornar às suas fontes. Pois, diferentemente do Um, pode-se participar nas hênadas; elas existem tanto autossubsistentemente quanto como imanentes em seus participantes. Em Proclo, as hênadas são unidades localizadas diretamente sob o Um, mas isso diante da Mônada e da Díade Indefinida, ou do Limite e do Ilimitado, que se combinam para produzir todos os níveis inferiores do ser inteligível e sensível. As hênadas autossubsistentes são deuses cada qual a emitir a sua própria cadeia de seres conectados, uma cadeia que alcança os níveis mais baixos do mundo sensível. Um exemplo estendido de uma cadeia dado por Proclo (*Sobre o Parmênides de Platão* 903) é a Forma da Lua, da qual se diz que aparece no nível divino como o "um" e o "bem" da Forma porque todas as coisas são divinizadas pela luz da verdade; aparece no nível angélico em sua fase intelectual e no nível demônico em seres viventes que imaginam aquela Forma em pensamento e são intelectuais, mais imitando-a no viver do que pensando; entre animais, o Touro Ápis egípcio e o peixe-lua são suas manifestações; e finalmente tem-se a chamada pedra da lua, a qual acredita-se que enche e míngua com a lua. Assim, o inteiro universo é divinizado, e nenhuma parte dele é desprovida de providência divina. Na *Teologia platônica* de Proclo, esses e outros deuses são relacionados aos deuses olímpicos e demônios, familiares à religião grega, assim lhes conferindo a fundamentação filosófica de que tanto precisam para sobreviver à crescente pressão da cristandade. Damáscio, de novo a meditar sobre o *Parmênides*, fez progressos em extrair as consequências últimas de um conceito estrito do Um, ressaltando acima de tudo a sua inefabilidade.

Considerações mais aprofundadas sobre a estrutura do reino inteligível e um estudo mais aprofundado do *Parmênides* conduziram a uma nova concepção da emanação e a uma multiplicação de hipóstases. O influente *Elementos de teologia*, de Proclo, tem por objetivo proporcionar as regras básicas de causação a partir das quais tal sistema pode ser deduzido. Uma dessas regras é a de que toda causa mais elevada opera antes de seus consequentes e estende o seu poder mais para baixo na hierarquia do que uma causa inferior. Isso significa que a causa mais elevada, o Um, é o único responsável pela existência da matéria primeira; o Intelecto, juntamente com o Um, estende a sua influência na medida da presença das Formas, e daí abaixo para os corpos não qualificados. A alma se estende somente aos corpos vivos. A emanação não é mais um processo que estritamente vai de alto a baixo, mas um processo no qual as causas mais gerais geram os substratos com base nos quais as causas inferiores mais específicas operam. A diferença em relação a Plotino é talvez mais notável no caso da matéria, pois a matéria de Plotino é a causa do mal, já que distrai a alma; para Proclo, a matéria é o efeito do Um, e por essa razão é boa, de modo que o mau só tem subsistência oblíqua como subproduto dos poderes declinantes de causas superiores em níveis inferiores.

A multiplicação de hipóstases reside no conceito de mediação que garante a continuidade do processo: entre dois termos na hierarquia, pode existir um terceiro que media entre os dois (cf. Platão, *Timeu* 31b-c para o princípio que Proclo está seguindo aqui). Tais estruturas triádicas são amparadas por tríades universais como Restante-Processão-Retorno, da qual Ser-Vida-Intelecto (já encontrada em Porfírio) é um exemplo excelente. Cada princípio reside em seu próprio nível de existência e se mantém inalterado enquanto, pelo poder de seu próprio ser ou vida, produz um nível inferior na processão. Ao mesmo tempo, esse nível inferior anseia por retornar à sua fonte, que, em almas racionais, assume a forma de um ato de pensamento. Quando tais tríades são aplicadas repetidamente a todas as distinções concebíveis encontradas em escritos platônicos e aristotélicos, bem como a fontes pitagóricas e religiosas, o número de hipóstases aumenta sem fim – ou *quase* sem fim, já que toda a metafísica tardia antiga continua a estar atenta ao conselho de Platão no *Filebo* e pacientemente divide a unidade passo a passo antes de produzir ao infinito. Nos termos de Proclo: "cada pluralidade participa de algum modo da unidade".

10 Filosofia e ciência

R. J. Hankinson

Os primórdios da ciência física

Os relatos mais remotos do mundo grego a sobreviver, os poemas de Homero e Hesíodo, contêm, *inter alia*, abordagens de fenômenos naturais e das origens do universo. Mas essas últimas são mitologia especulativa, enquanto as primeiras invariavelmente atribuem fenômenos naturais em larga escala a forças sobrenaturais. Zeus corusca os canalhas com seus raios; Poseidon sacode a terra com sua ira; Apolo faz pragas acometerem os ímpios. Não há tentativa de explicar os acontecimentos em termos naturalistas (isto é, como o resultado natural de forças naturais e das propriedades intrínsecas das coisas), como não há nenhum esforço em reduzir a aparente diversidade dos fenômenos a um pequeno conjunto de conceitos explanatórios que lhes dariam conta.

Os próprios gregos consideravam que, com Tales (fl. c. 585 a. C.), emergiu um modo inteiramente novo de olhar para as coisas, caracterizado por Aristóteles como a busca da *archai*, ou "princípios" básicos das coisas. De acordo com a tradição, Tales, o primeiro dos chamados pré-socráticos, fez da água a sua *arché*. A água era fundamental para o mundo e seus processos, talvez, como Aristóteles afirma, em razão da observação de que o úmido é necessário para a vida e de que "o calor vem da umidade"; além disso, a terra "repousa sobre a água", aspecto esse que dá conta tanto de sua estabilidade geral quanto (provavelmente) de seus tremores ocasionais. Tales alegava também que magnetos possuem almas, presumivelmente porque possuem aquele poder de induzir movimento que é característico da vida animada.

Aí se tem um tipo de ciência: princípios explanatórios de grande generalidade são postulados, mas de um modo a serem minimamente consistentes com a experiência, e talvez mais do que minimamente consistentes; e as especulações de Tales expressam preocupação com precisão taxonômica, juntamente com o resultado ocasionalmente surpreendente que dela flui, que é uma das marcas características da ciência. Contudo, se e por quais razões a especulação física antiga realmente merece a designação "ciência", e que partes delas o merecem, é uma controversa questão entre os especialistas; os antigos jamais desenvolveram um método científico enquanto tal, e eram a um só tempo regrados e aleatórios em seu uso do experimento.

O pupilo de Tales, Anaximandro (de fins a meados do século VI a. C.) rejeitou a ideia de que uma matéria familiar fosse básica, preferindo postular um substrato teórico, o *apeiron*, o "indefinido", com base no qual substâncias familiares fossem geradas e transmutadas de acordo com um princípio de conservação, que explica por que este mundo é apenas um entre muitos que se seguem uns aos outros num ciclo infinito. E, num notável salto conceitual, ele sustentou que a terra se mantém em repouso não por ser amparada por alguma coisa (como a água de Tales), mas simplesmente porque se encontra em equilíbrio no centro de um universo esférico, não tendo razão para se mover mais de um modo do que de outro (acima, p. 73-74).

Anaxímenes (meados do sexto século a. C.) abandonou a hipótese do *apeiron*, concebendo a geração do mundo físico com base em uma substância familiar, o ar (escolhido por ser "o mais próximo do incorpóreo"), por processos de rarefação e condensação (acima, capítulo 2, p. 75). Na verdade, ele aparentemente entendia o calor e o frio não como propriedades (ou substâncias) fundamentais de seu próprio direito, isso a exemplo de outros pensadores gregos, mas como supervenientes sobre esses vários estados de condensação e rarefação, o inteiro sistema sendo imbuído de um eterno princípio de movimento dinâmico, ainda uma vez atribuído ao ar.

A terra não está imóvel no centro por causa de indiferença, mas passeia pelo ar "como uma tampa". Anaxímenes apreciava analogias. Algumas podem ser lidas como estando a fornecer explicações físicas genuínas: assim como casas velhas podem colapsar à mais leve provocação e, portanto, sem causa discernível, também o podem as partes mais frágeis da terra, causando terremotos. Outras analogias sugerem similaridades relevantes de estrutura: o relâmpago é causado pelo rasgar das nuvens, assim como os remos rasgando o mar produzem um fulgor.

Deus, fluxo e conhecimento

Essas duas últimas explanações são importantes também por outra razão: elas exemplificam a rejeição pré-socrática das abordagens sobrenaturais de eventos físicos em larga escala, próprias dos poetas épicos; numa rejeição que, em sendo assim, os hipocráticos estenderiam ao reino da medicina e à compreensão da doença: p. 337-338 abaixo. Os pré-socráticos não rejeitam a teologia – Tales supunha que o mundo estava repleto de deuses, e Anaxímenes descreveu seu ar básico como divino –, mas suas divindades não eram ciumentas, interferentes e briguentas como os deuses de Homero. Aristóteles (*Física* III 4) afirma que todos os primeiros pensadores estavam inclinados a considerar sua *arché*, aquilo de que tudo em última instância foi gerado e no qual se faz resolvido, como sendo divina; a divindade, então, torna-se um atributo do que é constante, imutável e fundamental no mundo, como o era para os médicos hipocráticos.

Heráclito (fl. c. 500 a. C.), mesmo na antiguidade, era sinônimo de obscuridade, mas pode-se extrair sentido de suas sentenças. As coisas são cíclicas na natureza ("início e fim são comuns", KRS 290),[1] e os elementos se intertransmutam da maneira anaximandriana ("coisas frias ficam quentes, o quente esfria, o úmido resseca, o ressecado se umidifica", 22 B 126 DK), de acordo com princípios de conservação semelhantes de caráter divino. O fogo, porém, é fundamental; ele é o material da alma e do dinamismo em geral; tornamo-nos sensíveis absorvendo o fogo divino até que tudo se faça em última instância resolvido.

Para Heráclito, movimento e mudança são componentes constantes de todas as coisas: "Tudo flui"; ademais tudo é um dinâmico composto de opostos; na verdade, a própria fluidez é responsável pela unidade que uma

1 Referências assinaladas como "KRS" são feitas a Kirk, Raven e Schofield, ver Bibliografia [10], enquanto "DK" se refere a Diels-Kranz, ver capítulo 2, p. 86 acima.

coisa possui: "Coisas que têm um movimento natural circular são preservadas e ficam juntas em razão desse movimento; assim como, na verdade, afirma Heráclito, a bebida de cevada se separa se não for agitada" (22B 125 DK). Essas teses obscuras são metafísicas tanto quanto físicas, mas podem ter tido uma origem empírica. Atomistas posteriores e outros argumentaram em favor da constância da mudança subperceptiva, notando que o desgaste constante vai cegando a lâmina do arado e que o gotejamento da água faz erodir a pedra; Heráclito pode bem ter feito algo semelhante.

Em todos os eventos, ele enfatizava a importância do raciocínio ao formar uma imagem propriamente sofisticada do mundo. Seu contemporâneo mais velho, Xenófanes (acima, capítulo 2, p. 65-69 e 82-84), presumivelmente em resposta à pluralidade de teorias fundamentais incompatíveis no mercado pré-socrático, faz soar a primeira nota de ceticismo na filosofia ocidental (citado acima, p. 82-83 e, abaixo, p. 371-372). Somente deus (um deus intelectual não antropomórfico, afastado dos assuntos humanos) pode conhecer todas as coisas. Mas Xenófanes não é um cético – ele permite que, com aplicação diligente, possamos nós progredir na descoberta. Heráclito, ademais, ridiculariza as pretensões ao conhecimento mais comuns; mas isso é porque as pessoas por demais prontamente conferem um crédito não crítico à evidência imediata de seus sentidos, não porque o conhecimento do mundo não possa ser obtido. O mundo não é criado pelos deuses, mas é divinamente organizado por uma força que Heráclito chama de "relâmpago" (isto é, Zeus; KRS 220). A filosofia física de Heráclito tem, assim, um molde teleológico, mas também apresenta um mundo que é estruturado, embora com uma estrutura afastada da aparência fenomênica das coisas.

Aquela ideia de um mundo radicalmente diferente do modo como ele aparece à primeira vista foi compartilhada por Demócrito (final do século quinto até início do século quarto), um dos originadores do atomismo antigo. O atomismo foi desenvolvido em parte em resposta a Parmênides e a seus seguidores, que argumentavam que toda mudança era ilusória, uma vez que a mudança faz com que as coisas sejam geradas com base no que não é; mas o que não é, é nada, não pode ser referido, muito menos funciona como princípio causal; o que quer que exista é eterno e imutável. Essa proibição à geração se estende a toda mudança. Os atomistas retrucavam argumentando que existe tal coisa como o que não é – o vazio; ele pode ser referido, pode ser causalmente significante (não poderia haver movimento, pensavam eles, sem o vazio). Objetos físicos são construídos com componentes atômicos microscópicos que são eternos e inquebrantáveis (objetos parmenidianos de fato); assim, não há geração real, e certamente não há criação *ex nihilo*.

Tudo o mais é mera "convenção" (acima, capítulo 2, p. 95). Em termos modernos, Demócrito é um materialista eliminativista. Sua física é radicalmente diferente dos fenômenos que ela busca explicar. Isso redunda num problema de epistemologia: se o mundo real é tão diferente do mundo dos sentidos, como podemos raciocinar do último para o primeiro? Num fragmento de um diálogo entre a razão e os sentidos, Demócrito apresenta os sentidos repreendendo o intelecto: "Mente miserável, tu tomas tua evidência de nós e então buscas sobrepujar-nos? Nosso sobrepujamento é a tua derrocada" (KRS 552). Mas ele, evidentemente, pensava que a razão tinha uma réplica digna, pois relata-se a sua concordância com o *dictum* de Anaxágoras, em que "aparências são um vislumbre do que é não visto" (KRS 510). Os relatos dos sentidos não podem ser aceitos como literalmente verdadeiros, mas eles proporcionam os *explananda* que a ciência busca explicar. Daí uma imagem científica do mundo que precisa ser capaz de explicar como é que os sentidos podem dar aparências da maneira que o fazem, mesmo se, estritamente falando, eles sejam falsos.

Não está claro se Demócrito formulou claramente essa noção, que jaz no coração de toda epistemologia científica subsequente. Mas o atomismo democrítico apresenta o mundo pela primeira vez com uma noção de como a ciência pode nos mostrar que a microestrutura das coisas vem a ser radicalmente diferente do modo como as aparências inicialmente nos levariam a acreditar. Por outro lado, os atomistas antigos não poderiam se divorciar inteiramente das concepções ordinárias empíricas: as propriedades que eles atribuem aos átomos (solidez, resistência, peso) são propriedades familiares sensíveis de objetos comuns. Seu mundo ainda está muito mais diretamente enraizado nas categorias da experiência do que o mundo da moderna física de partículas, onde mesmo as partículas não são realmente partículas; mas o atomismo grego claramente aponta o caminho que, em última instância, conduz à visão moderna de uma realidade fundamental quase que inimaginavelmente distinta do mundo fenomênico que nós, via de regra, habitamos.

Medicina teórica e prática

A questão sobre como justificar alegações teóricas em filosofia e ciência se mantém na linha de frente da investigação especulativa; e o problema das relações adequadas entre evidência empírica e razão teórica vem a dominar o debate metodológico nas ciências. Tais preocupações também animam a jurisprudência que se desenvolveu na irritável liberdade das cidades-Estados gregas, sobretudo em Atenas; e problemas relacionados a como argumentar persuasivamente sobre qualquer tópico engendraram o circo de professores de persuasão itinerantes que conhecemos por sofistas (ver capítulo 3).

A melhor evidência para tal debate no século quinto a. C. pode ser encontrada nos multifacetados escritos médicos que compõem o *corpus* hipocrático. Há mais de sessenta textos na coleção que chegou até nós sob o nome "Hipócrates"; eles são amplamente diferentes em estilo, em assunto e em pressupostos teóricos, tendo sido produzidos, provavelmente, numa variedade de locais diferentes ao longo de um período de cerca de duzentos anos. Obviamente que eles não podem ser atribuídos ao Hipócrates de Cos histórico, e o problema de se lhe atribuir alguns textos (ou um texto sequer) era já uma viva "questão hipocrática" na própria antiguidade.

Medicina e filosofia, empirismo e teoria já tinham sido combinados na pessoa de Alcmeão de Crotona, médico de influência pitagórica do início do século V a. C. Dele se diz que teria dissecado um olho (embora a verdade desse relato se mantenha controversa); sustentou que o cérebro seria a sede da consciência e do entendimento, isso talvez com base em investigação anatômica, e desenvolveu uma teoria empirista rudimentar do conhecimento, que ecoava o pessimismo epistemológico de Xenófanes, já que ainda acreditava ser nossa ignorância não inteiramente irremediável. Também formulou a concepção, que viria a dominar a medicina ocidental por dois milênios, sendo ainda popular no Ocidente, de que a saúde consiste num equilíbrio de propriedades opostas.

Os textos hipocráticos não lidam apenas com questões práticas de observação, diagnóstico, prognóstico e cura; eles também se envolvem em questões teóricas que estão a lhes subjazer. Contudo, eles não apresentam nenhuma ortodoxia unificada. Alguns (em particular o *Epidemias*) proporcionam abordagens concisas tanto das condições epidêmicas quanto de casos particulares com pouca ou nenhuma especulação teórica. Outras (mais notavelmente o *Sobre o regime* e o *Sobre respirações*) buscam proporcionar uma abordagem teórica abrangente dos fundamentos da fisiologia humana, em termos de elementos (fogo e água para o *Regime*, ar para *Respirações*). O *Natureza do homem*, por sua vez, argumenta pela necessidade de se compreender os humores (bílis negra e amarela, sangue e fleuma), que seu autor toma como os "constituintes óbvios" do corpo, mas contra qualquer redução aos elementos. Ele ataca teorias monísticas como as de *Sobre respirações* e do pré-socrático tardio Diógenes de Apolônia (acima, capítulo 2, p. 96-97), porque ambos fazem do ar um componente básico, com a fundamentação de que se houvesse apenas um elemento, não poderia haver diferenciação entre as coisas e não poderia haver mudança.

O *Sobre a medicina antiga* é ainda menos teórico, a favorecer uma medicina baseada em propriedades e condições diretamente observáveis (doce, azedo, salgado, ácido etc.), depreciando "a invenção de hipóteses inovadoras" como o "filosofar à maneira de Empédocles" (a esse respeito, ver capítulo 2, p. 98-101 acima). A abordagem adequada, dietética da medicina e da saúde, já tinha sido descoberta empiricamente, precisando simplesmente ser aplicada, refinada e estendida.

Um outro fio é acrescentado à trama que se dá por meio de textos como o *Sobre a arte*, defesa sofista (embora não sofística) das pretensões médicas de ser uma *expertise* (*techné*) adequada, contra seus vários detratores. A medicina é difícil, mas não impossível, contanto que as operações internas ocultas do corpo possam ser apreendidas pelo intelecto (cf. Anaxágoras e Demócrito, p. 335 acima). Uma prática racionalmente fundamentada pode entregar resultados com base na compreensão genuína de seu domínio e, ainda assim, ficar aquém do cem por cento de êxito por razões que não impugnam sua posição científica. Pacientes falham em seguir o regime adequado; por vezes a doença encontra-se excessivamente bem estabelecida para que quaisquer medidas sejam bem-sucedidas contra ela (ponto este que também é ressaltado em *Sobre o prognóstico*), ou simplesmente está além do escopo da arte. Médicos fazem melhor do que charlatões ou pessoas leigas, e, com isso, a medicina é mais do que meramente uma pseudociência. A questão sobre como demarcar (se há algum modo de fazê-lo) o que é propriamente ciência em relação a truques e artimanhas retornaria ainda mais tarde na antiguidade (ver p. 356-358); e ela é central à moderna filosofia da ciência.

Finalmente, um famoso texto, *A doença sagrada*, argumenta contra a concepção de que epilepsia e crises relacionadas são visitações divinas; em vez disso, são doenças físicas com determinadas causas físicas, como se pode ver tanto pelo fracasso dos praticantes de magia em aliviá-las como por observação fisiológica: a epilepsia, pensa o nosso autor, acomete mais provavelmente aqueles de disposição fleumática (no sentido humoral original: eles sofrem de um excesso do frio e do úmido sob a forma de fleuma; o autor também supõe que a doença seja hereditária).

O impulso de explicar eventos em termos de causas físicas regulares, em oposição à intervenção divina, é tão característico da têmpera hipocrática quanto é da dos pré-socráticos; e é central à prática da ciência. Além do mais, textos hipocráticos (em particular o *Epidemias*) distinguem de modo crucial a ocasião externa para algum efeito patológico e as disposições internas particulares do paciente sobre as quais as ocasiões operam. A depender de seus diferentes temperamentos (do equilíbrio particular de seus humores), pacientes diferentes podem reagir de modo bastante diferente aos mesmos influenciadores externos. Essa abordagem sofisticada permite que a causação seja uma força regular, talvez até mesmo determinística, ao tempo mesmo em que se faz compatível com a evidente variação nos efeitos (ver p. 359-360 abaixo).

As matemáticas e o mundo

Temos seguido o desenvolvimento de tentativas ousadas e gerais de explicar o mundo e seus funcionamentos em termos naturalísticos, bem como as várias tentativas de cientistas de responder a objeções tanto metafísicas quanto epistemológicas, à coerência e possibilidade de sua empreitada. O que é notável no material apresentado até agora é a falta de aplicação de quaisquer conceitos matemáticos a tais especulações. Apenas Empédocles buscou dar conta das coisas (a constituição de materiais compostos como ossos e sangue) em termos de razões precisas de constituintes elementares; essas tentativas parecem ingênuas e não motivadas por quaisquer considerações empíricas que se possa discernir.

A ciência antiga é muitas vezes castigada por ser insuficientemente quantitativa ou matemática em sua abordagem; mas uma clara exceção é a especulação física dominada pelos números dos pitagóricos. O próprio Pitágoras é uma figura obscura, mais místico do que matemático (acima, capítulo 2, p. 76-82). Mas investigadores posteriores elaboraram uma visão de mundo "pitagórica" que se fez enormemente influente, cativando intelectos tão diversos quanto Platão e Kepler. Essa filosofia é um produto complexo dos séculos quinto e quarto a. C., e Aristóteles a desmerece como sendo um mero misticismo com números. Mas o seu impulso crucial veio menos de um racionalismo *a priori* do que de uma impressionante descoberta empírica, qual seja, a da base matemática da harmonia musical. Dedilhe uma corda com a metade de uma dada extensão, e você fará soar uma oitava acima em relação ao que se teve com a primeira corda, com a mesma razão sendo mantida em tubos, blocos e recipientes com água. De maneira semelhante, a razão de 2:3 produz um tom uma quinta justa mais elevada; e o 3:4, uma quarta justa. A harmonia é um fenômeno acústico, mas exibe regularidade matemática e (sob a forma de ressonância harmônica) propriedades físicas. Intoxicados com essa descoberta, assim conta a história, os pitagóricos procederam a impor razões numéricas a tudo o mais, e isso propondo o mais das vezes uma natureza de todo fantástica (dois era o número da mulher, três o do homem – então cinco seria o número do casamento).

Eles criaram também uma "tabela de opostos" (como o fez Alcmeão): limite e ilimitado, par e ímpar, um e muitos, direita e esquerda, homem e mulher, repouso e movimento, retilíneo e curvo, luz e escuridão, bom e mau, quadrado e oblongo. Eis um grupo bem heterogêneo; e presumivelmente não é por acidente que existem dez pares, dez sendo o número pitagórico perfeito (a soma de 1, 2, 3 e 4, os componentes das razões harmônicas). Mas eles representam uma tentativa de misturar materiais geométricos, aritméticos, físicos e biológicos em uma categorização. O pitagórico Filolau, do quinto século, elaborou a primeira oposição central à sua abordagem da estrutura do mundo: coisas são produtos do ilimitado (matéria) e de limitadores (forma que se impõe).

Ao modo de uma peça de metafísica geral, a teoria é obscura e de duvidoso valor científico. Mas ela deu origem à ciência genuína, sob a forma de harmonia matemática, tendo sido responsável pela curiosa concepção musical que persistiu até a Renascença, a de que os únicos intervalos realmente concordes seriam a oitava, a quarta e a quinta.

Contudo, Platão ficou suficientemente impressionado com tal teoria, a ponto de tornar a matemática fundamental para a sua ontologia. Seu *Timeu* (acima, capítulo 4, p. 143-145) proporciona uma abordagem complexa, ainda que fantasiosa, acerca do modo como os quatro elementos se põem uns em relação aos outros segundo diferentes razões matemáticas. Os elementos são parcelas geometricamente estruturadas de matéria: fogo sob a forma de pirâmide, terra, de cubo, água, do icosaedro, ar, do octoedro. O fato de que eles, em última instância, sejam compostos de faces triangulares dá conta, segundo Platão, da intertransmutabilidade dos elementos, uma concepção derivada de Anaximandro, de Anaxímenes e de Heráclito, com a significativa inovação de que a terra jamais se torna um dos outros elementos, uma vez que suas faces são compostas de triângulos isósceles, em oposição aos outros, cujos triângulos fundamentais são triângulos retângulos com lados 1, 2 e $\sqrt{5}$, que podem ser combinados para formar triângulos equiláteros.

Platão também distingue diferentes tipos de elementos, com propriedades distintas, de acordo com os tamanhos dos triângulos que os compõem e o fato das massas serem feitas de corpúsculos uniformes ou não uniformes. Então ele discute as origens e bases materiais para as várias propriedades de coisas como o calor, a dureza, o peso, a leveza, a aspereza e a lisura, e propriedades perceptivas como doce, amargo, sal e ácido, e os vários sabores e cores. Todas essas coisas, afirma Platão, em resumo, vieram a ser de acordo com duas causas, "o divino e o necessário" (68e-69a): esse último são as limitações impostas sobre a possibilidade criativa pela natureza dos materiais possíveis, enquanto o primeiro é a intenção do Criador ou "Demiurgo" (literalmente "artesão", já que o mundo é o produto racional de um projeto racional, benevolente) para moldar o melhor resultado possível a partir desses materiais.

No restante do diálogo, Platão aplica esses princípios teleológicos à fisiologia animal e especificamente humana, sua conjunção rendendo alguns resultados interessantes. Por exemplo, não poderíamos ser feitos a um só tempo inteligentes e de modo a viver mais, uma vez que a inteligência só pode ser induzida em material mole e perecível, razão pela qual, se feita para ser sensível, tampouco pode ser encerrada numa cobertura pesada de carne e osso.

O que há de notável acerca disso é o quão distante se está de qualquer base empírica. Os quatro elementos são supostamente (em algum sentido) matérias comuns – mas nenhuma tentativa é feita para justificar a escolha dessas e não de outras (na verdade, tais tentativas são bem pouco frequentes na ciência grega). Por outro lado, embora a fisiologia seja, de muitas maneiras, fantasiosa, em especial em sua atribuição da alma platônica tripartite (ver acima, capítulo 4, p. 160-162) ao cérebro (intelecto), coração (emoção) e estômago (apetite), ela revela uma percepção bem informada sobre o estado de compreensão anatômica e fisiológica da época.

Elementos aristotélicos

A teoria dos elementos de Aristóteles é de todo menos fantástica. Seu universo é finito em extensão e, na verdade, é necessariamente assim, uma vez que o estagirita argumenta que não pode haver infinito atualizado, numérico, espacial ou material. A observação das estrelas fixas confirma a esfericidade do universo, que, por sua vez, determina a natureza física de suas partes componentes. O *Sobre o céu* I 2-4 propõe que os elementos devem ser diferenciados por suas distintas propensões intrínsecas ao movimento e ao repouso, a natureza em si mesma sendo definida como "um princípio de movimento e repouso" (*Física* II 1). Existem numa esfera somente três direções privilegiadas, para frente, para trás e em torno do centro, que dão conta dos candidatos a movimentos genuinamente simples (no sentido de não desviante). Daí se pode esperar que os elementos se movam naturalmente com um, e somente um, desses movimentos simples.

Assim, existem três movimentos elementares naturais: o de se alçar, para objetos leves, o de cair, para objetos pesados, e o de revolução, para a matéria eterna dos corpos celestes. Desse modo, Aristóteles argumenta em favor da necessidade de haver um elemento celestial extra, bastante distinto dos outros e não sujeito à transmutação – a este ele chama "éter". Essa tese não se baseia apenas em considerações *a priori*: é um fato empírico que coisas leves se alçam, as pesadas caem, e as celestes revolvem. Sua teoria dos elementos é uma tentativa de construir uma abordagem empiricamente adequada da estrutura básica das coisas com base num estoque econômico de postulados explanatórios: seu êxito ou fracasso depende, em última instância, de sua coerência, seu poder explanatório, sua economia e sua adequação empírica; e ele faz uso da matemática (geometria) não à maneira vaga, semimística de Platão, mas de um modo empiricamente fundamentado.

Alhures em *Sobre o céu* e na *Física*, Aristóteles desenvolve essas ideias. Os elementos, se removidos de seus lugares naturais (terra no centro, envolta por anéis concêntricos de água, ar e fogo), buscarão retornar a eles pelas rotas mais curtas que lhes seja possível (desse modo, a teoria de Aristóteles antecipa o moderno princípio físico da ação mínima; ver abaixo, p. 353); quanto maior for a quantidade de matéria deslocada, mais rápido será o movimento; e sua velocidade também dependerá do meio que se atravessa.

Ademais, na *Meteorologia* IV 4 e no *Da geração e corrupção* II, Aristóteles procede a analisar os elementos como combinações das quatro qualidades primárias, quente, frio, úmido e seco (o fogo é quente e seco, a terra, fria e seca, a água, fria e úmida, o ar, quente e úmido). As qualidades já tinham figurado nos tratados hipocráticos (embora nem sempre positivamente: a *Medicina antiga* as desmerece como sendo inúteis para efeito explanatório). Aristóteles refina a teoria fazendo do quente e frio fundamentalmente ativos e do úmido e seco fundamentalmente passivos, concepção esta a ser assumida, com alguns refinamentos, pelos estoicos. Esses "poderes" básicos, como ele os chama, são eles próprios a base redutiva para outras propriedades, como a fragilidade, a ductilidade e a maleabilidade.

As primeiras seções da *Meteorologia* buscam abordar uma ampla gama de fenômenos, alguns, mas nem todos, sendo meteorológicos no nosso sentido. Ele trata de meteoros, da aurora boreal, dos cometas, da Via Láctea, da chuva, de nuvens, neblina, orvalho, geada, neve, granizo, ventos, rios, fontes, mudanças climáticas e costeiras, da origem da salinidade do mar, de terremotos e vulcões, raios e trovões, furacões, halos, arco-íris e parélios. Essa coleção aparentemente disparatada de fenômenos é unificada pelo fato de que eles têm suas origens no comportamento dos elementos intermediários entre a terra e os céus, quais sejam, água, ar e o elemento superior, que Aristóteles agora prefere chamar de "inflamável" em vez de fogo, uma vez que o fogo é, como ele diz, um tipo de alteração químico-física ("um excesso de calor e uma espécie de fervura": *Meteor.* I 3). Esses fenômenos são todos o resultado de processos físicos cujo motor último é o movimento do Sol ao longo da eclíptica e sua órbita diurna, a produzir constantemente variações locais mutáveis de calor e frio.

Teleologia e mecanicismo

Platão, já no *Fédon*, ataca a física materialista pré-socrática por ignorar a ordem e a finalidade manifesta das coisas em favor de lhes atribuir acaso e necessidade (que são invocados como dispositivos explanatórios tanto por Empédocles como pelos atomistas). Explanações adequadas deveriam explicar *por que* as coisas são do modo como são, não meramente dar alguma abordagem de como vieram a ser daquele modo.

Tais abordagens são, pensa Platão, irredutivelmente teológicas em forma: a fim de explicar por que alguns estados de coisas se produziram, precisamos ser capazes de mostrar por que as coisas são *melhores* assim do que seriam sob qualquer arranjo alternativo. No *Timeu*, o Criador, sendo ele próprio bom, fez sua criação tão boa quanto materialmente é possível (p. 340-341 acima), mediante instanciamento na matéria das proporções geométricas para formar os elementos; e se fatores materiais e mecânicos importam para o processo, eles são secundários, meios instrumentais pelos quais o criador realiza o seu projeto de produzir nos universos possíveis uma semelhança material com as Formas eternas. O mero mecanicismo não pode fornecer uma abordagem adequadamente rica da organização estrutural evidente do mundo. Tais princípios teleológicos podem ser discernidos já em Heráclito; porém Platão é o primeiro a posicioná-los no centro do drama da explanação, onde permaneceriam até o século XVII, quando Galileu e Newton os banem da ciência de uma vez por todas.

Assim, Platão assumiu uma posição firme no que estava para se tornar o debate mais importante em física e cosmologia antigas: é possível se dar conta do mundo e de seus ocupantes simplesmente em termos de causas mecanicistas a operar sem nenhum pensamento de futuro, ou temos nós de supor que o direcionamento para uma meta encontra-se de algum modo inscrito na própria trama do universo? Do lado do mecanicismo, encontramos fundamentalmente os atomistas, mas também aristotélicos renegados como Estratão de Lâmpsaco (morto em 267 a. C.). Em favor de alguma forma de teleologia, se alinham Platão, Aristóteles, os estoicos, platônicos tardios, Galeno e os neoplatônicos.

Platão também apreende uma distinção crucial para fazer frente ao desafio de Parmênides: por mais que a geração envolva um processo entre estados opostos, não é o caso de um oposto *causar* o outro; muito mais é algo trazido de uma condição para a condição oposta como resultado de algo que se encontra já naquela condição oposta. Nisso, Platão antecipa a abordagem mais detalhada de Aristóteles, e ambos fazem da forma algo fundamental.

Ocorre que Platão e Aristóteles não podem concordar na arena ontológica. Aristóteles não tem lugar para as Formas hipostasiadas, de existência independente, de Platão: forma para ele é algo que só existe em objetos adequadamente qualificados, muito embora seja uma coisa que um objeto (adequadamente qualificado) possa induzir em outro: isso, na verdade, vem a ser o paradigma tanto da geração natural quanto da artística. Tampouco o mundo de Aristóteles tem qualquer criador, que seja inteligente e benevolente ou algo outro: não tem necessidade de um, uma vez que se trata de um mundo que sempre existiu. Daí que, embora seja estruturado, nenhum projetista o estruturou.

Aristóteles resolve esse aparente paradoxo fazendo da forma um princípio estrutural irredutível das coisas e insistindo em que, mesmo que o mundo não seja criado nem organizado por uma inteligência divina, ainda assim ele é teleológico por natureza. A biosfera consiste de processos que são direcionados para o fim da maturação, muito embora nenhuma inteligência esteja a direcioná-los. Esse impulso teleológico é um aspecto básico e irredutível do modo como o mundo é: nenhuma aglomeração randômica de componentes materiais poderia algum dia gerar o mundo de estrutura regular e repetível em que nós habitamos. Isso se aplica tanto à esfera da dinâmica elementar quanto à biologia: objetos pesados buscam repousar o mais próximo possível do centro do universo, os leves tendem à periferia, enquanto a matéria dos corpos celestes busca manter sua rotação eterna. Não podemos esperar uma abordagem completa do mundo se ignoramos sua condição de ser direcionado para uma meta. Mas igualmente o mundo é também um mundo de processos físicos que ocorrem por razões causais antecedentes. Veados perdem suas galhadas porque é de seu interesse perdê-las; mas elas caem também porque se tornam por demais pesadas.

Aristóteles esboça uma abordagem de como a forma, a informação, é transferida de um animal para a sua prole no ato de geração. Sob a forma de "movimentos" internos, o sêmen masculino porta a capacidade de estruturar a matéria fornecida pelas menstruações femininas. Aqui, ele rejeita a concepção dos hipocráticos, assumida por teóricos posteriores como Galeno, de que também a fêmea contribui com a forma. O modo como exatamente isso funcionaria jamais é tornado claro. Mas a teoria é interessante como exemplo do rigor com que Aristóteles busca casar suas categorias metafísicas fundamentais (de matéria e forma, potencialidade e atualidade) tendo em vista uma abordagem dos processos físicos de concepção e desenvolvimento animal que se faça atenta a interesses empíricos.

A *Geração de animais* também envolve uma análise detalhada de observação cuidadosa e agudas críticas a outras teorias, notadamente a da pangênese, ideia de que o sêmen consistiria de um misto de partes tomadas de todo o corpo (proposta no *Do sêmen* hipocrático). Características adquiridas não são, pensa Aristóteles (em contraste com o hipocrático *Dos ares, águas, lugares*), em geral herdadas; isso enquanto a semelhança é uma questão de morfologia, não apenas de ter a matéria apropriada. Assim, o *explanandum* crucial é a transmissão e geração da forma, que requer a postulação de uma capacidade particular de fazê-lo. Aqui, novamente as teorias dos atomistas (entre outros) deixam a desejar – elas não conseguem explicar a regularidade da geração animal.

O dimorfismo sexual (que Aristóteles conhece não por ser universal, e também percebe que é exibido em algumas plantas) exibe uma diferença de função: o macho é "o que gera em outro", enquanto a fêmea "gera em si mesma" (ele tenta mostrar, em linha com seus compromissos teleológicos, por que essa separação é uma coisa boa). Machos são mais quentes do que as fêmeas, e é esse calor que conta para a sua capacidade de transmitir a forma; por contraste, as fêmeas podem cultivar e nutrir a forma, mas não produzi-la e transmiti-la. Essa concepção, argumentada exaustivamente nos dois primeiros livros da *Geração dos animais* (juntamente com uma discussão detalhada das diferenças na economia reprodutiva entre animais distintos), embora baseada parcialmente em observação, repousa amplamente em considerações teóricas.

O sêmen é extremamente dinâmico, tendo a capacidade de coagular as menstruações, como o coalho em relação ao leite: ele é a causa eficiente da matéria das menstruações. Contém *pneuma*, um ar vitalmente enformado (ver mais p. 359-360). Os "movimentos" que ele transmite servem para iniciar a formação do embrião, porque contêm a sua forma em potencialidade. O coração, que Aristóteles pensa ser a base de toda atividade animal, ao menos em criaturas que o possuem, é o primeiro órgão a ser produzido, passando então a dirigir a organogênese. Em *História dos animais* VI 3, ele afirma ter notado isso numa série de observações feitas em embriões de galinha em vários estágios de desenvolvimento.

Observação e experimento

Isso introduz outra questão central: até que ponto a ciência antiga se fez atenta à observação empírica? E até que ponto ela ativamente buscou (se é que o fez) dados críticos pela via do experimento, ou pelo menos da observação controlada?

Os hipocráticos frequentemente apelam à evidência, algumas vezes sob a forma de dados diretamente relevantes para a matéria que se tem à mão (a incidência e difusão de doenças, por exemplo), outras vezes via observações analógicas. *Ares, águas e lugares* busca categorizar diferentes tipos de água (doenças epidêmicas são devidas a água ou ar de má qualidade, ou a locais insalubres: daí o título da obra) por seus graus variados de leveza e doçura; a obra propõe (corretamente) que o sol evapora apenas água pura, observando o fato de que as pessoas suam mais sob as roupas porque o sol faz evaporar a umidade da pele exposta. Em outra parte, o *Medicina antiga* observa que fluidos naturalmente passam do adocicado ao azedo fora do corpo, então infere que algo semelhante vai se dar, com implicações patológicas, dentro dele; já o *Doença sagrada*, argumentando que ventos são fatores patogênicos cruciais, observa que "jarros de vinho... na adega contendo vinho ou qualquer outro fluido são afetados pelo vento sul e mudam de aparência" (capítulo 16). Nenhuma dessas observações é lá muito impressionante. Mesmo quando as observações estão corretas, elas dificilmente servem para amparar as conclusões que delas são extraídas.

As coisas melhoram um tanto com Aristóteles. Ele compreendeu a importância de reunir enormes quantidades de dados, e se a qualidade das observações é variável, algo dessas observações é detalhado e cuidadoso, e as conclusões extraídas são cuidadosas. Após uma alentada descrição dos hábitos das abelhas, ele conclui que elas se reproduzem assexuadamente, mas admite que tal conclusão é apenas provisória:

> No que diz respeito à teoria e aos fatos aparentes, isso parece ser como as coisas se encontram com relação à geração das abelhas. Mas os fatos não têm sido suficientemente apurados, e se algum dia vierem a sê-lo, a percepção terá de ser acreditada mais do que teorias, e teorias terão de ser acreditadas somente enquanto se mostrarem em acordo com os fenômenos (*Geração dos animais* III 10, 760b28-33).

O sentimento é admirável; e em muitos casos suas teorias são de fato desenvolvidas à luz dos dados, alguns deles recalcitrantes. Ele acredita (falsamente, mas não sem razão) que alguns animais são espontaneamente gerados e tenta dar conta disso de dentro do arcabouço de sua teoria geral. Ele sabia que alguns peixes são externamente vivíparos e observou a hectocotilização de um tentáculo do polvo, esperando que tal fosse uma adaptação reprodutiva; nenhuma dessas operações voltou a ser debatida até o século XIX.

Mas Aristóteles com frequência fica aquém de seus próprios padrões metodológicos. Na *Geração dos animais* I 16, ele afirma ter visto uma copulação de insetos em que a fêmea insere algo no macho; e ele supõe (de maneira obscura) que isso vem em apoio à sua abordagem da geração. Numerosos outros exemplos de observação faltosa e inferência superconfiante, para não mencionar "experimentos" bizarros, poderiam ser citados.

Além disso, o compromisso teleológico tanto tem desvantagens quanto vantagens. Do lado positivo, ele incentiva a busca por função em estruturas orgânicas onde nada é imediatamente aparente. Tal compromisso teleológico é responsável também pela sofisticada abordagem de estruturas inúteis como "resíduos", consequências necessárias mas não funcionais de outros processos, eles próprios teleologicamente demandados. Do lado negativo, tal compromisso força Aristóteles a contorções extraordinárias. Ao discutir a traqueia e o esôfago, ele observa que o fato de o alimento ter de passar pela primeira para chegar ao segundo, ocasionando a necessidade da epiglote para evitar a asfixia, pode parecer um arranjo aquém do nível ótimo. Mas o coração tem de estar localizado na parte frontal superior do corpo (porque é um órgão superior, e essa é a posição mais nobre, e porque é a fonte de movimento e percepção, sendo estes localizados numa direção dianteira); e os pulmões precisam estar em volta do coração (uma vez que sua função é a de regular o calor deste); assim, o esôfago tem de descer pelas costas; daí a necessidade de uma epiglote (*Partes dos animais* III 3). Esse argumento exemplifica tanto as forças quanto as fraquezas dessa biologia teleológica.

A estrutura da ciência aristotélica

Aristóteles foi a primeira pessoa a refletir em profundidade acerca do que é para alguma coisa ser uma ciência (*episteme*), um corpo organizado de conhecimentos. Nos *Analíticos posteriores* [*An. post.*], ele elabora uma abordagem de um sistema axiomático no qual axiomas, que derivam parcialmente de definições reais[2] dos habitantes do domínio, produzem, pela lógica dedutiva de seus *Analíticos anteriores*, teoremas necessariamente verdadeiros, em geral sob uma forma universal afirmativa: todos os As são Bs; todos os Bs são Cs; e assim todos os As são Cs (ver capítulo 5, p. 172-177 acima). Os axiomas têm de ser "verdadeiros, primários, imediatos, mais inteligíveis do que a conclusão, apriorísticos e explanatórios em relação à conclusão" (*An. Post.* I 2).

A última condição é crucial: o "termo médio" de um silogismo propriamente científico explica por qual motivo o predicado se aferra ao sujeito na conclusão. Assim, homens são mortais porque são animais, e animais são mortais; isso pode ser arranjado como silogismo, com "animal" como termo médio (A = homem, B = animal, C = mortal). Assim, nem todo silogismo perfeito é explanatório (seja B = mamífero). Além disso o mesmo material pode produzir duas ou mais inferências válidas, apenas uma das quais é explanatória de sua conclusão. Aristóteles considera o caso da não cintilação dos planetas: eles não cintilam porque estão

2 Na terminologia de Locke: uma definição real, em oposição a uma nominal, na verdade especifica a estrutura do item que ela define.

próximos, e não distantes, e embora a classe dos objetos próximos e a dos não cintilantes sejam coextensivas, um argumento perfeito pode ser construído em qualquer direção ("tudo o que está próximo não cintila; planetas estão próximos", *vs.* "todos os não cintilantes estão próximos; planetas não cintilam"). Isso é a um só tempo perfeito e importante, pois mostra, contrariamente a algumas ortodoxias modernas, que nem todas as deduções perfeitas de casos particulares a partir de generalizações relacionadas são igualmente explanatórias.

Dois outros aspectos da concepção de ciência por Aristóteles merecem um breve comentário. Em primeiro lugar, se ele claramente acredita que as premissas da ciência têm de ser gerais, elas não precisam ser universais e sem exceção. Sua ciência permite sentenças qualificadas "para a maior parte" (por exemplo, "a maior parte dos homens tem barba"). Estas não são meramente provisórias, a serem substituídas numa ciência completa por sentenças qualificadas universais; afinal, Aristóteles sustenta, por razões metafísicas, nenhuma tal substituição pode ser possível, não porque o mundo seja necessariamente e causalmente indeterminístico, mas porque os fracassos particulares em corresponder serão causados diferentemente em muitos casos: não precisa haver uma razão para que assim o façam.

Finalmente, existe o compromisso com o empirismo. Se a ciência versa sobre encontrar as causas das coisas, ainda assim ela tem de começar dos fenômenos, dos quais a sistematização e a organização, em última instância, farão patentes os axiomas requeridos para fundar uma ciência plenamente explanatória, ou assim Aristóteles pensa de forma otimista:

> Por essa razão, é empresa da experiência fornecer os primeiros princípios (*archai*) em cada caso; quero dizer por exemplo no caso da ciência astronômica (*episteme*) é a empresa da experiência astronômica (pois apenas quando o fenômeno tiver sido apreendido suficientemente dessa maneira as demonstrações astronômicas são descobertas): e o mesmo vale para qualquer outra arte (*techné*) ou ciência (*Analíticos anteriores* I 30, 46a17-22).

Axiomáticas e as ciências

Esse modelo de ciência como estrutura axiomatizada deve muito aos avanços contemporâneos em geometria, cujo fruto mais famoso (ainda que um pouco posterior) é Euclides. A geometria foi uma antiga obsessão grega. A Tales é creditado (por fontes posteriores e pouco confiáveis) ter descoberto certos teoremas e deter conhecimento prático em mensuração, enquanto os pitagóricos sempre foram associados a fortes avanços em geometria séria, bem como à especulação numerológica. De fato, é provável que tenha sido o notável êxito dos geômetras do círculo de Platão em trazer rigor e ordem para a ciência que convenceu Aristóteles de que o padrão demonstrativo era apropriado para todas as ciências maduras.

Houve geometrias axiomáticas sendo desenvolvidas no próprio tempo de Aristóteles, muito embora saibamos pouco ou nada sobre seus detalhes reais. Não obstante, terão sido antecipadoras do grande sistema exposto por Euclides nos treze livros dos *Elementos,* uma geração ou algo assim após a morte de Aristóteles (as datas e a história de Euclides são muito incertas), no que se tornou a base de toda a ciência geométrica – e até muito recentemente de seu ensinamento. O texto de Euclides é organizado com rigor exemplar. Iniciando cada seção com uma lista de definições (por exemplo, "um ponto é o que é sem partes": *Elementos* I, Def. I), ele acrescenta um conjunto de postulados, proposições que são essenciais para o sistema, mas não são necessariamente prováveis em seu escopo, tais como "uma linha reta pode ser traçada entre dois pontos" (I, Post. 2); "um círculo pode ser traçado com qualquer centro e qualquer diâmetro" (I, Post. 3); e, o mais célebre de todos, o postulado paralelo (I, Post. 5), que enuncia (em sua forma comum moderna, embora não euclidiana, a do axioma de Playfair) que somente uma linha pode ser traçada através de um ponto num plano adjacente para uma dada linha que é paralela àquela linha. Tentativas de provar o postulado tiveram início no mundo antigo (notavelmente da parte de Ptolemeu e Proclo) e continuaram durante as Idades Médias, adentrando os tempos modernos, até que, finalmente, no século XIX, fez-se ver que ele era consistentemente passível de ser negado e que, ao negá-lo, se poderiam criar geometrias alternativas. Com base nessas definições e postulados, mais umas poucas "noções comuns" mais gerais (tais como "iguais subtraídos de iguais deixam restos iguais"; são chamadas "comuns" porque se aplicam a todas as magnitudes e não apenas às geométricas: I, cn. 3), uma brilhante sequência de deduções geométricas é feita, estabelecendo a ciência como uma sequência de rigor, elegância e consistência sem paralelos. Em outra parte nos *Elementos*, Euclides desenvolve com grande acuidade uma teoria da proporção (Livro 5); submete à análise rigorosa as magnitudes incomensuráveis (números irracionais) (Livro 10), que foram descobertas primeiramente pelos pitagóricos; desenvolve o método de exaustão para determinar as relações entre as áreas de círculos e de polígonos regulares (Livro 12); e dá alguns passos pioneiros em estereometria (Livro 13).

O modelo de ciência como estrutura axiomatizada se provou sedutor por todo o restante da antiguidade. O próprio Aristóteles jamais tentou exibir suas ciências sob a forma que ele próprio recomendou para elas (embora comentadores posteriores tenham se entretido em apresentar seus argumentos em suas formas canônicas); porém partes de sua *oeuvre*, por exemplo, o *Sobre o céu* I 2-4, sobre os elementos, claramente o mostra tentando extrair princípios gerais plausíveis com os quais deduzir efeitos fenomênicos; e

> [...] nós consideramos ter dado uma abordagem demonstrativa adequada de coisas indisponíveis à sensação quando nossa abordagem se mostra consistente com o que é possível (*Meteorologia* I 7, 344a5-7).

Além disso, apesar de sua insistência em que as ciências devam ser autocontidas, ele reconhece que algumas delas em particular têm dívidas diretas e inegáveis com a geometria e a aritmética, notavelmente com a óptica, a astronomia e a teoria musical. Na verdade, o próprio Euclides compôs uma *Óptica*, concebida axiomaticamente, bem como um tratado sobre a música, que se perdeu.

Outras áreas de ciência aplicada foram influenciadas pela axiomática e pelas ciências matemáticas. A *Mecânica* pseudoaristotélica corretamente reduz as propriedades do nivelador à aritmética e geometria. Arquimedes (c. 287-212 a. C.), o maior praticante antigo da mecânica e da hidrostática, foi também um considerável geômetra abstrato. Porém seu feito mais famoso e importante (à parte a construção de engenhosos motores de cerco para o tirano de Siracusa; seus tiranos, como os de Leonardo e Galileu, preferiam sua ciência aplicada) é significativo precisamente por seu abandono da física qualitativa em favor de uma mensuração precisa. Disposto a encontrar um meio de dizer se uma coroa de ouro era feita de metal adulterado, Arquimedes se deparou com a solução ao entrar numa banheira, descobrindo assim um aspecto da teoria hidrostática do deslocamento. Ele fez imergir a coroa num recipiente cheio e mediu a quantidade de água que se deslocava; então imergiu um peso igual de puro ouro, descobrindo que este deslocava mensuravelmente menos. O adulterador foi detectado, e Arquimedes fez sua grande contribuição à história da hidrostática, além de uma contribuição menor ao nudismo.

Heron de Alexandria (datas muito incertas: talvez o primeiro século d. C.), matemático e inventor, também merece uma breve nota. Ele é mais bem lembrado hoje por seus engenhosos dispositivos mecânicos, alguns deles envolvendo a força do vapor. Mas também refletiu sobre física, e a introdução de sua obra sobrevivente *Pneumática* talvez traia a influência de Estratão (ver abaixo, p. 358). Sua *Catóptrica* ("Sobre a reflexão") discute a dispersão da luz em superfícies menos do que perfeitas, atribuindo o fato de que o ângulo de reflexão é igual ao de incidência ao princípio aristotélico de que "a natureza não faz nada em vão", assim antecipando o princípio da ação mínima.

Mas, de um modo geral, a mecânica aplicada não era muito desenvolvida no mundo antigo; o pouco que havia (sob a forma de manivelas, maquinaria de moinho etc.) exerceu pouco ou nenhum impacto na filosofia.

Astronomia

A principal ciência a ter alcançado um elevado grau de conhecimento no mundo antigo, e que aqui ainda não discutimos, é a astronomia.

Os poemas homéricos pressupõem uma astronomia, ou talvez mais uma cosmologia: a terra é achatada, circundada pelo Rio de Oceano em torno do qual, à noite, o sol singra de oeste para leste. De Tales se diz que teria escrito uma *Astronomia náutica*, mas isso é improvável. As especulações de Anaximandro e Anaxímenes sobre as estruturas que constituem e ordenam os corpos celestes têm sido consideradas um capítulo anterior (ver capítulo 2, p. 72-75 acima). Para Heráclito, os corpos celestes são tigelas vazias enchidas com fogo, eclipses e fases da lua, sendo causados à medida que a tigela volta suas costas em nossa direção. De Xenófanes se diz ter pensado que o sol se move numa linha reta para o infinito, e, portanto, haveria sempre um sol novo a cada dia.

Tudo isso é especulativo, e falso em sua maior parte. Tampouco é realmente astronomia. Porém duas sonoras linhas de Parmênides mostram que a autêntica astronomia havia chegado ao mundo grego; da lua, ele escreve:

> Reluzindo à noite, a vaguear em torno da terra, uma luz alienígena,
> Sempre a encarar os raios do sol (28 B 14, 15 DK).

O universo de Platão é geocêntrico, muito embora tenha sido deixado a Aristóteles o fornecimento de argumentos pela centralidade e esfericidade da terra (a terra cai em direção ao centro quando se congrega numa esfera; a sombra lançada sobre a lua durante um eclipse lunar é sempre convexa; não existe paralaxe estelar observável), argumentos estes que foram tomados e expandidos por Ptolemeu (c. 100-175 d. C.) em sua grande obra, a *Sintaxe*.

Mas do próprio Platão se diz que lançou um desafio aos matemáticos em sua Academia, para que encontrassem um modelo matemático que desse conta dos movimentos dos corpos celestes e os predissesse, incluindo aí as variações latitudinais e as retrogradações dos planetas, além da variação na duração das estações (a Anaximandro se credita ter determinado os solstícios e equinócios). Em um dos grandes feitos intelectuais da história, o geômetra Eudoxo conseguiu, em meados do quarto século a. C., produzir um modelo dos movimentos do sol, da lua e dos planetas (depois refinado e complicado por Calipo), que teve êxito notável (à parte o caso de Marte) em dar conta de seus movimentos, postulando que cada um deles se moveria no âmbito mais recôndito de um conjunto de esferas agrupadas em rotação, cujos polos estavam dispostos numa variedade de ângulos, sendo o movimento resultante uma superposição dos movimentos esféricos.

Mas enquanto Eudoxo e Calipo tinham buscado proporcionar um modelo puramente instrumental, preditivo, Aristóteles (*Metafísica* Lambda 8) procurou dar a ele uma interpretação física. Isso significa, ele concebeu o céu como efetivamente construído de esferas, cada qual orientada para cada outra, cada qual se movendo com seu próprio movimento natural elementar. Isso requereu a postulação de esferas adicionais, para neutralizar cada conjunto interior e assim restaurar o movimento diurno da esfera exterior das estrelas fixas, muito embora, como ele observa, deixe os detalhes para os matemáticos, observação que indica a especialização cada vez maior da atividade intelectual naqueles dias.

Por brilhante que fosse, a teoria de Eudoxo revelou-se, matematicamente falando, um beco sem saída intelectual. Foi substituída pelo novo modelo de Hiparco (c. 180-120 a. C.), este um soberbo astrônomo observacional que corrigiu muitos dos erros no almanaque de Eudoxo e descobriu a precessão dos equinócios, que ele calculou numa margem de até dez por cento do valor correto. Mas sua duradoura contribuição à astronomia foi o desenvolvimento do sistema epicíclico, que dominou os modelos astronômicos até o tempo de Copérnico. A terra se localizava no centro imóvel; mas os planetas percorriam um círculo pequeno, ou epiciclo, cujo centro ele próprio percorria uma órbita maior (o deferente) em torno da terra. Para arranjos adequados de epiciclos, Hiparco descobriu que poderia produzir um modelo preditivo de acurácia sem precedentes.

Mas um modelo preditivo era tudo o que havia; não houve nenhuma tentativa de efetivamente representar a arquitetura física dos céus. E quando, um século antes, Aristarco de Samos (c. 310-230 a. C.) pela primeira vez propôs a teoria heliocêntrica, tratava-se apenas de uma hipótese matemática (foi deixado para o seu obscuro sucessor, Seleuco, abordá-la como fato físico); ainda assim, ele esteve sob risco de ser processado por impiedade. Aristarco desenvolveu também um método para mensurar

Os tamanhos e distâncias do sol e da lua, seu tratado a respeito, que sobreviveu. O seu método é perfeito em teoria, muito embora viciado por imprecisões observacionais, e é importante à medida que ele ali busca fazer mais do que simplesmente predizer aparências: procura determinar as magnitudes reais dos objetos no espaço físico. De modo semelhante, o seu contemporâneo mais jovem, Eratóstenes, buscou medir a circunferência da terra notando a elevação do sol em latitudes diferentes ao mesmo tempo, e o fez com surpreendente acurácia, se comparado a Aristóteles, cuja estimativa em *Sobre o céu* II 14 esteve distante por um fator de pelo menos cinquenta por cento.

No segundo século d. C., Ptolemeu desenvolveu o sistema de Hiparco com rigor e acurácia observacional sem paralelos; mas também ele, em todo o caso na *Sintaxe*, trata-o puramente como um dispositivo calculador. Não obstante, como revela na abertura da obra, ele a si mesmo considerava um filósofo (escreveu uma breve obra sobre epistemologia, *Sobre o critério*), e não como mero matemático; já nas *Hipóteses planetárias*, que sobrevive parcialmente numa tradução árabe, intentou dar ao modelo uma realização física. Assim, outra preocupação moderna da filosofia da ciência, a disputa entre interpretações realistas e instrumentalistas do estatuto metafísico dos modelos científicos, foi antecipada na antiguidade.

Astrologia

Assim, embora houvesse uma divergência progressiva entre a astronomia matemática e a filosofia, as duas jamais se divorciaram completamente. E ambos, astrônomos e filósofos, nutriam notável interesse pela astrologia, e isso continuaria até o século XVII. O período helenístico via uma ressurgência da adivinhação de todos os tipos, mas a astrologia, com suas pretensões a um rigor matemático, era a rainha entre as ciências divinatórias. Os estoicos favoreciam a possibilidade de adivinhação, tomando como base a condição de o futuro ser causalmente determinado e, sendo assim, em princípio, conhecível, enquanto da providência divina era provável que fizesse tal conhecimento útil disponível aos humanos suficientemente sábios para decodificá-lo. Também platônicos posteriores aceitavam a probabilidade da astrologia preditiva.

Mas as coisas não correram tão bem para os avatares da adivinhação. O cético acadêmico Carnéades (segundo século a.C.; ver p. 225-226 acima) produziu uma série de argumentos influentes contra ela, que passaram a fazer parte da tradição cética: horóscopos são por demais vagos para serem testáveis; ou, se testáveis, acabam por se revelarem falsos; tampouco está claro que é de nosso interesse conhecer o futuro. Considerações semelhantes são ensaiadas no *Sobre a adivinhação*, de Cícero; por outro lado, seus proponentes afirmam que sua taxa de predição exitosa não é pior que a da medicina, uma ciência aceita.

Mas até mesmo Ptolemeu amparou ao menos a possibilidade teórica da astrologia, escrevendo o seu *Tetrabiblos* em sua defesa. O sol e a lua claramente exercem influência física sobre o mundo, bem como sobre o ciclo de vida dos animais; por que, então, não poderiam influências mais sutis serem emanadas dos planetas? Ele admite que astrólogos com frequência erram, porém isso seria mais um problema deles do que da arte divinatória em si. Influências planetárias não são os únicos efeitos determinantes do destino humano – outras coisas também se aplicam, e a astrologia jamais pode oferecer predições particulares de eventos, apenas aspectos de traços característicos individuais: daí se fazer embotada a objeção de Carnéades, de que gêmeos compartilham horóscopos mas podem ter destinos muito diferentes.

Esses debates também prefiguram preocupações modernas: como distinguir ciência de pseudociência; o que conta como uma taxa de êxito empírico aceitável (ou, indo mais ao ponto, como uma taxa inaceitável); até que ponto uma falta de êxito pode determinar um descarte como má prática em oposição a defeitos inerentes à própria "ciência"; e até que ponto as estatísticas (ainda que de um tipo muito rudimentar e impreciso) podem ser árbitros em tais casos.

Física helenística

A divisão fundamental entre teleologistas e mecanicistas persistiu ao longo de todo o mundo antigo. Os estoicos eram defensores entusiastas de uma teleologia criacionista. Epicuro e seus seguidores eram herdeiros da tradição atomística e tomaram de Demócrito (com alguns refinamentos) sua física mecanicista e descontínua, bem como sua tolerância a uma infinidade de espaço e matéria. Teofrasto, pupilo e sucessor de Aristóteles, restringiu o escopo da teleologia natural; seu sucessor, Estratão, abandonou-a por completo. Estratão também admitiu a existência do vazio (contra o qual Aristóteles argumentara de maneira alentada), insistindo no fato de que todos os corpos, ar e fogo inclusos, tinham peso e rejeitando o éter: era um aristotélico pouco mais do que por nome.

As teorias físicas e metodologias das escolas estoica e epicurista foram descritas acima (ver capítulo 6). Em geral, elas revelam escassos sinais da pesquisa empírica característica da escola de Aristóteles; e oficialmente a física foi considerada por ambas as escolas como subordinada à ética. Houve, contudo, uma ou duas exceções a essa relativa negligência da ciência natural, em particular da parte do estoico Posidônio (início do primeiro século a. C.), que foi descrito por um crítico como "aristotelizante". Ele certamente escreveu sobre uma ampla variedade de disciplinas matemáticas e científicas, incluindo os tópicos da meteorologia aristotélica, tendo investigado as marés e sugerido que elas se deveriam à influência lunar.

Medicina

Platão pensava ser o cérebro a sede da inteligência (p. 341). Aristóteles, por outro lado, situava o pensamento, bem como a emoção, no coração; e assim fizeram os estoicos. Alcmeão favorecera o cérebro (p. 336-337), assim como fizeram os hipocráticos. Praxágoras, ativo em fins do século IV a. C., optava pelo coração, talvez porque pensasse que os nervos (que ele pode ter sido o primeiro a propriamente distinguir dos tendões) fossem as extremidades diluídas das artérias. Tal concepção é encontrada também no tratado do século III a. C. *Sobre o coração*, apesar de seu entendimento relativamente sofisticado da estrutura ventricular do coração.

Que os estoicos pudessem continuar a acreditar nisso após o isolamento dos sistemas motor e sensório nervoso por Herófilo (fl. c. 260 a. C.) escandalizou Galeno (129-c. 215 d. C.),[3] o maior médico da antiguidade tardia e filósofo considerável também. A dissecação claramente mostra que os nervos se ramificam a partir do cérebro, e experimentos a envolver secções neurais e ligaduras (realizados em público por Galeno sob grande aclamação, ao menos assim ele nos conta) também estabelecem claramente que o controle flui do cérebro. Em numerosas passagens de seu *Das doutrinas de Hipócrates e Platão*, Galeno ressalta que abordagens filosóficas da alma têm de ao menos serem consistentes com os últimos avanços em neurofisiologia; em diversas ocasiões, ele acusa os estoicos, em particular a Crisipo, de simples ignorância e incompetência em tais matérias.

Os grandes avanços de Herófilo, como também os de seu contemporâneo Erasístrato, foram realizados provavelmente com o auxílio de experimentação em seres humanos vivos. A atitude cautelosa de Herófilo para com o teorizar causal enfatizava a importância dos fenômenos, sugerindo que um entendimento abrangente da estrutura profunda das coisas pode ser inatingível. Ainda assim, ele provavelmente adotou uma forma da teoria humoral elaborada pela primeira vez no hipocrático *Natureza do homem* e certamente falou dos quatro "poderes" primários no corpo.

Erasístrato rejeitou a teoria humoral, supondo que a maior parte das doenças fosse causada pela transfusão de sangue em excesso das veias para as artérias (que sob circunstâncias normais, acreditava ele, continham apenas *pneuma*). Esse *pneuma* não é exatamente aquele dos estoicos (acima, p. 216-217); e *pneuma*, que em origem significa simplesmente "vento", tinha uma longa e variada história médica. O hipocrático *Das respirações* diferencia o *pneuma*, que é interno ao corpo, do "ar" externo; e Praxágoras também tinha feito do *pneuma* algo central à sua fisiologia. Contudo, geralmente pensava-se que o *pneuma* era transportado pelo

3 Galeno é padronizadamente citado por volume, página e número de linha da edição global de C. G. Kuhn, *Galeni Opera*, 20 vols. em 22 (Lípsia, 1821-33). Contudo, obras individuais são frequentemente citadas por referência a edições mais modernas.

sistema arterial (mesmo por médicos como Galeno, que percebeu que as artérias normalmente contêm sangue).

Erasístrato também se recusou a conceder que ocasiões externas realmente fossem causas para doenças, com base em que tais ocasiões não afetavam todos da mesma maneira, ao passo que causas semelhantes deveriam produzir efeitos semelhantes. Galeno argumentou contra isso em *Sobre as causas antecedentes*: tais fatores externos (por exemplo, excesso de calor ou frio) não são a causa única das doenças a elas associadas, mas são partes da causa geral, em concerto com as disposições particulares do paciente. Assim, Galeno casa o compromisso que ele tem com a teoria humoral hipocrática com uma sofisticada análise da causação.

A medicina também intersecciona com a filosofia no campo da epistemologia. Díocles de Caristo (fl. c. 300 a. C.) teceu objeções a certos estilos de etiologização, com base na ideia de que eles não eram nem necessários nem passíveis de serem atingidos. Herófilo enfatizou a dificuldade de extrair inferências teóricas seguras. Essas tendências céticas foram aprofundadas pelos empiristas médicos. O empirismo médico teve uma longa história; ele se dava em formas fortes e fracas. Mas, de modo crucial, ele rejeitou a ideia de que a ciência requeria ou poderia providenciar um entendimento das estruturas subjacentes das coisas; tudo de que os médicos necessitam são teoremas, baseados em experiências repetidas e relatos de outros, relacionando sinais e sintomas evidentes a remédios testados. Em contraste, seus oponentes, concisamente conhecidos como "dogmáticos", acreditavam que médicos versados a um só tempo poderiam e deveriam fazer a inferência de fenômenos a suas causas subjacentes.

Galeno se alinhava com os dogmáticos: acreditava que, com inteligência e aplicação, o cientista poderia de fato descobrir a natureza profunda das coisas; não havia necessidade de se resignar com hipóteses instrumentais e conjunções constantes de fenômenos. Mas a tarefa era difícil, e, contra alguns de seus contemporâneos mais otimistas, Galeno insiste que os dispositivos de razão (*logos*) têm de ser constantemente checados contra a experiência (*peira*), o que também sugere as hipóteses a serem testadas. Algumas coisas são evidentes à razão; outras, aos sentidos;

com um casamento judicioso entre os dois, o cientista pode, de fato, fazer progressos reais. Mas a razão precisa ser rigorosamente treinada em lógica; e os sentidos, polidos até o grau mais elevado de sensibilidade. Galeno acalentava uma visão da medicina como ciência axiomática aristotélica; mas, num jargão moderno, a razão fornece apenas o contexto de justificação, enquanto os fenômenos proporcionam o da descoberta.

Além disso, na visão de Galeno, fenômenos relevantes devem ser ativamente buscados, por observação e experimentação detalhada. Ele almejou mostrar que não era necessário para o fornecimento de ar ser sempre reabastecido, tendo-se um garoto escravo a inspirar e expirar na mesma bexiga por um dia inteiro. Também pensou que poderia demonstrar a força pulsátil sendo transportada nos revestimentos arteriais ao expor uma artéria, abrindo-a, inserindo ali um fino caniço e então ligando o revestimento arterial firmemente em torno do caniço: a artéria abaixo do corte, afirma ele, não pulsa. Ambos esses experimentos foram bem concebidos, estando claro, porém, terem sido escassamente realizados. Por outro lado, o seccionamento sistemático e a ligadura dos nervos e da medula espinhal mencionados acima são brilhantes tanto em concepção quanto em execução. E quaisquer que sejam os fracassos em sua prática experimental real, Galeno por certo deve ser louvado por ver sua importância teórica com uma clareza que só seria de novo atingida na Renascença.

Para Galeno, o mundo que é revelado por tal cuidadoso raciocínio, a partir dos resultados de observação e experimento, era autoevidentemente o produto de um projeto. Galeno é um inequívoco apoiador do tipo *Timeu* de teleologia: a produção e gerenciamento do mundo por uma divindade imanente, benevolente. Ele descreve o seu *Sobre a função das partes* (*UP*) como um hino à natureza; sua inteira proposta é a de exibir a beneficência da natureza pela via de uma abordagem detalhada da complexidade e da capacidade de adaptação de estruturas animais, seguindo o exemplo, como ele afirma, do *Partes de animais* de Aristóteles, mas indo além deste. Por todo o *UP*, ele escarnece de médicos como Erasístrato e Asclepíades por se recusarem a ver a mão providencial da teleologia no mundo.

Esse casamento entre compromisso teórico e observação prática pode ser visto em ação no breve texto *A formação do feto*, onde ele nega, contra Aristóteles (ver p. 346-347), que o coração seja o primeiro órgão formado (opta pelo fígado, a sede de alma nutritiva platônica). Ele observa a rede de vasos sanguíneos no saco amniótico e o modo como estão conectados ao útero, e cogita que o sangue da mãe provê a nutrição inicial para o embrião (nota que o sangue coagulado em água se assemelha ao tecido do fígado) – mas a questão que ainda surge é a de como a sua construção é supervisionada. Ele rejeita a suposição epicurista de pura ação randômica a produzir tal produto acabado, bem como a ideia aristotélica (ver p. 346-347) de que o coração vem a substituir o sêmen e dirigir a operação em si mesma. Admite incerteza, mas acha pouco razoável supor que a força diretiva inicial desaparece, preferindo acreditar em que toda a operação esteja sob a orientação de algum tipo de alma, tese sugerida pela geração sistemática de um vasto número de partes e funções individuais, todos vinculados a uma economia integral de atividade.

Ao final de *A formação do feto*, Galeno admite incerteza quanto à natureza e às propriedades da alma; no entanto, assume que tal coisa existe, isto está claro, sendo igualmente claro que existe um deus criador. Galeno está preparado para admitir que há limites ao que ele pode conhecer sobre deus, alma e outros problemas difíceis. Mas o método de descoberta é seguro (reunir dados, fazer inferências lógicas a partir deles), como é fundamental a crença na organização teleológica (providencial) das coisas.

O final da antiguidade

Galeno foi um homem de seu tempo. Em meio a todo o seu racionalismo, era profundamente religioso e bastante disposto a acreditar em prescrições que lhe teriam sido enviadas em sonhos de inspiração divina. O espírito intelectual da era tendia para o sincretismo (ver capítulo 9), e Galeno, em sua adoção de uma teleologia sintética que devia seu fino detalhe estrutural a Aristóteles, mas o arcabouço providencial geral a Platão, e em seu zelo em representar seus ídolos intelectuais gêmeos, Hipócrates na medicina e Platão na filosofia, como sendo um só em todas as questões importantes, exemplifica essa têmpera.

Não obstante, ele jamais hesitou em seu compromisso com uma ciência rigorosa, empiricamente fundamentada. Os séculos que se sucederam viram a ascensão tanto do cristianismo quanto do neoplatonismo, ambos dados mais à espiritualidade do que à ciência. Por qualquer que seja a razão, tanto o ceticismo em si mesmo quanto o teor cético em pensamento, que deram origem ao empirismo médico, caíram em desuso, e a ciência não produziu figuras da estatura de Ptolemeu ou Galeno. Mas três nomes que tentaram manter a filosofia científica viva merecem uma breve menção.

Em primeiro lugar, Iâmblico (ver capítulo 9): de muitas maneiras, foi um místico neoplatônico típico, compondo um *Sobre os mistérios* em defesa da prática da teurgia, a tentativa de alcançar a união espiritual com o divino. Mas, em seu *Sobre a ciência matemática geral*, ele esboça uma convincente visão da relação adequada entre a matemática e as ciências físicas: a primeira estabelece os limites do possível para as segundas; noções matemáticas podem ser aplicadas a objetos físicos, e objetos físicos, por sua vez, podem ser vistos, na regularidade de seu comportamento, como a materializar ideias matemáticas. Nenhuma dessas sugestões seria seguida cientificamente por mais de um milênio, tampouco a sua rejeição igualmente premonitória da ideia aristotélica de que a transmissão de influência causal demanda contato.

Um segundo grande neoplatônico, Proclo (quinto século d. C.), escreveu um *Esboço de hipótese astronômica*, que foi concebido para mostrar que nenhum dos modelos astronômicos predominantes, de Aristarco, Hiparco e Ptolemeu, poderia dar conta da mecânica real dos céus, uma vez que são inconsistentes com sua física aristotélica (modificada). Eles podem servir como dispositivos calculadores úteis (ainda que imprecisos); mas se devemos dar conta da física real dos céus, temos de supor, com os platônicos, que eles são automoventes dotados de alma.

O terceiro nome é o de Filopono, o neoplatônico cristão do século sexto d. C. Sua brilhante crítica à teoria aristotélica do movimento projétil e seu desenvolvimento correspondente da teoria do ímpeto foram descritos mais acima (ver capítulo 9). Quando o aristotelismo conheceu uma revivescência na Idade Média tardia, as inadequações da abordagem de Aristóteles do movimento projétil logo se fizeram sentir, entre outros, por Buridan; e, muito embora ele rejeitasse também a teoria do ímpeto impresso, quando Galileu finalmente veio a solapar a estrutura barroca da física aristotélica da Renascença, ele o fez reconhecendo a força dos argumentos destrutivos de Filopono. Em ciência, tanto quanto em filosofia, Filopono é um dos últimos entre os antigos – e um dos primeiros entre os modernos.

11 Filosofia e religião

Glenn W. Most

Antigos e modernos

Enquanto a filosofia antiga continua a viver e, na verdade, a florescer na disciplina moderna da filosofia, as religiões das antigas Grécia e Roma deixaram poucos traços discerníveis nas religiões do mundo moderno. Foi somente porque e somente à medida que as religiões pagãs da antiguidade grega e romana foram radicalmente transformadas, quase para além do reconhecimento, na religião do mundo vasto e eclético da cristandade, que alguma coisa delas conseguiu sobreviver ao colapso do mundo clássico. O resultado é que, se a Igreja Cristã astutamente adaptou suas práticas às condições tradicionais do mundo pagão de massa no qual se encontrava e se os Pais Cristãos elaboraram uma brilhante síntese teórica de certos elementos da cultura intelectual pagã com a teologia judaico-cristã, a religião no mundo moderno é diferente da que se tem na antiguidade a ponto de demandar considerável esforço para se apreciar a religiosidade antiga sem um sentimento de perplexidade, repulsa ou superioridade. Para o sentimento religioso moderno, pode bem haver algo de perturbador no mais básico e disseminado dos rituais religiosos gregos, o cerimonial público em que um grande animal doméstico é apresentado, ornamentado, abatido com o acompanhamento de gritos de mulheres, esfolado, desmembrado, assado e comido pela comunidade – para não falar dos aparentemente tão bizarros cultos locais, por exemplo, de Atenas, onde o festival Stênia era amplamente dedicado à troca de abusos verbais entre os sexos, ou de Lesbos, onde, a cada ano, as garotas locais competiam num concurso de beleza no santuário de Zeus, Hera e Dionísio.

As coisas parecem diferentes no caso da filosofia. A prática da investigação teórica que é realizada nos departamentos de universidades de filosofia em quase todos os países traz uma similaridade facilmente reconhecível com o trabalho dos antigos filósofos gregos e romanos. E mais ainda, a disciplina moderna é descendente direta da atividade antiga e dificilmente pode ser imaginada tendo vindo a existir, para não falar do modo como assumiu a forma presente, sem a filosofia antiga.

É a descontinuidade entre a religião antiga e a moderna que torna difícil para nós a compreensão da religião antiga, mas a própria continuidade entre filosofia antiga e moderna traz armadilhas para a compreensão da filosofia antiga, pois, como veremos mais adiante, os modos pelos quais a filosofia era praticada na antiguidade compartilhava muitos dos mais proeminentes aspectos da religião.

O aspecto fundamental das antigas religiões clássicas que as torna tão diferentes das ocidentais está em serem politeístas. Isso significa, em primeiro lugar, que uma certa dose de contradição se fazia indelevelmente erigida no sistema religioso: deuses diferentes representavam concepções irredutivelmente concorrentes sobre o que era certo, e com demasiada frequência surgiam situações em que um ser humano não podia satisfazer as demandas de um deus sem menosprezar as de outros. O mito grego não cansa de ilustrar a impossibilidade de dar a todos os deuses, sem exceção, o que eles pensam que merecem – em outros termos, a impossibilidade de viver uma vida que seja perfeita em todos os aspectos, consistente consigo mesma e plenamente harmoniosa, sem que haja violação a alguma prescrição fatal. Mas, em segundo lugar, a pluralidade de deuses também significava que os antigos estavam inclinados a ver tais contradições com um grau maior de tolerância (o que não significa dizer com entusiasmo). No âmbito da dinâmica interna de qualquer religião particular antiga, a existência de concepções religiosas concorrentes tendia a ser aceita como um fato irremediável (e frequentemente doloroso) da vida; a drástica oposição, familiar para nós, entre ortodoxia e heresia em geral estava de todo ausente. Em terceiro lugar, o mesmo elevado limiar de tolerância à contradição funcionava externamente para fazer os antigos a um só tempo ecléticos e assimilativos com relação a religiões estrangeiras. Lá onde as fronteiras entre o certo e o errado em sua própria religião estavam longe de se mostrar claras, pouco sentido fazia insistir na importância de tais fronteiras entre religiões – na verdade, os antigos eram fascinados por religiões estrangeiras e, em geral, se mostravam ávidos por identificar similaridades e adotar cultos.

A existência de muitos deuses significava obviamente que nenhum deus poderia ter poder ilimitado (o que diriam os outros?). Já em Homero e Hesíodo, há uma tendência em isolar um deus, Zeus, como o mais importante, e em atribuir poder preeminente a ele; mas o monoteísmo, a ideia de que há realmente um único deus, não era uma opção genuína para a maior parte da cultura antiga, e a maior parte das passagens aponta, em vez disso, para algo como um henoteísmo, crença em um deus supremo a transcender ou subsumir todos os demais. Os deuses eram pensados como sendo mais poderosos, mais belos e, sobretudo, mais felizes do que os seres humanos, mas também eles tinham suas limitações insuperáveis. Dependiam de certa forma de adoração humana – frequentes vezes se pensava que eram nutridos pelos sacrifícios que os humanos faziam para eles – e poderiam se tornar francamente maus, até mesmo birrentos, caso fossem ofendidos. Ainda que não morressem ("os imortais" é um modo padrão de se referir aos deuses em grego), não obstante eram todos nascidos, como os humanos são, e a partir daí entravam em certo ponto na história cósmica, no palco de um mundo natural que já estava lá antes deles e para o qual não tinham exercido nenhum papel em criar. Além disso, quase nunca eram pensados como oniscientes, onipotentes ou onipresentes. É por isso que, quando os antigos oravam, eles o faziam, diferentemente de cristãos, judeus ou muçulmanos, ficando de pé com os braços estendidos para os céus e falando em alta voz: como crianças pequenas ou marinheiros naufragados, tentavam atrair a atenção de seres distantes e mais poderosos que poderiam ajudá-los se optassem por fazê-lo, mas poderiam também, em sua autoabsorção feliz, simplesmente deixar de minimamente percebê-los e notar seus problemas.

A religião antiga, como o restante da cultura antiga, era completamente local e geograficamente heterogênea em caráter. Num mundo onde as comunicações consumiam tempo e as viagens eram morosas, havia grande curiosidade acerca de como as outras pessoas organizavam suas vidas, mas nenhuma percepção de que tal organização era a única correta e possível. É, talvez, apenas da perspectiva das religiões resolutamente monoteístas, judaica e cristã, que a miscelânea de variedades da experiência religiosa grega e romana poderia vir a formar parte da mesma categoria, podendo assim ser "pagã" – a significar etimologicamente "do (retrógrado) interior", em contraste com a cidade já convertida. Tampouco o panteão grego ou romano compreende uma pluralidade de deuses, e sim, mais do que isso, cada um desses deuses era adorado em numerosos templos, em muitas cidades e regiões, em cultos que diferiam um do outro em questões pequenas e grandes, tanto em qualquer tempo quanto durante o curso do desenvolvimento histórico. Afrodite era a deusa do amor ou do mar? Dionísio tinha barba ou não? Era de Zeus a tumba que os cretenses apontavam como a pertencer ao "mesmo" deus adorado como imortal no restante da Grécia? Nenhuma religião moderna poderia se manter indiferente a tais variações locais, que, para os antigos, era questão de curiosidade ou diversão, mas nunca de ultraje. Na antiguidade, não havia Igreja, não havia uma hierarquia institucional única, não havia sagrada escritura revelada que pudesse autorizar uma distinção definitiva entre certo e errado em tais questões: mesmo Delfos, apesar de seu prestígio, nada tinha da autoridade do Vaticano, pois, no fim das contas, tratava-se somente de um culto a Apolo, jamais tendo mais do que um poder político limitado e muito local, e, na maior parte, não promulgava sistemas teológicos, mas só respondia a questões específicas com oráculos mais ou menos ambíguos. Muitos variados tipos de religião eram praticados pelas mesmas pessoas numa multipicidade de níveis – individualmente; no âmbito da família mais restrita ou ampliada; no âmbito de vários tipos de associações profissionais e não profissionais, temporárias e mais permanentes; no escopo de organizações políticas mais restritas ou mais amplas.

De modo geral, os antigos simplesmente não se importavam com o fato de que outras pessoas faziam as coisas de modo diferente deles próprios. A consideração crucial era a de que, dentro dos confins do grupo relevante, o indivíduo desempenhava de maneira escrupulosa precisamente o que a tradição ensejava que fizesse e o que todos os outros membros do mesmo grupo faziam e viam alguém fazendo. Na verdade, a religião antiga, em seu todo, tendia a ser vista em sua essência como uma atividade prática desempenhada de maneira visível dentro desses grupos relevantes, mais do que a consistir numa disposição individual disponível acima de tudo à introspecção. A devoção antiga era não tanto sobre um tipo particular de sentimento subjetivo, de emoção ou crença, do tremor da reverência, e sim muito mais sobre o desempenho dos rituais requeridos, considerados válidos nos termos de uma comunidade: a frase grega *nomizein tous theous* é frequentes vezes traduzida como "acreditar nos deuses", mas em geral significa, em vez disso, "indicar que o indivíduo reconhece os deuses da cidade ao desempenhar os rituais desses deuses". E era tão difícil existir fora de tais religiões como existir fora das comunidades políticas cuja estrutura estava inextricavelmente emaranhada com elas, pois cada cidade-Estado (*pólis*) compreendia uma organização altamente complexa de cultos múltiplos, localmente específicos. Portanto, os deuses antigos podem não ter sido onipresentes, mas a religião antiga era: poucas de fato eram as atividades em que os antigos se envolviam que não estavam de algum modo relacionadas à sua adoração aos deuses, desde fazer uma refeição e beber vinho à fundação de cidades e ao travar da guerra. É por isso que, assim como o monoteísmo não era uma opção cultural viável na antiguidade, da mesma forma também, simetricamente, o ateísmo era virtualmente desconhecido: listas de filósofos antigos que negavam completamente a existência dos deuses jamais conseguem compor mais de um punhado de nomes. Diágoras e o filósofo cirenaico Teodoro são os únicos a aparecer em várias delas; Euhêmero e Protágoras são também, ocasionalmente (e, pelo menos no caso do último, muito equivocadamente), considerados ateus. Mas o que é usualmente pensado em tais casos não é uma negação radical da existência da divindade, e sim, em vez disso, uma atitude mais ou menos cética para com um ou mais dos aspectos tradicionais dos deuses, à medida que estes eram adorados nos mitos e cultos estabelecidos.

Em todos esses aspectos, a religião antiga é inegavelmente estranha à nossa experiência moderna. Foi apenas, quando muito, nos cultos dos mistérios gregos, tais como o orfismo, os mistérios báquicos e eleusianos, o hermetismo e o gnosticismo, e na adoração de Roma e do imperador e sua família, sob o Império Romano, que, de formas muito diferentes, a religião antiga veio a desenvolver traços comparáveis de perto com certos aspectos-chave de suas contrapartes modernas; no primeiro caso, uma promessa de salvação individual no pós-vida, condicional ao aprendizado por parte do adepto dos preceitos e/ou ao ato de seguir certas práticas nesta vida, havendo também uma ênfase em doutrinas corretamente interpretada, e a emocionalidade convulsiva, estimulada e compartilhada; no segundo caso, os consolos de um culto universal que transcendia restrições locais, com isso proporcionando a todos os membros de uma vasta comunidade local uma oportunidade para celebrar valores não apenas políticos, mas também de natureza genuinamente religiosa.

Com a filosofia, as coisas parecem diferentes. Na verdade, cursos sobre Platão e Aristóteles são ministrados na maioria dos departamentos de filosofia das universidades, e muitos filósofos contemporâneos ainda acham seus escritos sobre filósofos gregos e romanos não menos dignos de interpretação e discórdia que aqueles sobre seus colegas vivos. Ainda assim, as similaridades, reais como sejam, podem ser desvirtuadoras, pois elas não contam toda a história. A filosofia contemporânea é uma disciplina acadêmica, profissional, dedicada à elaboração, à testagem e ao refino de argumentos e teorias. A filosofia antiga foi por vezes isso também, mas não com frequência, no geral sendo algo outro e algo mais. A maior parte dos filósofos antigos não ensinava filosofia em instituições educacionais oficiais, mas trabalhava como *freelancer* ou em grupos pequenos e privados de amigos e discípulos, direcionando suas publicações não apenas a outros filósofos profissionais, mas também a leitores não especialistas; embora a maior parte dos filósofos antigos propusesse concepções gerais e tentativas de ampará-las por argumento raciocinado, na verdade nem todos procediam assim, e mesmo quando o faziam, isso não era tudo o que fora pensado para qualificá-los como filósofos. A filosofia antiga era também um modo de vida, um exercício de autodisciplina, um processo de autotransformação que se expressava não apenas nas teorias que se propunha, mas também nas roupas que se vestia, nos alimentos que se ingeria e nos modos de comportamento com relação a deuses, animais e outros homens. O teste crucial para um bom filósofo, aos olhos de muitas pessoas, não era o de quão bem suas doutrinas resistiam à refutação, mas em quão bem ele falecia. É bem apropriado que o livro de Diógenes Laércio sobre filosofia antiga seja intitulado *As vidas e doutrinas dos filósofos ilustres*, estando a combinar registros históricos e anedotas sobre suas biografias e personalidades, por um lado, com resumos de suas doutrinas e dizeres, de outro – pois tratava-se da interrelação de ambos os componentes – seu modo de vida e forma de pensamento, que vinham a constituir a qualidade de um filósofo antigo.

É por isso que, a fim de compreender a relação entre filosofia e religião antiga, é necessário, porém não suficiente, discutir as concepções específicas que os filósofos antigos adotavam no que tange a questões religiosas; tal será o objeto da seção a seguir. Será necessário também considerar pelo menos algumas das relações entre as formas da prática religiosa antiga e os modos em que filósofos antigos viviam: isso ocupará a seção terceira e final.

Teologia filosófica antiga

Pelo menos desde a Ilustração, se não desde a Reforma e a Contrarreforma, podemos esperar uma relação de adversárias entre filosofia e religião: a razão entrando em conflito com a fé, a religião desmascarada como superstição, filósofos perseguidos como heréticos. Para os que buscam precursores antigos para o moderno projeto do iluminismo, não é difícil encontrar filósofos antigos que possam servir de heróis e mártires. Na verdade, a inflamada condenação por Lucrécio do sacrifício por Agamêmnon de sua filha, "tão grande foi o mal que a religião foi capaz de inspirar" ("*tantum religio potuit suadere malorum*", I 101), viria a se tornar um dos versos mais frequentemente citados da poesia latina e um grito de guerra do século XVIII. Por um lado, relatou-se na antiguidade que os filósofos Anaxágoras e Sócrates, o sofista Protágoras e o poeta lírico Diágoras foram todos julgados por impiedade em três julgamentos separados em Atenas, nas últimas décadas do século V a. C. e no início do quarto século; se diz terem sido todos os quatro condenados à morte – Sócrates celebremente se submeteu à execução bebendo a cicuta, enquanto os outros três tiveram de fugir para o exílio. Por outro lado, o pré-socrático Xenófanes (ver p. 82-83 acima) já ridicularizava o ingênuo antropomorfismo da religião grega:

> Mas se o gado e cavalos ou leões tivessem mãos, ou fossem capazes de desenhar com as mãos e fazer os trabalhos que homens podem fazer, cavalos desenhariam as formas dos deuses como cavalos, e o gado como gado, e fariam seus corpos como os corpos que cada qual possui (KRS 169).[1]

E em vários de seus diálogos, como o *Eutífron*, a *República* e as *Leis*, Platão demonstrou por incansável análise filosófica as fraquezas das noções tradicionais da piedade grega, dos mitos herdados sobre os deuses e heróis e das concepções estabelecidas sobre a natureza dos deuses.

Mas são apenas nossas expectativas modernas que nos levam a isolar tais episódios como paradigmáticos e a carregá-los com um peso simplista, próprio de uma época, peso este que, examinado mais intimamente e no âmbito de seu próprio contexto, eles dificilmente trarão. Mesmo o celebrado identificador lucreciano citado acima é, na verdade, um ataque não à religião enquanto tal, mas à falsa superstição, e o poema de Lucrécio advoga reverência pelos deuses, contanto somente que sua natureza seja compreendida e respeitada. Por um lado, julgamentos por impiedade são a rara exceção em vez de a regra tanto na história grega quanto na romana: seria bem pouco sábio generalizar, para além das turbulências desesperadas da Atenas democrática durante e imediatamente após sua derrota catastrófica na Guerra do Peloponeso – os próprios anos em que tais julgamentos se deram em Atenas foram de fato aqueles em que toda uma variedade de novos cultos religiosos foram introduzidos na cidade, vindos de fora –, na direção de qualquer grau de preocupação da parte do Estado antigo em investigar e punir as convicções religiosas de

1 Para citações KRS, ver p. 65.

seus cidadãos, filósofos ou não. E, por outro lado, nem Xenófanes nem Platão tiveram qualquer intenção de demonstrar a não existência da divindade ou de desmascarar a falsidade da religião *per se*. Ambos estavam preocupados tão somente com mostrar o absurdo de certos aspectos da religião estabelecida, de modo a reposicioná-los por substitutos mais filosoficamente viáveis. Xenófanes não substitui deuses antropomórficos por quaisquer deuses que sejam, mas sim por um ser único, não antropomórfico, imóvel, plenamente consciente e amplamente poderoso: "Tudo ele vê, tudo pensa e tudo ouve" (KRS 172). No *Eutífron* de Platão, o desmantelamento por Sócrates da presunçosa autoconfiança da convicção de Eutífron de que ele sabe o que a piedade de fato é não resulta, nesse diálogo, na construção de uma definição positiva do que a verdadeira piedade seria; mas o completo desapontamento de um especialista putativo em questões religiosas parece estar destinado a provar, para a satisfação do leitor, a deficiência radical daquelas concepções tradicionais sobre o assunto, que resultaram, entre outras coisas, precisamente na condenação de Sócrates em seu julgamento por impiedade, esta que Platão é cuidadoso ao arrolar em sua conversa com Eutífron. Platão se esforça, especialmente no Livro X de suas *Leis*, para indicar que a finalidade de sua crítica a certos aspectos da religião estabelecida de modo algum vem ao amparo de quaisquer tendências ateístas que possam ser correntes em sua cultura, mas, pelo contrário, indo contra essas, propõe concepções de questões religiosas que possam fazer frente à análise racional e, com isso, satisfazer mesmo o cético mais empedernido.

Na verdade, a tendência fundamental da ampla maioria dos filósofos das antigas Grécia e Roma de modo algum é desmistificar a religião, mas reforçar a religiosidade. Isso eles procuram alcançar de duas maneiras básicas: ou complementando a religião, tentando satisfazer necessidades e responder a questões que, em razão da natureza peculiar das religiões antigas, estas não parecem capazes de prover de maneira satisfatória; ou corrigindo a religião, modificando os aspectos dos mitos, cultos e crenças tradicionais que mais claramente violavam o que se via como as demandas de razão ou de moralidade, desse modo produzindo uma versão filosoficamente mais aceitável da religião tradicional. Mas assim como os filósofos antigos não visavam destruir as religiões estabelecidas na Grécia e em Roma, eles também, ao que parece, em sua maior parte, não objetivavam substituir sua própria versão filosófica da religião pelas formas tradicionais de adoração cultivadas pela maioria de seus concidadãos. A teologia filosófica se manteve uma questão interna à filosofia e nem em intenção nem em consequência ela exerceu qualquer impacto perceptível sobre os cultos da cidade. Qualquer que fosse o propósito original da celebrada distinção de Varrão entre os três tipos de teologia – mítica (as fábulas contadas pelos poetas), política (os cultos reconhecidos como legítimos em todas as cidades antigas) e natural (as doutrinas elaboradas pelos filósofos) –, na prática, tal distinção serviu para estabelecer uma clara divisão de trabalho entre três formas separadas de religiosidade, com isso imunizando não apenas os grandes poetas do passado, Homero e Hesíodo sobretudo, mas também as instituições da cidade, em sua cumplicidade política e religiosa, contra qualquer impacto corrosivo que, de outro modo, possa ter derivado da especulação filosófica acerca da verdadeira natureza da divindade.

As conexões teóricas entre filosofia e religião no mundo antigo não são exauridas pelas doutrinas e argumentos específicos dos filósofos com relação a questões religiosas estritamente definidas. A natureza peculiar da religião grega e romana levou filósofos antigos a refletirem sobre uma variedade de questões que não eram religiosas no sentido estrito, mas, no tocante a elas, os filósofos especulavam de maneiras profundamente influenciadas por aquelas religiões. Assim, para além dos estreitos confins da própria teologia, dos filósofos antigos se pode dizer que foram suplementados pela religião em pelo menos três domínios: (a) cosmologia, (b) escatologia e (c) moralidade.

(a) Como o mundo começou? Qual a fundação sobre a qual se encontra tudo o que é? Tais questões fazem a perplexidade de muitas pessoas e foram abastecidas com respostas dogmáticas por muitas religiões, incluindo aquelas de uma série de culturas do antigo Oriente Próximo, bem como o judaísmo e o cristianismo: os primeiros versos do Gênesis, por exemplo, situam a integralidade do mundo físico no âmbito da volição de Deus e, para tanto, fornecem uma fundação em permanência e uma presença de sentido para tudo o que de outro modo pudesse parecer meramente efêmero e sem finalidade. Mas as religiões gregas e romanas tendiam a não abordar tais questões: elas eram, em sua maior parte, demasiado locais, demasiado imediatas, demasiado humanas em suas preocupações para aspirar a tais dimensões transcendentes. Somente Hesíodo (c. 700 a. C.), em sua *Teogonia*, foi além das poucas sugestões encontradas em Homero e um grupo de lendas locais dispersas, intentando proporcionar uma abordagem sistemática do início das coisas; para fazê-lo, ele parece ter tido de recorrer a mitos orientais arcaicos.

(b) Como tudo terminará? Em particular, e de modo mais urgente (ao menos para a maior parte de nós), o que será de nós após nossa morte? As práticas religiosas, que cobriam tantos momentos maiores e menores nas vidas dos antigos, certamente detinham uma disposição proeminente para a mais preocupante das transições, a da vida para a morte: procedimentos funerais eram cuidadosamente regulados, formas de comemoração privada e pública eram altamente elaboradas. Mas nenhuma instituição religiosa estabeleceu dogmaticamente se haveria uma vida após a morte e, se sim, qual natureza teria. O testemunho dos poetas mostrou-se esparso e contraditório; práticas e crenças locais variaram amplamente; para uma cultura obcecada pela memória, qual esperança que se poderia ter com relação a, de algum modo, viver depois da própria morte, isso além da comemoração temporária e não confiável dos parentes e amigos, estava longe de se mostrar claro para a pessoa mais comum (em contraste com os antigos heróis ou reis). Somente os cultos de mistério ofereciam uma promessa de imortalidade com base no conhecimento iniciático; mas nem todos tinham acesso a esses, e os detalhes precisos do conhecimento que eles pressupunham, como as condições da vida após morte que prometiam, foram mantidos sob o selo de um rígido segredo.

(c) Nesse ínterim, entre o início e o fim, nesta vida aqui, como deveríamos nos conduzir? Muitas das antigas religiões em torno do Mediterrâneo e do Oriente Próximo estabeleciam códigos de regras detalhados destinados a regular os modos pelos quais os membros de suas comunidades deveriam interagir entre si, reforçando preceitos e proibições com referência a uma justiça infalível e a inescapáveis sanções. As religiões gregas e romanas, em contraste, certamente prescreviam em considerável detalhe as regras rituais de acordo com as quais a devoção aos deuses, aos heróis e aos mortos deveriam ser expressas, mas deixava radicalmente indeterminada a questão dos modos próprios de comportamento moral. Na verdade, nos mitos tradicionais, elas proporcionavam exemplos de conduta divina que nenhum humano poderia tomar como modelo sem consequências desastrosas – como Xenófanes coloca: "Homero e Hesíodo atribuíam aos deuses tudo o que há de vergonhoso e reprovável entre os homens, como roubar, cometer adultério e enganar o outro" (KRS 166).

Em todas as três dessas áreas, os filósofos antigos parecem, desde o início, terem descoberto um relativo déficit da parte da religião antiga, tendo reconhecido aí uma oportunidade particularmente frutífera para preencher lacunas e responder a questões. Mas a filosofia não apenas suplementou a religião tradicional, ela também empreendeu corrigi-la e melhorá-la, sistematizando suas intuições, reforçando suas justificações, generalizando suas aplicabilidades. Isso pode ser ilustrado por uma breve pesquisa cronológica das concepções de alguns dos mais importantes filósofos antigos no que diz respeito a questões religiosas.

Os primeiros filósofos pré-socráticos, pelo ato inaugural de definir como "divino" o princípio permanente fundacional do mundo natural – qualquer que seja ele, seja o "ilimitado" de Anaximandro, o "ar" de Anaxímenes, o "ar" de Diógenes de Apolônia ou alguma outra coisa – indicam, desse modo, quais os aspectos do que, de acordo com eles, unicamente poderia contar como deus: a eternidade, não mais a mera imortalidade, mas também a condição de não ter sido criado; a unicidade, pois, de outro modo, limites seriam impostos a seu poder e controle; e o seu caráter ordenado, como garantidor para as regularidades perceptíveis por todo o cosmos. Para esses pensadores, os deuses antropomórficos, exuberantes, do mito, e os deuses provincianos, mesquinhos, dos cultos locais, podem ser apenas questão de opinião popular; a verdadeira sabedoria filosófica direciona-se a divindades mais dignas de estudo e veneração e reconhece a divindade não apenas em Homero e em Delfos, mas por toda a parte, incluindo a terra, os céus e os corpos celestes. De acordo com Aristóteles, "Tales pensava que todas as coisas estavam repletas de deuses" (KRS 91). Mas, no curso do quinto século a. C., os filósofos parecem ter se tornado cada vez mais cautelosos quanto a identificar com excesso de detalhes o deus que eles estão a construir: para Heráclito, deus é a unidade que não pode ser conhecida nem nomeada, estando por trás de todas as tensões e contradições que vemos em torno de nós e em nós; Parmênides e seus seguidores identificam os únicos traços passíveis de caracterizar um ser verdadeiro e perfeito em todos os aspectos – não nascido e imperecível, inalterável e imóvel, simples, contínuo e esférico –, mas, em geral, eles se mostram reticentes quanto a chamá-los divinos; e Sócrates se recusava a caracterizar em qualquer detalhe o sinal divino, o *daimonion*, que, dizia ele, o proibia de realizar certas ações, e, não obstante sua insistência em que repetidas vezes ouvia a voz deste, pode bem ter sido uma razão pela qual ele foi julgado por introduzir novos deuses. Somente Empédocles retém não apenas a linguagem e o verso da poesia tradicional inspirada, mas também a pluralidade de princípios divinos e, pelo menos em nome, alguns dos deuses olímpicos. Na última parte do século em questão, o movimento sofista fez com que ficasse temporariamente em voga em círculos intelectuais certas formas de ceticismo acerca da religiosidade tradicional – Protágoras notoriamente iniciou seu tratado *Sobre os deuses* com "quanto aos deuses, não tenho meios de saber se existem ou se não existem. Pois para tanto existem muitos obstáculos: a obscuridade da matéria e o fato de que a vida humana é curta".

Foi Platão que, ao que parece, até onde se pode dizer, teria inventado o termo "teologia" (*theologia*); ele o emprega no segundo livro de sua *República* para fazer referência não a um ramo da filosofia, mas a contos tradicionais relatados sobre os deuses. E isso ele sujeita a críticas devastadoras em nome de um conjunto de argumentos bruscamente programático, altamente detalhado, dizendo respeito a tão somente o que poderia contar para ele como uma concepção filosoficamente viável de divindade. Platão se move decisivamente para além dos limites da religião grega não tanto ao atribuir poder, conhecimento, imortalidade e bem-aventurança a deus – para tudo isso havia um amplo precedente –, mas acima de tudo por insistir, na esteira de Xenófanes, ainda que de maneira muito mais drástica e sistemática, que um deus, para ser um deus, tenha de ser moralmente bom. O deus de Platão só pode ser a fonte do bem, de tudo o que é bom e de nada exceto o que é bom e tem de ser perfeito em todos os aspectos: daí ele não poder causar o mal, ou enganar os homens, ou mudar a própria forma, e daí todas as muitas descrições tradicionais (na verdade, virtualmente todas as abordagens tradicionais) terem de ser censuradas como falsas e deletérias. Pelo contrário: o deus de Platão (ou deuses: em diversas passagens Platão parece admitir a existência de múltiplos deuses de diferentes níveis e capacidades) não é apenas não antropomórfico, "ele" é inteiramente não material: desprovido de materialidade sensível, com toda a sua imperfeição, corruptibilidade e caducidade inerentes; a divindade é puro pensamento, intimamente associado com as Formas, elas próprias divinas, acima de tudo com o Um, o Bem e o Belo. O objetivo do filósofo é se tornar como esse deus tanto quanto a um humano se faça possível: dedicando-se ao estudo de tudo o quanto é divino, das Formas às regularidades racionais dos ciclos cósmicos, a fim de reduzir a sua própria participação na materialidade e se treinar nas disciplinas da mente, sobretudo em matemática e dialética. A mais completa exposição por Platão de sua concepção da divindade é encontrada no *Timeu*, que é a sua abordagem da criação do mundo material por um artesão benevolente divino, que esteja a aplicar o máximo possível o padrão das Formas à matéria recalcitrante; mas os platônicos jamais foram capazes de decidir até que ponto sua abordagem é metafórica ou literal, cronológica ou sistemática, séria ou irônica. Na verdade, é precisamente a importância crucial que Platão atribui à divindade e à sua localização transcendente para além da linguagem e da experiência que o leva a falar de deus sobretudo numa linguagem de enigma e ambiguidade: em mito, alusão, ironia e discurso dos mistérios.

Tal como seu professor, Platão, também Aristóteles emprega o termo "teológico" para os enunciados pré-filosóficos dos poetas: em sua visão, eles podem bem mascarar umas poucas concepções filosoficamente interessantes com relação ao cosmos, mas mesmo que o façam, tais concepções são de tal modo revestidas com alegorias e de conteúdo tão esparso, que merecerão apenas um registro pelo historiador da filosofia, não um estudo mais sério – diferentemente das doutrinas de autênticos filósofos, a começar com Tales e a concluir com o próprio Aristóteles. Mas, diferentemente de Platão, Aristóteles usa também o termo "ciência teológica ou filosofia" para descrever a forma última e suprema de investigação filosófica, que é superior mesmo à matemática e à física, porque direcionada ao estudo da forma última e suprema do ser, qual seja, deus; além disso, ele descreve a teologia como "filosofia primeira", uma vez que ela versa sobre aquele tipo de ser que deve vir em primeiro lugar em qualquer abordagem sistemática do ser. Assim, para Aristóteles, da filosofia se pode dizer tanto que começa quanto que termina como teologia. Acima de tudo, o Livro Lambda de sua *Metafísica* realiza uma tentativa extraordinária de proporcionar uma dedução sistemática da existência e das características de uma divindade suprema com base na existência e nas características do mundo físico: a única maneira de explicar o movimento eterno do mundo físico e, em particular, o movimento perfeitamente regular e circular dos céus, sem incorrer num regresso infinito, é postular uma causa última de movimento que em si seja não movida, eterna, não espacial e imaterial; uma vez que a atividade é mais perfeita do que a inação, esse princípio tem de ser incessantemente engajado no fazer de alguma coisa, que, é claro, não pode ser movimento físico, mas somente a pura atividade do pensamento contemplativo, direcionado a seu próprio pensar como o objeto mais elevado possível, e que, uma vez que atinge seu fim por completo, tem de ser consumadamente feliz; uma vez que esse princípio é ao mesmo tempo o objeto de pensamento e de desejo para o inteiro cosmos, ele move o universo como sua causa final. A visão de deus por Aristóteles como o Primeiro Motor imóvel é uma das mais influentes contribuições da filosofia grega ao pensamento ocidental; mas, em outros escritos, Aristóteles também admitiu uma pluralidade de deuses para explicar aspectos particulares do universo físico, por exemplo, os vários movimentos dos planetas. Assim, o deus de Aristóteles é de primeira grandeza para a ontologia e para a física. Mas ele tem igualmente uma dimensão ética, embora num sentido bastante abstrato: tanto a *Ética a Nicômaco* quanto a *Ética a Eudemo* concluem com formas um pouco diferentes do argumento de que o único modo pelo qual os homens podem atingir o mais elevado grau de felicidade disponível a eles está em não se envolver apenas em ação prática, mas em cultivar o que neles é divino, a mente, e, ao levar uma vida teórica, tornar-se imortal, na medida em que tal seja possível para um ser humano. Para Aristóteles, como para Platão, uma das finalidades fundamentais de se envolver em filosofia é, ao estudar deus, tornar-se o mais semelhante possível a deus.

Os mais próximos seguidores de Platão na Academia e de Aristóteles no Liceu elaboraram criticamente suas concepções de mestres, tanto em teologia como em outras questões: Espeusipo parece ter retido de Platão um divino artesão como criador do universo, a transcender o mundo e em associação com entidades matemáticas, enquanto Xenócrates desenvolveu uma abordagem altamente sistemática dos deuses, introduzindo uma hierarquia de muitos níveis intermediários para divindades menores que ele designou como “demônios” (*daimones*) e tentou, empregando alegoria, mito e outros meios, estabelecer conexões entre essas divindades filosóficas, intimamente relacionadas com os corpos celestes, e os deuses tradicionais de mito e cultos gregos; já Teofrasto apontava dificuldades na doutrina aristotélica do Motor Imóvel (de acordo com relatos antigos, suas próprias explicações para os movimentos dos céus eram várias e inconsistentes) e, numa ampla abordagem etnográfica do desenvolvimento histórico de práticas religiosas desde os primeiros tempos até o presente, ele identificou a verdadeira devoção não ao desempenho de sacrifícios rituais, mas à atitude devota dos adoradores, que em tais rituais se expressava.

Em que pesem as suas muito óbvias diferenças, epicurismo e estoicismo, as duas grandes escolas da filosofia helenística, compartilham três aspectos fundamentais em suas teologias: elas relacionam intimamente o estudo de deus com o estudo da natureza física; retrospectivamente, legitimam aspectos-chave da religião grega tradicional; e enfatizam o valor psicológico e ético de um correto entendimento da divindade.

Para Epicuro, a física, que inclui a teologia, uma vez que os deuses existem como parte da natureza, serve à função de libertar os homens de seu medo de falsos terrores como a intervenção divina (que não existe) e a morte (que nada é para nós). Quanto ao que seria exatamente a concepção positiva de divindade para Epicuro, isso tem sido alvo de controvérsia, uma vez que, desde a antiguidade, os epicuristas foram muitas vezes rotulados de ateístas por seus oponentes filosóficos; porém, evidências sugerem fortemente que o próprio Epicuro, de modo confiante, teria afirmado a existência de uma pluralidade de divindades antropomórficas, imperecíveis, bem-aventuradas, sob a forma de correntes incessantes de imagens, inatas a todos os homens, a representar um ideal de perfeição e felicidade humanas. A devoção adequada para com tais deuses felizes – que são animados demais para se importar com governar este universo, mas podem ser facilmente reconciliados com as divindades tradicionais da religião grega – consiste não em temor, mas em adoração reverente, incluindo participação nos cultos e preces cívicas. A tranquilidade, o distanciamento e a bem-aventurança dos deuses pode ser adquirida também pelo sábio, se ele os estudar e compreender; ao fazê-lo, também ele pode se tornar divino: a primeira das *Doutrinas-chave* de Epicuro, "o que é abençoado e imperecível nem sofre nem inflige tribulação, e por essa razão não é afetado nem por raiva nem por favor. Pois todas essas coisas são marcas de fraqueza", deixa cuidadosamente ambíguo sobre se devemos compreender sua referência primeira como sendo a deus ou ao filósofo – evidentemente, é a ambos. Contra o pano de fundo do costume da deificação de governantes políticos e de outros grandes homens, teorizado por Euhêmero, contemporâneo de Epicuro e praticado por todo o mundo helenístico, dificilmente chega a surpreender que Epicuro possa sugerir que seus pupilos sejam deificados, nem que ele próprio seja adorado como um deus por seus seguidores.

Se, no mais básico, o epicurismo busca libertar os homens do temor infundado, o estoicismo busca trazê-los para uma apreciação da criatividade viva, sistematicamente ordenada, que racionalmente organiza o universo como um todo, bem como cada uma de suas partes individuais. A física estoica não simplesmente inclui a teologia, com base em que os deuses sejam uma parte da natureza entre outras; muito mais, uma vez que os principais estoicos, de acordo com Diógenes Laércio (VII I 48), afirmam "que o inteiro mundo e o céu são a substância de deus", o estudo do mundo físico em sua racionalidade vital e sistemática é equivalente ao estudo de deus – a física propriamente compreendida culmina ou é realizada na teologia, ou, como Crisipo o coloca, "o que deveria vir em último lugar nos teoremas físicos é a teologia. Daí a transmissão da teologia ter sido chamada de 'realização'" (Plutarco, *Sobre as autocontradições estoicas* 1035A). Os estoicos definem deus como "inteligente, um fogo projetual que metodicamente procede à criação do mundo", mas, diferentemente de Platão, eles ressaltam que a divindade não transcende o mundo que ela cria de uma vez por todas, mas, em vez disso, é imanente do início ao fim como um princípio de autorrealização, autodirigido e teleológico neste mundo, para o qual ele proporciona tanto um ordenamento sistemático quanto a sua estrutura e uma história de vida provida de sentido sob a forma de sua evolução providencial com o tempo (daí os estoicos poderem por vezes equacionar deus com a natureza, ou com o destino). Aplicado ao indivíduo, o reconhecimento de que alguém é inevitavelmente parte dessa estrutura e evolução divina tem de conduzir à decisão de viver de acordo com ela; assim, também a ética atinge a sua realização como devoção. Esta é uma visão de deus muito ambiciosa e um tanto abstrata; mas a firme convicção dos estoicos de que todos os elementos no universo, por trivial ou repugnantes que possam parecer a olhos desinformados, têm de ser capazes de serem reconhecidos como a corporificar ao menos parcialmente a racionalidade consumada que governa o todo; isso os leva a insistir em salvar o que puderem da religiosidade grega tradicional, em vez de descartá-la por completo: eles dedicam um esforço extraordinário de interpretação alegórica altamente sofisticada aos mitos antigos e aos cultos estabelecidos, de modo a demonstrar que, corretamente compreendidos, eles são idênticos a suas próprias doutrinas.

Com os neoplatônicos, a relação entre física e teologia é finalmente e decisivamente cortada. Uma vez mais, deus é a fonte última de tudo o que é e a meta última de tudo o que se move e deseja; mas agora a materialidade do cosmo físico é tida como tão irremediavelmente corrupta e deficiente que, muito embora não haja nada que possa ser inteiramente desprovido mesmo da menor centelha de sua presença salvadora, o primeiro e mais elevado deus, em sua imaculada pureza, tem de transcender a toda a comunicação com o mundo natural – diferentemente dos muitos escalões mais baixos de divindades e demônios inferiores, que, segundo se pensa, têm algum grau de materialidade misturado à sua constituição e, desse modo, são capazes de mediar entre os vários níveis hierárquicos de uma demonologia sempre mais barroca. O objetivo do filósofo neoplatônico é o de buscar retornar, através dessas instâncias mediadoras, até a fonte última de seu ser e lançar fora os grilhões da materialidade que o atrelam à ignorância e à paixão; ele procura se aproximar da divindade durante a sua vida no corpo e pode nutrir a esperança de finalmente se juntar a ela posteriormente. Se esse deus último seria racionalmente inteligível para os seres humanos, tal foi um ponto de discórdia entre vários platônicos na antiguidade tardia; assim, Alcino negava que o primeiro deus pudesse ser um objeto de predicação ou definição, mas afirmava que ele poderia ser apreendido em pensamento mediante um processo de abstração, indução e analogia; já Plotino situava "o Um" consistentemente para além de razão, de pensamento, volição e ser, atribuindo a deuses inferiores, inteligíveis, o estatuto de ser equivalente às Formas; e Iâmblico alegava que o pensamento humano seria por demais fraco para apreender a divindade em si mesma sem o auxílio dos deuses. Em consequência, a teologia não mais foi considerada como a única disciplina que buscava proximidade com deus, ou, mais propriamente, os neoplatônicos tenderam a alargar seu conceito de teologia de modo a abranger outras práticas para além de prova e argumento racional: escritos sagrados dos judeus, caldeus e órficos, de Homero e Platão (mas não dos gnósticos ou cristãos, contra quem os neoplatônicos polemizavam vigorosamente, sem dúvida porque representavam genuínos rivais) eram valorizados como insinuações antigas de verdade filosófica e estavam sujeitos a intrincada exegese alegórica a fim de prová-lo (isso já por Filo de Alexandria, um eclético filósofo judeu do início do primeiro século d. C.). A teurgia, um conjunto frouxo de várias práticas mágicas, destinadas a garantir assistência divina para o projeto do filósofo, tornou-se cada vez mais importante no neoplatonismo, a começar com Iâmblico. Cada vez mais, o objetivo da filosofia se fazia identificado não ao conhecimento do divino, mas a uma espécie de união mística com ele.

Quase onze séculos separam a afirmação do pré-socrático Tales, "todas as coisas estão repletas de deuses" da passagem a seguir de *Os elementos da teologia*, de autoria do neoplatônico Proclo, que varia, interpreta, distorce e refuncionaliza aquele mesmo adágio, que em seu tempo se tornara encanecido e quase anônimo:

> Pois todas as coisas são dependentes dos deuses, algumas sendo irradiadas por um deus, outras por outro, e a série se estende para baixo até as últimas classes de ser. Algumas estão vinculadas aos deuses de modo imediato, outras por meio de um número variável de termos intermediários; mas 'todas as coisas estão repletas de deuses', e dos deuses cada qual deriva o seu atributo natural (Prop. 145).

Durante aquele inteiro milênio, o pensamento filosófico antigo não encontrara forma melhor que a teologia para refletir sobre seus próprios limites e aspirações. Ao refletir sobre deus, o homem antigo refletia sobre si mesmo.

Filosofia antiga como um modo religioso de vida

Mas, conforme sugerido na primeira seção deste capítulo, as múltiplas conexões entre filosofia e religião no mundo antigo não se esgotam pelos modos, muitos e variados que sejam, pelos quais os filósofos escolhem como objetos de reflexão consciente a relação de deus com seu mundo e a relação do homem com seus deuses. A filosofia estava também intimamente relacionada com a religião como forma de prática social, como um modo de vida reconhecível. Para concluir, devo aqui indicar brevemente dois aspectos dessa vinculação: o filósofo como uma espécie de homem sagrado e a escola filosófica como uma espécie de comunidade religiosa.

(a) Durante toda a antiguidade, o *theios aner*, o "homem divino" ou "homem sagrado", foi uma figura familiar. A expressão ocorre pela primeira vez em *Os trabalhos e os dias*, de Hesíodo (73 I); referências a respeito são de recorrência regular pelos séculos seguintes em todos os gêneros da literatura grega, e, entre os filósofos, especialmente em Platão e nos estoicos; elas parecem gradualmente inflar numa crescente contínua até alcançar um fortíssimo ensurdecedor na antiguidade tardia, quando por vezes parece que haveria mais "homens divinos" no entorno do que não divinos. Havia numerosas variedades, a depender do tempo, do lugar, do tipo, do falante e de outros fatores; ainda assim, certos aspectos parecem ter sido amplamente invariantes. Num mundo que tendia a operar uma diferença nítida entre mortais e imortais, o homem divino era uma pessoa de ambiguidade inquietante, sendo assim fascinante, inelutavelmente moral e não obstante possuidor de um conhecimento especial sobre questões divinas, que poderiam ser expressas sob a forma de capacidades que, de outro modo, estariam além do escopo dos mortais comuns, indo desde legislação, monarquia ou sabedoria, até bilocação, curas milagrosas, conhecimento do futuro e ação à distância. Numa sociedade fundada sobre as instituições políticas da cidade, ele era geralmente um estranho, um viandante pelos interiores da região, e, ao chegar à cidade, proporcionava uma espantosa demonstração de seus poderes, para esvanecer de novo em seguida. Numa cultura profundamente sensível à beleza e ao prazer, ele era um anacoreta, despenteado e autossuficiente, pobremente vestido, geralmente vegetariano e indiferente às tentações da carne. De acordo com a nossa inclinação, podemos descrever essas figuras como milagreiros ou charlatães; os antigos os chamavam de "homens divinos" ou, com frequência surpreendente, de "filósofos".

Qual a relação entre esses "homens divinos" e filósofos em nosso sentido estrito? É tentador desmerecer os primeiros como um fenômeno trivial da cultura popular, disseminado particularmente no que muitos consideram a decadência da antiguidade tardia, e insistir em suas diferenças com relação à tradição intelectual da alta cultura dos grandes filósofos antigos. Mas fazê-lo seria projetar acriticamente nossos próprios valores no mundo antigo e tornaria impossível compreender uma série de figuras sem as quais nenhuma história da filosofia antiga poderia estar completa – Empédocles, Pitágoras e Iâmblico, para nomear uns poucos. Por certo que preferível seria reconhecer as conexões intrincadas entre os dois fenômenos. Segundo essa concepção, o termo *theios aner* denota uma corrente ampla, difusa e contínua de figuras excêntricas que acompanha o que podemos chamar de cultura padrão da antiguidade, como sua sombra escura e necessária, do início ao fim. A um certo ponto, digamos durante o século VI a. C., um riacho particular e muito estreito, dedicado tanto ao argumento quanto à investigação racional, separa-se da corrente mais ampla e segue a definir a si mesmo como filosofia e a desenvolver suas próprias tradições e convenções, sem jamais estar inteiramente livre da influência daquele contexto mais amplo, para, ao final, em especial após o terceiro século d. C., tender mais e mais a ser engolido ainda uma vez por ele. Posto nesses termos, o filósofo antigo é uma variedade específica do antigo *theios aner*, alguém que poderia (mas não teria de) expressar seu caráter divino numa forma mais ou menos racional de sabedoria; e nós não o compreenderemos completamente a não ser tendo em mente sua origem e seu contexto.

Essas considerações conferem sentido a muitos aspectos da filosofia antiga que, de outro modo, vão parecer bizarros. Pois, sem dúvida, podemos estar inclinados a fazer pouco caso dos detalhes mais sobrenaturais das biografias hagiográficas neoplatônicas de Pitágoras, Plotino e Proclo (para nada dizer da abordagem por Filostrato do operador de milagres Apolônio de Tiana) e a desacreditar em relatos como, por exemplo, o de que Iâmblico (que é regularmente chamado *theios*) levitava ao orar ou o de que uma luz divina iluminava a cabeça de Proclo durante suas aulas. Mas, qualquer que seja a veracidade histórica de tais relatos, eles claramente pertencem ao mesmo vasto reino de crença social que a religião antiga, sendo apenas vão e capcioso questionar tanto uns quanto o outro: o que importa não é se tais incidentes efetivamente aconteceram ou não, e sim que eles poderiam credivelmente ser reportados como tendo acontecido. Eles têm início muito antes dos neoplatônicos e não estão restritos a figuras de tipo xamã como Empédocles. Espeusipo relatava que seu tio, Platão, descendia do próprio Apolo: Ariston, o marido da mãe de Platão, Perictíone, tentou forçá-la, mas em vão, e, ao desistir, teve uma visão do deus; ela se manteve virgem, mas nisso já havia sido engravidada por Apolo, e foi então que o grande filósofo nasceu. Um dos alunos de Aristóteles, Clearco de Soles, relatou que seu mestre havia encontrado um sábio judeu na Ásia Menor que lhe transmitira uma sabedoria secreta e, certa vez, usara uma vara psicagógica para atrair para fora do corpo a alma de um garoto que dormia, e o garoto depois lhe relatou o que havia vivenciado em suas viagens fora do corpo. Tais exemplos poderiam ser facilmente multiplicados, mas o ponto aqui já deve estar claro. O filósofo antigo, independentemente do que mais ele possa ter sido, foi também um tipo específico de figura religiosa: não apenas proporcionou uma interpretação filosófica de certos aspectos da religião antiga, mas, mais do que isso, sua própria filosofia pode ser vista como tendo constituído um aspecto da religião antiga.

(b) Uma das mais óbvias diferenças entre os filósofos antigos e muitas das outras figuras referidas pelos antigos como "homens sagrados" está em que os primeiros tenderam a institucionalizar as comunidades de seus discípulos sob a forma de escolas filosóficas mais ou menos duráveis; já os últimos em geral não conseguiram deixar atrás de si estruturas duradouras de seguidores que pudessem venerar sua pessoa e transmitir suas doutrinas. Grupos informais de discípulos que seguiam um sábio durante o seu tempo de vida e o reverenciavam por um período após sua morte eram um fenômeno comum por todo o mundo antigo, mas foi precisamente a formalização dessa relação sob a modalidade de escolas filosóficas reconhecidamente estruturadas e de longa duração, sobretudo a Academia, o Liceu, o Jardim e a Estoa, que garantiu a sobrevivência de filosofias antigas em sua individualidade e, desse modo, em última instância, da filosofia antiga como um todo.

De que modo essas escolas filosóficas devem ser compreendidas? O termo "escola" talvez seja aqui desvirtuador, pois pode sugerir que, para a sua própria disciplina educacional, os filósofos simplesmente lançassem mão de instituições já existentes no mundo em torno deles: não obstante, escolas formais desse tipo que nos é familiar dificilmente existiam no período pré-helenístico e, quando elas se iniciaram, de maneira lenta e com dificuldades, por certo que eram ao menos tão influenciadas pelos programas pedagógicos dos filósofos quanto por outros fatores. Em 1881, Ulrich von Wilamowitz-Moellendorff sugeriu que as escolas filosóficas não seriam nada além de associações religiosas, conhecidas como *thiasoi*, centradas ao menos formalmente num culto às Musas. Sua diretiva recebeu apoio por muitos anos, apenas recentemente tendo sido contestada, e com razão. A bem da verdade, Platão fundou tal culto em sua Academia, e o sucessor de Aristóteles, Teofrasto, parece ter feito o mesmo em imitação a Platão; mas, à parte esses dois exemplos, a evidência de tal estrita atividade de culto nessas mesmas escolas, dirigida às divindades do panteão grego estabelecido, é virtualmente não existente, e além do mais parece necessário, para compreender a exata posição de direito dessas escolas no sistema de legislação contemporânea, vê-las como outra coisa que não uma variante a mais dos muitos clubes e associações voluntárias que floresceram por todo o mundo grego.

Mas dizer que a escola filosófica não era um *thiasos* também não significa que ela devesse estar completamente livre de implicações e valores religiosos. Em vez disso, o melhor parece ser observar esse fenômeno como uma versão dos cultos do herói, que eram aspecto tão proeminente da religiosidade grega. Os heróis eram mortais que tinham proporcionado favores de um tipo ou de outro à humanidade e cuja memória continuava a ser reverenciada por grupos de adoradores reunidos num centro de culto específico, geralmente a tumba. Havia por vezes, particularmente começando na era helenística, um sacerdócio fixado e autorizado ao longo de gerações sucessivas para o desempenho de rituais específicos; havia também frequentemente cerimônias recorrentes em intervalos regulares, com relíquias vinculadas de maneira significativa à vida do herói.

As semelhanças desses traços com aspectos padrões da antiga escola filosófica é notável. A escola filosófica era fundada por um filósofo vivo, mas somente após a morte deste ela se sagrava como instituição duradoura, em geral mediante cláusulas explícitas no testamento do fundador; era localizada com precisão, normalmente na vizinhança imediata do lugar de morte daquele que a fundou; com frequência, a biblioteca do fundador (não apenas os livros que ele leu, mas sobretudo os manuscritos que ele escreveu) era legado de seu sucessor e proporcionava um foco para a atividade de seus seguidores e um relicário que garantia autenticidade e inspiração continuada; uma sucessão de diretores da escola era instituída e mantida, em alguns casos por muitas gerações; a escola continuava a se voltar à comemoração reverente da pessoa de seu fundador – por exemplo, seu aniversário era comumente celebrado a cada ano, num ritual formal que marcava o ponto alto das atividades da escola. Em todos esses aspectos, a escola filosófica parece-se menos com as associações voluntárias transitórias, prosaicas, recreacionais e o mais das vezes centradas comercialmente, e mais com a única forma parcialmente secularizada de culto ao herói de longa duração, idealista e altamente séria. Certamente, a adoração de Epicuro no âmbito de sua escola, bem como de uma variedade de precursores e estudiosos no âmbito do neoplatonismo, faz um bom sentido nesse contexto – como o faz, de modo mais geral, a tendência extremamente forte entre os membros da maior parte das escolas filosóficas para uma defesa dogmática do que eram tomadas como as concepções do fundador da escola mais do que para a livre investigação e polêmica intradirecionada e mais do que para a justificação de inovações como interpretações de textos fundadores.

Em ambos esses aspectos, a prática da filosofia antiga assumiu as suas formas específicas porque pertencia, ao menos até certo ponto, ao contexto mais amplo da religiosidade pagã antiga; e, de um modo geral, pode ser dito que a filosofia antiga esteve confinada nos mesmos limites que a religiosidade. No entanto, a filosofia antiga sobreviveu; a religião antiga, não. Por quê? Aconteceu que um antigo *theios aner* conseguiu, sem transformar o círculo de seus discípulos numa escola filosófica formal, criar uma instituição de crença que sobreviveu muito além de sua própria morte. Ele não era grego ou romano, mas um judeu, de nome Jesus. O próprio Jesus, é claro, não surgiu das tradições da filosofia greco-romana, mas de movimentos messiânicos dentro do judaísmo. Ainda assim, o Evangelho de João inicia identificando Jesus ao *logos*, ao discurso racional, que tinha sido o termo central de toda a filosofia grega; e a institucionalização ao final triunfante do cristianismo como religião do Império Romano significou que seus ensinamentos vieram a ser interpretados não apenas num contexto estritamente judaico, mas também em termos das tradições dominantes da filosofia pagã, sobretudo a do neoplatonismo, a principal escola filosófica da antiguidade tardia. Padres da Igreja como Clemente de Alexandria, Orígenes e Pseudo-Dionísio, o Areopagita, ajudaram a criar uma síntese em larga escala entre revelação cristã e filosofia pagã, que legitimou a primeira para seus contemporâneos e resgatou a última para nós. Mas isso é outra história.

12 O legado da filosofia antiga

Jill Kraye

Introdução

Muito se tem afirmado, com alguma justificação, que o "legado da Grécia para a filosofia ocidental é a filosofia ocidental".[1] Os gregos, afinal de contas, não apenas definiram as principais áreas da investigação filosófica – metafísica, lógica, epistemologia, ética e assim por diante –, como também formularam as questões que tal investigação tem sempre buscado responder. E foi no período que vai do século XII ao XVII que os pensadores gregos, juntamente com seus intérpretes e seguidores romanos, exerceram a mais profunda influência sobre a filosofia posterior. Durante esse longo tempo, que se estende das Idades Médias tardias até a Renascença, adentrando o início da Era Moderna, tudo o que sobrevive hoje da filosofia antiga, à exceção de algumas poucas obras,[2] foi recuperado após as perdas incorridas no período que sucedeu ao colapso do Império Romano. Além disso, continuando o trabalho dos Padres da Igreja, vigorosos esforços foram empenhados, em diferentes momentos e com variados graus de êxito, para trazer as principais escolas da filosofia pagã a um alinhamento com o cristianismo. Uma vez restauradas e reconciliadas com a teologia cristã, tradições filosóficas antigas passavam

1 B. WILLIAMS, "Philosophy", *in*: FINLEY, M. I. *The Legacy of Greece: A New Appraisal* (Oxford, 1981), p. 202-55, na p. 202.

2 Por exemplo, os escritos em prosa do epicurista Filodemo, encontrados em rolos de papiro carbonizados durante as escavações do século XVIII de Herculano; o *De republica*, de Cícero, publicado em 1822, com base num manuscrito palimpsesto da Biblioteca do Vaticano; uma coleção dos *Dizeres de Epicuro*, encontrada em 1888 num manuscrito do século XIV da Biblioteca do Vaticano; o *Constituição de Atenas*, de Aristóteles, publicado em 1891 por F. G. Kenyon, com base em um papiro do British Museum; e o fragmento de 74 linhas de Empédocles, discutido acima, p. 98-100.

a fornecer o arcabouço no âmbito do qual os filósofos operavam e a fundação na qual erigiram seus próprios sistemas. No século XVII, contudo, essa situação começou a mudar, a partir do gradual surgimento do que hoje conhecemos como "filosofia moderna". Não que o interesse pelo pensamento grego e romano tivesse desaparecido. Longe disso. Mas seu impacto no curso do desenvolvimento filosófico começou a esvanecer, à medida que o legado da filosofia antiga ficou cada vez mais reservado a filólogos e historiadores em detrimento dos filósofos.

As Idades Médias tardias

O latim foi a língua da filosofia na Europa ocidental durante todas as Idades Médias – na verdade, ele só seria substituído pelo vernáculo no século XVII. Assim, enquanto a filosofia romana, em sua maior parte escrita em latim, podia ser assimilada diretamente, a tradução para o latim era um estágio crucial na revivescência da filosofia grega. No caso do *corpus* aristotélico, a fase medieval desse processo iniciou-se com o *Organon*: o renovado interesse pela lógica durante o século XII conduziu à recuperação das traduções de Boécio, apenas umas poucas das quais encontravam-se previamente em circulação, e à aparição de uma nova versão dos *Analíticos posteriores*. Antes do findar do século, muitos outros tratados aristotélicos tinham sido traduzidos para o latim, alguns diretamente do grego, outros pela via de intermediários árabes. E lá por fins do século XIII, virtualmente todos os trabalhos existentes de Aristóteles estavam disponíveis em latim. Uma figura-chave nessa empreitada foi o dominicano flamengo Guilherme de Moerbeke, que produziu versões latinas de diversos tratados aristotélicos a partir do grego e revisou uma série de traduções existentes. À parte no que diz respeito ao *Organon*, as versões de Moerbeke é que eram estudadas e comentadas durante as Idades Médias e boa parte da Renascença.

Dadas as dificuldades apresentadas pelos tratados de Aristóteles, a existência de versões latinas – traduzidas palavra por palavra à maneira medieval, com muitos termos técnicos gregos sendo meramente transliterados – não era suficiente para permitir que filósofos os compreendessem e explorassem. Auxílios à sua interpretação também se faziam necessários.

Para essa finalidade, Guilherme de Moerbeke traduziu alguns dos comentários gregos antigos a Aristóteles. Ele via o seu trabalho nesses textos como um valioso complemento às suas versões de Aristóteles, como ele, de má vontade, reconheceu no prefácio de sua versão do comentário de Simplício a *Sobre o céu* (*De caelo*): "Por força de grande labuta corpórea e muito tédio mental, ofereço esta obra ao mundo latino, acreditando ter contribuído em muito para os estudos latinos com esta tradução".[3] O filósofo e teólogo inglês Roberto Grosseteste compartilhava da avaliação feita por Guilherme da importância dessas obras: sua tradução da *Ética a Nicômaco*, concluída em torno de 1246-67 e ainda em uso no século XV, foi realizada em conjunção com um corpo de comentários gregos datando do segundo ao décimo segundo século.

Apenas uma pequena porção dos comentários gregos a Aristóteles foi transposta para o latim durante as Idades Médias. Em termos do impacto sobre a tradição aristotélica, eles foram ofuscados pelos comentários do filósofo muçulmano Ibn Rushd, conhecido no Ocidente como Averróis. Suas epítomes, paráfrases e detalhadas exposições, que foram traduzidas para o latim nos anos 1220 e 1230, adquiriram estatuto canônico para muitos aristotélicos medievais e renascentistas, para quem Averróis era "o Comentador", assim como Aristóteles era "o Filósofo". Averróis conquistou essa posição por ter esclarecido muitas das obscuridades do pensamento de Aristóteles. Mas ele também propôs interpretações que realçavam a incompatibilidade da filosofia peripatética com o dogma cristão, em particular no que diz respeito às sensíveis questões da eternidade do mundo e da imortalidade das almas individuais.

Mesmo antes que os comentários de Averróis começassem a circular em latim, as autoridades eclesiásticas estavam conscientes do perigo que a filosofia aristotélica representava para a ortodoxia cristã. E ainda, apesar das repetidas tentativas por parte da Igreja de proibir ou limitar o estudo de Aristóteles nas universidades recém-fundadas, em especial em Paris

3 Guilherme também traduziu Simplício sobre as *Categorias*, Amônio sobre o *De interpretatione*, Alexandre de Afrodísias sobre a *Meteorologia* e *Sobre a sensação*, Temístio sobre o *De anima* e Filopono sobre o livro III de *De anima*.

e Oxford, em meados do século XIII, tratados aristotélicos passaram a dominar o currículo filosófico. Eles continuariam a fazê-lo até o século XVII. O aristotelismo não poderia ter mantido essa posição central na cultura filosófica do Ocidente sem uma acomodação fundamental de suas doutrinas aos princípios do cristianismo. O pensador que merece mais créditos por esse enorme feito é Tomás de Aquino, que conseguiu transformar Aristóteles de inimigo do cristianismo a seu mais ferrenho defensor. Batizada e traduzida para o latim, a filosofia aristotélica esteve livre para se desenvolver em novas direções durante o século XIV, do nominalismo de Guilherme de Ockham e seus seguidores à complexa física matemática idealizada pelos filósofos do Merton College, de Oxford.

Quando olhamos para o legado platônico nas Idades Médias tardias, história muito diferente é que emerge. Para começar, o crescente interesse pelo platonismo durante o século XII não estimulava uma vaga de novas traduções. À parte as versões latinas do *Mênon* e do *Fédon*, produzidas na Itália entre 1154 e 1160, e que tiveram poucos leitores, o único texto platônico a ser traduzido antes do século XV foi um trecho substancial do *Parmênides* (126a-142a), incluído na tradução parcial de Guilherme de Moerbeke do comentário de Proclo ao diálogo. Longe de buscar novas obras de Platão, os filósofos envolvidos no renascimento do platonismo no século XII concentraram-se na porção do *Timeu* (17a-53b) que tinha sido traduzida para o latim e comentada no século quarto por Calcídio. Guilherme de Conches, Bernardo Silvestre e seus colegas nas escolas das catedrais do norte da França, aumentando o seu escasso conhecimento em primeira mão de Platão com material de autores latinos como Boécio, Macróbio e Apuleio, buscaram reconciliar a cosmologia platônica com a abordagem da criação no Gênesis. Enquanto Tomás de Aquino enfrentava uma penosa luta ao tentar trazer Aristóteles para o rebanho cristão, esses pensadores franceses podiam recorrer à autoridade dos Padres da Igreja, sobretudo de Agostinho, para vir em amparo à sua crença na proximidade entre platonismo e cristianismo. Ainda assim, seria possível levar essa linha de argumentação para mais adiante: entre as doutrinas pelas quais Pedro Abelardo foi condenado pelo Concílio de Sens, em

1140, esteve a sua alegada identificação da alma do mundo do *Timeu* com o Espírito Santo.

À medida que Aristóteles se movia para o centro da cena filosófica durante o século XIII, Platão era cada vez mais marginalizado. O monopólio aristotélico sobre o currículo universitário, estabelecido com segurança lá por meados desse século, significava que o *Timeu* deixava de ter importância na educação filosófica. O fracasso do platonismo em conquistar um lugar nas universidades deveu-se, em grande medida, ao fato de que os tratados de Aristóteles, com seu tratamento direto e sistemático de corpos separados do conhecimento, estava muito mais bem adequado para servir como livro-texto do que os diálogos de Platão, cuja sua alegoria, sua ironia e suas digressões – para não mencionar o seu indecoroso conteúdo sexual – não se enquadrava bem com as fronteiras das disciplinas.

Quanto ao neoplatonismo grego, o Ocidente medieval o conheceu principalmente por meio da filosofia de Proclo. Guilherme de Moerbeke, além de sua tradução parcial do comentário de Proclo sobre o *Parmênides* de Platão, produziu uma versão latina de seus *Elementos de teologia*, um resumo da metafísica neoplatônica sob a forma de proposições geométricas euclidianas. O acesso aos *Elementos* possibilitou a Tomás de Aquino descobrir a verdadeira identidade d'*O livro das causas*, obra latina traduzida do árabe que circulava sob o nome de Aristóteles, considerada um suplemento à sua *Metafísica*. Graças à tradução de Guilherme, Tomás reconheceu que tal obra era, na verdade, uma reelaboração árabe dos *Elementos*. A não ser por isso, o tratado de Proclo não foi um grande êxito. Inspirou apenas um comentário, uma exposição de grandes proporções escrita entre 1340 e 1361 por Bertoldo de Moosburg, um dominicano que lecionava na Universidade de Colônia. Proclo encontrou uma calorosa recepção nesse meio não usual, caracterizado por uma forte corrente de neoplatonismo derivada de Alberto Magno (que a absorveu parcialmente do *Livro das causas*) e por uma tradição de misticismo religioso alemão, com que se combinava para desafiar o aristotelismo, que alhures reinava supremo.

Em termos gerais, não foi por meio de seus próprios escritos que o pensamento de Proclo chegou aos leitores do medievo. Em vez disso, veio até eles pela via de um corpo de textos gregos escritos no início do século sexto por um de seus discípulos cristãos, supostamente Dionísio, o Areopagita, o ateniense convertido de que fala São Paulo (Atos 17:34). Esses tratados, que estão entre as falsificações mais influentes das Idades Médias, apresentaram uma versão cristianizada da teologia e ontologia neoplatônicas tardias, enfatizando a transcendência divina e a estrutura hierárquica da realidade. Tendo sido traduzidos para o latim pela primeira vez no século IX, os textos pseudodionisianos foram comentados por uma hoste de pensadores medievais, incluindo Alberto Magno, Tomás de Aquino e Roberto Grosseteste, que também os retraduziram para o latim.

Entre as principais escolas helenísticas de filosofia esteve o estoicismo, que desempenhou um amplo papel no pensamento medieval. Dois fatores ajudam a explicar essa disseminação. Como primeiro fator, uma grande quantidade de filosofia estoica era transmitida nas obras de Sêneca e Cícero, dois dos mais populares autores latinos das Idades Médias. Sêneca, um estoico professo, era mais conhecido por seus ensinamentos éticos. Era louvado por autores do século XII como João de Salisbury, que tinha familiaridade com o *Sobre os benefícios* (*De beneficiis*), com o *Da clemência* (*De clementia*) e com as *Cartas morais a Lucílio*, ao modo de "um guardião fiel da virtude e inimigo do vício".[4] Cícero, embora não fosse membro da seita, apresentou exposições detalhadas de suas doutrinas éticas em *Sobre os fins* (*De finibus*) e *Sobre os deveres* (*De officiis*), suas concepções sobre lei natural em *De legibus* e sua cosmologia em *Sobre a natureza dos deuses* (*De natura deorum*). Se nenhuma fonte grega nova do estoicismo se tornou disponível nas Idades Médias, alguma informação podia ser coletada do comentário de Simplício sobre as *Categorias*, de Aristóteles, e o *Sobre o destino*, de Alexandre de Afrodísias, ambos traduzidos para o latim pelo mais prolífico dos tradutores medievais, Guilherme de Moerbeke.

A segunda razão pela qual se fez relativamente fácil para pensadores medievais assumir ideias estoicas foi a de que muitas delas, particularmente

4 SALISBURY, João de. *Policraticus*. 2 vols. Org. C. C. I. Webb (Oxford: 1909), II, p. 320.

no campo da ética, já tinham sido adotadas pelos Padres da Igreja. O *De officiis* de Santo Ambrósio, por exemplo, foi modelado pelo tratado de mesmo nome de Cícero, que, por sua vez, se baseava nos escritos do estoico grego Panécio. A correspondência espúria entre Sêneca e São Paulo, aceita como genuína durante as Idades Médias, conferiu impulso adicional à crença de que a maior parte do estoicismo seria compatível com o cristianismo. Não obstante, em que pesem todos esses pontos a seu favor, o estoicismo foi mais uma presença difusa do que uma força poderosa na filosofia medieval. Limitado em sua maior parte à ética – pouco da física ou da lógica estoica era conhecido na época –, o estoicismo não foi capaz de proporcionar uma alternativa viável ao abrangente currículo filosófico do aristotelismo.

As principais fontes latinas do epicurismo durante as Idades Médias foram as mesmas do estoicismo: Cícero, cuja abordagem da seita, especialmente no *De finibus* e no *De natura deorum*, era pouco lisonjeira, porém informativa; e Sêneca, cujas reservas quanto à filosofia epicurista não o impediram de pintar um retrato simpático de seu fundador e repetir muitos de seus dizeres com referência a escolhas. Transmitido nas obras desses autores amplamente lidos, o conhecimento do epicurismo não era raridade, mesmo sem o *De rerum natura* de Lucrécio, do qual apenas fragmentos circulavam em vários florilégios. Para um sistema filosófico antigo exercer qualquer impacto, contudo, seria preciso mais do que acessibilidade. Além disso, ele tinha de ser percebido como amplamente em conformidade com a teologia cristã – ou, em todo caso, não em flagrante contradição com ela. Desse modo, a negação por Epicuro da divina providência e da imortalidade, bem como sua exaltação do prazer sobre a virtude, criava um vasto abismo entre sua filosofia e o cristianismo, este que não seria coberto até o século XVII. Antes disso, porém, o epicurismo se manteve um pária entre as filosofias antigas. João de Salisbury falava a seus contemporâneos quando afirmou que os epicuristas estavam enredados numa infrutífera busca por prazer, sem perceber que a tranquilidade que eles buscavam só poderia ser obtida na próxima vida, por meio da graça divina.[5]

5 *Ibidem*, II, p. 412-25.

Os filósofos medievais tinham acesso limitado ao ceticismo antigo. A *Academica* de Cícero, fonte essencial para o nosso entendimento do ceticismo acadêmico, conseguiu escapar à popularidade das outras obras de seu autor. O conhecimento tal como as Idades Médias o possuíam da posição acadêmica vinha mais frequentemente da polêmica de Agostinho contra ela, em seu *Contra academicos*, que combinava informação e condenação em igual medida. Henrique de Gand, ao final do século XIII, era um caso raro ao conhecer tanto o tratado de Cícero quanto o de Agostinho. Algo tanto mais raro: ele levou a sério o desafio epistemológico posto pelos céticos, a ponto de iniciar a sua *Summa* investigando se era possível para os seres humanos conhecer alguma coisa, concluindo, inevitavelmente, que era possível. Tudo o que pode ser dito acerca da variante pirroniana do ceticismo é que uma tradução latina das *Hipotiposes pirrônicas*, de Sexto Empírico, encontra-se preservada em três manuscritos dos séculos XIII e XIV, um dos quais contém também uma fragmentária versão latina de *Contra os professores*. Nenhuma dessas obras, contudo, deixou qualquer traço discernível na filosofia medieval.

Os primeiros filósofos gregos, referidos desde o século XIX como "pré-socráticos", eram conhecidos na Idade Média principalmente mediante os escritos de Aristóteles, que os retratava como pensadores envolvidos com o estudo da natureza. Informação adicional podia ser encontrada em Cícero, Macróbio e em algumas das obras gregas disponíveis para leitores medievais, como o comentário de Simplício ao *De caelo*. Tales, Anaxágoras, Demócrito, Parmênides, Zenão de Eleia e Pitágoras, entre outros, eram apresentados numa coleção de 131 biografias de filósofos compilada na primeira metade do século XIV pelo inglês Walter Burley. Uma de suas fontes tinha sido uma tradução latina aparentemente perdida, datando do século XII, do *Vidas e doutrinas dos filósofos ilustres*, de Diógenes Laércio. De um modo geral, autores medievais mostraram pouco interesse por esses filósofos seja individualmente, seja em grupo.

A Renascença

A revivescência da filosofia antiga, já bem encaminhada ao final das Idades Médias, continuou a se dar a passos largos durante a Renascença. O aristotelismo se manteve em posição de proeminência durante todo o período. Mas enfrentou poderosos desafios de tradições filosóficas antigas concorrentes, sobretudo do platonismo e do estoicismo, ambas impelidas pela recuperação de novas obras do grego e por renovados esforços no sentido de ressaltar a harmonia de suas doutrinas com as crenças cristãs. O conhecimento do epicurismo e do ceticismo havia aumentado consideravelmente, porém ambos os sistemas mantiveram-se nos recônditos filosóficos. Os pré-socráticos, em especial Pitágoras, adquiriram perfil mais destacado, além de começarem a desenvolver uma identidade coletiva.

Durante os séculos XV e XVI, Aristóteles continuou a ser o pilar do currículo filosófico. A fim de abastecer universidades de toda a Europa com livros-texto, a indústria da imprensa produziu milhares de edições de Aristóteles, a sua esmagadora maioria em tradução latina. Muito embora as versões medievais fossem para a prensa, elas competiam com as traduções produzidas na Renascença e eram gradualmente substituídas por estas. A maior parte dessas traduções era obra dos "humanistas", assim chamados com base na devoção aos *studia humanitatis*, o estudo das reminiscências escritas e materiais da antiguidade. Esses conhecedores de todas as coisas clássicas desprezavam as versões literais das Idades Médias, que ofendiam o seu sentido de boa sintaxe, gramática e vocabulário latinos. Nós hoje sabemos, contudo, que muitas das traduções humanistas do século XV eram essencialmente revisões das versões medievais: erros eram corrigidos contra o texto grego; termos gregos transliterados recebiam seus equivalentes latinos; o estilo era classicizado, com frequência numa imitação equivocada de Cícero, mas a estrutura fundamental era retida. Está claro, por exemplo, que o humanista Leonardo Bruni, que criticava os tradutores medievais por sua ignorância e incompetência, não obstante usou a versão de Grosseteste da *Ética a Nicômaco* e a de Guilherme de Moerbeke da *Política* como bases para as suas próprias traduções desses tratados. A versão por Bruni da *Oeconomica* (que na época era considerada uma obra autêntica de Aristóteles) é um caso ainda mais relevador: incapaz de encontrar um texto grego do Livro III – que jamais foi recuperado –, Bruni simplesmente reformulou uma tradução medieval convertendo-a ao latim clássico.

Bruni e a maior parte dos humanistas italianos do século XV aprenderam seu grego com os estudiosos de Bizâncio que vieram à Itália tanto antes quanto depois da queda de Constantinopla, em 1453. Alguns desses emigrados adquiriram suficiente fluência em latim a ponto de fazer as suas próprias traduções. O cardeal Bessarion, talentoso filósofo ao mesmo tempo em que todo-poderoso homem de Igreja (quase se tornou Papa), fez uma tradução tipicamente humanista da *Metafísica*, reelaborando a versão de Guilherme de Moerbeke – embora isso fosse desconhecido de Immanuel Bekker quando ele incluiu a tradução de Bessarion na autorizada edição de 1831 das *Opera* (cujos números de página ainda hoje usamos para citar o texto grego de Aristóteles). O protegido de Bessarion, Teodoro Gaza, assumiu uma posição radicalmente diferente com relação às traduções. Convencido de que a edição dos escritos de Aristóteles reunida em Roma no primeiro século a. C., da qual descendia o inteiro manuscrito da tradição, tinha sido um trabalho atabalhoado, Gaza não teve escrúpulos ao partir, em suas traduções, do texto transmitido em grego, que ele rearranjou e mesmo reescreveu conforme achou adequado. Essa atitude arrogante pode ser vista em sua tradução da *História dos animais*. Ele rejeitou o décimo livro, faltante em alguns manuscritos gregos, como sendo um fragmento fora do lugar, de uma outra obra, e decidiu por contra própria, sem nenhuma autoridade de manuscrito algum, passar o nono livro para a posição do sétimo. Tamanha era a reputação de Gaza, que o editor, tipógrafo e humanista veneziano Aldo Manúcio, em sua edição de Aristóteles (1495-98), a primeira a ser impressa em grego, estigmatizou o décimo livro como espúrio e reordenou o texto grego em conformidade com a versão latina de Gaza. Os editores de Aristóteles, desde então até os dias de hoje, passaram a seguir o exemplo.[6]

6 Uma notável exceção é a edição Loeb de D. M. Balme de *History of Animals Books* 7-10 (Cambridge, Massachusetts/Londres, 1991).

Aldo, cuja imprensa foi um importante canal para a difusão da filosofia antiga na Renascença, anunciou no prefácio a seu Aristóteles grego que ele pretendia suplementar as obras do filósofo publicando todos os comentários sobre elas – tal como a edição da Academia de Berlim, que se seguiria em 1831, viria a lançar os *Commentaria in Aristotelem Graeca* (1882-1909). Embora se fizesse necessária mais do que uma editora para completar tão ambicioso programa, em meados do século XVI o *corpus* de comentários estava impresso, tanto no original grego quanto na tradução latina. Esse acesso amplamente aumentado aos comentários antigos, apenas um punhado dos quais era conhecido nas Idades Médias, teve repercussões na filosofia da Renascença. Os corolários no Livro IV do comentário de Filopono à *Física*, por exemplo, abasteceram os oponentes de Aristóteles do século XVI com munição para atacar a abordagem de lugar pelo filósofo, bem como sua rejeição ao vazio. E a aparição, em 1527, de uma tradução latina do comentário de Alexandre de Afrodísias à *Metafísica* deu início a uma controvérsia quanto à autenticidade do livro chamado Pequeno Alfa, controvérsia que ainda hoje não se resolveu.

As vagas mais amplas, contudo, foram provocadas pela publicação, em 1495, de uma tradução latina do *De anima* de Alexandre. Tomás de Aquino, como parte de sua cristianização da filosofia peripatética, sustentava que, de acordo com Aristóteles, a alma humana individual seria uma forma substancial que continuaria a existir após a morte do corpo. Desde o século XIII, a interpretação de Tomás vinha entabulando uma competição com a concepção de Averróis, segundo a qual haveria apenas uma alma imortal para toda a humanidade, instância que efetivamente excluía a imortalidade individual. O tratado de Alexandre agora dava amparo autorizado a uma terceira possibilidade: a de que Aristóteles considerara a alma como essencialmente mortal. Numa tentativa de dar cabo dessa confusão numa questão que era de interesse vital, em 1513, a Igreja oficialmente sancionava a posição de Tomás e, como se não bastasse, insistia que os filósofos tivessem de apoiá-la por motivos não apenas teológicos, mas também filosóficos. Apenas três anos depois, Pietro Pomponazzi, um proeminente filósofo aristotélico da Universidade de Bolonha, que concordava com Alexandre mais do que com Tomás, escreveu um tratado deliberadamente provocador no qual aceitava o direito da Igreja de regular suas crenças religiosas, mas desafiava a sua tentativa de controlar suas concepções filosóficas. Após encarniçada batalha, a Igreja relutantemente acedeu, marcando um estágio importante na libertação da filosofia de condicionamentos eclesiásticos. Os aristotélicos estavam agora muito mais livres para endossar a posição de Pomponazzi e Alexandre, ou mesmo a de Averróis. Era geralmente aceito que o trabalho de um filósofo natural estivesse em interpretar o que Aristóteles havia escrito à luz da razão e da experiência, sem levar em conta questões religiosas, que eram devidamente uma província dos teólogos.

A imortalidade da alma era um campo minado para os aristotélicos da Renascença. Para os platônicos, por contraste, era um porto seguro. Eles poderiam observar o claro endosso, por Platão, de uma vida após a morte, cumulada com as recompensas e punições que se faziam pertinentes, como prova da concórdia essencial entre filosofia platônica e cristianismo. Era por essa razão que, nos primeiros anos do século XV, Leonardo Bruni escolheu o *Fédon*, também conhecido como "Da imortalidade da alma", como sua primeira tentativa de traduzir Platão, muito embora fosse este um dos muito poucos diálogos já disponíveis em latim. Como vimos, essa era uma vantagem para um tradutor da Renascença, que podia tanto se fiar na versão medieval quanto melhorá-la. Bruni, contudo, num prefácio dedicado e endereçado a seu empregador, o Papa Inocêncio VII, explicou ter escolhido esse diálogo porque nele Platão apresentava os argumentos filosóficos para a imortalidade. Por essa razão, seria uma obra de particular interesse para o supremo pontífice, que tinha um mandato enviado dos céus para cuidar das almas dos fiéis. E muito embora doutrinas sagradas não precisassem vir do amparo da filosofia, não obstante era tranquilizador saber que o mais sábio de todos os pensadores pagãos havia concordado com as crenças cristãs acerca da alma.

Bruni continuou a traduzir mais diálogos, incluindo o *Críton* e o *Górgias*. A *República*, a *Apologia* e umas poucas outras obras também se tornaram disponíveis em versões em latim realizadas por humanistas. A tradução por Calcídio do *Timeu*, juntamente com seu comentário, manteve-se em circulação. Como no século XII, as semelhanças do diálogo com a narrativa bíblica da criação forneceram a evidência de que o platonismo estava em acordo com o cristianismo. Os apoiadores renascentistas de Platão encararam essa questão como uma corroboração a mais de sua superioridade em relação a Aristóteles, cuja crença na eternidade do mundo o posicionava em conflito direto com a *Bíblia*. Para ir contra tais argumentos, o estudioso e fanático aristotélico bizantino Jorge de Trebizonda, em 1458, escreveu uma *Comparação entre os filósofos Aristóteles e Platão* (*Comparatio philosophorum Aristotelis et Platonis*), obra em que Platão era julgado como inferior a Aristóteles em todos os aspectos. Jorge era bem versado em platonismo, tendo traduzido, por encomenda, as *Leis*, *Epinomis* e *Parmênides*. A familiaridade, nesse caso, produziu não meramente desprezo, mas ódio obsessivo e medo paranoide. Na visão dele, a ascensão do platonismo era uma ameaça à civilização maior do que o avanço dos turcos, e isso em particular porque a filosofia de Platão, em notável contraste com a de Aristóteles, era completamente incompatível com o cristianismo. A doutrina platônica da imortalidade, argumentava Trebizonda, fazia-se solapada por sua crença na pré-existência e na transmigração das almas; e, no *Timeu*, Platão não descrevia uma criação "a partir do nada", como na teologia cristã, uma vez que está claro que o "receptáculo" já estava em ser.

O resultado mais significativo do tratado de Jorge foi o de ter provocado uma réplica do cardeal Bessarion, que lançou mão do inteiro peso de sua erudição e, não menos importante, de sua posição eclesiástica numa defesa de Platão contra as alegações difamatórias de Trebizonda. Bessarion não tinha nenhum ranço em relação a Aristóteles, cuja *Metafísica* ele próprio havia traduzido. Seu objetivo, contudo, era o de mostrar que muito embora tanto Platão quanto Aristóteles fossem pagãos e mantivessem crenças inaceitáveis para a Igreja, entre um e outro, Platão era de longe o mais próximo do cristianismo. Entre os leitores mais ávidos da obra de Bessarion, publicada em 1469 (um dos primeiros livros de um autor vivo a ser impresso na Itália), esteve o filósofo florentino Marsílio Ficino. Ele então terminava a primeira versão de sua tradução latina de todos os diálogos de Platão, que, uma vez revisada e publicada em 1484, deixaria todo o *corpus* platônico acessível a filósofos ocidentais. Ficino empreendeu esse projeto gigantesco porque compartilhava da convicção de Bessarion de que o platonismo, mais do que o aristotelismo, proporcionava o melhor alicerce filosófico para a doutrina cristã. Ele corroborou essa convicção em 1474, logo depois de entrar no sacerdócio, com um tratado intitulado *A teologia platônica da imortalidade das almas*. Nessa obra, Ficino demonstrou em grande detalhe o que Bruni tinha meramente apontado: que a filosofia de Platão amparava a crença cristã na vida após a morte.

O compromisso de toda a vida de Ficino com o platonismo cristão foi expresso também por meio de seus comentários aos diálogos, mais notavelmente no caso do *Banquete*. Em sua interpretação tratava-se da ascensão espiritual da alma a Deus, fonte última de beleza, por meio de um amor casto entre homens. Esse comentário, que ele escreveu em latim, mas também traduziu para o italiano a fim de garantir um círculo mais ampliado de leitores, inspirou o culto ao amor platônico na arte e na literatura vernácula do século XVI. A orientação, contudo, passava do amor homossexual para o heterossexual, e a dimensão cristã que era central à leitura do diálogo por Ficino ficava cada vez mais tênue. Nosso hábito, hoje em dia, de descrever as relações não sexuais como "platônicas" é um eco distante da revivescência e reinvenção de Platão por Ficino.

Ao deixar todas as obras de Platão acessíveis em latim e apresentar seu pensamento de uma forma que acentuava a sua compatibilidade (e minimizava a sua incompatibilidade) com o cristianismo, Ficino esperava prover o platonismo com as condições para substituir o aristotelismo como força dominante no âmbito da filosofia ocidental. Ele se fez bem-sucedido na medida limitada em que certas doutrinas platônicas foram absorvidas na cultura geral da Europa renascentista tardia. Aristóteles, contudo, mantinha-se firmemente enraizado nas universidades. É verdade que Platão era ensinado, porém quase que exclusivamente por humanistas que exploravam os diálogos num contexto linguístico, gramatical e literário. Quanto às faculdades de filosofia, o platonismo teve ali bem poucas incursões: uma cadeira de filosofia platônica foi estabelecida em fins do século XVI na Universidade de Pisa; e Francesco Patrizi, o primeiro platônico de seu tempo, ocupou cadeira semelhante, primeiramente em Ferrara e depois em Roma. Um século depois de Ficino, Patrizi travava a mesma batalha perdida de destituir Aristóteles do currículo filosófico e instalar Platão em seu lugar. No prefácio à sua *Nova filosofia universal* (*Nova de universis philosophia*), de 1591, dedicada ao Papa Gregório XIV, Patrizi lamentou o fato de serem os escritos ímpios de Aristóteles, mais do que os pios diálogos de Platão, que estavam sendo ensinados no âmbito da cristandade.

A maior parte dos platônicos da Renascença, de Bessarion e Ficino a Patrizi, recebeu pesada influência de autores neoplatônicos, a quem eles viam como intérpretes de Platão mais do que como filósofos de pleno direito. Para Ficino, Plotino era o melhor guia para compreender o pensamento de Platão. Em 1492, ele produziu uma tradução latina integral das *Enéadas*, juntamente com um comentário, dedicados a seu ex-aluno Lourenço de Médici, o governante não oficial de Florença. Cinco anos depois, uma coleção de Ficino das versões latinas de outros textos neoplatônicos, incluindo obras de Porfírio, Iâmblico, Sinésio e Proclo, foi publicada por Aldo Manúcio. Os *Elementos de teologia* de Proclo, conhecidos desde o final do século XIII na versão latina de Guilherme de Moerbeke, foi retraduzido por Patrizi em 1583, juntamente com os *Elementos de física*. Após os anos 1520, quando Erasmo argumentou vigorosamente em favor de que Dionísio, o Areopagita, não era o convertido de São Paulo, e sim mais uma impostura da antiguidade tardia, as ideias de Proclo não mais circularam sob esse disfarce cristão – pelo menos entre protestantes; católicos estavam menos inclinados a aceitar o juízo de Erasmo.

Protestantes estiveram também mais inclinados do que os católicos a rejeitar a interpretação neoplatônica de Platão. O calvinista francês Jean de Serres, que traduziu e comentou os diálogos para a celebrada edição de Henri Estienne de 1578 (cujos números de página ainda hoje usamos para citar o texto grego de Platão), criticava severamente exegetas como Porfírio, Iâmblico e Proclo, que obscureciam o sentido direto de Platão com suas leituras fantasiosamente alegóricas. Por outro lado, o católico contrarreformista Giovan Battista Crispo, num tratado de 1594 intitulado *Da necessidade de ler autores pagãos com cautela* (*De ethnicis philosophis caute legendis*), revelou estar consciente de certas diferenças filosóficas que separavam Plotino de Platão, mas, de um modo geral, expressava uma preferência pelo primeiro, porque suas doutrinas estavam mais próximas do cristianismo.

Tal como nas Idades Médias, o estoicismo durante a Renascença manteve a sua posição de número um na tabela de classificação das escolas filosóficas helenísticas. Estudiosos medievais estavam bem supridos de textos latinos sobre filosofia estoica, mas no século XV novas fontes gregas vieram à luz. Em primeiro lugar, o *Vidas e doutrinas dos filósofos ilustres*, de Diógenes Laércio, foi a obra traduzida para o latim em 1433 pelo humanista de meio período Ambrogio Traversari (o trabalho que ele exercia durante o dia era o de general da Ordem Camaldulensiana). Essa obra, que foi impressa pela primeira vez em torno de 1472,[7] continha valiosas informações sobre as vidas e doutrinas de Aristóteles, Platão e de toda uma variedade de filósofos gregos menos conhecidos, incluindo os estoicos Zenão, Cleanto e Crisipo. Outra nova fonte grega foi o *Manual* (*Enchiridion*) de Epiteto, traduzido para o latim duas vezes no século XV: em 1450 por Niccolò Perotti, secretário do cardeal Bessarion; e em 1479 pelo mais versado dentre os humanistas florentinos, Angelo Poliziano, cuja versão foi dedicada a seu patrono, Lourenço de Médici. Para preencher as lacunas dos deficientes manuscritos gregos, Poliziano se fiou nos lematas do comentário de Simplício sobre o *Manual*. De acordo com Simplício, neoplatônico (embora escrevesse comentários a Aristóteles), Epiteto tinha sido inspirado pela leitura do *Alcibíades* de Platão. Essa interpretação capacitou Poliziano a dar ao *Manual* de Epiteto uma rotação platônica, garantindo que isso cairia bem com Lourenço, que estudara filosofia com Ficino e a quem Poliziano tinha dedicado sua tradução latina do *Cármides* um ano antes.

---

7 Havia mais dez edições do século XV, juntamente com outras dez em tradução italiana. O texto grego foi impresso apenas em 1533.

A tradução de Poliziano, que foi frequentes vezes reimpressa tanto em suas próprias obras (incluindo uma edição de 1498 por Aldo) quanto por si só, ajudou a difundir a modalidade de estoicismo por Epiteto,[8] estoicismo este que tinha um tom distintamente devoto e religioso que o tornava atraente aos cristãos. Muito embora essas qualidades pudessem ser encontradas também em Sêneca, algumas de suas concepções – sua condenação da piedade como vício, por exemplo, e sua aceitação do suicídio – agravaram dúvidas incômodas acerca da compatibilidade entre estoicismo e cristianismo. Em sua edição de 1529 de Sêneca, Erasmo, que já tinha rejeitado o *corpus* atribuído a Dionísio, o Areopagita, agora declarava que a correspondência entre Sêneca e São Paulo seria uma falsificação – também aqui, católicos estiveram menos inclinados a aceitar tal juízo do que os protestantes. Adicionalmente a isso, ele advertiu os cristãos, no prefácio, a serem cautelosos quanto ao homem sábio estoico de Sêneca, que de tão autossuficiente, não tinha necessidade da graça divina. A mesma nota foi soada lá pelos fins do século por Michel de Montaigne em seus *Ensaios*. Após citar a declaração de Sêneca de que o homem "é uma coisa vil e abjeta se não se alça sobre a humanidade", Montaigne escreveu: "ele se erguerá abandonando e repudiando os seus próprios meios, deixando ele próprio ser alçado e suspendido por meios celestes". Foi a fé cristã, não a virtude estoica, que nos capacitou a "aspirar àquela sagrada e miraculosa metamorfose".[9]

Tais denúncias, compostas pela acusação de que a *apatheia* ou impassibilidade estoica seria psicologicamente inviável, prejudicaram seriamente a capacidade do estoicismo de competir no mercado filosófico. Porém, suas ações começaram a aumentar de valor em 1584, quando o humanista flamengo Justo Lípsio, em seu tratado *best-seller Sobre a constância em tempos de calamidade pública*, reembalou a *apatheia* estoica como um antídoto às paixões políticas e religiosas que então rasgavam os Países Baixos e a França. Ao transformar o inelutável destino estoico em

8 Os *Discursos* de Epiteto, relatados por Arriano, foram publicados pela primeira vez em grego em 1535 e em tradução latina em 1595.

9 MONTAIGNE, Michel de. *The Complete Essays*. Trad. M. A. Screech (Londres, 1993), p. 683 (II. I 2); ver SÊNECA, *Questões naturais* I, "Prefácio".

providência divina e efetuar metamorfoses semelhantes, Lípsio garantiu que não havia necessidade de classificar esse remédio com uma advertência de saúde espiritual: sua insígnia de estoicismo era adequada tanto para cristãos, quanto para o aristotelismo de Tomás de Aquino, como para o platonismo de Ficino. Por outro lado, ao se concentrar nos poderes terapêuticos da filosofia estoica na adversidade, ele corta a missão estoica original, que incluía os bons tempos e não apenas os tempos difíceis, pela metade. O impacto durador dessa redução pode ser visto em nosso uso do termo "estoico" para descrever uma pessoa que não reclama diante do infortúnio, mas não para uma pessoa que reage impassivelmente à boa fortuna. Lípsio deu continuidade à campanha pela revivescência do estoicismo em sua edição magistral de Sêneca, em 1605, e em dois tratados acadêmicos publicados no ano anterior: um guia para a história e as doutrinas da seita e uma abordagem abrangente da filosofia estoica natural. E o mais importante: nesses tratados, Lípsio, três séculos antes de Von Arnim, reuniu todas as fontes antigas conhecidas do estoicismo, tanto gregas quanto latinas.

O epicurismo, tal como o estoicismo, tornou-se mais conhecido na Renascença pela tradução latina por Traversari de Diógenes Laércio, cuja simpática "Vida de Epicuro" incluía longos extratos dos escritos do filósofo. Material novo, particularmente relacionado ao lado científico do epicurismo, também se tornou acessível com a recuperação, em 1417, do texto completo do *Da natureza das coisas* (*De rerum natura*) de Lucrécio. Reconhecido como obra prima da literatura latina, o poema foi amplamente lido, primeiramente como manuscrito e depois impresso; mas a relutância em confrontar as controversas concepções de Lucrécio sobre a religião significava que nenhum comentário seria produzido no século XV e muito poucos no século XVI. Os gritantes conflitos entre o epicurismo e o cristianismo, que deixaram essa seita marcada como inaceitável, foram igualmente nocivos para a sua respeitabilidade na Renascença.

A instância moderna que os acadêmicos referem como "epicurismo cristão" na verdade redundava em pouco mais do que uma apropriação indevida, consciente e irônica das doutrinas epicuristas para finalidades cristãs. Tal seria mais uma estratégia retórica do que um programa filosófico, por isso demanda ser claramente distinguida dos esforços sérios e sinceros dos estudiosos da Renascença em cristianizar o aristotelismo, o platonismo e o estoicismo. Lorenzo Valla, humanista italiano do século XV, em seu diálogo *Sobre o verdadeiro e o falso bem* (*De vero falsoque bono*), cooptou o princípio epicurista de que a virtude seria perseguida por uma questão de prazer. Mas essa foi meramente uma tática para refutar a doutrina estoica de que a virtude seria a sua própria recompensa e para defender a posição cristã, tal como ele a via, de que a virtude era buscada para se atingir recompensas numa vida posterior, cuja existência – tanto ele quanto seus eleitores estavam bem cientes disso – Epicuro havia negado. Seguindo os passos de Valla, Erasmo afirmou em um de seus colóquios que os cristãos eram os verdadeiros epicuristas. Contudo, isso ele dizia tomando como base a ideia de que a vida mais prazerosa era a vivida não meramente de acordo com a virtude, como o epicurismo requeria, mas em devota gratidão a uma providência divina, cuja existência, tal como a da vida após a morte – tanto Erasmo quanto seus leitores estavam bem cientes disto – Epicuro também havia negado.

O ceticismo pirrônico, praticamente desconhecido nas Idades Médias, fez-se inaugurar em 1433 pela versão latina de Traversari da "Vida de Pirro", de Diógenes Laércio. Muito embora as obras de Sexto Empírico só viessem a ser traduzidas e impressas em fins do século XVI, alguns manuscritos gregos circulavam e eram consultados por Poliziano e por alguns poucos humanistas italianos. Esses estudiosos exploraram os escritos de Sexto em função de seu material histórico e doxográfico, ignorando, porém, o seu conteúdo filosófico. O primeiro pensador a localizar e explorar o potencial epistemológico das obras de Sexto foi a figura paradoxal de Gianfrancesco Pico della Mirandola: humanista e filósofo como Giovanni, seu tio mais famoso, e, ao mesmo tempo, seguidor do fanático reformador religioso Girolamo Savonarola. Em seu *Exame da futilidade do aprendizado pagão e da verdade do ensinamento cristão*, publicado em 1520, o método de Pico de defender a autoridade única da *Bíblia*, tal como interpretada pela Igreja Católica e salvaguardada pelo papado, alçou-se a uma abrangente ofensiva contra a filosofia antiga, brandindo armas saqueadas dos arsenais do inimigo, aos quais seu conhecimento de especialista do grego e sua profunda erudição clássica deram acesso privilegiado. Muito antes que o comentário de Filopono sobre a *Física* fosse impresso em grego (1535) ou em latim (1539), Pico fez uso dos corolários sobre lugar e vazio para atacar Aristóteles, o principal alvo de seu tratado. Suas maiores armas, contudo, foram tomadas do arsenal de Sexto Empírico. Em particular, Pico aplicou a abordagem de Sexto do primeiro dos "Cinco modos" agripanos de suspensão do juízo (ver acima, p. 228-229), "derivados do desacordo", para as concepções dissidentes expressas pelos filósofos pagãos sobre toda e qualquer questão que se possa conceber. Tais estratégias pirrônicas eram extremamente úteis, acreditava ele, "para repudiar a arrogância dos filósofos e demonstrar a superioridade da fé cristã", cujos princípios, uma vez que não dependem da razão, da percepção sensível ou da invenção humana, e sim mais da "revelação divina", são, em contraste com aqueles de pensadores pagãos, invulneráveis a argumentos céticos.[10]

A revivescência do ceticismo antigo esteve, assim, fundada em sua utilidade para um tipo de apologética cristã conhecida como fideísmo, que se dispõe a destruir as pretensões filosóficas da razão humana. A inclinação fideística dada ao pirronismo nesse período é geralmente referida como "ceticismo cristão", uma instância que, tal como o "epicurismo cristão", não deve ser confundida com as tentativas sinceras de adaptar outros sistemas filosóficos antigos ao cristianismo. Muito embora Pico fizesse uso de argumentos céticos, ele não estava tentando guiar seus leitores numa busca imparcial por uma verdade inatingível, que terminaria na suspensão do juízo. É bem o oposto. Seu objetivo foi o de instilar uma aceitação não questionadora, na realidade dogmática, da verdade cristã. O estudioso e editor calvinista Henri Estienne tinha em mente o mesmo objetivo quando, em 1562, imprimiu sua própria tradução latina das *Hipotiposes pirrônicas*. No prefácio, Estienne descreveu o ceticismo

---

10 PICO DELLA MIRANDOLA, Gianfrancesco. *Examen vanitatis doctrinae gentium et veritatis Christianae disciplinae*, em sua *Opera omnia* (Basileia, 1573), p. 719-1264, em p. 852-3.

como uma cura para a doença não apenas do dogmatismo, como Sexto invocara, mas também da impiedade: ambos de fato compartilhavam da mesma patologia, pois foi "a desenfreada presunção de dogmáticos em fazer juízos" que fez com que eles "mergulhassem no ateísmo". O *Contra os professores* foi logo traduzido por Gentian Hervet, teólogo da Contrarreforma cujas motivações remontavam ao fideísmo mais militante de Pico, muito embora, aos olhos de Hervet, o inimigo fosse tanto a heresia (isto é, o protestantismo) quanto o paganismo. Apesar dessas diferenças de confissão, a tradução de Hervet foi publicada juntamente com as *Hipotiposes* de Estienne em 1569, de modo que as obras completas de Sexto estavam agora disponíveis em latim (foram impressas em grego apenas em 1621). Muito embora o vernáculo ainda não tivesse sobrepujado o latim como língua de comunicação filosófica, o elegante francês dos *Ensaios* de Montaigne foi provavelmente o mais importante veículo para a disseminação do ceticismo pirrônico. Também para Montaigne, o pirronismo foi fundamentalmente um meio filosófico para uma finalidade religiosa: mostrava o homem "despojado de todo aprendizado humano e, assim, tanto mais capaz de abrigar em si o divino, aniquilando o seu intelecto para dar espaço à fé".[11]

Como no caso de outras tradições filosóficas, a recuperação renascentista dos pré-socráticos se iniciou com a tradução de Diógenes Laércio por Traversari. As abordagens dos primeiros filósofos gregos encontradas na compilação medieval de Burley, embora continuassem a ser lidas e impressas até o início do século XVI, foram gradualmente substituídas pelas versões originais, nas quais eram apenas vagamente baseadas. Esse material novo fazia gerar interesse por esses filósofos, que começavam a ser discutidos como um grupo relativamente coerente. O humanista florentino Bartolomeo Scala, numa carta de 1458 sobre diferentes seitas filosóficas, faz referência à "multidão de filósofos muito antigos que dedicavam toda a sua energia e passavam a vida inteira a iluminar a obscuridade da natureza". Scala então proveu esboços em miniatura, baseados em Diógenes Laércio,

11 MONTAIGNE, *Essays*, p. 564 (11. I 2).

sobre as concepções de Tales, Anaxágoras, Parmênides, Empédocles e muitos outros.[12] No mesmo ano, o emigrado bizantino Johannes Argyropoulos, em suas aulas sobre a *Física* na Universidade de Florença, explicou que o estudo da natureza antes de Aristóteles tinha sido assistemático: "havia muitos filósofos a transmitir conhecimento de maneira obscura e em verso", embora, não obstante, produzissem muita coisa "valorosa e excelente".[13] Foi apenas em 1573, contudo, que os fragmentos sobreviventes dos primórdios da filosofia grega foram reunidos e publicados. O editor Henry Estienne, que era auxiliado pelo seu versado amigo Joseph Scaliger, intitulou o volume *Poesia filosófica, ou em todo o caso, os vestígios da poesia filosófica* (*Poesis philosophica, vel saltem reliquiae poesis philosophicae*) e enfatizou em seu prefácio que os escritos em questão eram ao mesmo tempo úteis, como filosofia natural, e agradáveis, como poesia. Para localizar esses fragmentos, Estienne e Scaliger, que eram o Diels e Kranz de seu tempo, lançaram mão de toda uma gama de fontes: antigas (Aristóteles e seus comentadores gregos, Diógenes Laércio, Plutarco, Porfírio, Proclo, Sexto Empírico, Galeno, Estobeu e muitos mais), patrísticas (Clemente de Alexandria, Justino Mártir, Teodoreto) e mesmo bizantinas (Tzetzes).

Por certo que alguns dos pré-socráticos eram mais famosos do que outros, embora não necessariamente por sua filosofia. Bem conhecidas a partir da literatura latina, as imagens contrastantes de Demócrito,[14] que se ri dos apuros humanos, e Heráclito, que pranteia por esses mesmos apuros, foram um tema popular para emblemas e pinturas – Ficino fez referência a tais imagens em seu estudo. O *topos* também ocorria frequentemente em contextos literários: Erasmo elogiava seu espirituoso amigo Thomas More como alguém que desempenhava "o papel de Demócrito zombando da vida comum dos mortais";[15] e Montaigne, num capítulo de seus *Ensaios* intitulado "Sobre Demócrito e Heráclito", previsivelmente

---

12 Ver "Epistola de sectis philosophorum", *in*: BROWN, A. (org.). *Bartolomeo Scala: Humanistic and Political Writings*. Arizona: Tempe, 1997, p. 251-61, em p. 254-5.

13 Citado em C. S. CELENZA, "Pythagoras in the Renaissance: The Case of Marsilio Ficino". *Renaissance Quarterly* 52: 1999, p. 667-711, em p. 678.

14 Ver, por exemplo, JUVENAL, *Sátiras* X 28-30, e SÊNECA, *Sobre a raiva* II 10.5.

15 ERASMO, *Praise of Folly*. Trad. de C. H. Miller (New Haven/Londres, 1979), p. 2.

se manifestava em favor do primeiro. Empédocles, por sua vez, era geralmente visto como o melhor poeta do grupo. No prefácio à sua edição de 1500 de Lucrécio, *Da natureza das coisas*, Aldo, que acreditava (erroneamente) que Empédocles fosse o "primeiro dentre os gregos a versificar princípios filosóficos", tentava alavancar a reputação de Lucrécio – e, não por acaso, aumentaram as vendas do livro, que ele tanto publicou quanto editou – afirmando que o poeta romano tinha modelado seus versos elegantes e eruditos em Empédocles.

O mais renomado dentre os primeiros filósofos gregos, contudo, foi Pitágoras. Isso se deveu em parte porque, muito embora ele não tenha se empenhado em escrever coisa alguma, mais se alegava conhecer sobre ele – e falsamente se atribuia a ele – do que a qualquer outro pensador pré-socrático. Em adição à biografia que se tem em Diógenes Laércio, havia várias obras de Iâmblico sobre Pitágoras, que alguns humanistas certamente leram – Ficino chegou a fazer uma tradução latina, que, no entanto, jamais foi impressa. As incisivas e enigmáticas regras de conduta, ou *symbola*, que Pitágoras supostamente teria transmitido a seus discípulos ("Não apare as unhas quando em sacrifício" e "Abstenha-se de feijão" são exemplos típicos), exerciam apelo ao gosto renascentista por enigmas eruditos. Elas eram bem famosas no início dos anos 1490, a ponto de Poliziano divertir-se com elas numa aula inaugural de seu curso sobre os *Primeiros analíticos* na Universidade Florentina. Os espúrios *Versos de ouro* de Pitágoras tornaram-se um manual escolar popular para o ensino do grego.[16] E um tratado neopitagórico atribuído a Timeu de Lócrida, personagem principal no *Timeu* de Platão, tinha peso suficiente para acompanhar o diálogo nas edições gregas de Platão publicadas por Aldo em 1513 e Estienne em 1578.

Foi essa conexão estreita entre pitagorismo e platonismo, ressaltada em muitas obras neoplatônicas, que conferiu a Pitágoras um significado especial para os platônicos da Renascença, de Ficino a Patrizi. Para eles, Pitágoras era o filósofo que tinha legado a Platão a doutrina da imortalidade da alma, esta que era a melhor publicidade para o platonismo cristão

---

16 Eles foram publicados primeiramente em grego em 1495 e na versão latina de Ficino, juntamente com os symbola, em 1497; ambos eram edições Aldine.

– embora isso não evitasse que o usassem como um conveniente bobo da corte quando se tratava da embaraçosa crença de Platão na transmigração das almas. Pitágoras e seu seguidor Filolau eram elos vitais na cadeia de "teólogos antigos" (*prisci theologi*), que ia de Hermes Trismegisto, o lendário sacerdote egípcio do qual se acreditava ser contemporâneo de Moisés, até Platão. Por meio desses pensadores, uma revelação pagã, vista como ou paralela à revelação dos judeus ou dela derivada, fora transmitida à Grécia do quinto século. É por isso que, assim como o Antigo Testamento prefigura o Novo, as obras de Platão e seus predecessores (estas consistindo de falsificações como o *corpus* hermético e os *Versos de ouro*) conteriam muitas antecipações de crenças cristãs. Em 1540, Agostino Steuco, bispo de Gubbio e bibliotecário do Vaticano, ofereceu uma versão ampliada dessa tradição em seu tratado *Da filosofia perene* (*De perenni philosophia*), no qual ele descreveu uma sabedoria interna que jazia oculta sob as diversas manifestações do pensamento humano. Guiado pelo olho da fé e livre e desimpedido de quaisquer instintos críticos, Steuco detectou traços dos mais sagrados dogmas, incluindo a Trindade, nos escritos de toda uma hoste de teólogos antigos, que incluía um amplo contingente de pré-socráticos: Tales, Anaxágoras, Parmênides, Empédocles e Melisso, bem como o resistente e perene Pitágoras.

O início da era moderna

A ascensão da filosofia moderna no século XVII tinha como paralelo o declínio da filosofia antiga como tradição viva, que enformava e estruturava a prática da disciplina. O novo estilo da filosofia que começava a tomar forma nesse período já não repousava sobre as fundações dispostas pelas escolas filosóficas da antiguidade grega e romana. Em vez disso, fundava-se em deduções logicamente rigorosas de princípios autoevidentes ou, no caso da filosofia natural, na observação direta da natureza. Para Descartes, Hobbes, Spinoza e seus mais zelosos apoiadores, o legado da antiguidade era algo fora de moda, obsoleto, disfuncional – numa palavra, antiquado. Ainda assim, nem todos os filósofos do século XVII faziam tão duro julgamento da filosofia antiga. Alguns tentaram escarranchar a lacuna cada vez mais ampla entre antigo e moderno, mantendo um pé plantado no velho mundo da filosofia clássica e helenística, enquanto fincavam o outro no bravo mundo novo de mecanicismo, empirismo e heliocentrismo.

Já bem se adentrando o século XVII, Aristóteles continuava a imperar na filosofia, pelo menos nas universidades, onde suas obras ou, o mais das vezes, os manuais nelas baseados mantinham-se como a moeda corrente do currículo. Os modernistas, como regra, estavam convencidos de que a filosofia aristotélica com a qual haviam sido educados há muito tinha passado do prazo de validade. Leibniz, que declarou ser Aristóteles "livre e inocente" da inépcia que "poluía" seus intérpretes escolásticos,[17] é uma bem conhecida exceção a essa regra. Para William Harvey, um dos pioneiros da anatomia moderna, Aristóteles havia disposto sólidos e perfeitos princípios da investigação científica, o que vinha sendo particularmente frutífero no campo da biologia. Por essa razão, no prefácio a seu comentário ao *Geração dos animais*, de 1651, ele se mostra orgulhoso de chamar o filósofo antigo de seu "líder" (*dux*) e "comandante" (*dictator*), embora estivesse preparado para ser insubordinado sempre que a evidência observacional, pedra angular de seu trabalho em ciências da vida, provasse que Aristóteles estava enganado. Outro herói da Revolução Científica (que por muito pouco não foi mártir), Galileu, também professou admiração pelos princípios metodológicos de Aristóteles, em especial pelas diretrizes que este tinha estabelecido para evitar o erro. Numa carta de 1640 a Fortunio Liceti, um dos mais eminentes filósofos aristotélicos de seu tempo, ele afirmou que um dos mais importantes desses preceitos era o de que não deveríamos aceitar a autoridade de outros quando esta fosse contradita por nossa própria experiência sensível. Galileu, por essa razão, considerava-se a si próprio seguidor mais fiel de Aristóteles do que aristotélicos contemporâneos, que, ao aderir à letra sua filosofia, tinham traído o seu espírito.

Era fácil para Galileu e Harvey tornar Aristóteles relevante para a ciência contemporânea ao enfatizar seu empirismo. Mas tornar Aristóteles

---

17 LEIBNIZ, G. W. *Philosophical Papers and Letters*. Trad. L. E. Loemker. Dordrecht, 1969, p. 127.

relevante para a filosofia contemporânea era missão de todo mais difícil. Não obstante, *Sir* Kenelm Digby, que contava com Descartes e Hobbes entre seus correspondentes e cujo tratado sobre plantas foi publicado pela Royal Society, assumiu-a de plena vontade. Sua versão da tão em voga nova filosofia mecânica, que explicava todas as operações naturais unicamente em termos de matéria em movimento, estava baseada, como ele insistia, no tão fora de moda aristotelismo. Assim, embora a filosofia de Digby fosse atomista, segundo ele era compatível com a teoria da *minima naturalia* (as menores partículas possíveis de uma dada substância, as quais, porém, diferentemente dos átomos, detinham suas próprias propriedades qualitativas), desenvolvida e elaborada por comentadores árabes e escolásticos de Aristóteles com base em observações distribuídas por seus escritos. Além do mais, não há vazio no sistema de Digby, isso em acordo com a "repugnância a vacuidades", princípio que era "exatamente e rigorosamente o de Aristóteles".[18] Outro híbrido de filosofia antiga e moderna do século XVII é encontrado nos manuais escritos por Honoré Fabri para escolas francesas de jesuítas. Descartes, Hobbes e Spinoza apelavam para o método axiomático da geometria euclidiana como meio de prover seus novos sistemas, com uma certeza que possibilitaria que eles assim suplantassem a autoridade de longa duração, mas em gradual redução, da filosofia antiga, sobretudo do aristotelismo. Também Fabri adotou esse método, mas como meio de demonstrar a certeza do aristotelismo, filosofia oficial da Ordem Jesuítica, com isso fazendo estancar a lenta erosão de sua autoridade.

As fortunas declinantes do aristotelismo no século XVII não proporcionaram ao platonismo a oportunidade de ocupar o centro do palco. Com todo o protagonismo no novo drama filosófico sendo assumido por pensadores contemporâneos, os antigos, como Platão, ficaram relegados a desempenhar meros papéis coadjuvantes. Por exemplo, assim como Galileu afirmava que seu método científico empírico era essencialmente aristotélico, ele também sustentava que a sua teoria da origem do cosmos seria inspirada pelo *Timeu* de Platão. Na abordagem de Galileu, tudo o

18 DIGBY, K. *Two Treatises*. Paris, 1644, p. 343.

que ele havia feito, com alguma ajuda (não reconhecida) de Ficino e de outros platônicos da Renascença, fora remover a máscara poética do diálogo, a fim de revelar a "verdadeira história" que estava oculta.[19]

De maneira similar, assim como Digby conseguiu combinar mecanicismo com aristotelismo, estranhos companheiros um diante do outro, também os platônicos de Cambridge encontraram um modo de unir mecanicismo com platonismo, dupla igualmente esquisita. O que atraía para as doutrinas de Platão o grupo de Cambridge, composto de versados clérigos anglicanos, era a utilidade de tais doutrinas em neutralizar as tendências ateístas da filosofia e da ciência contemporâneas, pelas quais eles nutriam um agudo interesse. Ralph Cudworth, por exemplo, deu a seu enorme, ainda que inacabado, *O verdadeiro sistema intelectual do universo*, publicado em 1678, o seguinte subtítulo: *Onde toda a razão e filosofia do ateísmo é refutada: e sua impossibilidade, demonstrada*. Para ele, as ideias platônicas, como substâncias imateriais, eram um corretivo ao materialismo atomista, este tanto em sua variedade antiga epicurista quanto na moderna vertente hobbesiana. Também serviram para garantir a existência de uma "moralidade eterna e imutável" contra o relativismo ético de Protágoras e de seu acólito do século XVII – Hobbes ainda uma vez.[20] Seu colega platônico e entusiasta científico, Henry More, tentou neutralizar o determinismo mecanicista com o "espírito de natureza", um descendente da alma do mundo de Platão, que permeava "a inteira matéria do universo", executando os ordenamentos da providência divina.[21]

Os platônicos de Cambridge estavam tão imersos em neoplatonismo que, de acordo com Coleridge, deveriam em verdade serem chamados de "plotinistas". O grupo nem mesmo procedeu a qualquer tentativa de desenredar as concepções de Platão daquelas dos neoplatônicos, tratando esses últimos essencialmente como comentadores antigos do primeiro.

19 GALILEU, G. *The New Sciences*. Trad. inglesa, Madison, Wisconsin, 1974, p. 233.

20 Ver CUDWORTH, R. *A Treatise concerning Eternal and Immutable Morality*. Ed. S. Hutton (Cambridge, 1996), no qual se faz uma conexão entre Hobbes e Protágoras.

21 MORE, H. *The Immortality of the Soul*. Ed. A. Jacob (Haia, 1980), livro III, cap. 12.

O neoplatonismo só seria reconhecido como um movimento filosófico distinto no século XIX. Não obstante, como no século XVI, uns poucos pensadores do início da modernidade revelaram alguma percepção de que a filosofia de Platão diferia consideravelmente da de seus intérpretes posteriores. O mais ilustre dentre esses foi Leibniz. Leibniz não apenas quis apagar os acréscimos escolásticos da filosofia de Aristóteles, como também estava convencido de que era necessário chegar a conhecer Platão "por seus próprios escritos, não pelos de Plotino ou Ficino, estes que, sempre no esforço de dizer coisas surpreendentes e místicas, corromperam o ensinamento de tão grande homem".[22]

O movimento neoestoico, que cresceu com base na revivescência por Lípsio da filosofia estoica, exerceu impacto em muitos aspectos da cultura do século XVII, incluindo literatura, arte e política. Embora Lípsio não tenha sido bem-sucedido em silenciar de todo as objeções religiosas ao estoicismo, sua apresentação deste como amplamente de acordo com o cristianismo foi amplamente aceita. Essa concepção se fez reforçada quando as *Meditações* de Marco Aurélio foram incorporadas ao cânone do estoicismo antigo. Publicada em edição greco-latina pela primeira vez em 1559, a obra passou a ser vista como obra-prima estoica em 1634, com a tradução inglesa de Meric Casaubon, o primeiro a lhe dar o título de *Meditações*, e pela edição grega, tradução latina e comentário de Thomas Gataker, que veio à lume em 1652. Casaubon e Gataker, ambos ministros da Igreja da Inglaterra, observaram inúmeros paralelos entre as *Meditações* e os Evangelhos, a força dos quais ficou intacta, mesmo em face do lamentável fracasso do imperador Marco Aurélio em deter as perseguições aos cristãos. Gataker, possivelmente o maior estudioso grego de seu tempo, de modo confiante declarou no prefácio à sua edição que "das obras sobreviventes dos antigos pagãos, nenhuma delas chega mais perto da doutrina cristã do que os escritos e exortações de Epiteto e Marco Aurélio".

A influência do estoicismo sobre a filosofia do século XVII, embora de modo algum seja negligenciável, é difícil de ser avaliada com precisão. Algumas das regras éticas do "código moral provisório" de Descartes

22 LEIBNIZ, G. W. *Die philosophischen Schriften*. 7 vols. Org. C. J. Gerhardt (Berlim, 1875-90), VII, p. 147-8.

trazem em si um definido anelo estoico: a máxima "tentar sempre dominar mais a mim mesmo do que a fortuna" pode ser rastreada até a injunção de Epiteto, no primeiro capítulo do *Manual*, para que nos concentremos em questões que estejam ao alcance de nosso poder, como o estado interno de nossas almas, ao tempo mesmo em que nos resignamos às circunstâncias externas que não está em nosso poder mudar.[23] Contudo, uma vez que Descartes estava tentando erigir uma filosofia inteiramente nova, cuja autoridade era derivada somente da lógica irrefutável com que estava sendo construída, ele não teve o menor interesse em chamar a atenção para itens que tinha tomado de empréstimo daqueles sistemas antigos que ele procurava substituir. Os comentários que ele se deu ao trabalho de fazer sobre o estoicismo eram depreciativos.[24] Também Spinoza teve pouco a dizer, e nada que fosse positivo, sobre os estoicos, muito embora sua própria completa subordinação das paixões à razão e sua cosmologia panteísta trouxessem um claro selo estoico.

Tentativas recentes de identificar uma contribuição estoica à Revolução Científica incorreram em semelhante conspiração do silêncio da parte de cientistas do século XVII. A física integrada dos estoicos, com seu ardente e aerado *pneuma* a impregnar tanto os céus quanto a terra, pode bem ter desempenhado um papel no colapso do cosmos aristotélico, com sua estrita separação entre a região sublunar, constituída dos quatro elementos, e o reino supralunar, composto do quinto elemento, ou éter. Mas dada a ausência de testemunho em primeira pessoa mais a natureza circunstancial da evidência, o juízo a respeito continua suspenso.

Foi somente no século XVII que o epicurismo entrou na corrente filosófica dominante. A adequabilidade do atomismo epicurista à nova filosofia mecânica tornou imperativo remover as poderosas objeções teológicas que tinham perseguido a sua reputação desde a era patrística, objeções estas que humanistas da Renascença como Valla e Erasmo pouco fizeram para neutralizar. Nos anos 1640 e 1650, o estudioso e padre

23 DESCARTES, R. *Selected Philosophical Writings*. Trad. J. Cottingham *et al.* (Cambridge, 1988), p. 32.

24 Ver seus comentários ao *Sobre a vida feliz* de Sêneca em sua carta de 4 de agosto de 1645 à Princesa Elizabeth da Boêmia, *in*: DESCARTES, R. *Selected Letters*. Trad. A. Kenny (Oxford, 1970), p. 164-7.

francês Pierre Gassendi quase sozinho transformou o epicurismo numa opção filosófica viável. Usando suas habilidades filológicas, Gassendi recorreu à "Vida de Epicuro" de Diógenes Laércio e a Lucrécio, juntamente com uma série de fontes antigas, para produzir uma reconstrução detalhada da filosofia epicurista – que não foi superada até Hermann Usener publicar sua *Epicurea* em 1887. E mais importante: usando sua experiência filosófica e teológica, Gassendi fez modificações no epicurismo que alinharam suas falsas doutrinas com as verdades do cristianismo. Na filosofia natural, ele substituiu os átomos infinitos, eternos e automoventes de Epicuro e Lucrécio por um número finito de átomos, criados e postos em movimento por Deus. Na ética, interpretou o princípio do prazer epicurista como parte do plano providencial divino para a sobrevivência da humanidade. A enorme diferença que isso fez para a recepção do epicurismo pode ser julgada pelo fato de que, em 1652, Walter Charleton, médico altamente respeitado, pôde publicar, com aclamação considerável, um tratado intitulado *A escuridão do ateísmo dissipada pela luz da natureza*, no qual ele apresentou a versão de Gassendi para o atomismo epicurista como um baluarte contra as tendências irreligiosas da ciência moderna, precisamente da mesma forma pela qual os platônicos de Cambridge retrataram a filosofia de Platão.

Gassendi inicialmente ficou interessado em Epicuro porque, a exemplo de outros filósofos de convicção moderna, ele buscava um substituto para Aristóteles. Em sua primeira obra, publicada em 1624, tentou demolir o aristotelismo escolástico com argumentos tomados do repertório do ceticismo antigo. Diferentemente de Pico e de outros pensadores do século XVI que empregaram estratégias céticas, os objetivos de Gassendi eram epistemológicos, não fideísticos. Ele e seus colegas do século XVII tomaram o ceticismo pirrônico com finalidades filosóficas e científicas, não religiosas. Em 1625, o amigo e colega de Gassendi, padre Marin Mersenne, produziu um enorme tomo, *A verdade das ciências contra os céticos ou pirrônicos* (*La vérité des sciences contre les sceptiques ou pyrrhoniens*), no qual ele repisou os argumentos dispostos por Sexto Empírico e aceitou sua validade. Era de fato impossível, Mersenne admitia, ir além das aparências e penetrar na essência das coisas. Ainda assim, esse conhecimento limitado das aparências foi suficiente não apenas para as necessidades da vida diária, como os céticos antigos teriam concedido, mas também para as finalidades da ciência e da filosofia. Desse modo, Gassendi, que compartilhava da concepção de Mersenne, declarou que a filosofia epicurista que ele tinha cuidadosamente reconstruído era não mais do que uma hipótese sobre a natureza da realidade. Não obstante, tal foi suficiente para seguir em frente com ela. Essa abordagem pragmática do ceticismo, idealmente adaptada para a ciência empírica e experimental, era a posição filosófica endossada pela Royal Society. A outra resposta do século XVII ao que veio a ser conhecida como crise pirrônica esteve em divisar métodos de aquisição de certeza à prova de céticos. Na busca desse objetivo, Descartes, Spinoza, Leibniz, Locke e outros puseram a epistemologia no topo da agenda filosófica, onde, pelo menos no mundo anglo-americano, ela se manteve desde então.

Os pré-socráticos, a exemplo de outros filósofos antigos, eram por vezes invocados pelos primeiros pensadores modernos na condição de antecipadores distantes de suas próprias teorias, particularmente as científicas, uma vez que eles eram conhecidos como especialistas em ciência natural. A cosmologia pitagórica, com sua noção de um fogo central, era vista como um antecedente do heliocentrismo. Isso explica por que Johannes Kepler enunciou no prefácio de seu *O mistério do Universo* (*Mysterium cosmographicum*), publicado pela primeira vez em 1596 e revisado em 1621, que o tema de seu tratado tinha sido abordado havia "dois mil anos atrás por Pitágoras". Além disso, num poema endereçado ao leitor, Kepler ludicamente fez alusão à transmigração de almas, descrevendo Copérnico como uma reencarnação de Pitágoras. Uma centena de anos mais tarde, outro grande cientista, *Sir* Isaac Newton, nos chamados "escólios clássicos" de seu *Principia mathematica*, enunciou que tanto Pitágoras quanto Tales tinham tido alguma suspeita da atração gravitacional. A revivescência do atomismo no século XVII trouxe Demócrito e Leucipo, os predecessores de Epicuro, a uma posição de proeminência. Contudo, uma vez que esses atomistas pré-socráticos eram, como o próprio Epicuro, tachados de ateístas, os platônicos de Cambridge preferiram acreditar que a doutrina os precedia e poderia ser rastreada até um pensador fenício de nome Moco de Sídon, que foi mencionado na *Vida de Pitágoras*, de Iâmblico, e, numa tradução latina de 1598 da obra, identificado a Moisés. Tais argumentos possibilitaram que Cudworth sustentasse que a "filosofia atômica" não fosse nem "epicurista nem democrítica", e sim muito mais "mosaica".[25] Ele e seus platônicos de Cambridge eram advogados entusiasmados da nova filosofia e ciência do século XVII; mas, ainda assim, eles estavam preocupados com estabelecer tanto a herança antiga do atomismo quanto a sua compatibilidade com a *Bíblia*. À medida que o século seguinte progredia, ambas as preocupações se tornariam cada vez mais irrelevantes para a prática da filosofia.

Epílogo

O grande monumento da Ilustração francesa, a *Encyclopédie*, impressa entre 1751 e 1780, contém uma série de artigos sobre filosofia antiga, a maior parte deles escrita pelo dinâmico editor da obra, Denis Diderot. Fiando-se em grande parte em outro marco da erudição do século XVIII, a *Historia critica philosophia* (*História crítica da filosofia*) de Jacob Brucker, cujos seis pesados volumes foram publicados em Leipzig entre 1742 e 1767, Diderot relegou o pensamento antigo e seus ressurgimentos posteriores à história da filosofia em vez de tratá-los como parte das correntes filosóficas de seu próprio tempo. O seu alentado artigo sobre filosofia grega – os romanos recebem um texto breve – é organizado em torno das diferentes seitas, cada uma com um verbete individual. Diferentemente de seus predecessores medievais e renascentistas, filósofos então recentes, como Descartes, Locke e Spinoza, de modo algum poderiam ser considerados pertencentes a qualquer dessas seitas e, por essa razão, mereceram artigos individualizados. Embora filósofos antigos continuassem a ser lidos e estudados, mesmo pelos autoconscientemente modernos, sua influência fazia-se cada vez mais difusa e, com muita frequência, não reconhecida. A filosofia estoica de Marco Aurélio esteve entre as muitas fontes dentre as quais Francis Hutcheson,

25 CUDWORTH, *A Treatise*, p. 39.

pensador proeminente da Ilustração escocesa, sacou inspiração para a sua teoria do sentido moral, e, ainda assim, a tradução inglesa anotada das *Meditações*, por ele produzida em 1742, não traz o seu nome.

Mesmo um filósofo como Hegel, que atribuiu importância considerável à história da filosofia, sobretudo na antiguidade, viu-a fundamentalmente como um meio de corroborar sua própria abordagem do desenvolvimento lógico do pensamento. O "jovem hegeliano" Karl Marx foi um estudante de filologia clássica, disciplina que atingiu novas alturas de profissionalismo acadêmico na Alemanha do século XIX. Após produzir uma tese doutoral em 1840-41 sobre "A diferença entre a filosofia democrítica e epicurista da natureza", ele pretendia escrever um trabalho mais amplo sobre epicurismo, estoicismo e ceticismo em relação com a integralidade da especulação grega. Como sabemos, contudo, Marx logo decidiu que a questão não estava em interpretar o mundo – ou, ainda pior, interpretar seus intérpretes –, e sim muito mais em modificá-lo. É provável que não se tenha tido aí uma grande perda para o estudo da filosofia antiga. Mas o campo certamente sofreu com o abandono de um filólogo clássico bem mais talentoso, a saber, Friedrich Nietzsche. Sua promissora carreira começou com uma tese doutoral em 1868 sobre as fontes de Diógenes Laércio em *Vidas e doutrinas dos filósofos ilustres*. Mas a publicação de *O nascimento da tragédia*, quatro anos depois, assinalava que ele, tal como Marx, tinha escolhido talhar um caminho inteiramente novo para si, muito embora a filosofia antiga continuasse a se manter como um *leitmotif* em seus escritos posteriores.

Poucos filósofos nos séculos XX e XXI admitiriam – e muito menos se jactariam disto, como fez Wittgenstein – nunca terem lido uma palavra de Aristóteles. Muito embora filósofos contemporâneos, particularmente na tradição analítica anglo-americana, se envolvam com relativa pouca frequência com o pensamento grego e romano, as técnicas da filosofia analítica exerceram um impacto considerável sobre o estudo de Platão e Aristóteles na segunda metade do século XX. Tem havido propostas periódicas de trazer a filosofia antiga à vida novamente: o *Depois da virtude*, de Alasdair MacIntyre, de 1981, propôs uma revivescência da teoria moral de Aristóteles tal como apresentada por Tomás de Aquino; o ano de 1998 testemunhou uma atualização da ética estoica por Lawrence Becker, com seu *A New Stoicism* (*Um novo estoicismo*), isso para não mencionar o romance *best-seller A Man in Full* (*Um homem por inteiro*), de Tom Wolfe, no qual os escritos de Epiteto exercem um papel crucial. Na tradição europeia continental, filósofos de primeira grandeza do século XX, como Martin Heidegger, Karl Popper e Hans-Georg Gadamer, atribuíram importância única às raízes clássicas de suas próprias ideias. Desde o século XVII, o pensamento antigo não tem estado no primeiro plano da tradição filosófica. No pano de fundo, não obstante, ele se mantém com vigorosa presença.

Bibliografia

1. Autores da filosofia grega e romana em tradução para o inglês

Leitores em filosofia antiga (em tradução para o inglês)

[1] ANNAS, J. *Voices of Ancient Philosophy: An Introductory Reader*. Oxford: [s.n.t.], 2001.

[2] COHEN, S. M.; CURD, P.; REEVE, C. D. C. *Readings in Ancient Greek Philosophy*. 2. ed. Indianápolis: [s.n.t.], 2000.

[3] IRWIN, T. *Classical Philosophy*. Oxford: [s.n.t.], 1999.

Séries de tradução

[4] The Loeb Classical Library (Cambridge e Londres), textos impressos de autores gregos e latinos com traduções para o inglês nas páginas de face. A grande maioria dos autores relevantes para este volume está incluída, no todo ou em parte.

Autores históricos e doxográficos

[5] LAÉRCIO, D. *The Lives and Opinions of the Eminent Philosophers*; ver [4].

Pré-socráticos e sofistas

Coleções

[6] BARNES, J. *Early Greek Philosophy*. Harmondsworth: [s.n.t.], 1987; 2 ed. 2002.

[7] BURNET, J. *Early Greek Philosophy*. 4. ed. Londres: [s.n.t.], 1930.

[8] CURD, P.; MCKIRAHAN, R. D. *A Presocratics Reader*. Indianápolis: [s.n.t.], 1996.

[9] GAGARIN, M.; WOODRUFF, P. *Early Greek Political Thought from Homer to the Sophists*. Cambridge: [s.n.t.], 1995.

[10] KIRK, G. S.; RAVEN, J. E.; SCHOFIELD, M. *The Presocratic Philosophers*. 2. ed. Cambridge: [s.n.t.], 1987.

[11] MCKIRAHAN, R. *Philosophy Before Socrates*. Indianápolis: [s.n.t.], 1994.

[12] SPRAGUE, R. K. *The Older Sophists*. Colúmbia: [s.n.t.], 1972.

[13] WATERFIELD, R. *The First Philosophers*. Oxford: [s.n.t.], 2000.

Autores individuais

[14] Anônimo, *Dissoi logoi*: ROBINSON, T. M. *Contrasting Arguments: An Edition of the Dissoi Logoi*. Nova Iorque: [s.n.t.], 1979.

[15] Atomistas: TAYLOR, C. C. W. *The Atomists*. Toronto: [s.n.t.], 1999.

[16] Empédocles: INWOOD, B. *The Poem of Empedocles*. 2. ed. Toronto: [s.n.t.], 2000.

[17] Heráclito: KAHN, C. H. *The Art and Thought of Heraclitus*. Cambridge: [s.n.t.], 1979.

[18] Parmênides: GALLOP, D. *Parmenides of Elea*. Toronto: [s.n.t.], 1984.

[19] Xenófanes: LESHER, J. H. *Xenophanes of Colophon*. Toronto: [s.n.t.], 1992.

Sócrates

As nuvens de Aristófanes, incluída em [20] REEVE, C. D. C. (org.). *Plato, Aristophanes, Xenophon. The Trials of Socrates: Six Classic Texts*. Indianápolis: [s.n.t.], 2002.

[21] BRICKHOUSE, T. C.; SMITH, N. D. *The Trial and Execution of Socrates: Sources and Controversies*. Oxford: [s.n.t.], 2002.

Platão: ver abaixo sob "Platão".

Xenófones: [22] TREDENNICK, H.; WATERFIELD, R. *Xenophon, Conversations of Socrates*. Harmondsworth: [s.n.t.], 1990; ver também [4].

Platão

Para o sistema de citação em Platão, ver acima, p. 132.

Obras completas

[23] COOPER, J. M. (org.). *Plato, Complete Works*. Indianápolis: [s.n.t.], 1997.

Seleções de leitura

[24] CHAPPELL, T. *The Plato Reader*. Edimburgo: [s.n.t.], 1996.

Obras individuais

(Ver também [4])

Apologia: [25] GRUBE, G. M. A. *Plato, Five Dialogues: Euthyphro, Apology, Crito, Meno, Phaedo*. Indianopolis: [s.n.t.], 1981; rev. e org. J. Cooper, 2002; [26] COOPER, J. (org.). *Trial and Death of Socrates*. 3. ed. Indianápolis: [s.n.t.], 2000; [27] STOKES, M. C. *Plato, Apology*. Warminster: [s.n.t.], 1997.

Cármides: [28] WEST, T. G.; WEST, G. S. *Plato, Charmides*. Indianápolis: [s.n.t.], 1986; ver também [37].

Crátilo: [29] REEVE, C. D. C. *Plato, Cratylus*. Indianápolis: [s.n.t.], 1998.

Críton: ver [25], [26].

Eutidemo: [30] SPRAGUE, R. K. *Plato, Euthydemus*. Indianápolis: [s.n.t.], 1993.

Eutífron: [31] ALLEN, R. E. *Plato´s Euthyphro and the Earlier Theory of Forms* (inclui uma tradução: Londres: [s.n.t.], 1970); ver também [25].

Górgias: [32] IRWIN, T. *Plato, Gorgias*. Oxford: [s.n.t.], 1979; [33] WATERFIELD, R. *Plato, Gorgias*. Oxford: [s.n.t.], 1994; [34] ZEYL, D. *Plato, Gorgias*. Indianápolis: [s.n.t.], 1987.

Hípias maior: [35] WOODRUFF, P. *Plato, Hippias Major*. Oxford: [s.n.t.], 1982; ver também [36].

Íon: [36] WOODRUFF, P. *Plato, Two Comic Dialogues: Ion and Hippias Major*. Indianápolis: [s.n.t.], 1983.

Laques: [37] SPRAGUE, R. K. *Plato, Laches and Charmides*. Indianápolis: [s.n.t.], 1992.

Leis: [38] SAUNDERS, T. J. *Plato, The Laws*. Harmondsworth: [s.n.t.], 1970.

Hípias menor: ver [39].

Lísias: [39] SAUNDERS, T. J. (org.). *Plato, Early Socratic Dialogues*. Harmondsworth: [s.n.t.], 1987.

Mênon: [40] DAY, J. M. (org.). *Plato´s Meno in Focus* (inclui uma tradução; Londres: [s.n.t.], 1994); [41] GRUBE, G. M. A. *Plato, Meno*. 2. ed. Indianápolis: [s.n.t.], 1980; [42] SHARPLES, R. W. *Plato: Menon*. Warminster: [s.n.t.], 1985.

Parmênides: [43] GILL, M. L.; RYAN, P. *Plato, Parmenides*. Indianápolis: [s.n.t.], 1996.

Fédon: [44] GRUBE, G. M. A. *Plato, Phaedo*. Indianápolis: [s.n.t.], 1980; [45] GALLOP, D. *Plato, Phaedo*. Oxford: [s.n.t.], 1975.

Fedro: [46] NEHAMAS, A.; WOODRUFF, P. *Plato, Phaedrus*. Indianápolis: [s.n.t.], 1995; [47] ROWE, C. J. *Plato: Phaedrus*. 2. ed. Warminster: [s.n.t.], 2000.

Filebo: [48] FREDE, D. *Plato, Philebus*. Indianápolis: [s.n.t.], 1993.

Protágoras: [49] LOMBARDO, S.; BELL, K. Introd. M. Frede. *Plato, Protagoras*. Indianápolis: [s.n.t.], 1992; [50] HUBBARD, B. A. F.; KARNOFSKY, E. S. *Plato's Protagoras*. Londres: [s.n.t.], 1982; [51] OSTWALD, M. Rev. da trad. B. Jowett. Introd. G. Vlastos. *Plato, Protagoras*. Indianápolis: [s.n.t.], 1956; [52] TAYLOR, C. C. W. *Plato, Protagoras*. 2. ed. Oxford: [s.n.t.], 1991.

República: [53] FERRARI, G. R. F.; GRIFFITH, T. *Plato, The Republic*. Cambridge: [s.n.t.], 2000; [54] GRUBE, G. M. A. *Plato, The Republic*. Indianápolis: [s.n.t.], 1974; [55] *idem*. rev. REEVE, C. D. C. Indianápolis: [s.n.t.], 1992; [56] a tradução de 1930 de P. Shorey na Loeb series (ver [4]) se mantém em diversos sentidos a mais precisa.

Sofista: [57] CORNFORD, F. M. *Plato's Theory of Knowledge*. Londres: [s.n.t.], 1935; [58] WHITE, N. P. *Plato, Sophist*. Indianápolis: [s.n.t.], 1993.

Político: [59] ANNAS, J.; WATERFIELD, R. *Plato, Statesman*. Cambridge [s.n.t.], 1995; [60] ROWE, C. J. *Plato Statesman*. Indianápolis: [s.n.t.], 1999.

Banquete: [61] GILL, C. *Plato: Symposium*. Harmondsworth: [s.n.t.], 1999; [62] NEHAMAS, A.; WOODRUFF, P. *Plato. Symposium*. Indianápolis: [s.n.t.], 1989; [63] ROWE, C. J. *Plato, Symposium*. Warminster: [s.n.t.], 1998; [64] WATERFIELD, R. *Plato, Symposium*. Oxford: [s.n.t.], 1994.

Teeteto: [65] LEVETT, M. J. Introd. M. Burnyeat. *The Theaetetus of Plato*. Indianápolis: [s.n.t.], 1990; [66] *idem*. Introd. B. Williams. Indianápolis: [s.n.t.], 1992; [67] MCDOWELL, J. *Plato, Theaetetus*. Oxford: [s.n.t.], 1973.

Timeu: [68] CORNFORD, F. M. *Plato's Cosmology*. Londres: [s.n.t.], 1937; reimpressão: Indianápolis: [s.n.t.], 1997; [69] ZEYL, D. J. *Plato, Timaeus*. Indianápolis: [s.n.t.], 2000.

Aristóteles

Para o sistema de citação, ver acima, p. 167-168.

Obras completas

[70] BARNES, J. (org.). *The Revised Oxford Translation of Aristotle*. Princeton: [s.n.t.], 1984, 2 vols.

Seleções de leituras

[71] ACKRILL, J. L. *A New Aristotle Reader*. Oxford: [s.n.t.], 1987.

[72] IRWIN, T.; FINE, G. *Aristotle: Selections*. Indianápolis: [s.n.t.], 1995.

Obras individuais

(Ver também [4]).

Categorias: [73] ACKRILL, J. L. *Aristotle's Categories and De Interpretatione*. Oxford: [s.n.t.], 1963.

Constituição dos atenienses: [74] RHODES, P. J. *Aristotle: The Athenian Constitution*. Harmondsworth: [s.n.t.], 1984.

De interpretatione: ver [73]

Ética a Eudemo: [75] WOODS, M. *Aristotle's Eudemian Ethics Books I, II and VIII*. Oxford: [s.n.t.], 1982.

Metafísica: [76] MADIGAN, A. *Aristotle, Metaphysics Book B and K* 1-2. Oxford: [s.n.t.], 1999; [77] KIRWAN, C. *Aristotle's Metaphysics Books* Γ, Δ, *E*. Oxford: [s.n.t.], 1971; [78] BOSTOCK, D. *Aristotle, Metaphysics, Books Z and H*. Oxford: [s.n.t.], 1994; [79] FURTH, M. *Aristotle Metaphysics Books Zeta, Eta, Theta, Iota* (VII-X). Indianápolis: [s.n.t.], 1985; [80] ANNAS, J. *Aristotle's Metaphysics M and N*. Oxford: [s.n.t.], 1976.

Ética a Nicômaco: [81] BROADIE, S.; ROWE, C. *Aristotle Nicomachean Ethics: Translation, Introduction, and Commentary*. Oxford: [s.n.t.], 2002; [82] CRISP, R. *Aristotle Nicomachean Ethics*. Cambridge: [s.n.t.], 2000; [83] IRWIN, T. *Aristotle Nicomachean Ethics*. Indianápolis: [s.n.t.], 1985 (2. ed., 2000); [84] PAKALUK, M. *Aristotle Nicomachean Ethics Books VIII and IX*. Oxford: [s.n.t.], 1998.

Da geração e corrupção: [85] WILLIAMS, C. J. F. *Aristotle's De Generatione et Corruptione*. Oxford: [s.n.t.], 1982.

Sobre os sonhos: [86] GALLOP, D. *Aristotle: On Sleep and Dreams*. Warminster: [s.n.t.], 1996.

Sobre a memória: [87] SORABJI, R. *Aristotle On Memory*. Londres: [s.n.t.], 1972.

Sobre os céus: [88] LEGGATT, S. *Aristotle On the Heavens I and II, with an Introduction, Translation and Commentary*. Warminster: [s.n.t.], 1995.

Sobre o movimento dos animais: [89] NUSSBAUM, M. C. *Aristotle's De motu animalium*. Princeton: [s.n.t.], 1978.

De anima: [90] LAWSON-TANCRED, H. *Aristotle: De anima*. Harmondsworth: [s.n.t.], 1986.

Partes de animais: [91] LENNOX, J. G. *Aristotle On the Parts of Animals*. Oxford: [s.n.t.], 2002.

Física: [92] CHARLTON, W. *Aristotle's Physics I, II*. Oxford: [s.n.t.], 1970; [93] HUSSEY, E. *Aristotle's Physics Books III and IV*. Oxford: [s.n.t.], 1983; [94] GRAHAM, D. *Aristotle Physics Book VIII*. Oxford: [s.n.t.], 1999.

Poética: [95] HALLIWELL, S. *The Poetics of Aristotle*. Londres: [s.n.t.], 1987; [96] JANKO, R. *Aristotle – Poetics*. Indianápolis: [s.n.t.], 1987.

Política: [97] BARKER, E. *Aristotle. The Politics*. Rev e introd. R. F. Stalley. Oxford: [s.n.t.], 1995; [98] EVERSON, S. *Aristotle, Politics*. Cambridge: [s.n.t.], 1996; [99] REEVE, C. D. C. *Aristotle, Politics*. Indianápolis: [s.n.t.], 1998; [100] SAUNDERS, T. J. *Aristotle's Politics I and II*. Oxford: [s.n.t.], 1995; [101] ROBINSON, R. *Aristotle's Politics III and IV*. Oxford: [s.n.t.], 1962; [102] KEYT, D. *Aristotle Politics Books V and VI*. Oxford: [s.n.t.], 1999; [103] KRAUT, R. *Aristotle, Politics Books VII and VIII*. Oxford: [s.n.t.], 1997.

Analíticos posteriores/Segundos analíticos: [104] BARNES, J. *Aristotle's Posterior Analytics*. Oxford: [s.n.t.], 1975 (2. ed., 1994).

Analíticos anteriores/Primeiros analíticos: [105] SMITH, R. *Aristotle, Prior Analytics*. Indianápolis: [s.n.t.], 1989.

Retórica: [106] LAWSON-TANCRED, H. *Aristotle, The Art of Rhetoric*. Harmondsworth: [s.n.t.], 1991.

Tópicos: [107] SMITH, R. *Aristotle Topics Books I and VIII*. Oxford: [s.n.t..], 1997.

Teofrasto

Fragmentos e testemunhos: [108] FORTENBAUGH, W. W.; HUBY, P. M.; SHARPLES, R. W.; GUTAS, D. *Theophrastus of Eresos: Sources for his Life, Writings, Thought and Influence*. Leida: [s.n.t.], 1992, 2 vols.

Caracteres: ver [141].

Metafísica: [109] ROSS, W. D.; FOBES, F. H. *Theophrastus: Metaphysics with Translation, Commentary and Introduction*. Oxford: [s.n.t.], 1929; [110] VAN RAALTE, M. *Metaphysics: Theophrastus*. Leida: [s.n.t.], 1993.

Ver também [4].

Filosofia helenística

Coleções

[111] ANNAS, J.; BARNES, J. *The Modes of Scepticism: Ancient Texts and Modern Interpretations*. Cambridge: [s.n.t.], 1985.

[112] INWOOD, B.; GERSON, L. P. *Hellenistic Philosophy: Introductory Readings*. 2. ed. Indianápolis: [s.n.t.], 1998.

[113] LONG, A. A.; SEDLEY, D. N. *The Hellenistic Philosophers*. 2 vols. Cambridge: [s.n.t.], 1987.

Autores individuais

Epicuro: [114] INWOOD, B.; GERSON, L. P. Introd. D. S. Hutchinson. *The Epicurus Reader*. Indianápolis: [s.n.t.], 1994.

Filodemo: [115] JANKO, R. *Philodemus, On Poems, Book I*. Oxford: [s.n.t.], 2000; [116] KONSTAN, D. *et al. Philodemus, On Frank Criticism*. Atlanta: [s.n.t.], 1998; [117] OBBINK, D. *Philodemus, On Piety, Part I*. Oxford: [s.n.t.], 1996.

Sexto Empírico: [118] HALLIE, P. P. (org.). *Sextus Empiricus: Selections from the Major Writings on Scepticism, Man and God*. Indianápolis: [s.n.t.], 1985; [119] ANNAS, J.; BARNES, J. *Sextus Empiricus, Outlines of Scepticism* (= *Outlines of Pyrrhonism*. Cambridge: [s.n.t.], 1994); [120] MATES, B. *The Skeptic Way: Sextus Empiricus' Outlines of Pyrrhonism*. Oxford: [s.n.t.], 1996; [121] BLANK, D. *Sextus Empiricus, Against the Grammarians*. Oxford: [s.n.t.], 1998; [122] BETT, R. *Sextus Empiricus, Against the Ethicists*. Oxford: [s.n.t.], 1997; ver também [4].

Ver também abaixo, "filosofia romana".

Filosofia romana

Para Agostinho, Boécio, Cícero, Epiteto, Lucrécio, Marco Aurélio, Sêneca, Varro, ver [4].

Agostinho: [123] CHADWICK, H. *Saint Augustine, The Confessions*. Oxford: [s.n.t.], 1991; [124] DYSON, R. W. *Augustine, The City of God against the Pagans*. Cambridge: [s.n.t.], 1998.

Boécio: [125] RELIHAN, J. C. *Boethius, Consolation of Philosophy*. Indianápolis: [s.n.t.], 2001.

Cícero: [126] WALSH, P. G. *Cicero, The Nature of the Gods*. Oxford: [s.n.t.], 1997; [127] GRAVER, M. *Cicero's Tusculan Disputations 3 and 4: The Books on Emotion*. Chicago/Londres: [s.n.t.], 2002; [128] ANNAS, J.; WOOLF, R. *Cicero on Moral Ends*. Cambridge: [s.n.t.], 2001; [129] ZETZEL, J. *Cicero, On the Commonwealth and On the Law*. Cambridge: [s.n.t.], 1999.

Epiteto: [130] DOBBIN, R. *Epictetus, Discourses Book I*. Oxford: [s.n.t.], 1998; [131] WHITE, N. P. *The Handbook of Epictetus*. Indianápolis: [s.n.t.], 1983.

Lactâncio: [132] BOWEN, A.; GARNSEY, P. *Lactantius, Divine Institutes*. Liverpool: [s.n.t.].

Lucrécio: [133] SMITH, M. F. *Lucretius, On the Nature of Things*. 2. ed. Indianápolis: [s.n.t.], 2001.

Marco Aurélio: [134] HARD, R.; GILL, C. *Marcus Aurelius, Meditations*. Ware: [s.n.t.], 1997.

Sêneca: [135] CAMPBELL, R. *Seneca: Letters from a Stoic*. Harmondsworth: [s.n.t.], 1969; [136] COOPER, J. M.; PROCOPÉ, J. F. *Seneca, Moral and Political Essays*. Cambridge: [s.n.t.], 1995.

Filosofia e literatura

Aristófanes: ver [4].

Aristóteles: ver [95]-[96], [106]

Cícero, cartas: ver [4].

Tragédia grega: [137] GRENE, D.; LATTIMORE, R. (orgs.). *The Complete Greek Tragedies*. 2. ed. Chicago: [s.n.t.], 1991, 3 vols.

Lucrécio: ver [133].

Platão: ver [23]-[69].

Sêneca, tragédias: [138] WATLING, E. F. *Seneca, Four tragedies and Octavia*. Harmondsworth: [s.n.t.], 1966; [139] AHL, F. *Seneca: Three Tragedies: Troian Women, Medea, Phaedra*. Ítaca/Londres: [s.n.t.], 1986; escritos filosóficos: ver [135]-[136] e [4]: *Apocoloquintose*; [140] EDEN, P. T. *Seneca, Apocolocyntosis*. Cambridge: [s.ed], 1984.

Teofrasto, *Caracteres*: [141] VELLACOT, P. *Theophrastus, The Characters; Menander, Plays and Fragments*. Harmondsworth: [s.n.t.], 1967.

Filosofia antiga tardia

Leituras selecionadas

[142] GREGORY, J. *The Neoplatonists: A Reader*. Londres: [s.n.t.], 1991 (2. ed., 1999).

[143] SORABJI, R. R. K. *The Philosophy of the Commentators (200-600 d. C.)*. Londres/Ítaca: [s.n.t.], 3 vols.

Séries de tradução

Uma enorme série de comentários por Alexandre de Afrodísias (incluindo suas *Quaestiones* físicas e éticas), Temístio, Dexipo, Amônio, (Pseudo)Filopono (incluindo o *Da eternidade do mundo contra Aristóteles* e o *Da eternidade do mundo contra Proclo*), Boécio, (Pseudo)Simplício e Estéfano estão disponíveis em traduções para o inglês por várias mãos, em séries contínuas.

[144] SORABJI, R. (org.). *Ancient Commentators on Aristotle*. Londres: [s.n.t.], 1989-. Os progressos desta série podem ser acompanhados em: http://www.kcl.ac.uk/kis/schools/hums/philosophy/frames/Research/

Outros autores e obras individuais

Alcino: [145] DILLON, J. M. *Alcionous: The Handbook of Platonism*. Oxford: [s.n.t.], 1993.

Alexandre: [146] SHARPLES, R. W. *Alexander of Aphrodisias, On Fate*. Londres: [s.n.t.], 1983.

Iâmblico: [147] DILLON, J. M.; HERSHBELL J. P. *Iamblichus: On the Pythagorean Way of Life. Text, Translation and Notes*. Atlanta: [s.n.t.], 1991.

Olimpiodoro: [148] JACKSON, R.; LYCOS, K.; TARRANT, H. *Olympiodorus, Commentary on Plato's Gorgias*. Leida: [s.n.t.], 1998.

Plotino: [149] ARMSTRONG, A. H. *Plotinus: a Volume of Selections*. Londres: [s.n.t.], 1953; para a tradução integral, ver [4].

Plutarco, escritos filosóficos coletados, em [4]; ver também a seleção em [150]: WATERFIELD, R.; KIDD, I. G. *Plutarch: Essays*. Harmondsworth: [s.n.t.], 1992.

Porfírio, *Isagoge*: [151] SPADE, P. V. *Five Texts on the Mediaeval Problem of Universals: Porphyry, Boethius, Abelard, Duns Scotus, Ockham*. Indianápolis/Cambridge: [s.n.t.], 1994 (contém a *Isagoge*); [152] BARNES, J. *Porphyry, Introduction*. Oxford: [s.n.t.].

Sobre a abstinência: [153] CLARKE, G. *Porphyry, On Abstinence from Killing Animals* (na série [144]; Londres: [s.n.t.], 2000).

Proclo: [154] O'NEILL, W. *Proclus: Alcibiades I*. Haia: [s.n.t.], 1965; reimpressão, 1971; [155] MORROW, G. R. *Proclus: A Commentary on the First Book of Euclid's Elements*. Princeton: [s.n.t.], 1970; [156] TAYLOR, T. *Proclus' Commentary on the Timaeus of Plato*. Londres: [s.n.t.], 1820; reimpressão, 1988, 1998; [157] MORROW, G. R.; DILLON, J. M. *Proclus' Commentary on Plato's Parmenides*. Princeton: [s.n.t.], 1987.

Filosofia e ciência

Seleções

[158] BARKER, A. *Greek Musical Writings*. Cambridge: [s.n.t.], 1984, 1989, 2 vols.

[159] BULMER-THOMAS, I. *Greek Mathematical Works*, 2 vols., em [4].

[160] COHEN, M. R.; DRAKBIN, I. E. *A Sourcebook in Greek Science*. Cambridge: [s.n.t.], 1948.

Autores e obras individuais

Aristarco: [161] HEATH, T. L. *Aristarchus of Samos*. Oxford: [s.n.t.], 1913.

Euclides: [162] HEATH, T. L. *The Thirteen Books of Euclid's Elements*. 2. ed. Nova Iorque: [s.n.t.], 1956, 3 vols.

Galeno (para o método de citação, ver acima, p. 359): [163] FREDE, M. *Galen: Three Treatises on the Nature of Science*. Indianápolis: [s.n.t.], 1985; [164] SINGER, P. N. *Galen: Selected Works*. Oxford: [s.n.t.], 1997; [165] FURLEY, D. J.; WILKIE, J. S. *Galen on Respiration and the Arteries* (1984). Cambridge: [s.n.t.], 1984; [166] HANKINSON, R. J. *Galen: On the Therapeutic Method, Books I and II*. Oxford: [s.n.t.], 1991; [167] HANKINSON, R. J. *Galen, On Antecedent Causes*. Cambridge: [s.n.t.], 1998.

Hipócrates: [168] LLOYD, G. E. R. (org.). *Hippocratic Writings*. Harmondsworth: [s.n.t.], 1978; ver também [4].

Ptolemeu: [169] TOOMER, G. J. *Ptolemy's Almagest*. Londres/Ítaca: [s.n.t.], 1984.

Filosofia e religião

Seleções de leitura

[170] BEARD, M.; NORTH, J.; PRICE, S. *Religions of Rome: vol. II, a Sourcebook*. Cambridge: [s.n.t.], 1998.

[171] FERGUSON, J. *Greek and Roman Religion: A Source Book*. Park Ridge: [s.n.t.], 1980.

[172] RICE, D. G.; STAMBAUGH, J. E. *Sources for the Study of Greek Religion*. Missoula: [s.n.t.], 1979.

Obras individuais

Hesíodo, *Theogony*: [173] WENDER, D. *Hesiod, Works and Days, Theogony; Theognis, Elegies*. Harmondsworth: [s.n.t.], 1973.

Filo de Alexandria: ver [4].

Ver também, entre outros textos relevantes, [68], [69], [122], [157].

O legado da filosofia antiga

Seleções de leitura

[174] CASSIRER, E. *et al.* (orgs.). *The Renaissance Philosophy of Man*. Chicago: [s.n.t.], 1948.

[175] KRAYE, J. (org.). *Cambridge Translations of Renaissance Philosophical Texts*. Cambridge: [s.n.t.], vol. I (Filosofia moral); vol. II (Filosofia política), 1997.

[176] KRETZMANN, N.; STUMP, E. (org.). *Cambridge Translations of Medieval Philosophical Texts*. Cambridge: [s.n.t.], 1988, vol. I (Logic and the Philosophy of Language).

[177] MCGRADE, A. S. *et al. Cambridge Translations of Medieval Philosophical Texts.* Cambridge: [s.n.t.], 2000, vol. II (Ethics and Political Philosophy).

Obras individuais

AQUINO, T. de. [178] *Selected Writings*. Trad. R. McInerny. Londres: [s.n.t.], 1998.

BRUNI, L.: [179] GRIFFITHS, G. *et al.*. *The Humanism of Leonardo Bruni: Selected Texts*. Binghamton: [s.n.t.], 1987, caps. 4 e 7.

DIONÍSIO, PSEUDO. [180] *The Complete Works*. Trad. C. Luibheid. Londres: [s.n.t.], 1987.

ERASMO, "o Epicurista": [181] THOMPSON, C. R. *The Colloquies of Erasmus*. Chicago: [s.n.t.], 1965.

FICINO, M.: [182] *Commentary on Plato's Sympsioum on Love*. Trad. S. Jayne. Dallas: [s.n.t.], 1985; [183] *The Philebus Commentary*. Org. e trad. M. J. B. Allen. Berkeley/Londres: [s.n.t.], 1975; [184] *Platonic Theology*. Trad. M. J. B. Allen. Org. HANKINS, J. Cambridge/Londres: [s.n.t.], 2001-.

KEPLER, J. [185] *Mysterium cosmographicum: The Secret of the Universe*. Trad. A. M. Duncan. Nova Iorque: [s.n.t.], 1981.

LIPSIUS, J. [186] *Two Bookes of Constancie*. Trad. J. Stradling. Brunswick [s.n.t.], 1939.

MORE, H. [187] *A Platonick Song of the Soul*. Org. A. Jacob. Lewisburg: [s.n.t.], 1998.

VALLA, L. [188] *On Pleasure: De voluptate*. Trad. A. Kent Hieatt e M. Lorch. Nova Iorque: [s.n.t.], 1977.

2. Leitura suplementar

A seleção que segue é limitada a livros em inglês, julgados adequados ou como leitura relativamente introdutória ou ainda como sendo especialmente importantes. Na medida do possível, livros que requeiram conhecimento de grego e latim foram evitados. Muitos dos livros listados acima na Seção I contêm, em adição a escritos filosóficos antigos em tradução, uma grande quantidade de comentários úteis.

Bibliografias mais completas poderão ser encontradas nos seguintes nomes da série *Companions*: *Primórdios da filosofia grega* [239], *Platão* [267], *Aristóteles* [280], os *Estoicos* [301] e *Plotino* [337].

Histórias e enciclopédias incluindo cobertura substancial da filosofia antiga

[189] CRAIG, E. J. (org.). *The Routledge Encyclopedia of Philosophy*. Londres: [s.n.t.], 1998. Disponível em: http://www.rep.routledge.com/index.html.

[190] EDWARDS, P. (org.). *The Encyclopedia of Philosophy.* Nova Iorque/Londres: [s.n.t.], 1967.

[191] KENNY, A. J. P. *A Brief History of Western Philosophy*. Oxford: [s.n.t.], 1998.

[192] KNEALE, W.; KNEALE, M. *The Development of Logic*. Oxford: [s.n.t.], 1962.

[193] ZALTA, E. N. (org.). *The Stanford Encyclopedia of Philosophy* (somente *online*: http://plato.stanford.edu/).

Revistas e outros periódicos (inteira ou principalmente em inglês) especializados em filosofia antiga

[194] *Ancient Philosophy* (Pitsburgo).

[195] *Apeiron* (Kelowna, Colúmbia Britânica).

[196] *Oxford Studies in Ancient Philosophy* (Oxford).

[197] *Phronesis* (Leida).

[198] *Proceedings of the Boston Area Colloquium in Ancient Philosophy* (Leida/Boston/Colônia).

Histórias e enciclopédias de filosofia antiga

[199] ANNAS, J. *Ancient Philosophy: A Very Short Introduction.* Oxford: [s.n.t.], 2000.

[200] BRUNSCHWIG, J.; LLOYD, G. E. R. (orgs.). *Greek Thought: A Guide to Classical Knowledge.* Cambridge/Londres: [s.n.t.], 2000.

[201] FRIIS JOHANSEN, K. *A History of Ancient Philosophy: From the Beginnings to Augustine.* Tradução para o inglês: Londres: [s.n.t.], 1998.

[202] GILL, C. *Greek Thought.* Oxford: [s.n.t..], 1995 (Greece and Rome New Surveys in the Classics, 25).

[203] GOTTLIEB, A. *The Dream of Reason: A History of Western Philosophy from the Greeks to the Renaissance.* Londres: [s.n.t.], 2000.

[204] GUTHRIE, W. K. C. *A History of Greek Philosophy*. Cambridge: [s.n.t.], 1962-81, 6 vols.; termina com Aristóteles.

[205] IRWIN, T. *Classical Thought*. Oxford: [s.n.t.], 1989.

[206] TAYLOR, C. C. W. (org.). *The Routledge History of Philosophy.* Londres: [s.n.t.], 1997, vol. I (From the beginning to Plato); FURLEY, D. J. (org.), Londres: [s.n.t.], 1999, vol. II (From Aristotle to Augustine).

[207] ZEYL, D. J. (org.). *Encyclopedia of Classical Philosophy.* Westport: [s.n.t.], 1997.

Livros cobrindo mais de um período ou aspecto da filosofia antiga

[208] ANNAS, J. *The Morality of Happiness.* Oxford: [s.n.t.], 1993.

[209] COOPER, J. M. *Reason and Emotion: Essays in Ancient Moral Psychology and Ethical Theory.* Princeton: [s.n.t.], 1999.

[210] DENYER, N. *Language, Thought and Falsehood in Ancient Greek Philosophy.* Londres/Nova Iorque: [s.n.t.], 1991.

[211] DOVER, K. J. *Greek Popular Morality in the Time of Plato and Aristotle.* Oxford: [s.n.t.], 1974.

[212] EVERSON, S. (org.) "Companions to Ancient Thought" (séries, Cambridge): [212] *Epistemologia* (1990), [213] *Psicologia* (1991), [214] *Linguagem* (1994), [215] *Ética* (1998).

[216] FREDE, M. *Essays in Ancient Philosophy.* Oxford: [s.n.t.], 1987.

[217] FURLEY, D. *Cosmic Problems.* Cambridge: [s.n.t.], 1989.

[218] HADOT, P. *What is Ancient Philosophy?.* Tradução para o inglês: Cambridge: [s.n.t.], 2002.

[219] LLOYD, G. E. R. *The Revolutions of Wisdom.* Berkeley/Los Angeles: [s.n.t.], 1987.

[220] MAKIN, S. *Indifference Arguments.* Oxford: [s.n.t.], 1993.

[221] NEHAMAS, A. *Virtues of Authenticity.* Princeton: [s.n.t.], 1999.

[222] OWEN, G. E. L. *Logic, Science and Dialectic: Collected Papers in Greek Philosophy.* Londres: [s.n.t.], 1986.

[223] ROWE, C. *An Introduction to Greek Ethics.* Londres: [s.n.t.], 1976.

[224] ROWE, C.; SCHOFIELD, M. (org.). *The Cambridge History of Greek and Roman Political Thought.* Cambridge: [s.n.t.], 2000.

[225] SORABJI, R. *Time, Creation and the Continuum.* Londres: [s.n.t.], 1983.

[226] ______. *Matter, Space and Motion.* Londres: [s.n.t.], 1988.

[227] ______. *Animal Minds and Human Morals.* Londres/Ítaca: [s.n.t.], 1993.

[228] ______. *Emotion and Peace of Mind: From Stoic Agitation to Christian Temptation.* Oxford: [s.n.t.], 2000.

[229] VLASTOS, G. *Studies in Greek Philosophy.* Princeton: [s.n.t.], 1993, 1995, 2 vols.

Pré-socráticos e sofistas

[230] BARNES, J. *The Presocratic Philosophers*. Londres: [s.n.t.], 1979, 2 vols. (vol. único, ed. 1982).

[231] FURLEY, D. J. *The Greek Cosmologists*. Cambridge: [s.n.t.], 1987, vol. I.

[232] FURLEY, D. J.; ALLEN, R. E. (orgs.). *Studies in Presocratic Philosophy*. Londres: [s.n.t.], 1970, 1975, 2 vols.

[233] HUSSEY, E. L. *The Presocratics*. Londres: [s.n.t.], 1972.

[234] KAHN, C. H. *Anaximander and the Origins of Greek Cosmology*. Nova Iorque: [s.n.t.], 1960; reimpressão, Indianápolis, [s.n.t.], 1995.

[235] ______. *The Art and Thought of Heraclitus*. Cambridge: [s.n.t.], 1979.

[236] ______. *Pythagoras and the Pythagoreans*. Indianápolis: [s.n.t.], 2001.

[237] KERFERD, G. B. *The Sophistic Movement*. Cambridge: [s.n.t.], 1981.

[238] ______. *The Sophists and their Legacy*. Wiesbaden: [s.n.t.], 1981.

[239] LONG, A. A. (org.). *The Cambridge Companion to Early Greek Philosophy*. Cambridge: [s.n.t..], 1999.

[240] MOURELATOS, A. P. D. (org.) *The Pre-Socratics: A Collection of Critical Essays*. Nova Iorque: [s.n.t.], 1974; reimpressão com adendos, Princeton: [s.n.t.], 1993.

[241] RING, M. *Beginning with the Pre-Socratics*. Palo Alto: [s.n.t.], 1987.

[242] ROMILLY, J. de. *The Great Sophists in Periclean Athens*. Oxford: [s.n.t.], 1992.

[243] SALMON, W. C. (org.). *Zeno's Paradoxes*. Indianápolis/Nova Iorque: [s.n.t.], 1970.

[244] WEST, M. L. *Early Greek Philosophy and the Orient*. Oxford: [s.n.t.], 1971.

Ver também [10].

Sócrates

[245] BENSON, H. (org.). *Essays on the Philosophy of Socrates*. Oxford: [s.n.t.], 1992.

[246] BRICKHOUSE, T. C.; SMITH, N. D. *Socrates on Trial*. Oxford: [s.n.t.], 1989.

[247] ______. *The Philosophy of Socrates*. Boulder/Oxford: [s.n.t.], 2000.

[248] NEHAMAS, A. *The Art of Living: Socratic Reflections from Plato to Foucault*. Berkeley/Los Angeles/Londres: [s.n.t.], 1998.

[249] SANTAS, G. X. *Socrates*. Londres: [s.n.t.], 1979.
[250] STONE, I. F. *The Trial of Socrates*. Boston: [s.n.t.], 1988.
[251] TAYLOR, C. C. W. *Socrates: A Very Short Introduction*. Oxford: [s.n.t.], 1998.
[252] VANDER, P. W. (org.). *The Socratic Movement*. Ítaca/Londres: [s.n.t.], 1994.
[253] VLASTOS, G. (org.) *The Philosophy of Socrates: A Collection of Critical Essays*. Garden City: [s.n.t.], 1971; reimpressão, Notre Dame: [s.n.t.], 1980.
[254] ______. *Socrates, Ironist and Moral Philosopher*. Cambridge: [s.n.t.], 1991.
[255] ______. *Socratic Studies*. Cambridge: [s.n.t.], 1994.

Platão

[256] ALLEN, R. E. (org.). *Studies in Plato's Metaphysics*. Londres: [s.n.t.], 1965.
[257] ANNAS, J.; ROWE, C. J. (orgs.). *New Perspectives on Plato, Modern and Ancient*. Cambridge: [s.n.t.], 2002.
[258] ANNAS, J. *An Introduction to Plato's Republic*. Oxford: [s.n.t.], 1981.
[259] BAMBROUGH, R. (org.). *Plato, Popper and Politics*. Cambridge: [s.n.t.], 1967.
[260] CROMBIE, I. M. *An Examination of Plato's Doctrines*. Londres: [s.n.t.], 1962-63, 2 vols.; reimpressão, Bristol: [s.n.t.], 2002.
[261] FERRARI, G. R. F. *Listening to the Cicadas: A Study of Plato's Phaedrus*. Cambridge: [s.n.t.], 1987.
[262] FINE, G. (org.). *Oxford Readings in Philosophy: Plato*. Oxford: [s.n.t.], 1999, 2 vols.
[263] FRIEDLANDER, H. *Plato*. Tradução para o inglês: Nova Iorque: [s.n.t.], 1958-69, 3 vols.
[264] GILL, C.; MCCABE, M. M. (org.). *Form and Argument in Late Plato*. Oxford: [s.n.t.], 1996.
[265] IRWIN, T. *Plato's Ethics*. Oxford: [s.n.t.], 1995.
[266] KAHN, C. H. *Plato and the Socratic Dialogue*. Cambridge: [s.n.t.], 1996.
[267] KRAUT, R. (org.). *The Cambridge Companion to Plato*. Cambridge: [s.n.t.], 1992.

[268] MURDOCH, I. *The Fire and the Sun: Why Plato Banished the Artists*. Oxford: [s.n.t.], 1977.

[269] NIGHTINGALE, A. *Genres in Dialogue*. Cambridge: [s.n.t.], 1995.

[270] POPPER, K. *The Open Society and its Enemies: I, The Spell of Plato*. Londres: [s.n.t.], 1945 (Classic critique).

[271] RUTHERFORD, R. *The Art of Plato*. Londres: [s.n.t.], 1995.

[272] SZLEZÁK, T. *Reading Plato* (representa a interpretação "esotérica"). Tradução para o inglês: Londres: [s.n.t.], 1993.

[273] VLASTOS, G. (org.). *Plato*. Cidade-jardim: [s.n.t.], 1971, 2 vols.

[274] ______. *Plato's Universe*. Seattle: [s.n.t.], 1975.

[275] WHITE, N. P. *Plato on Knowledge and Reality*. Indianápolis: [s.n.t.], 1976.

[276] WILLIAMS, B. *Plato: the Invention of Philosophy*. Londres: [s.n.t.], 1998.

Apenas alguns poucos livros sobre diálogos individuais foram listados acima; outros estudos seminais de diálogos individuais foram incluídos em [25]-[69].

Aristóteles

[277] ACKRILL, J. L. *Aristotle the Philosopher*. Londres: [s.n.t.], 1981.

[278] ALLAN, D. J. *The Philosophy of Aristotle*. Oxford: [s.n.t.], 1952.

[279] BARNES, J.; SCHOFIELD, M.; SORABJI, R. (orgs.). *Articles on Aristotle*. Londres: [s.n.t.], 1975-79, 4 vols.

[280] BARNES, J. (org.). *The Cambridge Companion to Aristotle*. Cambridge: [s.n.t.], 1995.

[281] ______. *Aristotle*. Londres: [s.n.t.], 1982.

[282] GOTTHELF, A. (org.). *Aristotle on Nature and Living Things*. Bristol/ Pitsburgo: [s.n.t.], 1985.

[283] GOTTHELF, A.; LENNOX, J. G. (orgs.). *Philosophical Issues in Aristotle's Biology*. Cambridge: [s.n.t.], 1987.

[284] GRENE, M. *A Portrait of Aristotle*. Chicago/Londres: [s.n.t.], 1963.

[285] JUDSON, L. (org.). *Aristotle's Physics: A Collection of Essays*. Oxford: [s.n.t.], 1991.

[286] KRAUT, R. *Aristotle: Political Philosophy*. Oxford: [s.n.t.], 2002 (Founders of Modern Political and Social Thought).

[287] LEAR, J. *Aristotle, the Desire to Understand*. Cambridge: [s.n.t.], 1988.

[288] LLOYD, G. E. R. *Aristotle, The Growth and Structure of his Thought*. Cambridge: [s.n.t.], 1968.

[289] NUSSBAUM, M. C.; RORTY, A. (orgs.). *Essays on Aristotle's De Anima*. Oxford: [s.n.t.], 1992.

[290] REEVE, C. D. C. *Substantial Knowledge: Aristotle's Metaphysics*. Indianápolis: [s.n.t.], 2000.

[291] RORTY, A. (org.). *Essays on Aristotle's Rhetoric*. Berkeley/Los Angeles: [s.n.t.], 1996.

[292] SHERMAN, N. (org.). *Aristotle's Ethics: Critical Essays*. Lanham: [s.n.t.], 1999.

Embora apenas alguns poucos livros sobre obras individuais estejam listados acima, outros estudos seminais de obras individuais encontram-se incluídos em [73]-[107].

Filosofia helenística

[293] ALGRA, K.; BARNES, J.; MANSFELD, J.; SCHOFIELD, M. (orgs.). *The Cambridge History of Hellenistic Philosophy.* Cambridge: [s.n.t.], 1999.

[294] ANNAS, J. *Hellenistic Philosophy of Mind.* Berkeley/Los Angeles/Londres: [s.n.t.], 1992.

[295] BETT, R. *Pyrrho*: *His Antecedents and his Legacy*. Oxford: [s.n.t.], 2000.

[296] BRANHAM, R. B.; GOULET-CAZÉ, M. O. (orgs.). *The Cynics*. Berkeley/Los Angeles/Londres: [s.n.t.], 1996.

[297] BRUNSCHWIG, J. *Papers in Hellenistic Philosophy*. Cambridge: [s.n.t.], 1994.

[298] BURNYEAT, M.; FREDE, M. (orgs.). *The Original Sceptics: A Controversy*. Indianápolis: [s.n.t.], 1997.

[299] DUDLEY, D. R. *A History of Cynicism*. Londres: [s.n.t.], 1937.

[300] HANKINSON, R. J. *The Sceptics*. Londres: [s.n.t.], 1995.

[301] INWOOD, B. *The Cambridge Companion to the Stoics*. Cambridge, [s.n.t.], 2003.

[302] LONG, A. A. *Hellenistic Philosophy*. Londres: [s.n.t.], 1974; reimpressão, Berkeley/Los Angeles: [s.n.t.], 1999.

[303] MATES, B. *Stoic Logic*. Berkeley: [s.n.t.], 1953.

[304] NUSSBAUM, M. *The Therapy of Desire: Theory and Practice in Hellenistic Ethics*. Princeton: [s.n.t.], 1994.

[305] SANDBACH, F. H. *The Stoics*. Londres: [s.n.t.], 1975.

[306] SHARPLES, R. W. *Stoics, Epicureans and Sceptics*. Londres: [s.n.t.], 1996.

[307] STRIKER, G. *Essays on Hellenistic Epistemology and Ethics*. Cambridge: [s.n.t.], 1996.

[308] TSOUNA, V. *The Epistemology of the Cyrenaic School*. Cambridge: [s.n.t.], 1998.

Ver também [113], [309], [310], [313], [325], [388].

Filosofia romana

[309] ALGRA, K. A.; KOENEN, M. H.; SCHRIJVERS, P. H. (orgs.). *Lucretius and his Intellectual Background*. Amsterdã/Oxford/Nova Iorque/Tóquio: [s.n.t.], 1997.

[310] BRITTAIN, C. *Philo of Larissa: The Last of the Academic Sceptics*. Oxford: [s.n.t.], 2001.

[311] BROW, P. *Augustine of Hippo: A Biography*. Londres: [s.n.t.], 1967.

[312] CHADWIK, H. *Augustine*. Oxford: [s.n.t.], 1986.

[313] CLAY, D. *Lucretius and Epicurus*. Ítaca/Londres: [s.n.t.], 1983.

[314] GERSH, S. *Middle Platonism and Neoplatonism: The Latin Tradition*. Notre Dame: [s.n.t.], 1986, 2 vols.

[315] GRIFFIN, M. *Seneca: A Philosopher in Politics*. Oxford: [s.n.t.], 1976.

[316] GRIFFIN, M.; BARNES, J. (orgs.). *Philosophia Togata I: Essays on Philosophy and Roman Society*. Oxford: [s.n.t.], 1989.

[317] GRIFFIN, M.; BARNES, J. (orgs.). *Philosophia Togata II: Plato and Aristotle at Rome*. Oxford: [s.n.t.], 1997.

[318] HADOT, P. *The Inner Citadel: The Meditations of Marcus Aurelius*. Tradução para o inglês: Cambridge/Londres: [s.n.t.], 1998.

[319] LONG, A. A. *Epictetus: A Stoic and Socratic Guide to Life*. Oxford: [s.n.t.], 2002.

[320] MACKENDRICK, P. *The Philosophical Books of Cicero*. Londres: [s.n.t.], 1989.

[321] OSBORN, E. *Tertullian: First Theologian of the West*. Cambridge: [s.n.t.], 1997.

[322] POWELL, J. G. F. (org.). *Cicero the Philosopher*. Oxford: [s.n.t.], 1995.

[323] RIST, J. M. *Augustine*. Cambridge: [s.n.t.], 1994.

[324] RUTHERFORD, R. B. *The Meditations of Marcus Aurelius: A Study*. Oxford: [s.n.t.], 1989.

[325] SEDLEY, D. *Lucretius and the Transformation of Greek Wisdom*. Cambridge: [s.n.t.], 1998.

Ver também [333].

Filosofia e literatura

[326] HALLIWEL, S. *Aristotle's Poetics*. Londres: [s.n.t.], 1987.

[327] ______. *The Aesthetics of Mimesis*. Princeton: [s.n.t.], 2002.

[328] LAMBERTON, R.; KEANEY, J. (org.). *Homer's Ancient Readers: The* Hermeneutics of Greek Epic's Earliest Exegetes. Princeton: [s.n.t.], 1992.

[329] LOUDEN, R. B.; SCHOLLMEIER, P. (org.). *The Greeks and Us*. Chicago: [s.n.t.], 1996; em especial o capítulo de Bernard Williams, "*The Women of Trachis*: Fictions, pessimism, ethics".

[330] NUSSBAUM, M. *The Fragility of Goodness: Luck and Ethics in Greek Tragedy and Philosophy*. Cambridge: [s.n.t.], 1986 (2. ed., 2001).

[331] WILLIAMS, B. *Shame and Necessity*. Berkeley: [s.n.t.], 1993.

Ver também [269], [271], [304], [318], [324].

Filosofia antiga tardia

[332] ANNAS, J. *Platonic Ethics, Old and New*. Ítaca: [s.n.t.], 1999.

[333] ARMSTRONG, A. H. (org.). *The Cambridge History of Later Greek and Early Medieval Philosophy*. Cambridge: [s.n.t.], 1970.

[334] DE HAAS, F. A. J. *John Philoponus' New Definition of Prime Matter: Aspects of its Background in Neoplatonism and the Ancient Commentary Tradition*. Leida: [s.n.t.], 1997.

[335] DILLON, J. M. *The Middle Platonists: A Study of Platonism 80 B.C. to A.D. 220*. Londres: [s.n.t.], 1977 (ed. rev. Ítaca: [s.n.t.], 1996).

[336] DILLON, J.; LONG, A. A. (orgs.). *The Question of Eclecticism: Studies in Later Greek Philosophy*. Berkeley/Los Angeles/Londres: [s.n.t.], 1988; reimpressão, 1996.

[337] GERSON, L. P. (org.). *The Cambridge Companion to Plotinus*. Cambridge: [s.n.t.], 1996.,

[338] HAASE, W. (org.). *Aufstieg und Niedergang der romischen Welt* II 36. Berlim/Nova Iorque: [s.n.t.], 1972-, 7 vols. (inteiramente dedicado à filosofia no Império Romano, em ampla medida em inglês).

[339] LLOYD, A. C. *The Anatomy of Neoplatonism.* Oxford: [s.n.t.], 1990.

[340] MERLAN, P. *From Platonism to Neoplatonism.* Haia: [s.n.t.], 1968.

[341] O'MEARA, D. J. *Plotinus: An Introduction to the Enneads.* Oxford: [s.n.t.], 1993.

[342] ______. *Pythagoras revived: Mathematics and Philosophy in Late Antiquity.* Oxford: [s.n.t.], 1989.

[343] RIST, J. M. *Plotinus: The Road to Reality.* Cambridge: [s.n.t.], 1967.

[344] SIORVANES, L. *Proclus: Neoplatonic Philosophy and Science.* Edimburgo: [s.n.t.], 1996.

[345] SORABJI, R. (org.). *Aristotle Transformed: The Ancient Commentators and Their Influence.* Londres/Ítaca: [s.n.t.], 1990.

[346] ______. *Philoponus and the Rejection of Aristotelian Science.* Londres/Ítaca: [s.n.t.], 1987.

[347] STEEL, C. G. *The Changing Self: A Study on the Soul in Later Neoplatonism: Iamblichus, Damascius and Priscianus.* Bruxelas: [s.n.t.], 1978.

[348] VAN RIEL, G. *Pleasure and the Good Life.Plato, Aristotle, and the Neoplatonists.* Leida: [s.n.t.], 2000.

[349] WILDBERG, C. *John Philoponus' Criticism of Aristotle's Theory of Aether.* Berlim: [s.n.t.], 1988.

Filosofia e ciência

[350] ALLEN, J. *Inference from Signs: Ancient Debates about the Nature of Evidence.* Oxford: [s.n.t.], 2001.

[351] BARNES, J.; BRUNSCHWIG, J.; BURNYEAT, M.; SCHOFIELD, M. (orgs.). *Science and Speculation: Studies in Hellenistic Theory and Practice.* Cambridge: [s.n.t.], 1982.

[352] DICKS, D. R. *Early Greek Astronomy to Aristotle.* Ítaca: [s.n.t.],1970.

[353] HANKINSON, R. J. *Cause and Explanation in Ancient Greek Thought.* Oxford: [s.n.t.], 1998.

[354] ______. *Method, Medicine, and Metaphysics.* Edmonton: [s.n.t.], 1988.

[355] HEATH, T. L. *A History of Greek Mathematics.* Oxford: [s.n.t.], 1921, 2 vols.

[356] JOUANNA, J. *Hippocrates.* Tradução para o inglês: Baltimore: [s.ed], 1999.

[357] LLOYD, G. E. R. *Early Greek Science: Thales to Aristotle.* Londres: [s.n.t.], 1973.

[358] ______. *Greek Science after Aristotle.* Londres: [s.n.t.], 1973.

[359] ______. *Magic, Reason and Experience.* Cambridge: [s.n.t.], 1979.

[360] ______. *Methods and Problems in Greek Science.* Cambridge: [s.n.t.], 1991.

[361] PELLEGRIN, P. *Aristotle's Classification of Animals.* Tradução para o inglês: Berkeley: [s.n.t.], 1986.

[362] SAMBURSKY, S. *The Physical World of the Greeks.* Londres: [s.n.t.], 1956.

[363] ______. *Physics of the Stoics.* Londres: [s.n.t.], 1959.

[364] ______. *The Physical World of Late Antiquity.* Londres: [s.n.t.], 1962.

[365] STADEN, H. von. *Herophilus: The Art of Medicine in Early Alexandria.* Cambridge: [s.n.t.], 1989.

[366] TAUB, L. *Ptolemy's Universe.* Chicago: [s.n.t.], 1993.

Ver também [282], [283], [225], [226], [219].

Filosofia e religião

[367] BRUIT ZAIDMAN, L.; SCHMITT PANTEL, P. *Religion in the Ancient Greek City.* Cambridge: [s.n.t.], 1992.

[368] BURKERT, W. *Ancient Mystery Cults.* Cambridge: [s.n.t.], 1987.

[369] ______. *Greek Religion: Archaic and Classical.* Oxford: [s.n.t.], 1985.

[370] ______. *Homo Necans: The Anthropology of Ancient Greek Sacrificial Ritual and Myth.* Berkeley: [s.n.t.], 1983.

[371] BUXTON, R. (org.). *Oxford Readings in Greek Religion.* Oxford: [s.n.t.], 2000.

[372] CAIRD. E. *The Evolution of Theology in the Greek Philosophers.* Glasgow: [s.n.t.], 1903.

[373] DODDS, E. R. *The Greeks and the Irrational.* Berkeley: [s.n.t.], 1951.

[374] ______. *Pagan and Christian in an Age of Anxiety.* Cambridge: [s.n.t.], 1968.

[375] DRACHMANN, A. B. *Atheism in Pagan Antiquity.* Londres: [s.n.t.], 1922.

[376] EASTERLING, P. E.; MUIR, J. V. (orgs.). *Greek Religion and Society.* Cambridge: [s.n.t.], 1985.

[377] GERSON, L. P. *God and Greek Philosophy.* Londres/Nova Iorque: [s.n.t.], 1990.

[378] GORDON, R. L. *Myth, Religion and Society*. Cambridge: [s.n.t.], 1981.

[379] JAEGER, W. *The Theology of the Early Greek Philosophers*. Oxford: [s.n.t.], 1947.

[380] NOCK, A. D. *Conversion*. Oxford: [s.n.t.],1933.

[381] ______. *Essays on Religion and the Ancient World*. Oxford: [s.n.t.], 1972, 2 vols.

[382] PARKER, R. *Miasma: Pollution and Purification in Early Greek Religion*. Oxford: [s.n.t.], 1983.

[383] PARLER, R. *Athenian Religion: A History*. Oxford: [s.n.t.], 1996.

[384] SELTZER, R. M. (org.). *Religions of Antiquity. Religion, History, and Culture: Selections from "The Encyclopedia of Religion"*. Nova Iorque: [s.n.t.], 1987.

[385] VERSNEL, H. S. *Faith, Hope, and Worship. Aspects of Religious Mentality in the Ancient World*. Leida: [s.n.t.], 1981.

[386] ______. *Inconsistencies in Greek and Roman Religion*. Leida: [s.n.t.], 1990-93, 2 vols.

O legado da filosofia antiga

[387] BALDWIN, A.; HUTTON, S. (org.). *Platonism and the English Imagination*. Cambridge: [s.n.t.], 1994.

[388] BURNYEAT, M. (org.). *The Skeptical Tradition*. Berkeley/Los Angeles/Londres: [s.n.t.], 1983.

[389] COLISH, M. L. *The Stoic Tradition from Antiquity to the Early Middle Ages*. Leida: [s.n.t.], 1985, 2 vols.

[390] FLORIDI, L. *Sextus Empiricus: The Transmission and Recovery of Pyrrhonism*. Oxford: [s.n.t.], 2002.

[391] GRAFTON, A. *Commerce with the Classics: Ancient Books and Renaissance Readers*. Ann Arbor: [s.n.t.], 1997.

[392] HANKINS, J. *Plato in the Italian Renaissance*. Leida: [s.n.t.], 1990, 2 vols.

[393] HENINGER, S. K. *Touches of Sweet Harmony: Pythagorean Cosmology and Renaissance Poetics*. San Marino: [s.n.t.], 1974.

[394] INWOOD, B.; MILLER, J. (org.). *Hellenistic and Early Modern Philosophy*. Cambridge: [s.n.t.].

[395] JONES, H. *The Epicurean Tradition*. Londres/Nova Iorque: [s.n.t.], 1989.

[396] KRAYE, J.; STONE, M. W. F. (org.). *Humanism and Early Modern Philosophy*. Londres/Nova Iorque: [s.n.t.], 2000.

[397] LANE, M. *Plato's Progeny: How Plato and Socrates Still Captivate the Modern Mind.* Londres: [s.ed], 2001.

[398] MORFORD, M. *Stoics and Neostoics: Rubens and the Circle of Lipsius.* Princeton: [s.n.t.], 1991.

[399] OESTREICH, G. *Neostoicism and the Early Modern State*. Org. e trad. B. Oestreich e H. G. Koenigsberger. Cambridge: [s.n.t.], 1982.

[400] OSLER, M. J. (org.). *Atoms, Pneuma, and Tranquillity: Epicurean and Stoic Themes in European Thought.* Cambridge: [s.n.t.], 1991.

[401] POPKIN, R. *The History of Scepticism from Erasmus to Spinoza*. 2. ed. Berkeley/Los Angeles/Londres: [s.n.t.], 1979.

[402] POPKIN, R. H.; SCHMITT, C. B. (org.). *Scepticism from the Renaissance to the Enlightenment*. Volfembutel: [s.n.t.], 1987.

[403] PYLE, A. *Atomism and its Critics from Democritus to Newton*. Bristol: [s.n.t.], 1997.

[404] SCHMITT, C. B. *Aristotle and the Renaissance*. Cambridge/Londres: [s.n.t.], 1983.

[405] SORELL, T. (org.). *The Rise of Modern Philosophy: The Tension between the New and Traditional Philosophies from Machiavelli to Leibniz*. Oxford: [s.n.t.], 1995.

[406] VERBEKE, G. *The Presence of Stoicism in Medieval Thought*. Washington: [s.n.t.], 1983.

[407] WALKER, D. P. *The Ancient Theology*. Londres: [s.n.t.], 1972.

Glossário

(Os termos italicizados são gregos, exceto quanto o latim for indicado)

A

abordagem: ver *logos*

Acadêmico: membro da Academia, escola fundada por Platão; "Nova Academia" e "Novo Acadêmico" designam a fase cética da escola, no período helenístico, e o simples "Acadêmico" foi por vezes usado nesse último sentido

ação apropriada: ver *kathekon*

acidente, propriedade acidental: ver *symbebekos*

afinidade: ver *oikeiôsis*

ahoristos dyas: ver "Díade Indefinida"

aisthesis: "percepção", "sensação"

aisthetos: "sensível" (isto é, perceptível), usado por Platão em contraste com "inteligível" (*noetos*)

aitia, *aition*: literalmente "responsabilidade" e "coisa responsável", respectivamente, mas são os termos padrão para "causa" (para o qual alguns intérpretes preferem a tradução "razão" ou "explanação")

aletheia: "verdade", por vezes "realidade"; no quinto século a. C., frequentes vezes usado como título de obra filosófica

alloiosis: "alteração" (especificamente, mudança de qualidade)

alma: ver *psyché*

amizade: ver *philia*

amor: ver *eros*, *philia*

anamnesis: "rememoração", no sentido de recuperação de conhecimento adquirido antes do nascimento (Platão) *ananke*: "necessidade", "compulsão"

andreia: "coragem" (lit. "virilidade"), uma das "virtudes cardeais"

apatheia: ausência de paixões (um ideal estoico)

apeiron: ver "*peras* e *apeiron*"

apodeixis: "prova", "demonstração"

apropriação: ver *oikeiôsis*

arché: "princípio" (plural *archai*), "começo"; usado para uma matéria primeva originativa, um ponto de partida explanatório ou causal

areté: "excelência", "virtude", "benevolência"; frequentemente aplicado tanto à benevolência funcional quanto à benevolência moral; cf. "virtudes cardeais"

assentimento: ver *synkatathesis*

ataraxia: "liberdade de perturbações", "tranquilidade" (uma meta pirrônica e epicurista)

atividade: ver *energeia*

atomismo: um termo moderno para a tradição da física atômica representada por Leucipo, Demócrito e pelos epicuristas

átomo: *atomos, atomon*; lit. "que não pode ser dividido"

atualidade: ver *energeia, entelecheia*

C

canônico: o termo epicurista para epistemologia; ver *kanon*

catarse: ver *katharsis*

categorias: (*kategoriai*), um conjunto de "dez tipos de predicação" – substância, quantidade, qualidade, relação etc. – classificados por Aristóteles

causa eficiente: uma designação primariamente moderna do que Aristóteles usualmente chama de "a fonte da mudança" em sua classificação das quatro causas

causa final: o que Aristóteles geralmente chama de "objetivo" ou "fim" (*telos*) ou "aquilo em função do que" em sua teoria das quatro causas

causa: ver *aitia, aition*

cético: *skeptikos*, "investigador"; datando aproximadamente do primeiro século d. C., título alternativo para um pirrônico; não usado na antiguidade em seu sentido moderno como nome comum

céu(s): ver *ouranos*

cidade, cidade-Estado: ver *polis*

ciência: ver *epistéme*

clarear: ver *katharsis*

clinamen: nome latino preferido para o grego *parenklisis*; o aleatório "desvio" de átomos postulado no epicurismo para evitar o determinismo

coincidência: ver *symbebekos*

coleta e divisão: *synagogé* e *diairesis*; método platônico de análise, que opera trazendo uma pluralidade dispersa por sob um gênero único, e então o dividindo "nas articulações naturais"

compulsão: ver *ananké*

conflagração: ver *ekpyrosis*

conhecimento: ver *epistéme*, *gnôsis*

constituição: ver *politeia*

contemplação: ver *theoria*

convenção: ver *nomos*

coragem: ver *andreia*

cosmogonia: termo (essencialmente) moderno para qualquer teoria acerca da origem do *kosmos* (mundo)

cosmologia: termo moderno para o estudo do *kosmos* (mundo)

cosmos: ver *kosmos*

crença: ver *doxa*

critério: ver *kritérion*

D

daimon: um ser semidivino, intermediário entre deuses e humanos; em Empédocles, funciona como uma alma transmigratória; plural *daimones*; também escrito como "demônio"

decisão: ver *prohaeresis*

demiurgo: *demiourgos*, lit. "artesão"; o criador do mundo de acordo com o *Timeu* de Platão

demônio: ver *daimon*

demonologia: termo moderno para a antiga disciplina de teorizar sobre *daimones* (ver *daimon*)

demonstração: ver *apodeixis*

desvio: ver *clinamen*

deus: *theos*; não é nome próprio em uso pagão (de modo que a inicial maiúscula seria desvirtuadora), variando entre singular e plural, com frequência sem aparente mudança de sentido

dever: ver *kathekon*

Díade Indefinida: *ahoristos dyas*; um princípio último, ao modo de matéria, invocado, juntamente com o Um, por Platão (porém não nos diálogos) e seus sucessores

diairesis: ver "coleta e divisão"

dialética: *dialektiké* (isto é, *techné*), literalmente, "capacidade conversacional"; método pergunta-e-resposta de investigação, desenvolvido primeiramente por Sócrates

dikaiosyné: "justiça" (de *dikaios*, "justo"), uma das "virtudes cardeais"; por vezes o termo é tratado como a abarcar toda virtude, estando mais próximo do bíblico "retidão"

divisão: ver "coleta e divisão"

dogma: "doutrina", "dogma", "teoria"; professado pela maior parte dos filósofos, e evitado pelos céticos pirrônicos

doxa: "opinião", "crença", "juízo"; tipicamente contrastada, como falível, com "conhecimento" (*episteme*)

doxografia: termo moderno para o antigo gênero literário de catalogação de doutrinas filosóficas

dynamis: "potencialidade" (em Aristóteles, opõe-se a *energeia*), "poder"

E

eidos: ver "formas", "matéria e forma"

ekpyrosis: "conflagração"; ao final de um ciclo do mundo estoico

ekstasis: "êxtase"; estado de contato com o Um que transcende a racionalidade humana (neoplatonismo, esp. Plotino)

Eleata: seguidor de Parmênides de Eleia (não confundir com "eleano", cidadão de Eleia)

elemento: ver *stoicheion*

elenchos: método de "examinação cruzada", típico de Sócrates; o termo também incorpora a noção de "testagem" e "refutação"

emanação: ver *prohodos*

emanação: ver *prohodos*

emoção: ver *pathos*

endoxa: "visões padrão", "visões recebidas", "visões reputáveis" (Aristóteles)

energeia: "atividade", "atualidade" (Aristóteles); contraste com *dynamis*

entelecheia: (Aristóteles) atualidade (caso uma mera variante para *energeia* seja incerta)

entendimento: ver *epistemé*

eph 'hêmin: "em nosso poder": para designar ações pelas quais somos (moralmente) responsáveis

epistemé: "conhecimento", "ciência", "entendimento"

epistrophé: "retorno" (neoplatonismo); processo pelo qual reinos mais baixos se voltam para suas causas mais elevadas; para humanos, constitui o domínio da ética que têm por objetivo ser como deus

epoché: suspensão do juízo, invocada tanto por pirrônicos quanto por céticos Acadêmicos

equívoco: ver "homonímia"

erística: técnica de disputa verbal e outras de tais discussões confrontacionais; contraste com "dialética"

eros: amor (apaixonado e/ou sexual); cf. *philia*

erro: ver *hamartia*

erro: ver *hamartia*

escolha: ver *prohaeresis*

essência: ver *ousía*; também, em Aristóteles, *to ti ên einai*, literalmente "o que é ser (alguma coisa)?"

Éter: *aither*: a matéria dos céus; distinguida por Aristóteles como um quinto elemento ética: *to ethikon* ou *ta ethika*: uma reconhecida subdivisão da filosofia, pelo menos ao tempo de Aristóteles; literalmente, "o estudo do caráter (*éthos*)"

eudaimonia: aproximadamente "felicidade" (alguns intérpretes preferem a tradução "florescimento"), tipicamente vista como bem-estar ao longo da vida

eudemonismo: termo moderno para qualquer abordagem ética que tenha algo como a *eudaimonia* como o objetivo

excelência: ver *areté*

êxtase: ver *ekstasis*

F

familiarização: ver *oikeiôsis*

felicidade: ver *eudaimonia*

filosofia: *philosophia*, literalmente, "amor à sabedoria"; a invenção do termo é creditada a Pitágoras

fim: ver "causa final", *telos*

física: o estudo da natureza, constituindo parte importante do currículo filosófico; os pré-socráticos eram por vezes conhecidos coletivamente como os *physikoi* ou *physiologoi* ("físicos", "filósofos naturais", "explicadores da natureza")

florescimento: ver *eudaimonia*

forma: ver "matéria e forma"

Formas: *eidé* (singular *eidos*) ou *ideai* (singular *idea*); universais que têm existência paradigmática e independente, os objetos adequados do conhecimento (Platão)

função adequada: ver *kathekon*

G

gnôsis: "conhecimento"; por vezes usado intercambiavelmente com *epistéme*, por vezes implicando um conhecimento religioso ou místico, tido por capaz de proporcionar a salvação da alma

H

hamartia: "equívoco", erro, usualmente em ação; "fazer errado" *harmonia*: "sintonia", "harmonia"; lit. "conserto"

hilomorfismo: termo moderno para a análise aristotélica de forma e matéria

hipóstase: nível de existência (neoplatônicos)

homem divino: ver *theios aner*

homoiosis theoi: "tornar-se como deus" (um ideal platônico)

homonímia: *homonymia*, equívoco (Aristóteles)

hylé: ver "matéria e forma"

hypodoché: ver "receptáculo"

hypokeimenon: lit. "o que subjaz"; ou "substrato" (qualidades subjacentes), ou "sujeito" (predicados subjacentes)

I

Ideias: ver "Formas"

ilimitado: ver "*peras e apeiron*"

imaginação: ver *phantasia*

imitação: ver *mimésis*

impressão: ver *phantasia*

intelecto: ver *nous*

inteligência: ver *nous*, "sabedoria"

inteligível: ver *noetos*

irregularidade: ver *hamartia*

J

juízo: ver *doxa*

justiça: ver *dikaiosyné*

K

kalon: o "belo", abarcando tanto o estético quanto o moral

kanon: lit., a vara de um construtor em relação à qual é verificada a linearidade; daí se ter um padrão ou "critério" epistemológico (ver *kritérion*), especialmente no epicurismo (ver "canônico")

katalépsis: "cognição" (estoico)

kataléptiké (*phantasia*): "cognitivo" (estoicismo)

katharsis: "purgação", "purificação"; possivelmente uma metáfora médica ou religiosa aplicada por filósofos à alma nos contextos intelectual e moral; Aristóteles, *Poética* 6, fala da *katharsis* da tragédia (aqui possivelmente "limpeza") de emoções por meio da piedade e do medo

kathekon: (plural *kathekonta*; latim *officium*), "ação apropriada", "dever", "função adequada" (estoicos)

kenon: ver "vazio"

kinésis: "movimento", "locomoção" (mais apropriadamente chamado de *kinésis kata topon*), "mudança"

kosmos: "mundo", "ordem do mundo" (literalmente, "arranjo", "ordenamento"); quanto à questão sobre se havia mais de um *kosmos*, era um debate corrente (contrastar com "universo", este do qual só pode haver um)

kritérion: "critério", mais frequentemente "de verdade"; o conceito focal de epistemologia na filosofia helenística

L

lei: ver *nomos*

lekton: "dizível", "coisa dita"; termo estoico para o significado incorpóreo de um enunciado linguístico

liberdade de perturbações: ver *ataraxia*

limite: ver "*peras* e *apeiron*"

locomoção: ver *kinésis*

lógica: *logikon*, *logiké* (derivados de *logos*); veio a ser um dos principais ramos da filosofia; em geral de escopo mais amplo do que o termo moderno, abarca epistemologia e teoria linguística

logos (plural *logoi*): "discurso", "fala", "linguagem", "sentença", "enunciado" (por vezes se aproximando de "definição"); "argumento", "razão"; "ratio"

M

matéria e forma: na terminologia de Aristóteles, respectivamente *hylé*, e *eidos* (ou *morphé*), isto é, uma matéria constituinte mais os princípios estruturantes que a tornam algo definido; ver também "matéria prima" matéria prima: *proté hylé*; matéria irredutivelmente simples, e por essa razão sem qualidades; postulada pelos estoicos e por aristotélicos e platônicos posteriores, mas sua presença em Aristóteles é apenas discutível

meio, médio: *mesotés*; a condição média, de emoções e outros fatores de ação, na qual Aristóteles localiza a virtude

mente: ver *nous*, *psyché*

metabolê: "mudança"

metafísica: na origem, o assunto que vem (literalmente) "depois da física" no currículo aristotélico; o nome do próprio Aristóteles para ela era "primeira filosofia"

methexis: ver "participação"

metriopatheia: "moderação das emoções", recomendada pelos aristotélicos (com base na doutrina de Aristóteles de que a virtude se encontra num "meio"), pirrônicos, neoplatônicos

mimésis: "imitação", "representação"; termo da estética, especialmente da poética, tendo aparecido primeiro em Platão (*República*)

moderação das emoções: ver *metriopatheia*

monismo: termo moderno para a redução de qualquer *explanandum* a uma entidade única; na filosofia antiga, usado também para a teoria dos elementos (como em Anaxímenes), ontologia (como em Parmênides) e psicologia (como em Sócrates)

Motor Imóvel: a causa última do movimento postulada por Aristóteles, tratado como equivalente a deus; também "Primeiro Motor"

movimento: ver *kinésis*

mudança: ver *kinesis*, *metabolê*, *alloiósis*

mundo: ver *kosmos*

N

natureza: ver *physis*

necessidade: ver *ananke*

noetos: "inteligível", isto é, acessível ao intelecto (*nous*), usado por Platão para operar um contraste com *aisthetos*, "sensível" *nomos*: "convenção", "costume" (para indicar o que é culturalmente determinado, em contraste com *physis*, "natureza"); também "lei"

nous: "intelecto", "inteligência", "mente", usado tanto para variedades divinas quanto humanas (à medida que estas são distinguidas)

O

objetivo: ver "causa final", *telos*

officium (latim): ver *kathekon*

oikeiôsis: "afinidade", "parentesco", "apropriação", "familiarização" (termo ético estoico)

opinião: ver *doxa*

Organon: "instrumento", tornou-se o título coletivo para as obras lógicas de Aristóteles

ouranos: "céu(s)"; por vezes usado para designar o mundo inteiro

ousia: literalmente "ser", usado especialmente para (1) "essência", e (2) "substância", esta última sendo, em Aristóteles, um ser ou entidade autossubsistente, mas no estoicismo sendo equivalente à matéria

P

paixão: ver *pathos*

parenklisis: ver *clinamen*

parentesco: ver *oikeiôsis*

participação: *methexis, metalépsis:* a relação que particulares entabulam com as Formas Platônicas

pathos: "sensação", "emoção", "paixão"; também "propriedade"

peras e *apeiron*: "limite" e "ilimitado", tratados como princípios explanatórios numa tradição pitagórica que inclui o *Filebo* de Platão e Proclo, para quem eles são classificados imediatamente após o Um; o sentido de *apeiron* oscila no uso de "indefinido" ou "indeterminado", via "incontido", até o matematicamente preciso "infinito"

percepção: *aisthesis*

peripatético: seguidor de Aristóteles

peripeteia: "inversão" da fortuna, na tragédia

phantasia: literalmente um "aparecer" ou "aparição"; mais frequentemente traduzido por "imaginação" (Aristóteles), "impressão" ou "apresentação" (estoicos), cf. *kataleptiké* (*phantasia*)

philia: amizade, amor (amistoso) (cf. *eros*)

phronésis: ver "sabedoria"

physikoi, *physiologoi*: ver "física"

physis: "natureza", por vezes contrastada com *nomos* ("convenção")

pneuma: "respiração", "vento"; princípio causal de animação no estoicismo, em Aristóteles e em alguns autores médicos

poiotés: "qualidade"

polis: frequentemente traduzido por "cidade" ou simplesmente transliterado; cidade-estado (esta sendo uma melhor tradução) grega politicamente autônoma

politeia: "constituição"; equivocadamente (por meio de sua latinização como *respublica*) traduzida como "república" no título do diálogo de Platão assim nomeado

potência: ver *dynamis*; cf. também *eph'hêmin*

potencialidade: ver *dynamis*

pré-concepção: ver *prolépsis*

pré-noção: ver *prolépsis*

Primeiro Motor: ver "Motor Imóvel"

princípio: ver *arché*

proegmenon (plural *proegmena*): "preferido" (em oposição a *apoproegmenon*, "preterido"); termo para classificar indiferentes morais no estoicismo

prohaeresis: "decisão", "escolha" (Aristóteles, Epiteto)

prohodos: "emanação"; o vir a ser de reinos mais baixos a partir do que é, em última instância, o Um (neoplatonismo)

prolépsis: "pré-concepção", "pré-noção", "*prolépsis*"; uma concepção genérica, a funcionar como "critério de verdade" tanto na epistemologia epicurista quanto na estoica

pros ti: "relativo"

prova: ver *apodeixis*

prudência: ver "sabedoria"

psyché: "alma", mas usada de tal forma que é incontroverso que todos os animais (e talvez também as plantas) tenham uma alma pelo simples fato de estarem vivos; por vezes traduzível como "mente" (mas cf. *nous*)

purgação: ver *katharsis*

purificação: ver *katharsis*

Q

qualidade: *poiotés*

R

razão: ver *logos*, *aitia*/*aition*

receptáculo: *hypodoché*, a maleável matéria do mundo, na qual, de acordo com o *Timeu*, de Platão, as Formas podem ser refletidas

recordação: ver *anamnésis*

relativo: *pros ti*

representação: ver *mimésis*

respiração: ver *pneuma*

retorno: ver *epistrophé*

reversão: ver *peripeteia*

S

sabedoria prática, inteligência prática: ver "sabedoria"

sabedoria: uma das "virtudes cardeais"; *phronésis*, *sophia*; geralmente intercambiável, mas em Aristóteles respectivamente sabedoria prática (ou "prudência") e sabedoria teorética

sábio (homem/pessoa): ver *sophos*

sábio: ver *sophos*

sensação: *asithésis*

sensação: ver *pathos*

sensível: (no sentido de "perceptível") ver *aisthétos*

ser: ver *ousia*

sintonia: ver *harmonia*

sofisma: *sophisma*; argumento falacioso ou enganador; de "sofista" em seu sentido pejorativo (abaixo)

sofista: termo para (grosso modo) "intelectual", aplicado (frequentes vezes com inicial maiúscula) mais especificamente aos professores profissionais do século V a. C., mas, em ampla medida em razão de Platão, o termo logo adquiriu o sentido pejorativo que carrega hoje em dia; cf. "erística"

sophia: ver "sabedoria"

sophos: "sábio" (cf. "sabedoria"), muitas vezes usado como nome para designar o "sábio" paradigmático tipicamente citado como modelo por escolas helenísticas

sophrosyne: "autocontrole", "temperança", "autodisciplina", uma das "virtudes cardeais"; literalmente "integridade da mente"

stoicheion: um elemento primário em qualquer sistema (alfabético, matemático etc.); daí, frequentemente, um dos quatro elementos físicos primários – terra, água, ar e fogo

sublunar: adjetivo a designar a região sob a lua, governada pelas leis regulares da física, distintamente dos céus, que, segundo Aristóteles, de maneira controversa, consistiria de éter; o termo "sublunar" (*hyposelenios*) em si não é encontrado em Aristóteles

substância: ver *ousia*

substrato: ver *hypokeimenon*

sujeito: ver *hypokeimenon*

suspensão do juízo/assentimento: ver *epoché*

syllogismos: dedução válida de um certo tipo formal, como de variadas formas se especifica na lógica aristotélica e estoica; comumente traduzido por "silogismo" (ver p. ... para uma precaução quanto a isso)

symbebekos: (sobretudo aristotélico) "propriedade acidental", "acidente", "coincidência"

synagogé: ver "coleta e divisão"

synkatathesis: "assentimento", usualmente para uma "impressão", no estoicismo

T

techné: "competência", "habilidade", "artesania"; às vezes usado para um manual voltado a uma competência, especialmente retórica

teleologia: explanação em termos da finalidade servida; não é termo antigo, embora derivado de *telos*

telos: "objetivo", "fim"; nomear "o *telos*" se tornou a tarefa focal da ética, mas em Aristóteles o termo é também um dos utilizados em teoria causal

temperança: ver *sophrosyne*

teurgia: literalmente "obra dos deuses"; um rito neoplatônico de divinização

theios aner: "homem divino"

theoria: "contemplação"; a atividade intelectual mais elevada (Aristóteles)

tode ti: um "este alguma coisa" (Aristóteles), implicando o caráter definido e talvez a particularidade

tornar-se como deus: ver *homoiosis theoi*

tranquilidade: ver *ataraxia*

U

Um, o: um princípio supremo, que ou incorpora (Parmênides) ou está acima do todo do ser (platônicos; cf. "Díade Indefinida")

universo: propriamente utilizado para traduzir *to pan*, literalmente "o todo"; pode em princípio conter mais do que um "mundo" (*kosmos*) de uma vez, embora para pensadores como Platão e Aristóteles, que postulam apenas um mundo, "universo" e "mundo" se tornam virtualmente intercambiáveis na maioria dos contextos

V

vazio: *kenon*, literalmente o "vazio", muitas vezes identificado com o espaço vazio, mas por vezes com o vazio no espaço

verdade: ver *aletheia*

virtude: ver *areté*

virtudes cardeais: designação coletiva para sabedoria, coragem, justiça e temperança (por vezes santidade/devoção); não foi um termo usado na antiguidade

Índice remissivo

Esta obra foi composta em sistema CTcP
Capa: Supremo 250 g – Miolo: Polén Soft 70 g
Impressão e acabamento
Gráfica e Editora Santuário